W0355377

WordPress – Das Praxisbuch

Vladimir Simovic

WordPress

Das Praxisbuch

mitp

Bibliografische Information Der Deutschen Bibliothek
Die Deutsche Bibliothek verzeichnet diese Publikation in der Deutschen Nationalbibliografie; detaillierte bibliografische Daten sind im Internet über *http://dnb.ddb.de* abrufbar.

ISBN 978-3-8266-1790-4
1. Auflage 2007

Alle Rechte, auch die der Übersetzung, vorbehalten. Kein Teil des Werkes darf in irgendeiner Form (Druck, Kopie, Mikrofilm oder einem anderen Verfahren) ohne schriftliche Genehmigung des Verlages reproduziert oder unter Verwendung elektronischer Systeme verarbeitet, vervielfältigt oder verbreitet werden. Der Verlag übernimmt keine Gewähr für die Funktion einzelner Programme oder von Teilen derselben. Insbesondere übernimmt er keinerlei Haftung für eventuelle, aus dem Gebrauch resultierende Folgeschäden.

Die Wiedergabe von Gebrauchsnamen, Handelsnamen, Warenbezeichnungen usw. in diesem Werk berechtigt auch ohne besondere Kennzeichnung nicht zu der Annahme, dass solche Namen im Sinne der Warenzeichen- und Markenschutz-Gesetzgebung als frei zu betrachten wären und daher von jedermann benutzt werden dürften.

Printed in Austria

© Copyright 2007 by REDLINE GMBH, Heidelberg
www.mitp.de

Lektorat: Steffen Dralle
Korrektorat: Petra Heubach-Erdmann
Satz: DREI-SATZ, Husby, www.drei-satz.de
Druck und Bindung: Holzhausen Druck & Medien, Wien

Inhalt

Einleitung

Vor dem Kauf eines Buches oder besser gesagt bei der Überlegung, sich ein Buch anzuschaffen, kommen dem geneigten Käufer mehrere Fragen auf:

> *An wen richtet sich dieses Buch? Was ist das Zielpublikum? Welche Kenntnisse benötige ich? Was werde ich in diesem Buch lernen?*

Das Zielpublikum

Dieses Buch richtet sich an alle Menschen, die sich für WordPress interessieren und vorhaben, ein Weblog oder eine Website mit WordPress zu betreiben. Auch für Leute, die bereits WordPress im Einsatz haben, aber etwas mehr über Themes und fortgeschrittene Fragestellungen erfahren möchten, werden in diesem Buch auf ihre Kosten kommen.

Benötigte Kenntnisse

Allerdings ist dieses Buch kein Einsteigerbuch. Gute Kenntnisse im Umgang mit dem Browser Ihrer Wahl, dem Texteditor und einem FTP-Programm sind das Minimum. Und unter Texteditor verstehe ich nicht Word oder OpenOffice-Writer, sondern Programme wie z. B. Weaverslave, PSPad und von mir aus auch Notepad. Ich kann in diesem Buch auf diese Grundlagen leider nicht eingehen.

Zudem sollten Sie schon auf der Quelltext-Ebene in Berührung mit *(X)HTML* und *CSS* gekommen sein und Kenntnisse in diesem Bereich haben. Ich werde in diesem Buch z. B. nicht erklären, dass die folgende CSS-Regel `p {color: #000;}` dem Text in den Absätzen die schwarze Schriftfarbe gibt. Sie müssen kein (X)HTML- und CSS-Profi sein, aber ohne (X)HTML- und CSS-Grundlagen wird es für Sie schwer sein, speziell im Bereich, der sich ausführlich mit dem Template-System von WordPress beschäftigt (Themes), dem Buch zu folgen.

Darüber hinaus sollten Sie wissen, dass *MySQL* eine Datenbank und *PHP* eine serverbasierte Skriptsprache ist und dass der PHP-Code zwischen den folgenden Klammern notiert wird: `<?php ... ?>`. Das war es, was Sie an Kenntnissen benötigen.

Dass ich die oben genannten Kenntnisse voraussetze und auf gewisse Grundlagen in diesem Buch nicht eingehen kann, liegt daran, dass dieses Buch sonst zu umfangreich geworden wäre. Es gibt Bücher, die sich mit CSS-Grundlagen beschäftigen und an die 300 Seiten herankommen. Auch eine äußerst kompakte Einführung in (X)HTML und CSS würde locker 70–80 Seiten belegen, dennoch würde dies einem Neuling nicht helfen, dass er damit auch effizient mit WordPress-Themes arbeiten könnte, aber uns würden diese Seiten hier fehlen.

Daher habe ich der Buch-CD die *SelfHTML-Dokumentation* beigelegt. Diese Dokumentation ist sehr umfangreich und bietet einen sehr guten Einstieg in (X)HTML und CSS. Auch ich habe vor vielen Jahren mit SelfHTML angefangen. Darüber hinaus gibt es schon einige sehr gute (X)HTML- und CSS-Bücher auf dem Markt. Schauen Sie sich einfach auf den Websiten des bhv-[1] oder des mitp-Verlags[2] um.

SelfHTML

Apropos Buch-CD: Neben der SelfHTML-Dokumentation ist auf der CD auch die zum Druckzeitpunkt aktuelle stabile Programmversion sowie eine Testversion von WordPress enthalten. Auch die hier im Buch vorgestellten und erwähnten Plugins finden auf der CD ihren Platz. Zudem habe ich für Sie eine »Komplett-Version« geschnürt, sie besteht aus der aktuellen Version von WordPress, der deutschen Sprachdatei und einer Reihe von Themes und Plugins. Wenn Sie diese Version installieren, dann müssen Sie im Verlauf des Buches weder die Plugins noch die deutsche Sprachdatei suchen.

Weiteres auf der Buch-CD

Auch wenn sich dieses Buch an ein etwas erfahreneres Publikum richtet, werde ich dennoch, speziell am Anfang, einige grundlegende Informationen anreißen, um einen zwar knappen, aber dennoch vorhandenen Übergang zu dem Kernthema zu bieten.

Zum Inhalt

Teil I

In diesem Teil des Buches gehe ich auf die Grundlagen des Themas ein. Im ersten Kapitel beschreibe ich die allgemeinen Grundlagen aus der Welt der Weblogs. In Kapitel 2 lernen Sie einige allgemeine Informationen über WordPress kennen, wie man WordPress installiert und worauf man dabei achten muss. In Kapitel 3 geht es auf eine Entdeckungsreise durch den Admin-Bereich von WordPress. In Kapitel 4 werden die ersten Schritte eines Bloggers beschrieben: Beiträge und Seiten verfassen, Ping- und Trackbacks senden, Bilder und Audio-Dateien (Podcasting) einbinden und die Benutzung von Widgets. In Kapitel 5, dem letzten Kapitel dieses Bereiches, werde ich Ihnen zeigen, wie Sie die ersten Anpassungen an der WordPress-Installation vornehmen und wie Sie sich gegen den bald aufkommenden Spam rüsten können.

1. www.bhv-buch.de
2. www.mitp.de

Teil II

In diesem Bereich geht es mit dem Hauptthema los: dem Template-System von WordPress. In Kapitel 6 werden die grundlegenden Begriffe aus dieser Thematik geklärt. In den Kapiteln 7 und 8 erkläre ich detailliert und ausführlich die beiden Themes (*classic* und *default*), die zum Standardumfang einer WordPress-Installation gehören. In Kapitel 9 erkläre ich Ihnen den Aufbau meines Weblogs (*www.perun.net*) und in Kapitel 10 sehen Sie anhand einer real existierenden Website, wie man WordPress als klassisches CMS einsetzen kann.

Teil III

Der dritte Teil des Buches besteht aus zwei Kapiteln. In Kapitel 11 stelle ich Ihnen einige Dienste vor und zeige Ihnen auf, wie man sie unter Umständen in eigenen Projekten einsetzen könnte. In Kapitel 12 stelle ich Ihnen einige äußerst nützliche Plugins (Erweiterungen) für WordPress vor.

Teil IV

Der letzte Teil des Buches ist eine Referenz. Im 13. Kapitel gibt es eine Übersicht der Template-Tags mit einer kurzen Erklärung, einem Code-Beispiel und der Auflistung der verfügbaren Parameter (falls welche vorhanden).

Ich wünsche Ihnen viel Spaß beim Lesen und Bloggen mit WordPress.

Vorwort

Powered by WordPress – diesen Spruch im Fußbereich oder der Seitenleiste der Website sieht man auf Abertausenden von Weblogs. WordPress ist eindeutig die Nummer eins, keine andere Weblog-Software ist so weit verbreitet wie WordPress. Und WordPress hat nicht nur die einfache Verbreitung anzubieten, auch eine Reihe bekannter und interessanter Projekte setzt WordPress ein, z. B. betreibt die NASA ihr Weblog mit WordPress.

Doch so wichtig es auch ist, dass auch die »Großen« bloggen oder WordPress einsetzen, der Reiz des Bloggens liegt nicht darin, dass die Großgewichte in der Szene es tun, der Reiz am Bloggen liegt in der Einfachheit. Speziell WordPress hat sich seit einiger Zeit zu einem recht ordentlichen Redaktionssystem entwickelt und das Stadium eines reinen Blog-Systems seit Längerem verlassen. Somit kann man mit WordPress auch viele Websites betreiben, die keine blogartige Struktur aufweisen und auch nicht aufweisen möchten.

Doch das ist nicht alles, im Vergleich zu diversen Redaktionssystemen ist die Anpassung oder die Umsetzung eines Designs in WordPress sehr einfach und in Bezug auf die Optimierung einer Website für die Suchmaschinen hat WordPress viel zu bieten, daher ist es nicht verwunderlich, dass eine Reihe von freischaffenden Suchmaschinenoptimierern (SEO) selbst WordPress einsetzen.

Vielen Dank

In diesem Vorwort möchte ich mehreren Personen herzlich danken. Meiner geliebten Ehefrau *Thordis Bonfranchi-Simovic*, die tapfer, gewissenhaft und mit einer unerschütterlichen Geduld auch in meinem dritten Buch die Texte liest und sie von Abertausenden von Rechtschreibfehlern befreit. *Jens Grochtdreis*, der in vielen Situationen einen guten Rat hatte und einen kritischen Blick für Konzepte hat. Seine fachliche Meinung schätze ich sehr. Und natürlich danke ich Herrn *Steffen Dralle* – dem Programmleiter beim Verlag mitp und bhv – für das entgegengebrachte Vertrauen, nicht nur bei diesem Buch, sondern auch für das erste Buch: »WordPress – das Einsteigerseminar«.

Vladimir Simovic (aka Perun), im Herbst 2007

Teil I

Die Grundlagen

Kapitel 1

1

Der Einstieg

1.1 Was sind Weblogs?

Weblog ist ein künstliches Wortgebilde und stammt aus der englischen Sprache. Das Wort *Web* bezieht sich auf das World Wide Web (WWW) und das Wort *Log* steht für Tagebuch bzw. Aufzeichnung. Sinngemäß könnte man Weblog mit Online-Tagebuch oder noch besser als **Online-Journal** übersetzen.

Ich persönlich empfinde, und da bin ich, glaube ich, nicht allein, Online-Tagebuch als sehr unglückliche Übersetzung, da man hierzulande mit einem Tagebuch eher sehr persönliche und intime Informationen verbindet: Ein 13-jähriges Mädchen schreibt über ihren ersten Kuss o. Ä. Die Übersetzung zu Online-Tagebuch, anstatt zu Online-Journal oder zum Beispiel zu Online-Logbuch, ist eine der Ursachen, warum die Weblogs (Kurzform: *Blogs*) am Anfang ignoriert und später belächelt wurden.

Kurz und prägnant: Ein Weblog ist eine sehr aktive und dynamische Website, die bestimmte Merkmale hat. Einige von diesen Merkmalen sind der chronologische Aufbau, der Fokus auf die einzelnen Beiträge und die persönliche und direkte Beziehung zwischen dem Autor bzw. dem Blogger einerseits und dem Leser/Besucher andererseits. Verwechseln Sie hierbei allerdings bitte nicht persönlich mit intim oder privat.

Abbildung 1.1
Das Video-Weblog der Bundeskanzlerin

1.2 Wofür sind Weblogs gut?

Wie jede andere Website auch, so eignen sich Weblogs für verschiedene Ansätze und Projektarten. Ich werde mich hier etwas zurückhalten und nicht nur die gängigen Beispiele aus dem angelsächsischen Raum auftischen, da es mittlerweile auch im deutschsprachigen Raum schon genug gute Beispiele gibt und weil speziell die Amerikaner in einer ganz anderen Liga spielen ... hier müssen wir ehrlich sein und anerkennen, dass wir noch einiges aufzuholen haben.

Aber wir Deutschen sind auf einem guten Weg. In den letzten ein bis eineinhalb Jahren haben wir hierzulande einiges aufgeholt und immerhin haben wir eine Bundeskanzlerin, die eine hohe Affinität für die neuen Medien hat, wie man sehr gut auf ihrer Website feststellen kann: *www.bundeskanzlerin.de*, auf der sie sogar einen eigenen Video-Blog betreibt.

Weblog als Arbeitsjournal (-tagebuch)

Viele **Selbstständige** (Freelancer) berichten in ihren Weblogs über ihre Arbeit und die Erfahrungen, die sie durch ihre Arbeit gewinnen. Dadurch kann man auf sich und auf seine Fähigkeiten aufmerksam machen. Wenn man dies einigermaßen geschickt macht, so kann man Kontakte zu Kollegen knüpfen (Netzwerk-Bildung) und auf direktem oder indirektem Wege zu neuen Aufträgen kommen und somit neue Kunden gewinnen.

Das klingt am Anfang für viele nicht wirklich logisch, dass man dadurch, dass man sein Wissen teilt, auf lange Sicht zu neuen Kunden kommt. Das ist so und dies kann ich aus eigener Erfahrung berichten. Ich meine hier natürlich kein Wissen, das durch Patente oder Staats-/Wirtschaftsgeheimnisse geschützt ist und die Staatsanwaltschaft samt BND auf den Plan ruft, sondern über Wissen, das auch sonst frei verfügbar ist und das man sich in einem kurzen oder längeren Prozess aneignen könnte.

Ein klassischer Fall für so einen Themenkomplex sind Weblogs, die sich mit dem Thema »Webdesign und Internet« beschäftigen. Wenn Sie in diesem Bereich über diverse Themen berichten und Ihr Wissen teilen, dann zeigen Sie Ihren Lesern, dass Sie sich in diesem Bereich gut auskennen, und ein evtl. Auftraggeber wird auf Sie aufmerksam werden. Sicherlich, es kann gut sein, dass jemand von Ihrem Wissen profitiert und nichts dafür zurückgibt, aber glauben Sie wirklich, dass diese Person zu Ihrem Kunden geworden wäre, wenn Sie das Wissen für sich behalten hätten?

Sollten Sie allerdings Ihr Wissen für sich behalten, dann wird auch keiner erfahren, dass Sie sich mit dem Thema auskennen, und »um die Ecke« befinden sich viele weitere Websites und Blogs, die über Webdesign, Programmierung, Bildbearbeitung etc. berichten. Analog gilt das auch für Themenbereiche, die ähnliche Voraussetzungen haben.

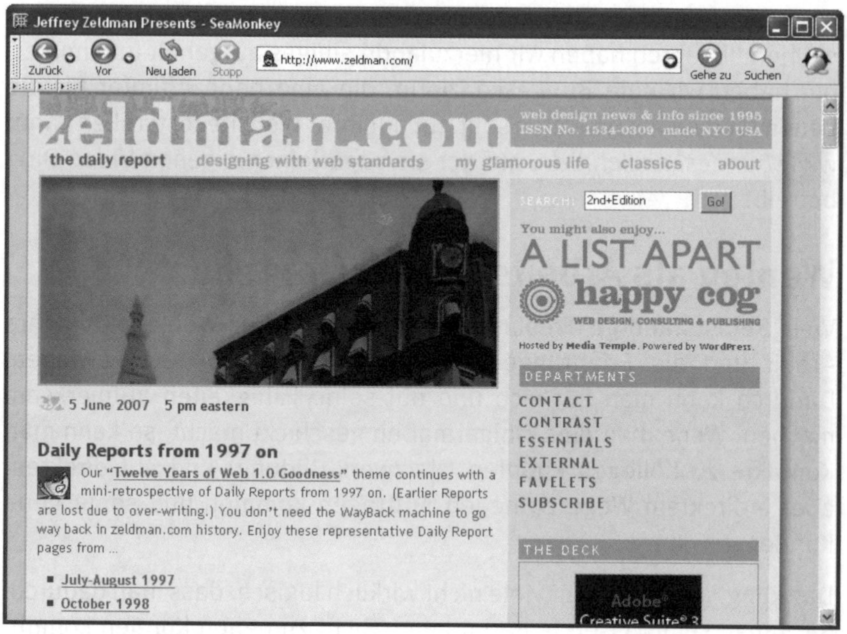

Abbildung 1.2
Das Weblog von Jeffrey Zeldman, einem sehr bekannten Webdesigner aus den USA.

Firmen-Weblogs

Mittlerweile hat sich eine stattliche Anzahl deutscher **Firmen** auch ein Weblog zugelegt. Darüber, ob das jetzt etwas Gutes oder Schlechtes ist, kann man ruhig geteilter Meinung sein. Die einen sehen darin ein Übel, andere freuen sich, weil es ein Zeichen dafür ist, dass auch Firmen die Wichtigkeit von Blogs erkannt und somit Weblogs einen höheren Stellenwert gewonnen haben.

Sicherlich, unter den vielen Firmen-Blogs gibt es einige Blogs, die die Skeptiker in ihren Befürchtungen und Ängsten (zu starke Kommerzialisierung, Ausverkauf der *Blogosphäre*) bestätigt – der Untergang der Blogosphäre und des Abendlandes steht bevor. Aber es gibt auch witzige und gute Firmen-Blogs. Hier wäre allerdings der richtige Zeitpunkt für eine berechtigte Frage: Worüber sollen Unternehmen in ihren Weblogs berichten? Über das Know-how zu berichten, geht nur begrenzt: Eventuelle Patente müssen geschützt bleiben und die Konkurrenz ist nicht weit.

Allerdings gibt es dennoch Möglichkeiten für eine Firma, über etwas berichten zu können. Man könnte die neuen und alten Produkte vorstellen und die Kunden in Form von Kommentaren zu Wort kommen lassen. Somit würde man nicht nur die Produkte vorstellen, sondern auch mit den Kunden in Kontakt treten.

Einen ganz anderen Ansatz verfolgt die Firma FRoSTA. In ihrem Firmen-Blog schreiben Mitarbeiter ... ja, richtig die Mitarbeiter. Seitdem ich das weiß, sehe ich die Firma FRoSTA mit ganz anderen Augen ... sie wirkt auf mich viel menschlicher. Auf *www.blog-frosta.de* können Sie sich selbst einen Eindruck machen.

Abbildung 1.3
Weblog der Firma FRoSTA

Sonstige Einsatzgebiete

Zunehmend setzen auch **Verlage und Medienhäuser** Weblogs ein. »Die Zeit« und das »Handelsblatt« haben mehrere Weblogs. Auch die Tagesschau hat ein Weblog. Weblogs sind in der Informationsbranche ein wichtiges Werkzeug, da man mit ihnen sehr schnell auf aktuelle Ereignisse und vor allem auf »Nischen-Themen« adäquat reagieren kann.

Abbildung 1.4
Weblog der Tagesschau

Allerdings besteht ein großer Teil der Weblogs aus den so genannten **privaten Weblogs**. Hier berichten entweder einzelne Menschen oder Gruppen über dies und das. Und hier liegt auch der Reiz des Bloggens. Man soll bloggen, weil man Lust und Spaß an der Materie hat und nicht weil dies die Tagesschau, FRoSTA oder die NASA tun.

Auch Freelancer sollten in erster Linie bloggen, weil sie das gerne machen und weil sie etwas mitteilen möchten, und nicht in erster Linie wegen des Umsatzes. Wenn man gerne bloggt und die Leser das spüren, dann stellt sich der Umsatz in der Regel früher oder später von alleine ein. Ich weiß, das hört sich jetzt etwas philosophisch an, aber es ist nun mal so. Bloggen Sie nicht um des Bloggens willen oder weil Hinz und Kunz dies tun. Das ist nicht der richtige Ansatz. Bloggen Sie, weil Sie Spaß daran haben.

1.3 Woran erkenne ich ein Weblog?

Im Grunde genommen sind Weblogs sehr aktive Websites, die sich auf den ersten Blick wenig von den »klassischen« Websites unterscheiden. Beim zweiten Blick erkennt man allerdings bestimmte Muster, die aus einer normalen Website ein Weblog machen. Im Einzelnen sind das die chronologische Struktur, die Permalinks, die Kommentarfunktion, Ping- und Trackbackfunktion, News- bzw. RSS-Feeds und einige nicht-technische beziehungsweise »soziale« Aspekte.

Chronologische Struktur und der Fokus auf den einzelnen Beitrag

In der Praxis stehen Weblogs für sehr aktive Websites. Ein Autor, oder besser ausgedrückt ein Blogger, veröffentlicht in mehr oder weniger regelmäßigen Abständen Beiträge in seinem Weblog. Die Beiträge werden chronologisch angeordnet und zwar in umgekehrter Reihenfolge: Ein Weblog ist eine Website, wo der einzelne Beitrag im Fokus steht, und je aktueller, umso weiter oben befindet sich der Beitrag – umgekehrte chronologische Anordnung.

Permalinks

Da in Weblogs der einzelne Beitrag im Fokus steht, ist es nur logisch und konsequent, dass der einzelne Beitrag über einen langlebigen und eindeutigen Link erreichbar ist. Solche Links nennt man *Permalinks*. Das Wort Permalink ist die Abkürzung von permanenter Link. Somit ist es möglich, auf den entsprechenden Beitrag zu verlinken und diesen in seine Bookmarks (Lesezeichen, Favoriten) aufzunehmen, zwei sehr wichtige Vorteile.

Die Permalinks kann man durch den Einsatz der *mod_rewrite-Engine* verfeinern.

Abbildung 1.5
Beitragsüberschrift als Permalink

»Sprechende« URLs

Sehr häufig sieht man Permalinks in Weblogs, die ungefähr so ausschauen: *www.blog-name.de/index.php?p=12*. Gut, die Adresse ist eindeutig und man kann diesen einzelnen Beitrag verlinken oder in die Lesezeichen aufnehmen, aber aussagekräftig ist er nicht wirklich.

Mit Hilfe von verschiedenen Server-Techniken kann man die Adressen aufhübschen und vor allem für Besucher und für Suchmaschinen »leserlicher« machen. Eine solche Technik ist *mod_rewrite*. Hierbei handelt es sich um ein Modul des *Apache*-Webservers, das es ermöglicht, aus unleserlichen URLs (Webadressen) leserliche bzw. so genannte »sprechende« URLs zu machen. Hier ein Beispiel:

- Nicht-sprechende URL: *www.blog-name.de/index.php&cat12&sub27*
- Sprechende URL: *www.domain-name.de/politik/aktuelle-meldung/*

Auch wenn die Frage rhetorisch ist, werde ich sie trotzdem stellen: Welche URL (Web-Adresse) ist für Sie aussagekräftiger? Natürlich die zweite.

Die sprechenden URLs sind für den Besucher sehr nützlich und hilfreich. Die Orientierung, vor allem auf umfangreichen Websites, ist dadurch viel einfacher. Die sprechenden URLs sind aber auch sehr interessant, wenn es darum geht, eine Website für Suchmaschinen zu optimieren. WordPress bietet die Möglichkeit, sprechende URLs bzw. Permalinks zu erstellen. Wie das geht, erfahren Sie im weiteren Verlauf des Buches, unter anderem in Kapitel 4.

Kommentarfunktion

Die meisten Weblogs bieten den Besuchern die Möglichkeit, die Beiträge zu kommentieren. Unter den einzelnen Beiträgen gibt es Formulare, die den meisten Internet-Nutzern aus Gästebüchern und Foren bekannt vorkommen dürften. Hier trägt man diverse persönliche Daten (Name, Mail- und Webadresse) ein und natürlich den Kommentar. Dieses Merkmal ist sehr wichtig, weil hierbei der Besucher bzw. der Leser des Weblogs auf einem direkten Kommunikationsweg dem Betreiber des Weblogs oder dem Autor des Beitrags ein Feedback geben kann.

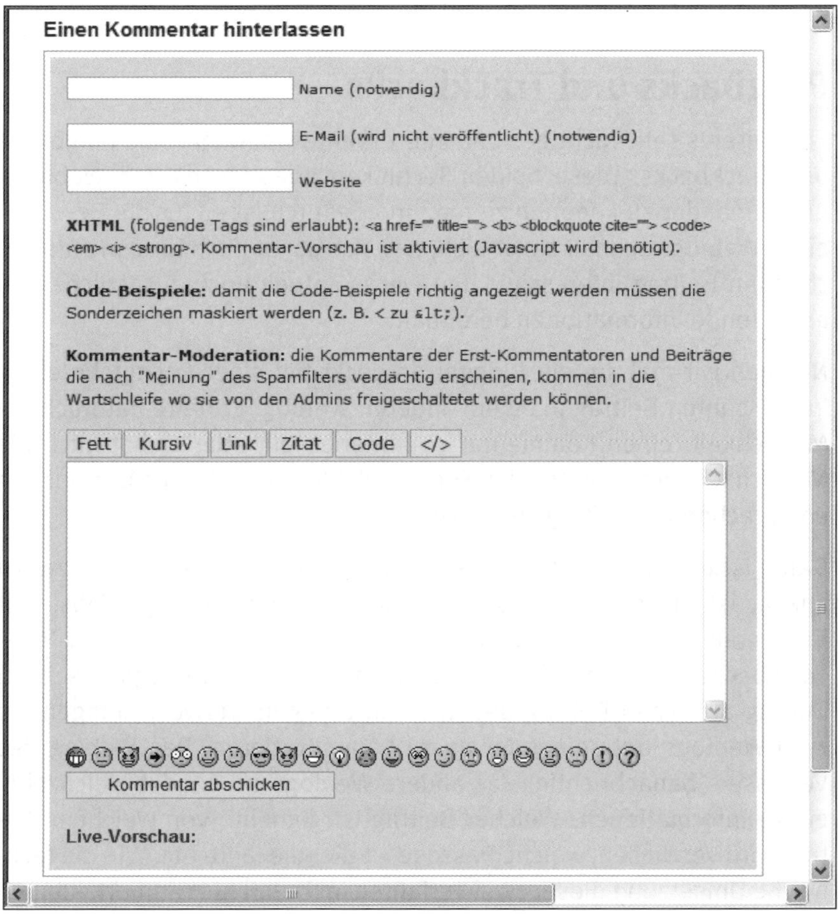

Abbildung 1.6
Beispiel eines Kommentarfeldes

Durch das mittlerweile hohe Aufkommen an Kommentar-Spam sehen sich die meisten Blogger allerdings gezwungen, die Kommentare auf verschiedene Art und Weise zu prüfen. Entweder vor dem Absenden des Kommentars, zum Beispiel, indem man in ein extra Feld einen bestimmen Code eintippen muss, oder nachher, indem der abgegebene Kommentar durch einen oder mehrere Spam-Filter geprüft wird. Sehr häufig werden diese beiden Ansätze kombiniert. Daher dürfen Sie sich nicht wundern, wenn in manchen Weblogs Ihr Kommentar nicht sofort erscheint, es ist dann davon auszugehen, dass er in der Warteschleife gelandet ist und auf seine Freischaltung wartet.

Im weiteren Verlauf des Buches werde ich noch einmal auf das Thema Kommentar-Spam zurückkommen und Ihnen zeigen, wie Sie Spam bekämpfen und auf ein erträgliches Maß reduzieren können. Ganz ohne Spam geht es leider nicht, außer Sie betreiben Ihr Weblog in einer geschützten Umgebung: Intranet oder passwortgeschützter Bereich.

Pingbacks und Trackbacks

Ein weiteres sehr wichtiges und interessantes Merkmal sind Pingbacks und Trackbacks. Diese beiden Techniken erlauben es den Weblogs, untereinander zu kommunizieren, und dadurch ist es für die Besucher eines Weblogs schnell ersichtlich, wer sich sonst noch für den entsprechenden Beitrag interessiert und wer eventuell noch zusätzliche und ergänzende Informationen bereithält.

Nehmen wir mal an, ein Blogger entdeckt bei einer Recherche einen interessanten Beitrag in einem anderen Weblog. Er hätte natürlich die Möglichkeit, einen Kommentar zu hinterlassen, aber er hat auch die Möglichkeit, einen Beitrag im eigenen Weblog zu verfassen und auf den entsprechenden Beitrag zu verweisen.

Daran ist erst mal nichts Neues. Auf eine Quelle zu verweisen bzw. zu linken, ist ein fester Bestandteil und ein Mehrwert des Webs, seit Beginn an. Aber hier kommen jetzt die Techniken von Pingbacks bzw. Trackbacks zum Zuge. Sobald der Betreiber eines Weblogs in seinem Beitrag auf einen Beitrag des anderen Bloggers verweist, fangen die zwei Weblogs untereinander an zu kommunizieren. Das Weblog des Verfassers benachrichtigt das andere Weblog und sendet gleichzeitig einige Informationen: Welcher Beitrag ist gemeint, von welchem Beitrag wird verwiesen, welche Passage ist die relevante etc. Wie die technische Umsetzung dieser zwei Verfahren im Detail funktioniert, können Sie an anderer Stelle nachlesen.

Hinweis

In der deutschsprachigen Wikipedia (*de.wikipedia.org*) gibt es zwei kurze Artikel zu Trackback (*de.wikipedia.org/wiki/Trackback*) und Pingback (*de.wikipedia.org/wiki/Pingback*) mit weiterführenden Informationen.

Vielmehr als die reinen technischen Abläufe bei Pingbacks und Trackbacks ist für uns der Effekt dieser zwei Verfahren interessant. Nachdem vom Empfänger-Blog die Nachricht empfangen wurde, wird sie verarbeitet und je nach Einstellung entweder sofort oder nach einer Moderation im Kommentarbereich veröffentlicht. Somit kann jeder Besucher sehen, wer sich mit dem entsprechenden Beitrag beschäftigt hat, und zudem kann man so auch zusätzliche oder ergänzende Informationen zu einem Thema finden.

Tipp

Die Ping- und Trackbacks eignen sich auch hervorragend zum Einsatz im eigenen Weblog. Verlinken Sie nicht nur die thematisch verwandten Beiträge, sondern senden Sie ruhig Ping- bzw. Trackbacks zwischen den internen Beiträgen. Somit kann der Besucher eindeutig erkennen, welche Beiträge und Themen im Zusammenhang stehen. Die Pingbacks und Trackbacks unterscheiden sich neben dem technischen Hintergrund auch in ihrem Handling. Hierbei beziehe ich mich auf das Handling der beiden Techniken innerhalb eines WordPress-Blogs. Um einen Pingback auszulösen, reicht es, auf den Permalink des jeweiligen Beitrags zu verlinken – so wie Sie es auf einer normalen Website tun würden. Um einen Trackback auszulösen, müssen Sie zuerst die Trackback-Adresse des Beitrags, auf den Sie sich beziehen wollen, herausfinden und diese dann in einen speziellen Bereich Ihres Weblogs eintragen, bevor Sie Ihren Beitrag veröffentlichen. Wie man das macht, werden Sie in Kapitel 4 erfahren.

Newsfeeds

Des Weiteren bieten so ziemlich alle Weblogs ihre Inhalte noch zusätzlich in Form eines Newsfeeds an. Dieser Newsfeed wird je nach System entweder in einem oder in mehreren auf dem Markt befindlichen Feed-Formaten angeboten: RSS 0.9x, RSS 1.0, RSS 2.0 und Atom.

Alle diese Formate basieren auf der Auszeichnungssprache *XML* und erlauben es, die Inhalte einer Website in eine für Maschinen lesbare Form zu übersetzen. Somit ist es möglich, den Feed eines Weblogs zu abonnieren und mittels eines Programms (Feedreader) die Veränderungen in dem Weblog zu beobachten, ohne den Browser zu bemühen.

Das ist vor allem sehr sinnvoll, wenn Sie mehrere Weblogs und sonstige Websites beobachten. Ich persönlich habe in meiner Feed-Sammlung an die 100 Weblogs und andere Websites und es wäre eine Heidenarbeit, alle diese Websites zu besuchen, um nachzuschauen, ob es etwas Aktuelles gibt. Ich habe stattdessen die Newsfeeds dieser Quellen abonniert und jetzt kann ich ganz komfortabel in meinem Feedreader feststellen, ob und wo es Neuigkeiten gibt.

Auf dem Markt gibt es viele Feedreader. Zum einen gibt es mehrere webbasierte Dienste, wie z. B. *Bloglines* (*www.bloglines.com*), *Google Reader* (*www.google.de/reader/*) und *Rojo* (*www.rojo.com*) und demgegenüber stehen Desktop-Anwendungen, wie z. B. der *FeedReader* (*www.feedreader.com*), der *RSS-Bandit* (*www.rssbandit.org*) oder der kostenpflichtige *FeedDemon* (*www.newsgator.com/Individuals/FeedDemon/*).

Das Geschehen auf den Websites zu beobachten ist allerdings nur einer der nützlichen Aspekte von Newsfeeds. Daneben bieten *RSS* und *Atom* weitere Einsatzmöglichkeiten, wie zum Beispiel die Bündelung der Inhalte von mehreren Websites an einer Stelle, das Stichwort dazu heißt *Content-Syndication*.

Aber **Vorsicht**, nur weil eine Website ihre Inhalte auch in Form eines Newsfeeds anbietet, heißt es nicht, dass dieser Inhalt »Freiwild« ist und man damit anstellen kann, was man will: Der Inhalt unterliegt weiterhin dem *Urheberrecht*. Nur weil ein fremdes Auto auf einem öffentlichen Parkplatz steht, heißt es nicht, dass wir in dieses Auto einsteigen und damit wegfahren dürfen. Nur weil etwas technisch möglich ist, ist es noch lange nicht erlaubt.

Ein sehr gutes Beispiel für die legale Bündelung von Inhalten (Content Syndication) mit Hilfe von Newsfeeds ist WordPress-Planet (*planet.wordpress.org*). Dort werden die Inhalte von momentan 19 verschiedenen Weblogs eingespeist. Bei den Weblogs handelt es sich um die Weblogs der Leute, die in irgendeiner Weise für die Entwicklung von WordPress wichtig sind (Programmierer, Tester etc.).

Auf dem gleichen Prinzip baut auch Mozilla-Planet (*planet.mozilla.org*) auf. Hier werden Quellen von Personen eingespeist, die in irgendeiner Weise für die Mozilla-Produktfamilie (Firefox, Thunderbird, SeaMonkey etc.) wichtig sind.

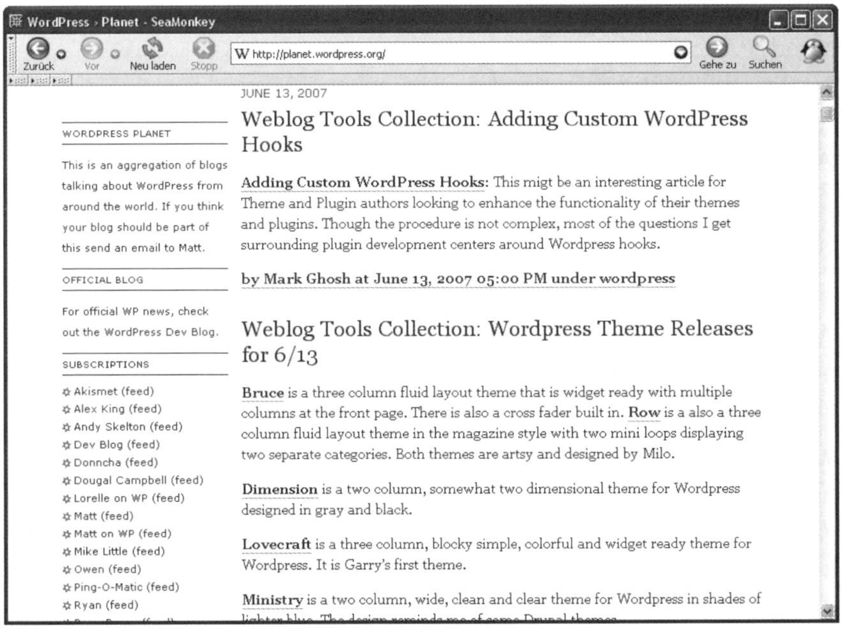

Abbildung 1.7A
WordPress-Planet

Wie erkenne ich, ob eine Website einen Newsfeed anbietet?

Da mittlerweile nicht nur Weblogs, sondern zunehmend auch Wikis, Newsportale und andere Websites Newsfeeds anbieten, wäre es gut zu wissen, ob eine Website diesen auch anbietet. Leider gibt es keinen Standard im Sinne eines Gesetzes, das vorschreibt, wie Anbieter eines Newsfeeds diesen kennzeichnen sollen. Schon bei der Titulierung des Newsfeeds gibt es unterschiedliche Angaben: XML, RSS, Feed, Newsfeed, Abonnieren etc. Und auch die visuelle Kennzeichnung durch diverse Icons variiert. Schlussendlich hat sich bei einem Großteil der Anbieter durchgesetzt, orangefarbene Icons mit RSS oder XML als Text in weißer Farbe als Kennzeichnung für einen Newsfeed einzusetzen.

Seit Ende 2005 gibt es allerdings einen Quasistandard in Bezug auf die visuelle Kennzeichnung von Newsfeeds. Denn im Dezember 2005 hat sich auch Microsoft dazu entschlossen, den Internet Explorer 7 – der sich damals noch in der Entwicklung befand – mit dem gleichen Feed-Icon auszustatten, das auch Firefox aus dem Hause Mozilla besitzt.

Danach wurde auf der Website *www.feedicons.com* das Symbol in verschiedenen Formaten zur freien Nutzung angeboten. Dies und die Tatsache, dass die zwei Großgewichte – Microsoft und Mozilla – sich auf dieses Symbol geeinigt haben, hat dazu geführt, dass sich das Symbol schnell und weitläufig verbreitet hat. Damit ist ein Quasi-Standard entstanden.

Abbildung 1.8A
Feed-Icon

Wenn Sie das Symbol aus Abbildung 1.8 auf einer Website sehen, können Sie davon ausgehen, dass diese Website auch einen Newsfeed anbietet.

Wenn Sie als Browser Mozilla Firefox, Internet Explorer 7, Opera, Safari oder Konqueror einsetzen, haben Sie das oben beschriebene Problem gar nicht. Diese Browser zeigen in der Adressleiste bzw. in der Statusleiste automatisch an, ob eine Website Newsfeeds anbietet:

Abbildung 1.9A
Feed-Icon in der Adressleiste von Mozilla-Firefox

Je nach Browser erscheint das Feed-Icon leider an unterschiedlichen Stellen. In Mozilla-Firefox und Opera zum Beispiel erscheint es in der Adressleiste, im Internet Explorer erscheint es in der Menüleiste. Wo kämen wir denn hin, wenn sich die Browserhersteller wirklich dazu durchringen würden, eine Sache bis zum Schluss einheitlich zu gestalten?

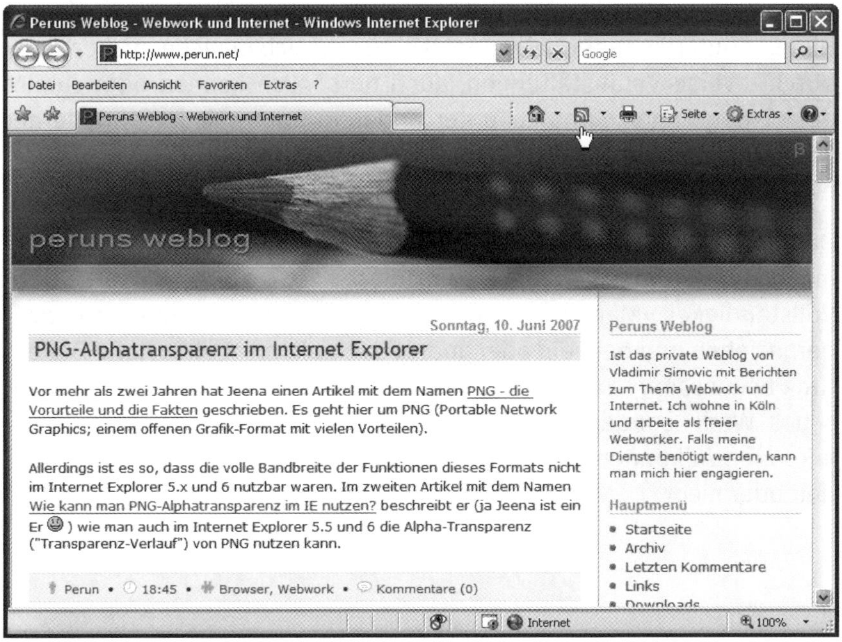

Abbildung 1.10
Feed-Icon in der Menüleiste von dem Internet Explorer 7

Nicht-technische Aspekte

Bis jetzt haben Sie ausschließlich die technischen Aspekte bzw. Unterscheidungsmerkmale kennen gelernt, nun wenden wir uns den sozialen Aspekten zu.

Dass Blogger häufiger ihre Website aktualisieren, habe ich bereits erwähnt. Blogger sind auch eher bereit, auf eine Quelle zu verlinken, und die beiden Werkzeuge – Ping- und Trackbacks – verstärken dieses Verhalten. Zudem herrscht in den Weblogs ein anderer Ton und eine andere Beziehung zwischen dem Betreiber/Autor einerseits und dem Besucher/Leser auf der anderen Seite – er ist persönlicher.

Mit persönlich meine ich nicht, dass der Autor und der Besucher private Geheimnisse und intime Details austauschen, sondern dass es einen direkten Kontakt zwischen dem Besucher und dem Blogger gibt. Ob man sich dabei duzt, ist Geschmackssache – ich persönlich finde es allerdings etwas befremdlich, wenn man sich in Weblogs siezt. Aber wie gesagt, das ist Geschmackssache, oder wie man bei uns in Köln sagt: »Jeder Jeck ist anders.«

Der Blogger an sich ist und sollte authentisch sein. Mit authentisch meine ich, dass der Autor auch wirklich hinter dem steht, was er schreibt, und dass er auch wirklich der Verfasser des jeweiligen Beitrags ist.

Ein nicht zu vernachlässigender Aspekt ist auch die Tatsache, dass viele Blogger untereinander gut vernetzt sind und sich manche, nicht zuletzt durch diverse Veranstaltungen, auch persönlich kennen oder zumindest einen engen Kontakt, unter anderem auch mit Hilfe **moderner Kommunikationsmittel** (E-Mail, *Instant Messenger*, *Skype*, *Twitter* etc.), pflegen.

Das waren jetzt im Großen und Ganzen die Aspekte, die ein Weblog ausmachen. Allerdings erhebe ich mit dieser Liste keinen Anspruch auf Vollständigkeit. Manch einer wird noch den ein oder anderen Aspekt heranziehen und dem ein oder anderen Aspekt nicht allzu hohe Bedeutung beimessen, sehen Sie daher die obere Liste nicht als ein dogmatisches Werk, sondern als eine lockere »Checkliste« an, um schnell erkennen zu können, ob es sich bei einer Website um ein Weblog handelt oder nicht.

Kapitel 2

2

Einstieg in WordPress

Im ersten Kapitel haben Sie einige Grundlagen zum Thema Weblogs kennen gelernt. Sie wissen nun, was Weblogs sind, welchen Mehrwert sie bieten, wie man sie erkennt und was Newsfeeds sind. In diesem Kapitel werden Sie einige grundlegende Informationen zu WordPress bekommen und Sie werden erfahren, wie man WordPress installiert und welche Fehler man bei dem Installationsprozess machen kann.

2.1 Warum WordPress?

Die Entstehung von WordPress geht zurück in das Jahr 2001 und ist nach Angaben der Entwickler der offizielle Nachfolger von b2/cafelog. Die Software basiert auf der serverseitigen Skriptsprache *PHP*, der Datenbank *MySQL* und ist unter einer *GPL* (Open Source; *www.gnu.org/copyleft/gpl.html*) lizenziert. Einer der Hauptpunkte, auf die sich die Entwickler konzentrieren, ist die Einhaltung von *Webstandards*. WordPress produziert einen validen bzw. gültigen *XHTML*-Code. Hier einige Fähigkeiten (Features), die WordPress zu bieten hat:

- Volle Einhaltung der Webstandards – WordPress produziert Code, der die Empfehlungen des W3C befolgt.
- Kommentare – Die Besucher können Kommentare hinterlassen und der Betreiber die Trackback- und Pingback-Funktion nutzen.
- Linkmanager – WordPress ermöglicht die Erstellung und Pflege von diversen Linkkategorien über die Admin-Oberfläche.
- Die Beiträge werden automatisch auch in RSS (0.92, 1.9, 2.0) und Atom (1.0) veröffentlicht.
- Passwortgeschützte Beiträge – Es ist möglich, Beiträge zu erstellen, die für die Öffentlichkeit unzugänglich sind.
- Importtools – Momentan gibt es Importtools für Movable Type, Textpattern, Blogger, Dotclear und RSS. An Importtools für weitere Formate wird gearbeitet.
- Typographie – WordPress nutzt die Texturize-Engine, um den Text und die Sonderzeichen in korrektes XHTML umzuwandeln.
- Intelligente Textformatierung – WordPress formatiert den Text so, wie man es will. Es fügt z. B. tatsächlich Absätze (`<p></p>`) ein und erreicht dies nicht durch das Einfügen mehrerer Zeilenumbrüche (`<br />`).
- Multi-Autoren – WordPress beherrscht standardmäßig fünf verschiedene Benutzerstufen mit verschiedenen Einstellungen und Privilegien.

- Themes – Themes sind fertige Layouts für WordPress. Dank des einfachen Systems ist es möglich, so ziemlich jedes Layout in WordPress umzusetzen.
- Pages – Pages sind im Gegensatz zu den Beiträgen für den statischen Inhalt zuständig, wie für das Impressum oder eine »Über uns«-Seite.
- Bookmarklets – Sind sehr kleine JavaScript-Anwendungen (teilweise nur wenige Zeilen lang), die man als Lesezeichen im Browser ablegen und später auch aufrufen kann. WordPress bietet Bookmarklets, mit denen man schnell neue Beiträge veröffentlichen oder neue Links aufnehmen kann.
- Mit einer Vielzahl an Plugins kann man die Funktionalität von WordPress erweitern.
- u. v. m.

Für den Einsatz von WordPress gibt es viele gute Argumente. Zum einen ist die Software *Open Source*. Hierbei ist die Offenheit des Codes wichtiger als die Tatsache, dass die Software kostenlos ist. Dadurch, dass der Code offen ist, können externe Entwickler viel einfacher Erweiterungen für diese Software entwickeln.

Die große Anzahl an Plugins, Infos und Themes für WordPress ist unter anderem das Ergebnis dieser Offenheit. Und dieses Ergebnis ist einer der Gründe, warum WordPress so populär ist. Zum jetzigen Zeitpunkt gibt es mehr als 2000 Plugins und mehr als 3000 Themes (Layouts) zum freien bzw. kostenlosen Download.

Die Community (Gemeinschaft) ist sehr aktiv, man findet daher sehr schnell Hilfe, Lösungsansätze und Inspiration. WordPress läuft auf den meisten Webhosting-Plattformen: *LAMP* (Linux, Apache, MySQL und PHP) gehören mittlerweile zum Standardangebot der meisten Anbieter und solche Pakete sind inzwischen günstig zu haben.

2.2 Was sind Themes und Plugins?

In den oberen Absätzen haben Sie die Begriffe Plugins und Themes mehrfach gelesen. Hier nun eine kurze Beschreibung für diese zwei wichtigen WordPress-Begriffe:

- Plugins sind Erweiterungen, die von der Community (Gemeinschaft) beigesteuert werden. Die Plugins erweitern die Funktionalität von

WordPress und werden als separate Dateien von diversen Autoren angeboten. In den meisten Fällen muss man die Datei nur in den Plugin-Ordner (*/wp-content/plugins/*) hochladen und innerhalb der Admin-Oberfläche unter *Plugins* aktivieren.

- Themes sind fertige Layouts für WordPress. Bei anderen Programmen nennt man so etwas auch Skins oder Templates. Einfach das jeweilige Theme in den Theme-Ordner */wp-content/themes/* hochladen, innerhalb der Admin-Oberfläche unter *Themes* aktivieren und schon sieht Ihr Weblog ganz anders aus.

2.3 Welche Umgebung benötigt WordPress?

Für die Installation von WordPress benötigt man PHP ab der Version 4.2 und MySQL ab der Version 3.23.23. Ab dem Versionsstrang 2.1.x benötigt WordPress mind. MySQL 4.

Um die volle Funktionalität der Software nutzen zu können, wird Apache als Webserver und sein Modul *mod_rewrite* (Stichwort: »sprechende« URLs; siehe Kapitel 1, Abschnitt *Was sind Permalinks?*) empfohlen, allerdings läuft WordPress auch unter anderen Webservern, z. B. unter IIS von der Firma Microsoft. Jedoch sind dann einige Funktionen eingeschränkt (z. B. Permalink-Optionen). Im weiteren Verlauf des Buches wird davon ausgegangen, dass Sie WordPress auf einem Linux- bzw. Unix-Server betreiben, der dann auf die stark verbreitete und sehr populäre Kombination aus Apache als Webserver, MySQL als Datenbank und auf PHP als serverbasierte Skriptsprache setzt. Hierbei spricht man dann auch von LAMP (Linux, Apache, MySQL, PHP).

2.4 Welche Version soll ich nun einsetzen? Und worin unterscheiden sich die Versionen?

Die Antwort ist klar: immer die aktuellste Version ... sofern dies möglich ist. Momentan ist die aktuellste Version 2.2.3 und die Arbeiten an der Version 2.3 gehen voran und diese Version soll am 24. September 2007 erscheinen. Wenn Sie allerdings auf Ihrem Server nur MySQL 3.23.23 bzw. eine Version kleiner 4 haben und WordPress einsetzen möchten, dann müssen Sie auf den Versionsstrang 2.0.x zurückgreifen – momentan aktuelle Version dieses Strangs ist 2.0.11. Dieser Versionsstrang genießt einen **Langzeit-Support** und es werden bis in das Jahr 2010 Sicherheitsupdates und Fehlerbereinigungen für ihn zur Verfügung gestellt. Für die Versionsstränge 2.1.x und 2.2.x gibt es **keinen** Langzeitsupport und es ist momentan (Mitte September 2007) noch nicht geklärt, ob es diesen für den Versionsstrang 2.3.x oder erst für 2.4.x geben wird.

Sie werden sich jetzt sicherlich fragen, was die Unterschiede zwischen den einzelnen Versionen sind? Jetzt auf jede kleine Änderung im Detail einzugehen, würde einiges von dem kostbaren Platz dieses Buches in Anspruch nehmen, zumal die allermeisten Änderungen eh nur für Programmierer interessant sind oder einem Nutzer gar nicht auffallen. Um die Änderungen an WordPress zu verfolgen, empfehle ich Ihnen die Adresse *trac.wordpress.org/roadmap*. Dort werden alle Änderungen einer Version (inkl. Erläuterung) aufgelistet.

Seit der Version 2.1 haben sich die Entwickler entschlossen, alle vier Monate einen neuen Versionsstrang herauszubringen. Im Januar 2007 war es die Version 2.1, im Mai 2.2 und voraussichtlich im September 2.3. Dafür sind die Änderungen zwischen den Versionssträngen sehr viel kleiner als in den früheren Versionssprüngen. Es gab zwischen den Versionen 2.1 zu 2.2 244 Änderungen (*Tickets*), dabei sind, wenn es hochkommt, gerade mal eine Handvoll davon für einen Endanwender wirklich sichtbar und relevant. Die allermeisten Änderungen geschehen »unter der Haube« und sehr viele davon sind sehr minimal, wie zum Beispiel Kleinständerungen an der CSS-Datei des Standard-Themes oder die Korrektur von Rechtschreibfehlern.

Die Änderungen innerhalb eines Versionsstrangs, zum Beispiel von 2.0.10 zu 2.0.11, sind äußerst minimal und dienen nur dazu, Fehler zu beheben und eventuelle Sicherheitslücken zu schließen. Also, Sie brauchen sich keine Sorgen zu machen, auch wenn WordPress einen relativ schnellen Release-Zyklus hat, wird dieses Buch Ihnen für eine sehr lange Zeit dienlich sein.

2.5 Wofür kann man WordPress einsetzen?

WordPress ist zwar in erster Linie eine sehr gute Weblog-Software, aber man kann es ohne Probleme auch als ein schlankes Redaktionssystem, im klassischen Sinne, verwenden. Ich selbst habe bereits für einige

Kunden und für mich persönlich WordPress für verschiedene Zwecke eingesetzt: als Weblog, als klassisches webbasiertes Redaktionssystem (CMS = Content Management System), als Archiv für Newsletter etc. Daher lohnt es sich, die Entwicklung von WordPress im Auge zu behalten, auch wenn man nicht beabsichtigt, ein Weblog zu betreiben.

Allerdings darf man einen Fehler nicht begehen: Wenn man WordPress oder eine andere Weblog-Software für andere Zwecke als das Bloggen einsetzt, dann sollte man dieses Konstrukt nicht als Weblog bezeichnen. Die Weblogs erfüllen bestimmte Kriterien, die Sie im ersten Kapitel bereits kennen gelernt haben. Wenn Sie einem Besucher ein Weblog versprechen, dann sollte er auch ein Weblog vorfinden und nicht z. B. ein Newsletter-Archiv – ist logisch, oder? Sonst verlässt er enttäuscht die Website und kommt wahrscheinlich nicht mehr wieder. Stellen Sie sich mal vor, jemand verspricht Ihnen einen Vollwert-Bienenstich und nachher bekommen Sie nur einen Butterkeks aufgetischt ... ich wäre leicht angesäuert.

2.6 Welche Kenntnisse benötige ich?

Um WordPress zu installieren und zu betreiben, sollten Sie wissen, was ein Texteditor und ein FTP-Programm ist und wie man diese bedient. Wenn Sie allerdings das Layout und die Funktionalität anpassen wollen, dann sollten Sie auch gute Kenntnisse in (X)HTML und CSS sowie grundlegende Kenntnisse in PHP haben. Aber die wichtigste Voraussetzung ist *Lernwillen* und eine Portion *Neugier*. Ich gehe schwer davon aus, dass dies beides bei Ihnen vorhanden ist, da Sie sonst nicht dieses Buch lesen würden.

2.7 Wie installiere ich WordPress?

Die Vorbereitung

Bevor Sie mit der Installation anfangen, sollten Sie sich vergewissern, ob Sie alles haben, was für eine erfolgreiche WordPress-Installation notwendig ist. Gehen Sie bitte folgende Checkliste für Ihren Server bzw. Webspace durch:

Checkliste

- Webspace, am besten mit Apache als Webserver
- PHP ab der Version 4.2 und MySQL-Datenbank ab der Version 4
- Ist die Datenbank installiert und kennen Sie die Zugangsdaten?
- Haben Sie einen FTP-Zugang und kennen Sie dessen Zugangsdaten?
- Haben Sie ein FTP-Programm, einen Texteditor und ein Entpack-Programm zur Verfügung?

Wenn Sie alle Punkte mit Ja beantwortet haben, können Sie loslegen. Die Informationen zu den einzelnen Punkten bezüglich des Servers in der Checkliste kann Ihnen Ihr Provider (Anbieter) geben.

Hinweis

Sollten Sie auf Ihrem Server nur eine MySQL-Datenbank mit der Versionsnummer 3.23.23 haben bzw. eine Version kleiner 4 und für Sie ein Provider-Wechsel nicht in Frage kommt, dann würde ich Ihnen empfehlen, unter *wordpress.org/download/release-archive/* nach der aktuellsten Version des Versionsstrangs 2.0.x zu schauen. Momentan ist die Version 2.0.11 aktuell. Dieser Versionsstrang begnügt sich mit MySQL 3.23.23 und höher und wird von den Entwicklern mit einem Langzeit-Support beglückt: Sie wird bis 2010 mit Sicherheitsupdates und Fehlerbereinigungen gepflegt.

Download des Pakets, der deutschen Sprachdatei und Einrichtung der Konfigurationsdatei

Download

Die aktuelle Version von WordPress können Sie von mehreren Stellen beziehen: von der offiziellen Seite (*wordpress.org/download/*), der inoffiziellen deutschsprachigen Seite (*wordpress-deutschland.org*) oder auf der Buch-Seite (*www.wordpress-buch.de*). Dort werde ich ein Komplettpaket (inkl. einiger Plugins und Themes) anbieten. Ich werde im Buch mit dem offiziellen Paket arbeiten.

Entpacken

Nachdem Sie das gezippte Paket heruntergeladen haben, müssen Sie es entpacken. Wenn Sie das Paket entpackt bzw. entzippt haben, sollte es folgendermaßen ausschauen:

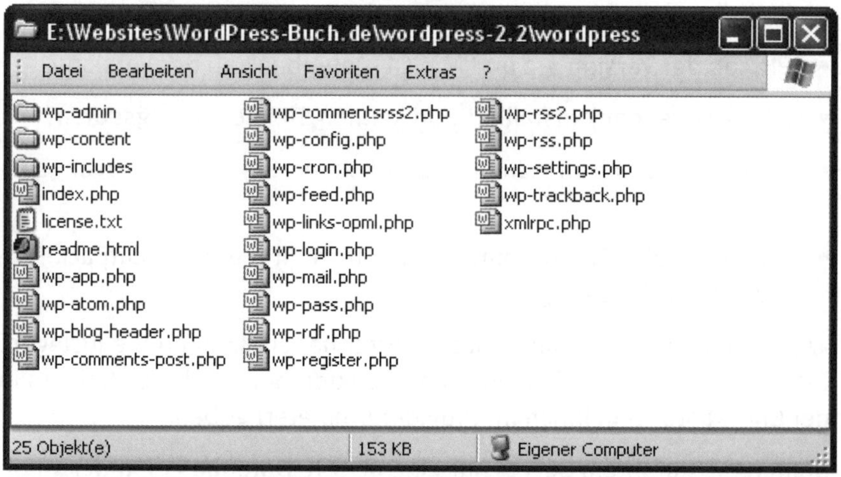

Abbildung 2.1
Inhalt des WordPress-Ordners

Deutsche Sprachdatei

Anschließend erstellen Sie innerhalb des Ordners *wp-includes* einen neuen Unterordner mit dem Namen *languages*. Danach begeben Sie sich zu *wordpress-deutschland.org/download/sprachdatei* und laden dort die aktuelle deutsche Sprachdatei (*de_DE.mo.zip*) herunter. Diese Datei müssen Sie ebenfalls entpacken und dann kopieren Sie die *de_DE.mo* in den neu erstellten Ordner *languages*.

Konfigurationsdatei

Der nächste Schritt besteht darin, die Konfigurationsdatei zu bearbeiten. Benennen Sie die Datei mit dem Namen *wp-config-sample.php* in *wp-config.php* um. Öffnen Sie die Datei in einem **Texteditor**. Bitte nehmen Sie einen Texteditor (Notepad, PSPad etc.) und kein Textverarbeitungsprogramm (Word, OpenOffice etc.). So schaut der Inhalt der Datei aus:

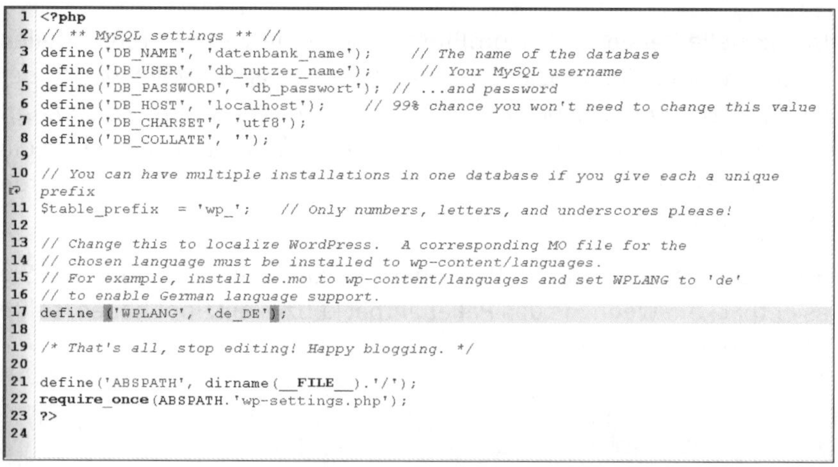

```
<?php
// ** MySQL settings ** //
define('DB_NAME', 'datenbank_name');    // The name of the database
define('DB_USER', 'db_nutzer_name');     // Your MySQL username
define('DB_PASSWORD', 'db_passwort'); // ...and password
define('DB_HOST', 'localhost');    // 99% chance you won't need to change this value
define('DB_CHARSET', 'utf8');
define('DB_COLLATE', '');

// You can have multiple installations in one database if you give each a unique prefix
$table_prefix  = 'wp_';   // Only numbers, letters, and underscores please!

// Change this to localize WordPress.  A corresponding MO file for the
// chosen language must be installed to wp-content/languages.
// For example, install de.mo to wp-content/languages and set WPLANG to 'de'
// to enable German language support.
define ('WPLANG', 'de_DE');

/* That's all, stop editing! Happy blogging. */

define('ABSPATH', dirname(__FILE__).'/');
require_once(ABSPATH.'wp-settings.php');
?>
```

Abbildung 2.2
Inhalt der *wp-config.php*

Datenbank-Angaben

In den Zeilen 3 bis 6 müssen Sie einige Angaben zur Datenbank machen. Diese Angaben entnehmen Sie der Administrationsoberfläche Ihres Web-Accounts oder der E-Mail, die Ihnen bei der Registrierung von Ihrem Provider zugeschickt wurde. Zuerst müssen Sie den Datenbanknamen eingeben, danach den Benutzernamen und in der Zeile 4 das Passwort. Den Wert `localhost` in der Zeile 6 können Sie in den meisten Fällen unverändert lassen.

In den Zeilen 7 und 8 sind mit WordPress 2.2 neue Angaben hinzugekommen. Standardwert ist bei dem ersten `utf8` und bei der zweiten Angabe ist der Standardwert leer bzw. es wird nachher automatisch der Standardwert aus der Datenbank ausgelesen. Bei einer Neuinstallation sollte man die Standardwerte unverändert lassen, außer man kennt sich mit dem Aufbau der Datenbank gut aus und hat vor, einen anderen Zeichensatz für die Datenbank zu vergeben.

Für Leute, die updaten und in ihrer alten *wp-config.php* diese beiden Angaben nicht haben, wird empfohlen, die Zeilen 7 und 8 komplett zu entfernen, und das nicht nur, wenn man als Zeichensatz iso-8859-1 vorgegeben hat. Dieser Ratschlag ist zwar richtig und nett gemeint, aber im Grunde genommen etwas unnötig, da man bei einem Upgrade die alte *wp-config.php* auf dem Server belassen und keine neue hochladen sollte, weil die Gefahr besteht, dass Probleme entstehen.

Datenbankpräfix

In der Zeile 11 ist ein Wert `wp_` vorgegeben. Hierbei handelt es sich um das Präfix für die Datenbanktabellen. Nach der Installation schaut der Name einer Datenbanktabelle folgendermaßen aus: `wp_options`. Möchten Sie in einer Datenbank mehrere WordPress-Installationen unterbringen, dann müssen Sie bei den anderen Installationen diesen Wert ändern, z.B. `wp_projektname_`.

Angabe zur Sprache

In der Zeile 17 habe ich bereits – wie Sie in der Abbildung sehen können – den Wert `de_DE` eingegeben. Üblicherweise ist der Wert hier leer. Durch die Angabe von `de_DE` sucht WordPress automatisch nach einer Sprachdatei im Ordner */wp-includes/languages/* mit dem Namen *de_DE.mo*.

Upload und Installation

Hochladen

Nun geht es darum, das WordPress-Paket auf den Server hochzuladen. Ich nutze als *FTP*-Programm *Filezilla* (*filezilla.sourceforge.net*), das Sie auch auf der Buch-CD finden. Nachdem Sie alles hochgeladen haben, sollte sich folgendes oder ein ähnlich aussehendes Bild ergeben:

Abbildung 2.3
Die FTP-Ansicht nach dem Upload

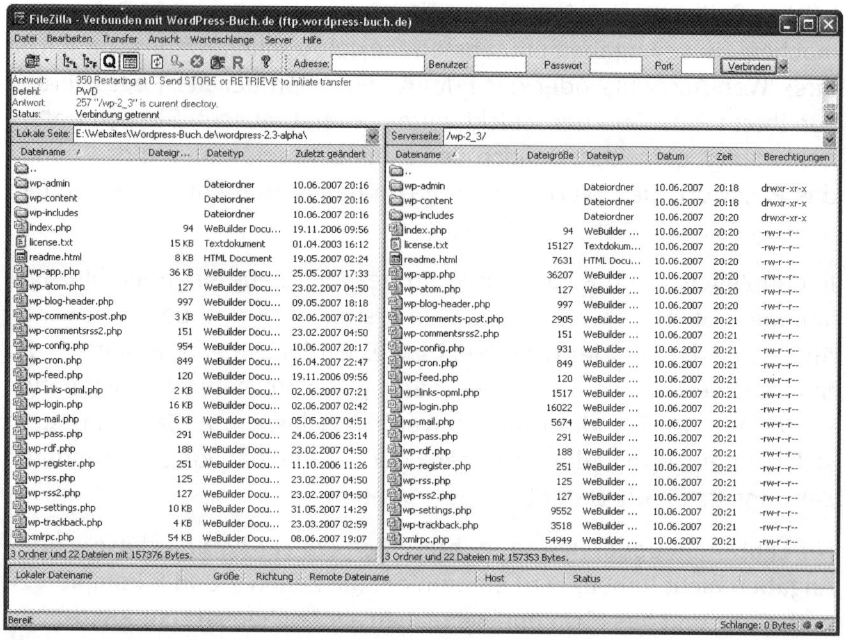

Danach rufen Sie die Installationsdatei (*install.php*) im Browser auf. Die Datei befindet sich im Ordner *wp-admin*. Daher müssten Sie Folgendes in die Adressleiste Ihres Browsers eintippen:

www.meine-blog-adresse-de/wp-admin/install.php

Wenn Sie bis jetzt alles richtig gemacht haben, sollte folgendes Bild zu sehen sein:

Abbildung 2.4
Der erste Schritt in der Installation

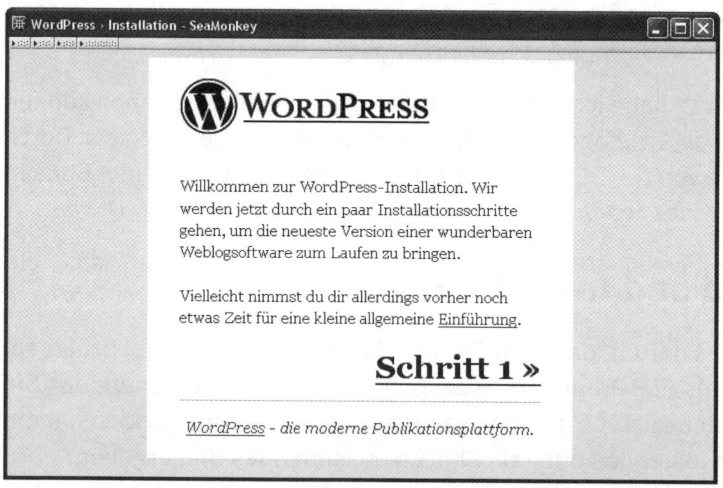

Falls nicht, dann schauen Sie am Ende des Kapitels nach. Diese und die Meldung in den folgenden Fenstern sind logischerweise nur dann in deutscher Sprache, wenn Sie die deutsche Sprachdatei (*de_DE.mo*) hochgeladen und in der Konfigurationsdatei (Zeile 17) auch vermerkt haben. Hier bleibt Ihnen nichts übrig, als auf den Link *Schritt 1»* zu klicken. Danach ist folgende Meldung zu sehen:

Der erste Installations-Schritt

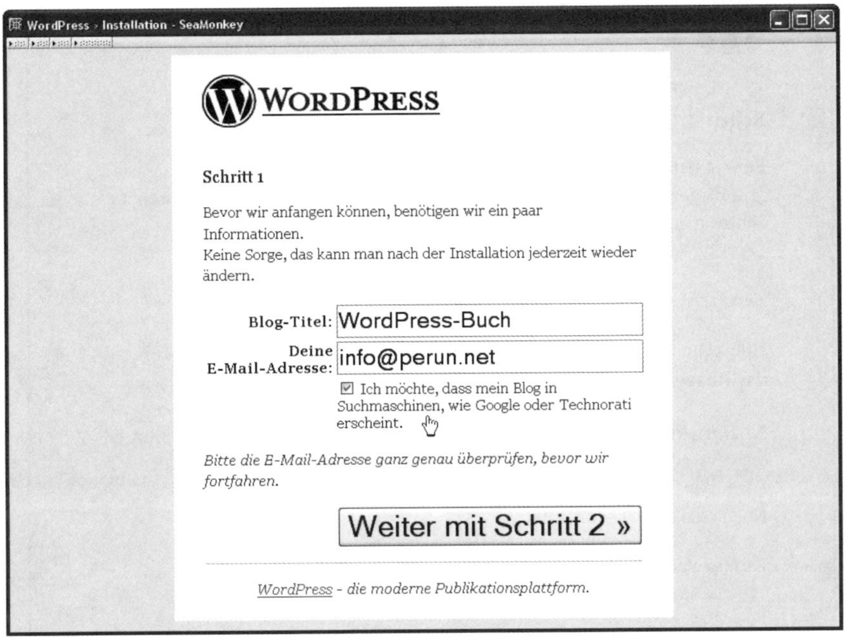

Abbildung 2.5
Der zweite Schritt in der Installation

Hier haben Sie die Möglichkeit, den Namen des Weblogs (*Blog-Titel*) und die E-Mail-Adresse des Administrators einzugeben. Darunter befindet sich eine Checkbox mit folgendem Text:

Der zweite Installationsschritt

> *Ich möchte, dass mein Blog in Suchmaschinen, wie Google oder Technorati erscheint.*

Diese Checkbox ist standardmäßig aktiviert und es empfiehlt sich, sie zu deaktivieren, wenn Sie erst mal in Ruhe am Weblog arbeiten wollen, ohne dass diverse Dienste und das »Bloggersdorf« wissen, dass ein neues Weblog das Licht der Welt erblickt hat. Diese Funktion bzw. Abfrage ist mit der Version 2.1 dazugekommen.

Hinweis

Alle drei Einstellungen können Sie später im Admin-Menü komfortabel ändern und anpassen bzw. rückgängig machen. Einzig bei der Angabe der E-Mail-Adresse sollten Sie eine gültige Adresse wählen, weil dorthin das automatisch erstellte Passwort gesendet wird.

Wenn Sie jetzt auf den Knopf mit der Aufschrift *Weiter mit Schritt 2 »* klicken, dann gelangen Sie zum nächsten Installationsschritt:

Abbildung 2.6
Der dritte und letzte Installationsschritt

Nun sind Sie beim dritten und letzten Installationsschritt angelangt. Die Datenbanktabellen von WordPress sind angelegt und wurden mit grundlegenden Informationen gefüllt. Notieren Sie sich vorsichtshalber das Passwort. Das Passwort wird zwar an die von Ihnen im vorherigen Schritt angegebene Adresse geschickt, aber nur, wenn auf dem Server bzw. innerhalb von PHP die Möglichkeit aktiviert wurde, E-Mails via PHP zu versenden. Von hier aus können Sie sich einloggen:

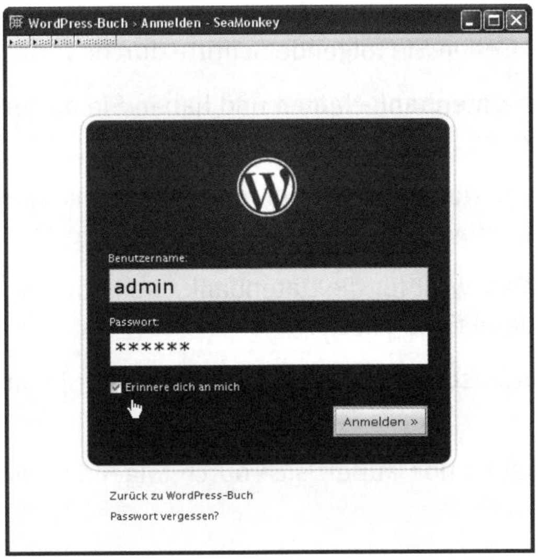

Abbildung 2.7
Der Login-Bereich

Mögliche Fehler bei der Installation

Falls Sie nach dem Aufruf der */wp-admin/install.php* nicht die Abbildung 2.3 zu sehen bekommen, dann könnte es dafür mehrere Ursachen geben. Das Fenster, das Sie bei einem Fehler zu sehen bekommen, könnte so aussehen:

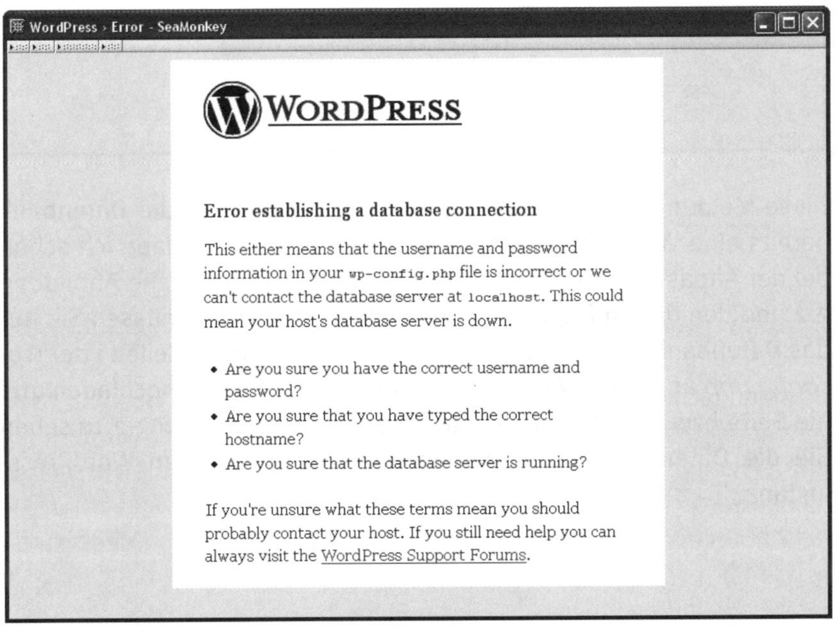

Abbildung 2.8
Fehler: Kontakt zur Datenbank nicht möglich

Wenn Sie diese Meldung sehen, dann hat WordPress Probleme, die Datenbank zu kontaktieren. Gehen Sie folgende Schritte durch:

- Kennen Sie den richtigen **Datenbank-Namen** und haben Sie diesen richtig in der Konfigurationsdatei (*wp-config.php*) notiert?
- Kennen Sie den richtigen **Nutzernamen** für die Datenbank und haben Sie diesen in der Konfigurationsdatei auch richtig notiert?
- Kennen Sie das richtige **Passwort** für die Datenbank und haben Sie es in der Konfigurationsdatei richtig notiert?
- Haben Sie die **Konfigurationsdatei hochgeladen**? Und wenn ja, an die richtige Stelle?

Ein weiterer Fehler in der Installation äußert sich durch folgende Meldung:

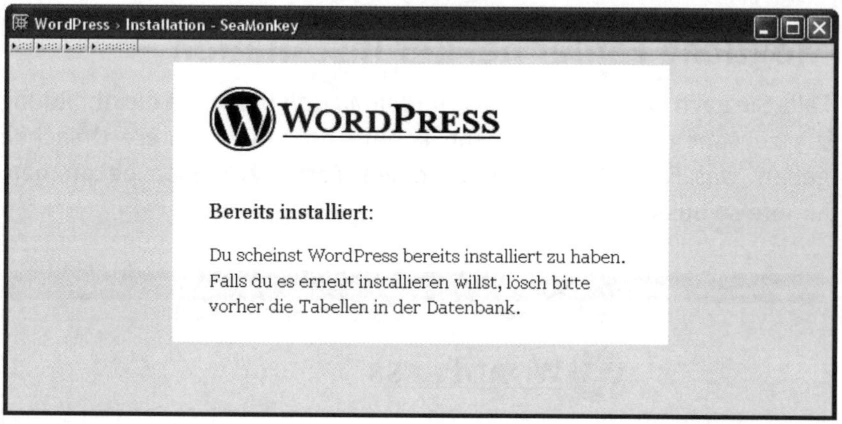

Abbildung 2.9
Bereits installiert

Diese Meldung bekommen Sie zu sehen, wenn sich in der Datenbank bereits eine WordPress-Installation befindet. Darüber habe ich schon bei der Anpassung der Konfigurationsdatei berichtet (siehe Abbildung 2.2 und den darauf folgenden Inhalt). In so einem Fall müssen Sie nur das Datenbankpräfix ändern. Dieses können Sie in der Zeile 11 der *wp-config.php* anpassen. Anschließend die *wp-config.php* hochladen und die Seite bzw. das Browserfenster neu laden. In Abbildung 2.10 sehen Sie die Datenbank nach der Installation einer zweiten WordPress-Instanz.

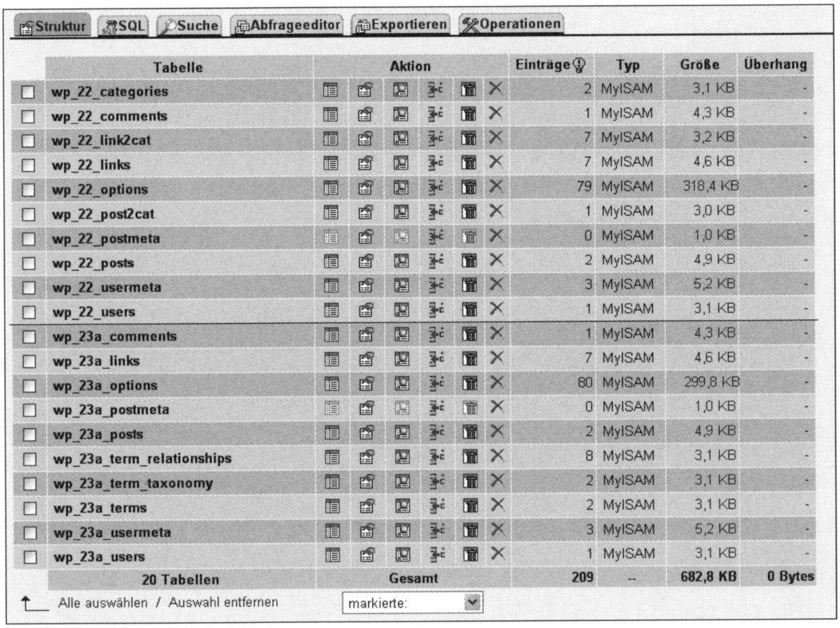

Tabelle	Aktion	Einträge	Typ	Größe	Überhang
wp_22_categories		2	MyISAM	3,1 KB	-
wp_22_comments		1	MyISAM	4,3 KB	-
wp_22_link2cat		7	MyISAM	3,2 KB	-
wp_22_links		7	MyISAM	4,6 KB	-
wp_22_options		79	MyISAM	318,4 KB	-
wp_22_post2cat		1	MyISAM	3,0 KB	-
wp_22_postmeta		0	MyISAM	1,0 KB	-
wp_22_posts		2	MyISAM	4,9 KB	-
wp_22_usermeta		3	MyISAM	5,2 KB	-
wp_22_users		1	MyISAM	3,1 KB	-
wp_23a_comments		1	MyISAM	4,3 KB	-
wp_23a_links		7	MyISAM	4,6 KB	-
wp_23a_options		80	MyISAM	299,8 KB	-
wp_23a_postmeta		0	MyISAM	1,0 KB	-
wp_23a_posts		2	MyISAM	4,9 KB	-
wp_23a_term_relationships		8	MyISAM	3,1 KB	-
wp_23a_term_taxonomy		2	MyISAM	3,1 KB	-
wp_23a_terms		2	MyISAM	3,1 KB	-
wp_23a_usermeta		3	MyISAM	5,2 KB	-
wp_23a_users		1	MyISAM	3,1 KB	-
20 Tabellen	Gesamt	209	--	682,8 KB	0 Bytes

Abbildung 2.10
Die Datenbanktabellen zweier WordPress-Installationen

Hinweis

Ich habe einfach das Standard-Präfix von wp_in wp_22_ geändert und für die Installation der Version 2.2 eingesetzt und wp_23a_ für die Installation der Version 2.3-alpha genommen. Somit kommen sich die beiden Versionen nicht in die Quere und finden ein gemeinsames Zuhause in einer Datenbank. Übrigens ... wenn Sie sich das Bild genauer anschauen, werden Sie bemerken, dass sich in der nächsten Version (2.3) einiges an der Datenbank geändert hat, aber dazu kommen wir später.

Ich werde hier im Buch öfters auf Testversionen zurückgreifen, um so aktuell wie möglich zu sein. Diese Versionen haben im Namen *alpha*, *beta* oder *Release Candidate* als Zusatz. Diese Versionen sind **nicht** für den produktiven Einsatz gedacht. Die Alpha-Versionen befinden sich in einem frühen Entwicklungszustand und hier werden größere Änderungen vorgenommen. Beta-Versionen sind zum Testen gedacht und hier wird schon Feinschliff betrieben und es kommen höchstens noch kleinere Funktionsanpassungen hinzu. Release Candidates sind, wie die Übersetzung schon sagt, Kandidaten für die endgültige Veröffentlichung und diese dienen den letzten Tests, um auch die letzten Fehler auszuschließen.

Kapitel 3

3

Das Admin-Menü von WordPress

Im vorherigen Kapitel haben Sie erfahren, wie man erfolgreich WordPress installiert. Nun werden Sie in einem kurzen Rundgang die Admin-Oberfläche (Backend) kennen lernen. Ich werde hierbei nur die einzelnen Funktionen erwähnen und kurz beschreiben. Auf die Anpassung und Bedeutung einzelner, wichtiger Funktionen (inkl. Beispiele) werde ich im Bedarfsfall eingehen. Stellen Sie sich dieses Kapitel so vor wie den Vormittag des ersten Arbeitstages in der neuen Firma. Der Big Boss führt Sie durch die Firma, zeigt Ihnen kurz die einzelnen Abteilungen und stellt Sie vielen Kollegen vor. Mit einigen werden Sie enger zusammenarbeiten, mit anderen weniger oder kaum. Dennoch ist es interessant zu wissen, wo und wer welches Büro hat und wie man ihn ansprechen sollte.

3.1 Die Startseite – Dashboard bzw. Tellerrand

Wenn Sie sich eingeloggt haben, dann werden Sie automatisch auf die Startseite des Admin-Bereiches weitergeleitet:

Abbildung 3.1
Die Startseite des Admin-Bereichs

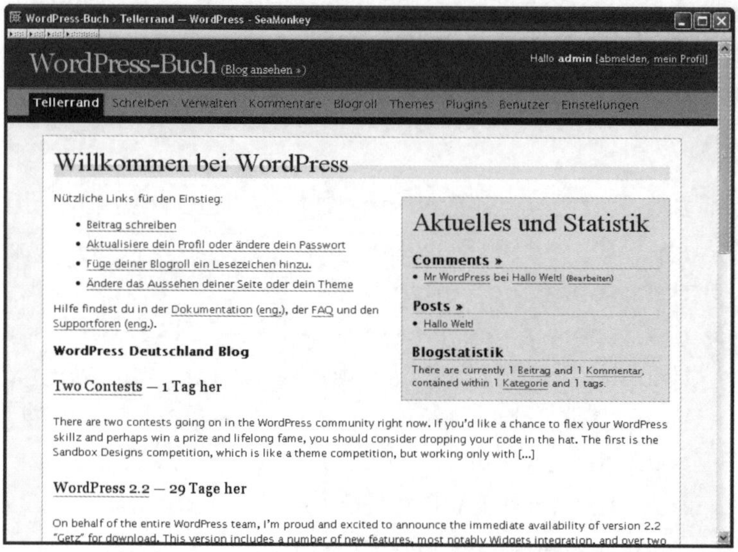

Im Englischen heißt diese Seite *Dashboard* und ins Deutsche haben die Übersetzer sie mit *Tellerrand* übersetzt. Weder Tellerrand noch die wörtliche Übersetzung (Instrumententafel) ist meiner Meinung nach passend. Na ja, auf jeden Fall ist diese Seite da und hier findet man einige nützliche oder weniger nützliche Links und Informationen.

Oben finden Sie Verweise zu Bereichen innerhalb der Admin-Oberfläche (Beitrag schreiben, Profil ändern etc.).

Rechts daneben befindet sich eine rudimentäre Statistik. Momentan sind dort drei Überschriften zu sehen. Unter *Kommentare* und *Beiträge* werden die jeweils letzten fünf Kommentare bzw. Beiträge aufgelistet. Unterhalb *Blogstatistik* wird die Anzahl der Beiträge, Kommentare und Kategorien angegeben. Im späteren Verlauf wird diese Statistik-Box noch durch *Eingehende Links* erweitert. Unter dieser Überschrift werden die zehn letzten verweisenden Quellen aufgelistet.

Darunter befindet sich ein Auszug aus dem offiziellen WordPress-Blog und Links zu den Weblogs/Websites der Entwickler.

3.2 Hauptbereich »Schreiben«

In diesem Hauptbereich haben Sie die Möglichkeit, Beiträge und Seiten (*Pages*) zu verfassen.

Unterbereich »Beitrag schreiben«

Wie der Name schon sagt, können Sie in diesem Unterbereich einen Blog-Beitrag verfassen. Da der Bereich sehr groß ist, habe ich ihn in zwei Teilabbildungen unterteilt:

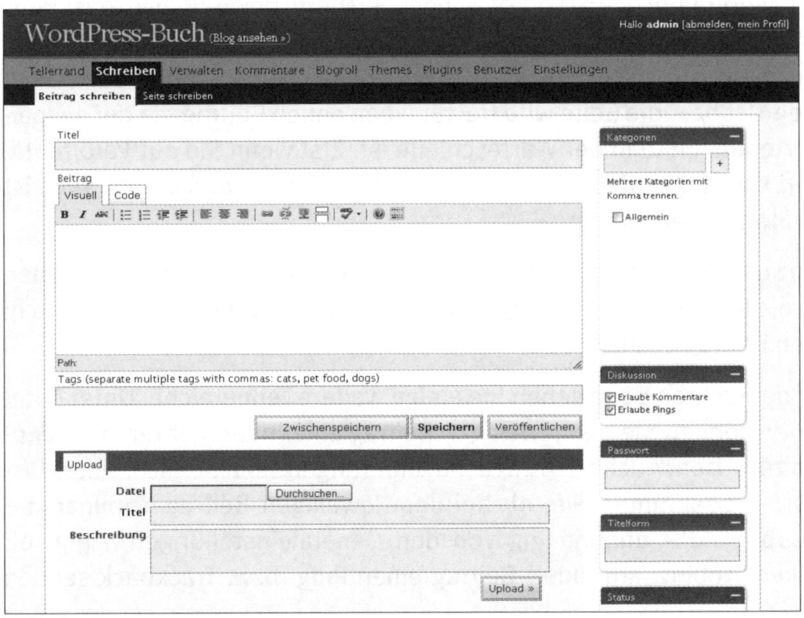

Abbildung 3.2
Beitrag verfassen (1/2)

In diesem oberen Bereich werden Sie nachher Ihre Weblog-Beiträge verfassen. Im Hauptbereich sehen Sie das Feld mit der Überschrift *Titel*. Hier notieren Sie den Titel des jeweiligen Beitrags. Darunter befindet sich die Textbox mit dem Namen *Beitrag*, in der der eigentliche Inhalt eingetragen wird.

Im oberen Bereich der Textbox befindet sich die Formatierungsleiste. Auf dieser sind einige Buttons untergebracht, die Ihnen bei der Formatierung Ihrer Beiträge und beim Einfügen von Bildern helfen sollen. Wer schon mal mit einer Textverarbeitung oder, noch besser, mit ähnlichen Editoren gearbeitet hat, der wird damit schnell zurechtkommen. Sie sehen darüber auch zwei Knöpfe mit der Aufschrift *Visuell* und *Code*. Hier können Sie zwischen dem visuellen Editor und der HTML-Ansicht wechseln. Diese Funktion ist seit der Version 2.1 dazugekommen. Vorher war es nur möglich, entweder ganz im visuellen Editor oder ganz in der HTML-Ansicht bzw. dem Text-Editor zu arbeiten.

Unter der *Beitrag*-Textbox befindet sich ein Textfeld mit dem Namen *Tags*. Dies wird ab der Version 2.3 dabei sein und endlich kann man in WordPress ohne Hilfe von Plugins einem Beitrag auch Tags (Schlag- bzw. Suchwörter) zuweisen. Auf die HTML-Ansicht und auf die Bedeutung von Tags werde ich im nächsten Kapitel zurückkommen, wenn es darum geht, den ersten Beitrag zu verfassen.

Darunter befinden sich drei Buttons: *Zwischenspeichern*, *Speichern* und *Veröffentlichen*. Das Zwischenspeichern bewirkt, wie das Wort schon sagt, ein Zwischenspeichern und sonst ändert sich nichts. Beim Speichern ist es so, dass der Beitrag gespeichert wird und dann auch »weg« ist bzw. die Seite wird frei für einen neuen Beitrag, da der gespeicherte fürs Erste in der Warteschleife ist. Erst wenn Sie auf *Veröffentlichen* klicken, wird der Beitrag auch für die Besucher sichtbar. Dies ist die Standardeinstellung.

Ganz unten in Abbildung 3.2 sehen Sie den *Upload*-Bereich. Hier haben Sie die Möglichkeit, Dateien (z. B. Bilder und PDFs) hochzuladen und in Ihren Beitrag einzubinden.

Auf der rechten Seite sehen Sie einige weitere Teilbereiche. Unter *Kategorien* können Sie den jeweiligen Beitrag einer oder mehreren Kategorien zuweisen. Auch nachträgliche Änderungen sind möglich. Unter *Diskussion* bestimmen Sie, ob bei dem jeweiligen Beitrag Kommentare erlaubt sind – unabhängig von den Generaleinstellungen – und ob andere Weblogs auf Ihren Beitrag einen Ping- bzw. Trackback senden dürfen. Unter *Passwort* können Sie durch die Eingabe eines Passwortes den Beitrag schützen und nur für die Passwort-Kenner lesbar machen, und wenn Sie das Passwort entfernen, ist er wieder für alle zugänglich. Unter *Titelform* können Sie den Permalink des jeweiligen Beitrages anpassen bzw. individualisieren.

Nun wenden wir uns der zweiten Hälfte des Unterbereiches »Beitrag schreiben« zu:

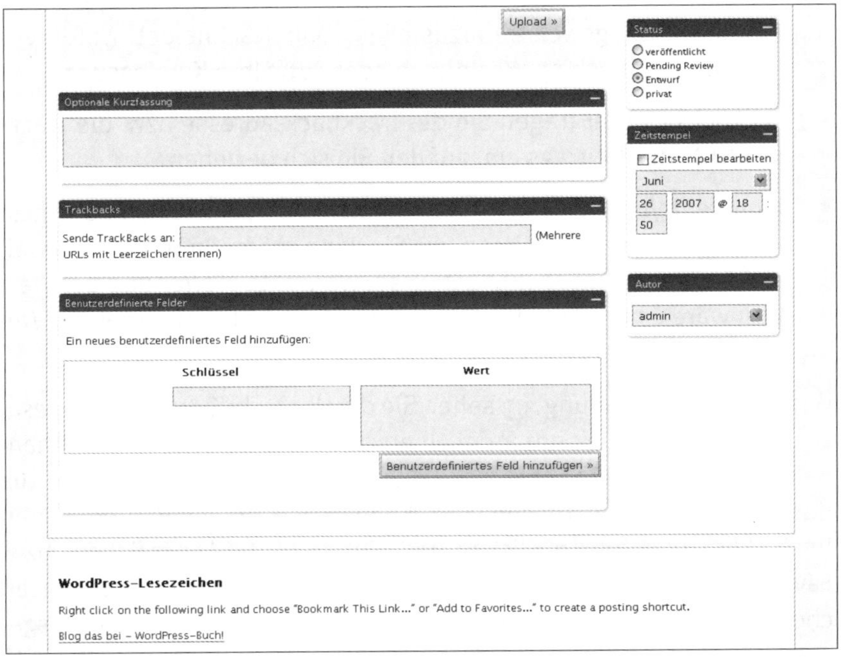

Abbildung 3.3
Beitrag verfassen (2/2)

Im unteren Bereich sehen Sie in der rechten Leiste drei weitere Boxen: *Status*, *Zeitstempel* und *Autor*.

Unter *Status* können Sie den Status des jeweiligen Beitrags einstellen. Zur Auswahl stehen *veröffentlicht*, *Entwurf* und *privat*. *Entwurf* ist die Standardeinstellung. Wenn Sie zum Beispiel die Einstellung *privat* aussuchen und auf *Speichern* klicken, dann ist dieser Beitrag ein privater Beitrag.

Unter *Zeitstempel* können Sie den Veröffentlichungstermin des Beitrags bestimmen, somit können Sie Beiträge verfassen, die erst später veröffentlicht werden – also in die Zukunft schreiben. Aber Sie können auch nachträglich einen Beitrag zurückdatieren.

Unter *Autor* haben Sie die Möglichkeit, bei mehreren Autoren in einem Weblog auch nachträglich einen Beitrag einem anderen Autor zuzuweisen.

Im linken Bereich der Abbildung 3.3 befinden sich weitere Bereiche:

- *Optionale Kurzfassung* – Hier können Sie eine Kurzfassung des Beitrags eintragen. Dies ist vor allem für Newsfeeds interessant, denn hiermit wird dann der Beitrag beschrieben. Zudem besteht die Möglichkeit, an bestimmten Stellen (z. B. auf einer Übersichtsseite) die Beiträge auszugsweise darzustellen. Dabei schneidet WordPress einen Beitrag nach 55 Wörtern ab oder nutzt Ihre Kurzfassung.
- *Trackbacks* – Hier tragen Sie die Trackback-Adresse bzw. die Trackback-URL des Beitrags ein, auf den Sie sich beziehen.
- *Benutzerdefinierte Felder* – Hier können Sie Schlüssel und die dazu passenden Werte definieren, die Sie dann später im Weblog darstellen können. Ein möglicher Schlüssel wäre z. B. *Wetter* und der Wert dazu wäre *Es regnet* oder *Momentan lese ich* als Schlüssel und *Der Herr der Ringe* als Wert.

Ganz unten in Abbildung 3.3 sehen Sie die Überschrift *WordPress-Lesezeichen*. Bei dem Link unter der Überschrift und dem kurzen Text handelt es sich um ein *Bookmarklet* – diesen Begriff kennen Sie schon aus dem ersten Kapitel. Diesen Link können Sie entweder über einen Rechtsklick oder durch Klicken und Ziehen in die Lesezeichen- bzw. Favoritenleiste befördern. Wenn Sie beim nächsten Mal dieses Lesezeichen aufrufen, dann gelangen Sie direkt in diesen Bereich – vorausgesetzt, Sie sind noch eingeloggt. Damit sparen Sie sich Tipparbeit, um in den Admin-Bereich zu gelangen.

Unterbereich »Seite schreiben«

Dieser Unterbereich ist, mal von den Details abgesehen, genau so aufgebaut wie der Unterbereich »*Beitrag schreiben*«. Allerdings verfassen Sie hier die Seiten (Pages). Die Seiten unterscheiden sich von den Beiträgen dadurch, dass sie sich nicht in dem »Blog-Kreislauf« befinden und dass ihre Inhalte nicht im Newsfeed erscheinen. Die Seiten wurden eingeführt, um statische Informationen (Impressum, Kontaktdaten etc.) unterzubringen.

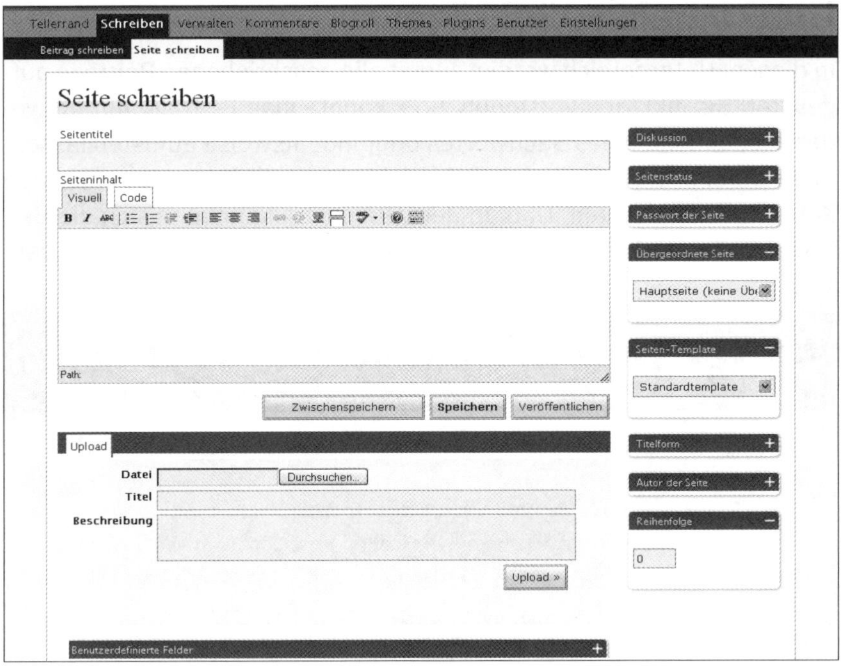

Abbildung 3.4
Unterbereich »Seite schreiben«

Da sie sich doch in einigen wenigen Punkten von den Beiträgen unterscheiden, so gibt es einige erwähnte Punkte nicht und manche sind hinzugekommen. So kann man den Seiten keine Kategorien zuweisen und man kann von einer Seite aus keinen Trackback an andere Seiten senden, allerdings einen empfangen. Zudem gibt es in diesem Unterbereich zwei neue Optionen. Man kann die Seiten verschachteln, da durch den Punkt *Übergeordnete Seite* eine hierarchische Struktur der Seiten erreicht werden kann. Standardeinstellung ist es, dass es keine übergeordnete Seite gibt und somit sich alle Seiten auf der gleichen hierarchischen Ebene befinden. Darüber hinaus kann man für die Seiten eine explizite Reihenfolge bestimmen.

3.3 Hauptbereich »Verwalten«

In diesem Hauptbereich haben Sie die Möglichkeit, die bereits veröffentlichten Beiträge, Seiten und hochgeladenen Dateien zu verwalten. Ferner können Sie noch die Inhalte des Weblogs exportieren bzw. die Inhalte eines alten Weblogs importieren.

Unterbereich »Beiträge«

In diesem Unterbereich werden zuerst alle geschriebenen Beiträge aufgelistet. Bis inkl. den Versionen 2.0.x konnte man Beiträge nur entweder alle, anhand eines Suchwortes oder monatsweise auflisten lassen. In der Version 2.1 kam die Möglichkeit hinzu, die Beiträge aus einzelnen Kategorien aufzulisten. Und ab der Version 2.3 kann man sich die Beiträge auch nach ihrem Status (*alle* oder *veröffentlicht*) auflisten lassen.

Abbildung 3.5
Beiträge verwalten

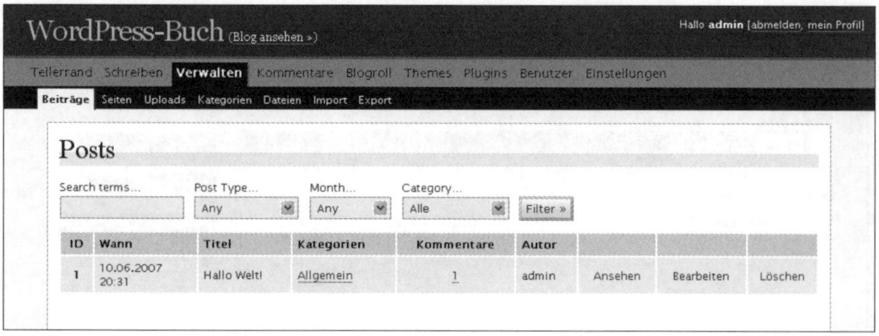

Unterbereich »Seiten«

Analog zu der Verwaltung der Beiträge können Sie sich von hier aus die bereits geschriebenen Seiten auflisten lassen. Auch hier besteht die Möglichkeit, anhand eines Suchwortes nach bestimmten Seiten zu suchen. Ab der Version 2.3 wird es auch hier möglich sein, sich die Seiten nach ihrem Status auflisten zu lassen.

Abbildung 3.6
Seiten (Pages) verwalten

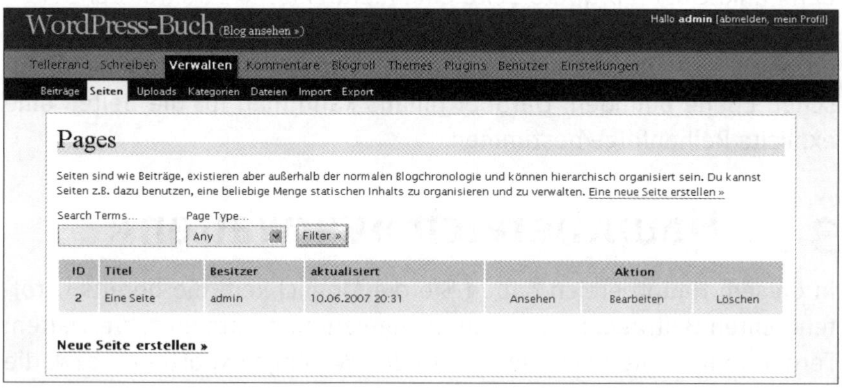

Unterbereich »Uploads«

In der Version 2.1 ist dieser Unterbereich neu hinzugekommen. Hier haben Sie die Möglichkeit, die hochgeladenen Dokumente anzuschauen und zu verwalten. Momentan schaut der Bereich nicht sonderlich spektakulär aus:

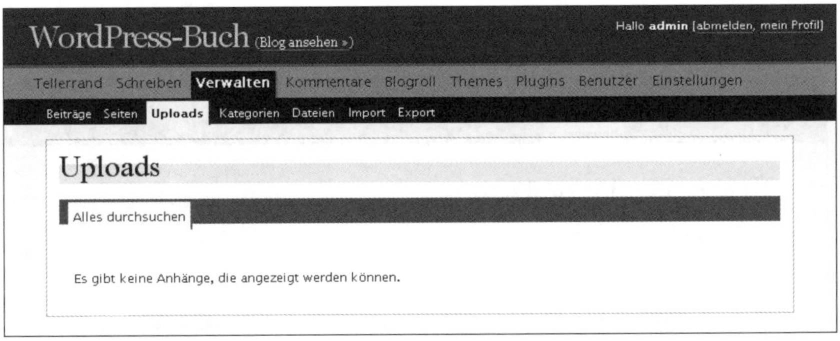

Abbildung 3.7
Der leere Upload-Unterbereich

Das ist auch nicht verwunderlich, da unser frisch installiertes Weblog noch kein hochgeladenes Dokument besitzt. Wenn Sie allerdings schon mehrere Bilder hochgeladen haben, dann könnte es so ausschauen:

Abbildung 3.8
Voller Upload-Unterbereich

Unterbereich »Kategorien«

Im Unterbereich *Kategorien* haben Sie die Möglichkeit, neue Kategorien zu erstellen und die bestehenden zu bearbeiten. Wenn Sie eine neue Kategorie erstellen, können Sie diese auch verschachteln bzw. einer Oberkategorie unterordnen. Somit haben Sie auch bei den Kategorien die Möglichkeit, wie bei den Seiten auch, einen hierarchischen Aufbau zu realisieren.

Abbildung 3.9
Der Unterbereich »Kategorien«

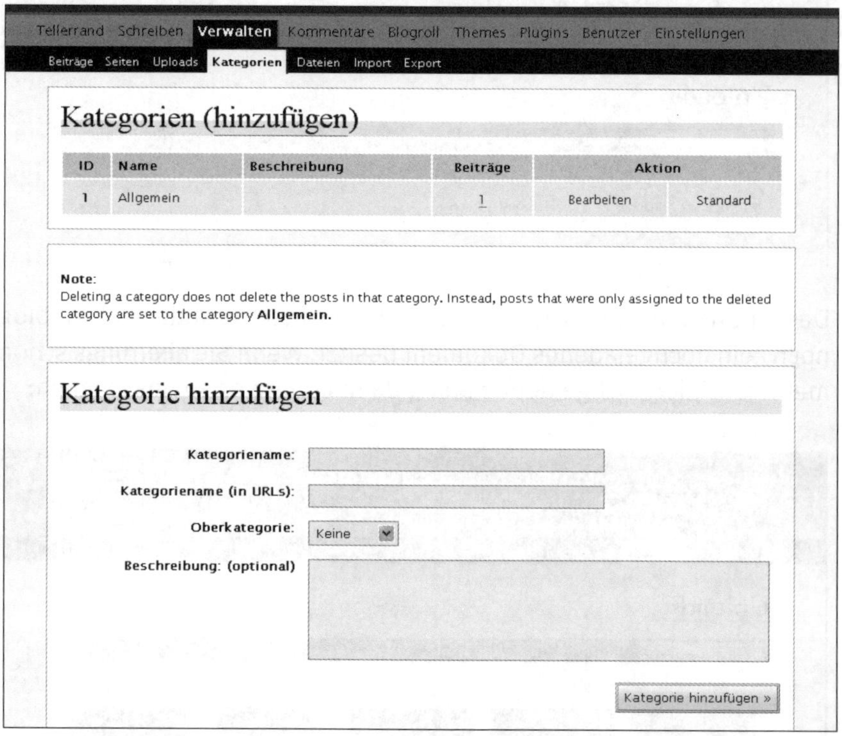

In den Versionen 2.1.x und 2.2.x konnte man in diesem Bereich auch die Kategorie *Blogroll* (Linksammlung) verwalten. Seit der Version 2.3 haben die Link-Kategorien einen anderen Platz zugewiesen bekommen.

Unterbereich »Dateien«

In diesem Bereich haben Sie die Möglichkeit, Dateien online zu bearbeiten. Im linken Bereich sehen Sie die Datei, die gerade aufgerufen bzw. bearbeitet wird. Auf der rechten Seite finden Sie die Dateien, die zur Auswahl stehen. Wenn Sie auf einen der Datei-Links klicken, wird diese Datei in der Textbox auf der linken Seite geöffnet.

Abbildung 3.10
Dateien online bearbeiten

Die Dateien, die Sie hier online bearbeiten wollen, müssen allerdings beschreibbar sein bzw. CHMOD 666 besitzen. Dies können Sie u. a. erreichen, indem Sie in Filezilla oder einem anderen FTP-Programm das Kontextmenü einer Datei aufrufen bzw. auf die Datei mit der rechten Maustaste klicken und dann die Häkchen in den entsprechenden Checkboxen setzen oder im unteren Bereich direkt den Wert 666 eintippen (siehe Abbildung 3.11).

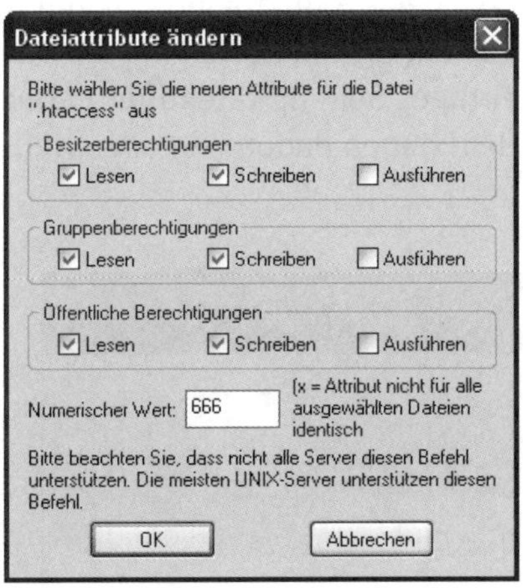

Abbildung 3.11
Eine Datei auf dem Server beschreibbar machen (CHMOD 666)

Unterbereich »Import«

In diesem Unterbereich haben Sie die Möglichkeit, Weblog-Inhalte aus momentan 14 verschiedenen Formaten zu importieren. Dabei werden auch so populäre Formate wie Blogger, TypePad, Movable Type und LiveJournal unterstützt.

Abbildung 3.12
Die Import-Funktion

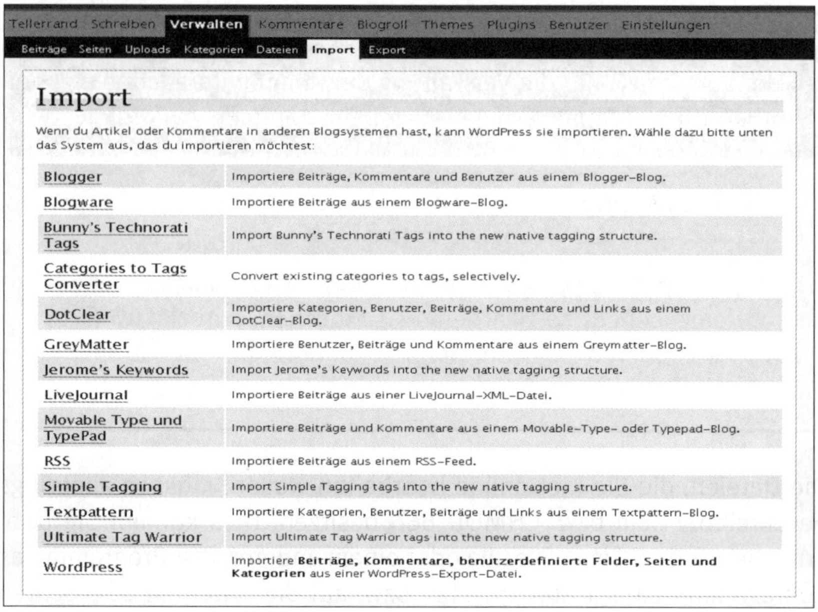

Unterbereich »Export«

Wo Import, da auch Export. Nein, ich meine hier nicht die schillernden Läden mit einer sehr großen und exotischen Produktpalette, sondern die Exportfunktion von WordPress. Diese Exportfunktion ist mit der Version 2.1 hinzugekommen und die Beiträge, Seiten, Kategorien, Kommentare und benutzerdefinierten Felder können dadurch in einer XML-Datei gespeichert werden.

Abbildung 3.13
Die Exportfunktion

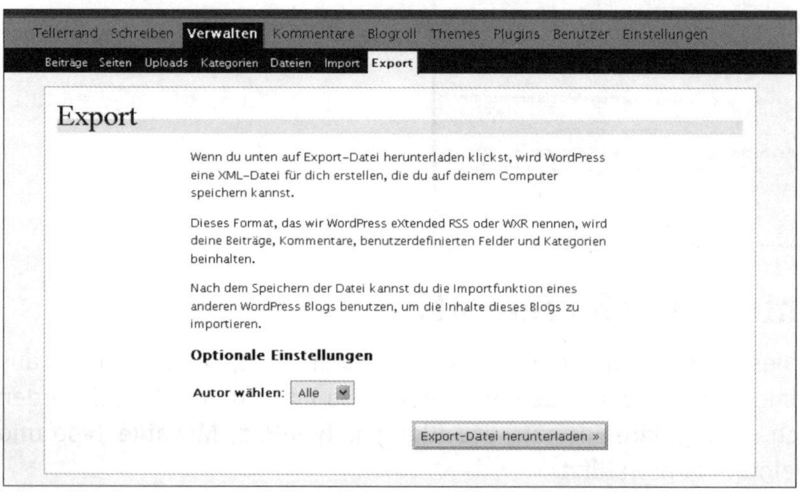

3.4 Hauptbereich Kommentare

Seit der Version 2.1 hat die Verwaltung der Kommentare einen eigenen Hauptbereich bekommen. In dem Versionsstrang 2.0.x war die Verwaltung der Kommentare ein Unterbereich des Hauptbereiches *Verwalten*.

Unterbereich »Kommentare«

In diesem Unterbereich haben Sie die Möglichkeit, abgegebene Kommentare einzusehen, zu bearbeiten, zu löschen, zurückzuweisen, als Spam zu deklarieren oder den entsprechenden Beitrag zu dem Kommentar einzusehen.

Abbildung 3.14
Kommentare im Anzeigemodus

Abbildung 3.14 zeigt einen Kommentar, der bei der Installation automatisch erzeugt wird. Dieser Bereich verfügt über zwei Anzeigemodi. Den Anzeigemodus sehen Sie in der besagten Abbildung und in Abbildung 3.15 den Masseneditiermodus.

Dieser Modus zeigt die Kommentare viel platzsparender an, was der erste Vorteil ist, und man hat die Möglichkeit, viele Kommentare auf einmal zu löschen. Das ist vor allem nützlich, wenn es einem Spammer gelungen ist, unerwünschte Kommentare abzugeben.

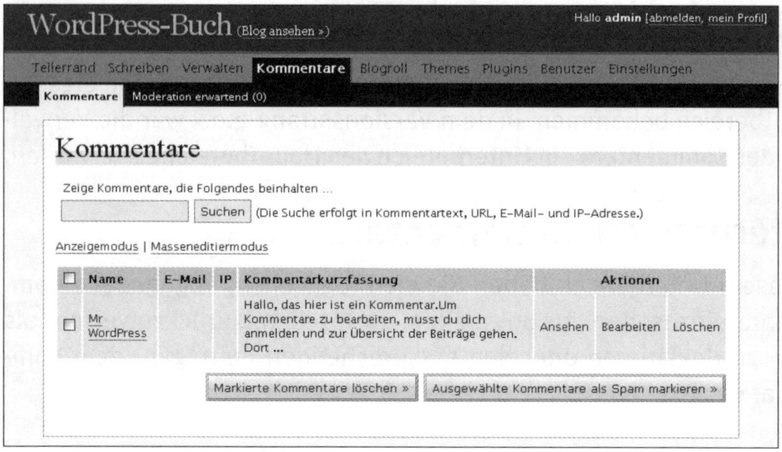

Abbildung 3.15
Kommentare im Masseneditiermodus

Unterbereich »Moderation erwartend«

In einem frisch installierten WordPress-Weblog ist dieser Bereich leer und Sie bekommen Folgendes zu lesen:

> *Derzeit sind keine Kommentare zum Moderieren vorhanden.*

Daher habe ich den Kommentar, der bei der Installation mitgeliefert wird, in den Moderationsbereich zurückgeschickt, indem ich auf den Link *Zurückweisen* (siehe Abbildung 3.14) geklickt habe.

Abbildung 3.16
Kommentare in der Warteschlange

In diesem Unterbereich haben Sie die Möglichkeit, einzelne oder mehrere Kommentare gleichzeitig zu genehmigen, als Spam zu deklarieren, zu löschen oder das Ganze so zu belassen, wie es ist.

3.5 Hauptbereich Blogroll (Linksammlung)

Es könnte sein, dass Ihnen beim Lesen dieses Buches zum ersten Mal der Begriff *Blogroll* untergekommen ist. Wenn Sie den Begriff nicht kennen, dann würde ich Ihnen diesen gerne hier erklären. Im Blogger-Jargon steht die Blogroll für eine Linksammlung. Gut, eine Linksammlung ist an sich nichts Neues, die gab es auch schon vor den Weblogs. Bei der Blogroll handelt es sich allerdings um die Linksammlung eines Bloggers, die zum großen Teil aus Weblogs besteht. Sehr häufig beinhaltet die Blogroll nicht nur den Namen und die Adresse der Website, sondern auch einige weitere Angaben (z. B. die Feed-Adresse).

Als Blogroll bezeichnet man auch die komplette Newsfeed-Sammlung, die man abonniert hat und regelmäßig in seinem Feedreader liest. Also alles, was ich in meinem Feedreader (*www.bloglines.com*) lese, ist meine Blogroll.

Unterbereich »Blogroll verwalten«

Dies ist der Unterbereich, der als erster erscheint, sobald Sie den Hauptbereich *Blogroll* aufrufen. Hier haben Sie die Möglichkeit, die Links nach bestimmten Kriterien auflisten zu lassen oder Links zu löschen.

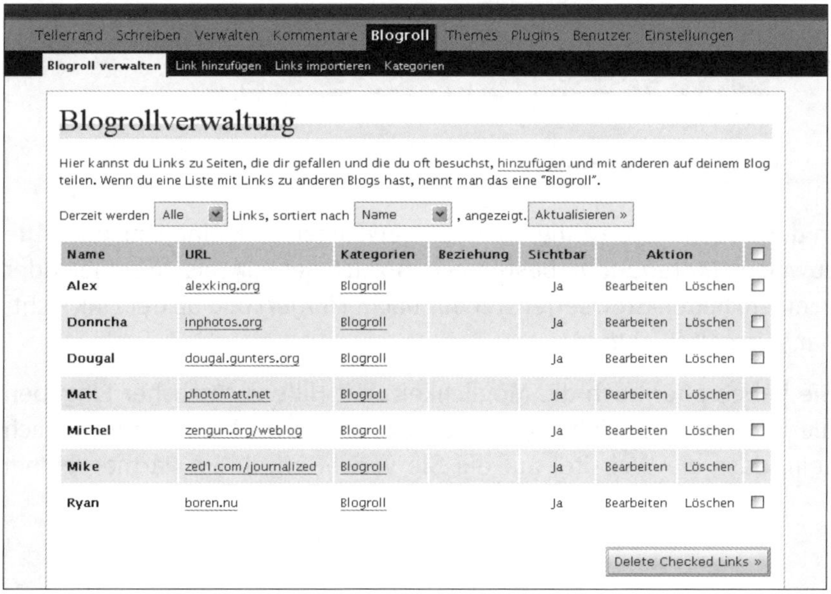

Abbildung 3.17
Blogroll verwalten

Nach der Installation befinden sich automatisch einige Links in diesem Bereich. Diese können Sie natürlich nach Ihrem Ermessen bearbeiten oder löschen.

Unterbereich »Links hinzufügen«

In diesem Bereich können Sie, wie schon der Name verrät, neue Links hinzufügen. Dabei stehen Ihnen zahlreiche Optionen zur Verfügung. Im Grunde reicht es, wenn Sie die minimalen Angaben notieren: Name, Adresse, kurze Beschreibung und die Kategorie.

Abbildung 3.18
Neue Links hinzufügen

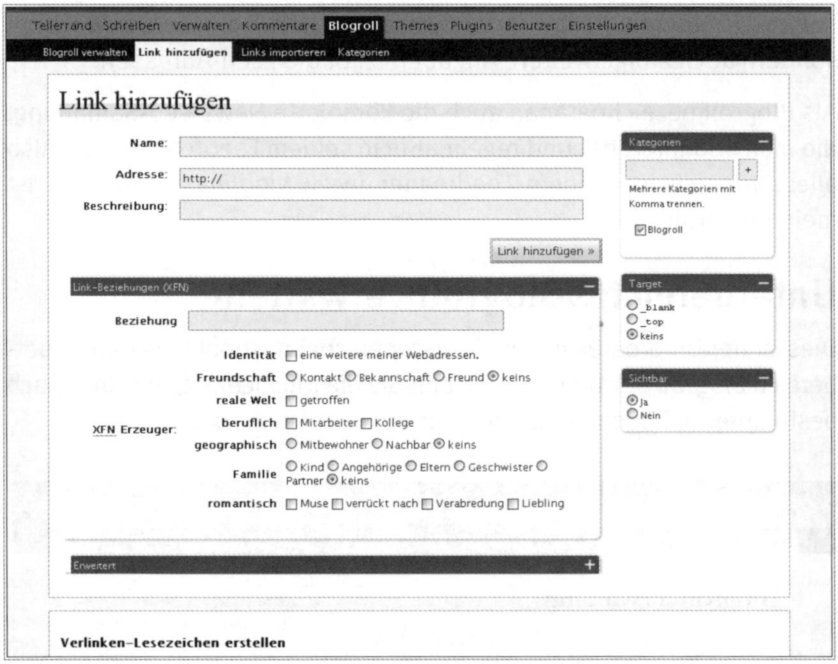

In der Seitenleiste können Sie dem jeweiligen Link eine Linkkategorie zuweisen (*Kategorien*), bestimmen, ob sich der Verweis im selben oder in einem neuen Browserfenster aufmacht (*Target*) und ob der Link sichtbar sein soll (*Sichtbar*).

Sie haben aber auch die Möglichkeit, mit Hilfe zusätzlicher Eingaben die Links nach Beziehungsart auszuzeichnen. Es könnte gut möglich sein, dass die Website, auf die Sie verweisen, Ihrem Partner, einem guten Freund oder dem Arbeitskollegen gehört. Hier können Sie das auszeichnen.

Nehmen wir mal an, Sie wollen die Website eines guten Freundes in die Liste aufnehmen. Dann geben Sie als Erstes die grundlegenden Linkinformationen an, aktivieren das Optionsfeld *Freund* und fügen anschließend den Link hinzu. Wenn Sie sich dann den Quelltext ansehen, wird dieser Link so aussehen:

```
<a href="http://www...." rel="friend" title="Die Beschreibung
    ...">Peter</a>
```

Diese Möglichkeit, anhand von (X)HTML-Attributen die menschlichen Beziehungen bzw. persönlichen Verbindungen zu präsentieren, wird als *XFN* (*Xhtml Friends Network*) bezeichnet und steht im Zusammenhang mit dem, was man als das *semantische Web* bezeichnet. Das semantische Web ist eine Erweiterung von WWW mit dem Ziel, die Bedeutung (Semantik) der Inhalte auch formal festzulegen, was in der Zukunft den Suchmaschinen und dem Suchenden zugutekommen wird, da es dann (zumindest theoretisch) möglich wäre, auch nach der Bedeutung eines Inhaltes zu suchen.

Hinweis

Mehr zum Thema XFN finden Sie auf der offiziellen Website (*gmpg.org/xfn/*) und in der Wikipedia (*de.wikipedia.org/wiki/XFN*). Mehr zum Thema semantisches Web finden Sie unter anderem auch in der Wikipedia: *de.wikipedia.org/wiki/Semantisches_Web*.

Unterbereich »Links importieren«

In diesem Unterbereich haben Sie die Möglichkeit, eine bestehende Blogroll zu importieren. Die meisten Feedreader ermöglichen es, die Feed-Abos in Form einer OPML-Datei zu exportieren. Es handelt sich hierbei um eine Datei, die Angaben im XML-Format abspeichert ... ja, schon wieder XML, dieses Format wird Ihnen des Öfteren über den Weg laufen. Diese Datei kann für den Import entweder irgendwo im Web oder auf Ihrem Rechner liegen.

Abbildung 3.19
Blogroll importieren

Unterbereich »Kategorien«

In dem Unterbereich *Kategorien* haben Sie die Möglichkeit, bestehende Link- bzw. Blogroll-Kategorien zu bearbeiten oder neue Kategorien zu erstellen.

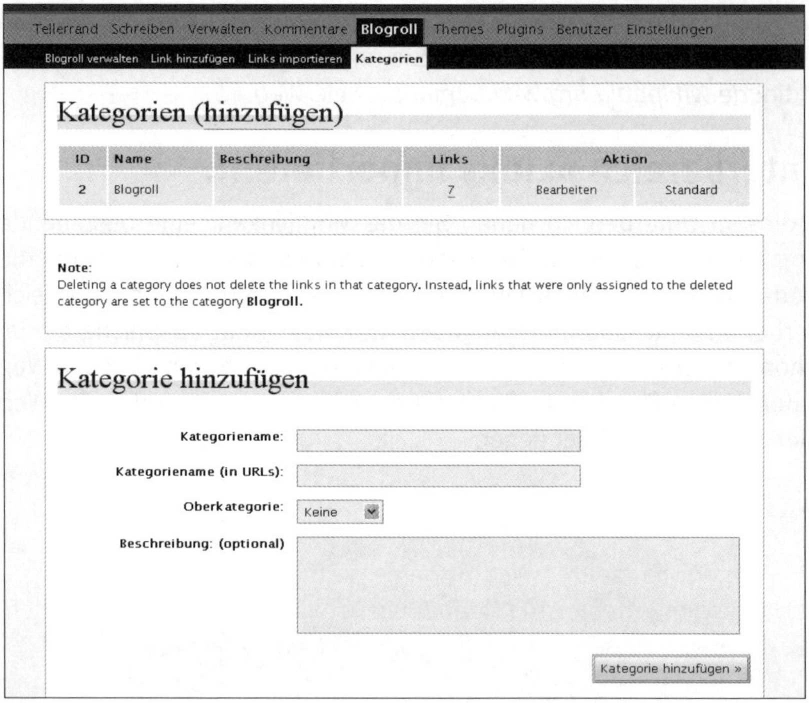

Abbildung 3.20
Blogroll-Kategorien bearbeiten

3.6 Hauptbereich »Themes«

In diesem Hauptbereich können Sie Themes verwalten und ändern. Dieser Bereich besteht aus drei Unterbereichen: *Themes*, *Theme-Editor*, *Widgets* und (wenn das Standard-Theme aktiviert ist) *Header Image and Color*. Der Unterbereich *Widgets* ist seit der Version 2.2 neu dabei.

Unterbereich »Themes«

Im Unterbereich *Themes* haben Sie die Möglichkeit, die vorhandenen Themes zu aktivieren bzw. das gewünschte Layout auch für den Besucher sichtbar zu machen.

Standardmäßig sind nur zwei Themes eingebunden. Das ist auch gut so, denn sonst würde das WordPress-Dateipaket sehr schnell groß werden und der Upload wäre für die Benutzer von schmalen Internetverbindungen keine kurze Angelegenheit mehr. Im unteren Bereich finden Sie einen Verweis zu *themes.wordpress.net*. Dort befinden sich mehrere Tausend freie Themes zum Download.

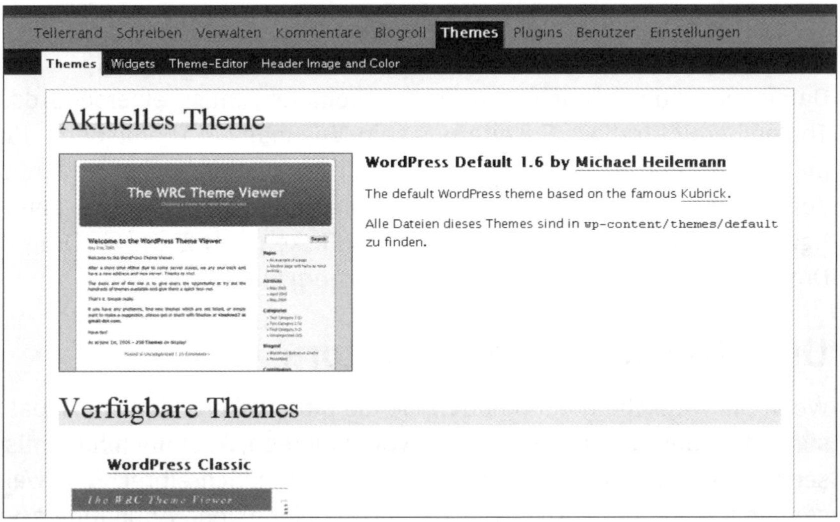

Abbildung 3.21
Themes aktivieren

Unterbereich »Widgets«

Bei Widgets handelt es sich um eine sehr komfortable Möglichkeit, Inhalte in der Seitenleiste (Sidebar) zu verwalten. Das kann der Kalender, das Archiv, eine Kategorieliste oder einiges mehr sein.

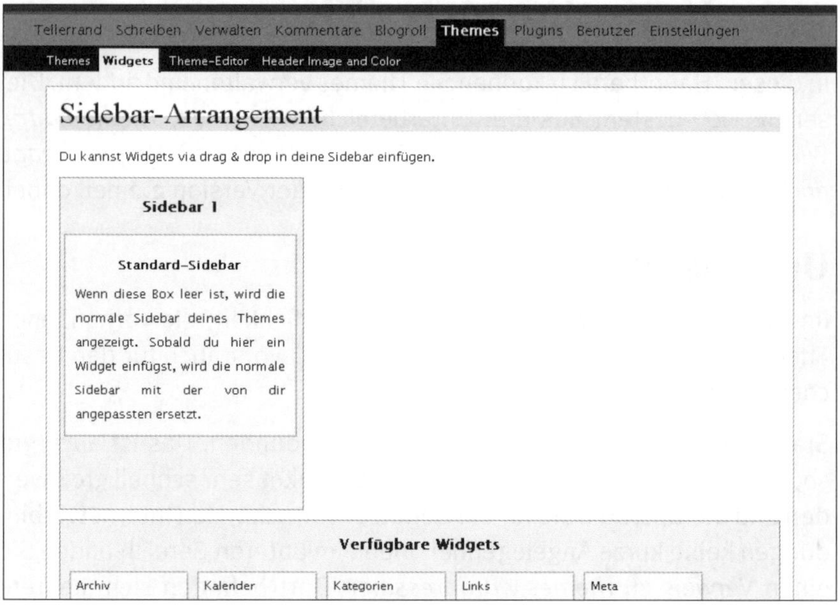

Abbildung 3.22
Widgets: Sidebar-Inhalte verwalten

Seit WordPress 2.0 kann man Widgets nutzen, allerdings musste man ein WordPress-Plugin installieren. Seit der Version 2.2 gehören Widgets zum Umfang einer WordPress-Installation.

Damit die Widgets auch zum Einsatz kommen, muss einerseits das Theme bereit für diese Erweiterung sein. Wie man ein Theme bereit für die Widgets macht, werde ich im weiteren Verlauf des Buches erklären. Zum anderen müssen Sie die Widget-Funktion auch aktivieren: benötigte Widgets in die Widget-Box durch »Klicken und Ziehen« (Drag & Drop) ablegen und auf *Änderungen speichern* klicken.

Unterbereich »Theme-Editor«

Wenn Sie wünschen, dann haben Sie die Möglichkeit, kleinere Anpassungen an dem Theme auch online vorzunehmen. Aber auch hier müssen Sie den Dateien, die Sie bearbeiten möchten, Schreibrechte zuweisen, genau wie bei der Verwaltung von Dateien (siehe Abbildung 3.10 und Abbildung 3.11). Dieser Bereich funktioniert nach dem gleichen Prinzip wie die Verwaltung von Dateien. Im Textfeld auf der linken Seite wird die Datei angezeigt, die gerade bearbeitet wird. Auf der rechten Seite sind Dateiverweise aufgelistet. Wenn Sie einen anklicken, öffnet sich eine andere Datei im Textfeld.

Abbildung 3.23
Themes-Dateien online bearbeiten

Diese Methode ist zwar einerseits komfortabel, weil sich die Veränderungen nach dem Abspeichern direkt auswirken. Anderseits arbeite ich lieber mit einem richtigen Code- bzw. Text-Editor auf dem Desktop-Rechner. Zum einem ist die Arbeit komfortabler – farbliche Hervorhebung des Codes, leichtere Verfolgung der Änderungen etc. – und ich habe immer noch auf der Festplatte eine Kopie der ursprünglichen Datei.

Unterbereich »Header Image and Color«

Der Unterbereich *Header Image and Color* ist ein Sonderfall und nur für das Default-Theme (Kubrick) verfügbar. In diesem Menüpunkt haben Sie die Möglichkeit, die Farbe des Headers (Kopfbereich) und seiner Schrift komfortabel zu ändern. Bei diesem System kommt man sehr schnell an die Grenzen, aber dennoch ist es nützlich, wenn man ganz schnell oder für zwischendurch dem Standard-Theme eine kleine, individuelle Note spendieren möchte.

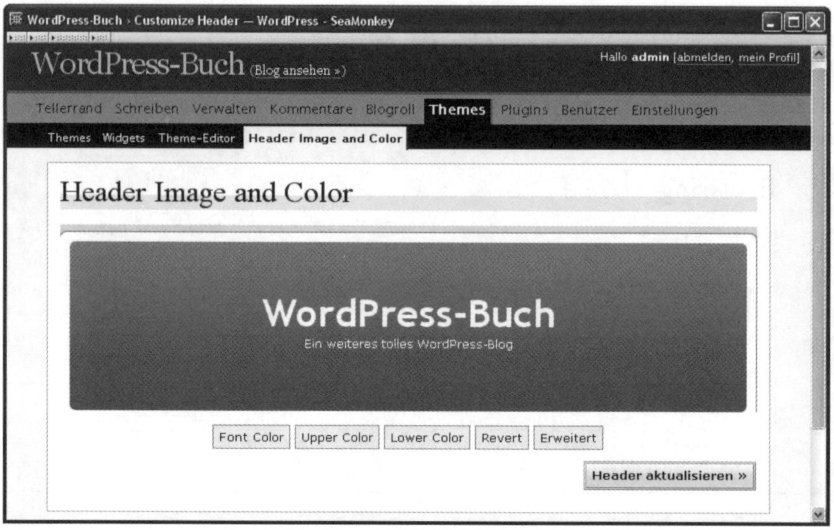

Abbildung 3.24
Das Standard-Theme anpassen

3.7 Hauptbereich »Plugins«

In diesem Bereich haben Sie die Möglichkeit, die Plugins (Erweiterungen für WordPress) zu verwalten, vorhandene Plugins zu aktivieren und zu deaktivieren und im Unterbereich *Plugin-Editor* die Erweiterungen, genau wie bei der Verwaltung von Dateien und im *Theme-Editor*, online im Browser zu bearbeiten.

Unterbereich »Plugins«

Standardmäßig werden mit WordPress zwei Plugins mitgeliefert: *Akismet* und *Hello Dolly*. Akismet ist ein Spam-Filter und Hello Dolly bindet im Admin-Bereich kurze wechselnde Zitate ein. Wenn Sie ein Plugin aktivieren wollen, dann müssen Sie in der Spalte *Aktion* den jeweiligen Aktivierungslink anklicken. Analog gilt das Gleiche, wenn Sie ein Plugin deaktivieren möchten. Seit der Version 2.2 ist die Möglichkeit hinzugekommen, mit dem Klick auf den Link *Deaktiviere alle Plugins* alle Plugins auf einmal zu deaktivieren. Das ist sehr hilfreich, wenn man viele Plugins hat und für eine eventuelle Fehlersuche oder bei größeren Updates alle Plugins deaktivieren möchte. Ich kann Ihnen sagen, es war in der Vergangenheit nicht sonderlich erquickend, auf *Deaktivieren* zu klicken und zu warten, bis sich die Seite neu geladen hat, um erneut ein anderes Plugin zu deaktivieren, und das alles 25-mal.

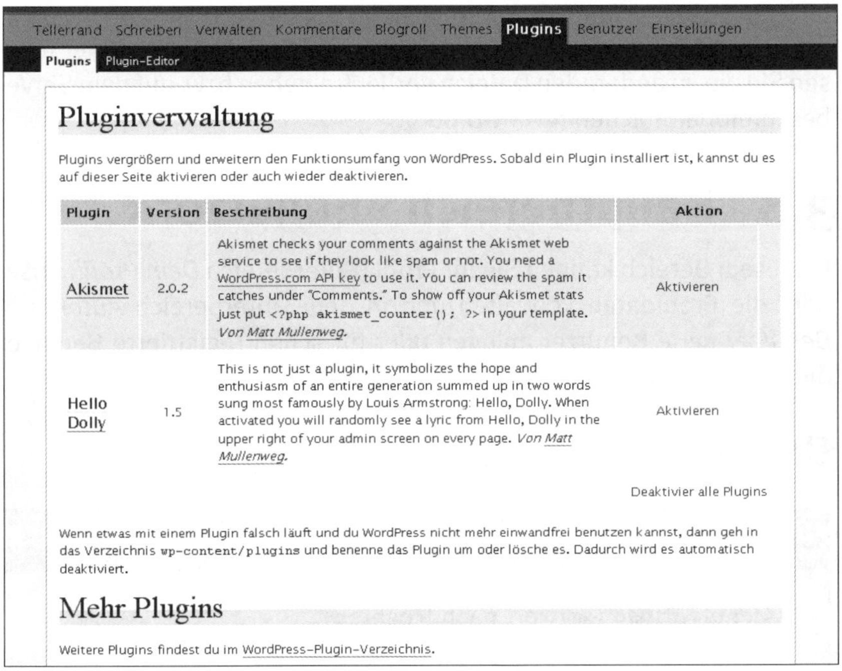

Abbildung 3.25
Plugins aktivieren/deaktivieren

Unterbereich »Plugin-Editor«

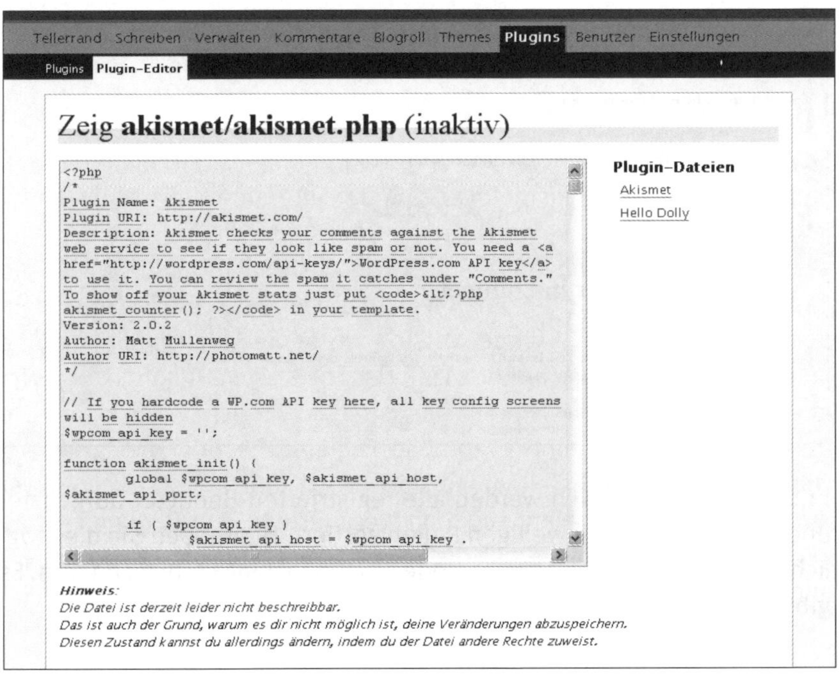

Abbildung 3.26
Plugin-Dateien online bearbeiten

Im Unterbereich *Plugin-Editor* haben Sie, wie bereits erwähnt, die Möglichkeit, die Plugin-Dateien online zu bearbeiten. Aber auch hier müssen Sie die zu ändernden Dateien vorher freigeben bzw. auf dem Server beschreibbar machen (CHMOD 666).

3.8 Hauptbereich »Benutzer«

In diesem Bereich können Sie Ihr Profil (Unterbereich *Dein Profil*) ansehen, die Profildaten verwalten und in dem Unterbereich *Autoren & Benutzer* neue Benutzer anlegen oder für schon registrierte Benutzer die Rechte ändern.

Unterbereich »Autoren & Benutzer«

Abbildung 3.27
Benutzer verwalten

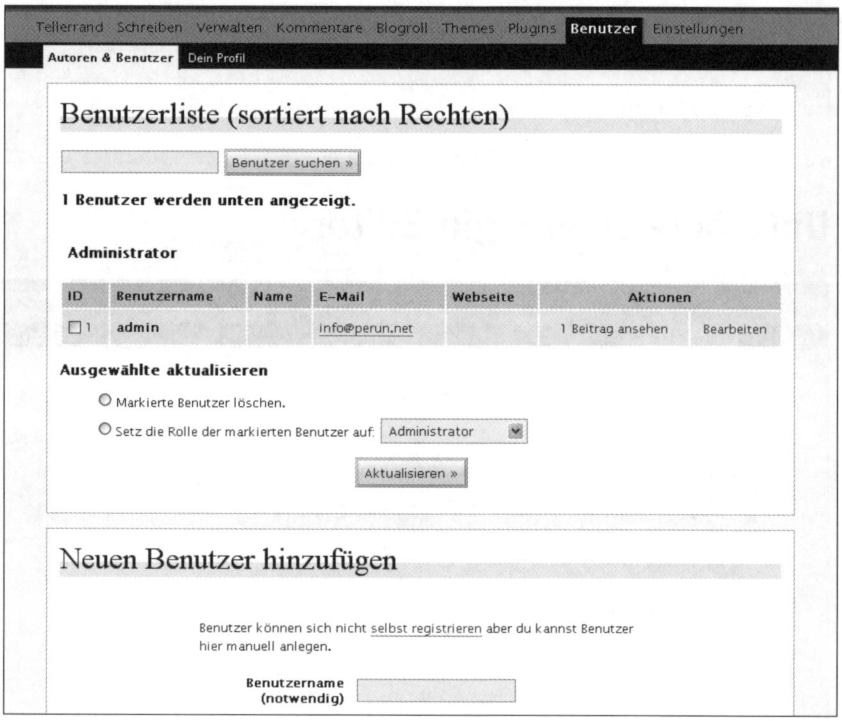

In diesem Unterbereich werden alle registrierten Benutzer aufgelistet und zwar nach ihren jeweiligen Rollen sortiert. Hier haben Sie die Möglichkeit, die Accounts zu löschen oder die Rolle der Nutzer zu ändern. Es gibt fünf Benutzerstufen:

- *Administrator* – hat Zugang zu allen Optionen.
- *Herausgeber* – darf Beiträge verfassen und kann eigene und Beiträge anderer Benutzer verwalten und freigeben.
- *Autor* – darf Beiträge verfassen und eigene verwalten und freigeben.
- *Mitarbeiter* – darf zwar eigene Beiträge verfassen, kann diese aber nicht freigeben.
- *Registrierter Leser* – bekommt zwar den Zugang zum Admin-Bereich, kann aber dort nur sein Profil vervollständigen und den Tellerrand (die Startseite des Admin-Bereichs) einsehen. Dieser Benutzer hat die Möglichkeit, Kommentare abzugeben, wenn Sie diese Funktion nur für registrierte Leser freigegeben haben.

In diesem Bereich können Sie sich auch die Beiträge der jeweiligen Benutzer anschauen. Weiter unten können Sie manuell einen neuen Benutzer eintragen. Dies ist vor allem dann wichtig, wenn Sie die Option in den Einstellungen *Jeder darf sich registrieren* deaktiviert haben.

Unterbereich »Dein Profil«

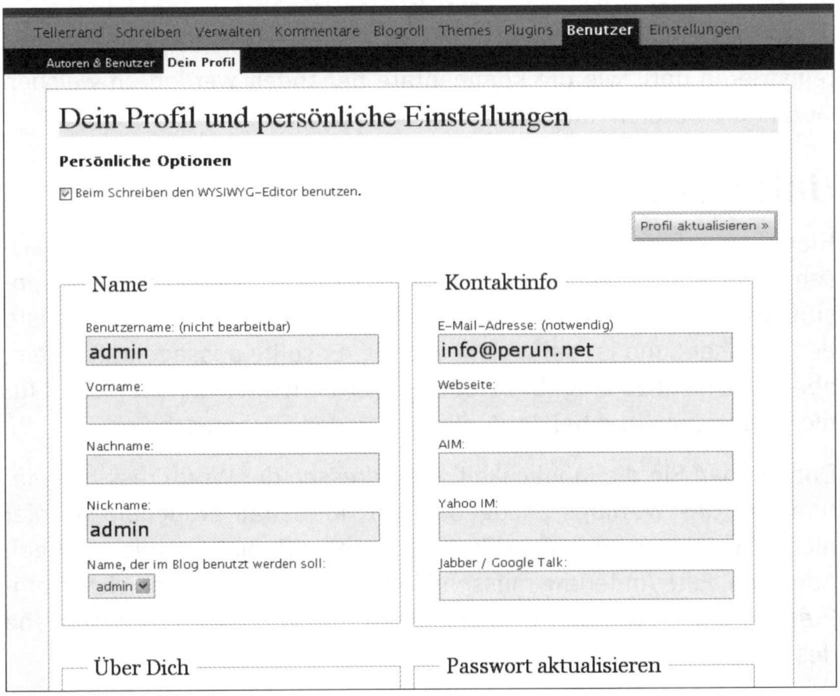

Abbildung 3.28
Eigenes Profil verwalten

In diesem Unterbereich haben Sie die Möglichkeit, Ihr Profil zu verwalten. Ganz oben unter *Persönliche Optionen* können Sie den WYSIWYG-Editor, mit dem Sie die Beiträge verfassen, deaktivieren und durch den Texteditor ersetzen. In dem Bereich *Name* können Sie Ihren Vornamen, Nachnamen und den Nickname (Spitznamen) eingeben. Der Benutzername, mit dem man sich anmeldet, in diesem Fall *admin*, kann nicht geändert werden. Wenn Sie einen Vornamen, Nachnamen und Spitznamen angeben, dann können Sie in der Auswahlliste einen von ihnen als denjenigen auswählen, der im Weblog bei Ihren Beiträgen erscheint.

Unter *Kontaktinfo* haben Sie die Möglichkeit, zusätzlich noch die Adresse Ihrer Website und die Kontaktdaten Ihrer Instant Messenger (AIM, Yahoo IM und Jabber bzw. Google Talk) einzutragen.

Im unteren Teil des Bereichs haben Sie die Möglichkeit, unter *Über Dich* etwas über Ihre Person niederzuschreiben, unter *Passwort aktualisieren* können Sie Ihr Passwort ändern.

3.9 Hauptbereich »Einstellungen«

Dieser Hauptbereich ist die zentrale Stelle, wenn es darum geht, Anpassungen an einer WordPress-Installation vorzunehmen. Hier können Sie bestimmen, wie die Permalink-Struktur aufgebaut wird, ob man sich registrieren darf, wie die Kommentare behandelt werden, in welchen Ordner die Dateien hochgeladen werden u. v. m.

Unterbereich »Allgemein«

Hier können Sie den *Titel* und das *Thema* (Motto) des Weblogs anpassen. Beide erscheinen bei dem Default-Theme im Kopfbereich der Website. Der Titel erscheint auch noch zusätzlich in der Kopf- bzw. Titelleiste des Browsers und ist daher sehr wichtig. Er sollte aussagekräftig sein, aber auch nicht zu lang: Der Weblog-Titel dient auch als Überschrift für die Lesezeichen und bei der Auflistung in den Suchmaschinen.

Dann haben Sie die Möglichkeit, die *Adressen* der WordPress-Installation und des Weblogs anzugeben. Im Normalfall brauchen Sie hier nichts zu ändern und WordPress erkennt automatisch die richtigen Adressen. Eine Änderung müssen Sie nur vornehmen, wenn sich WordPress in einem anderen Ordner befindet als die eigentliche Ausgabe des Blogs.

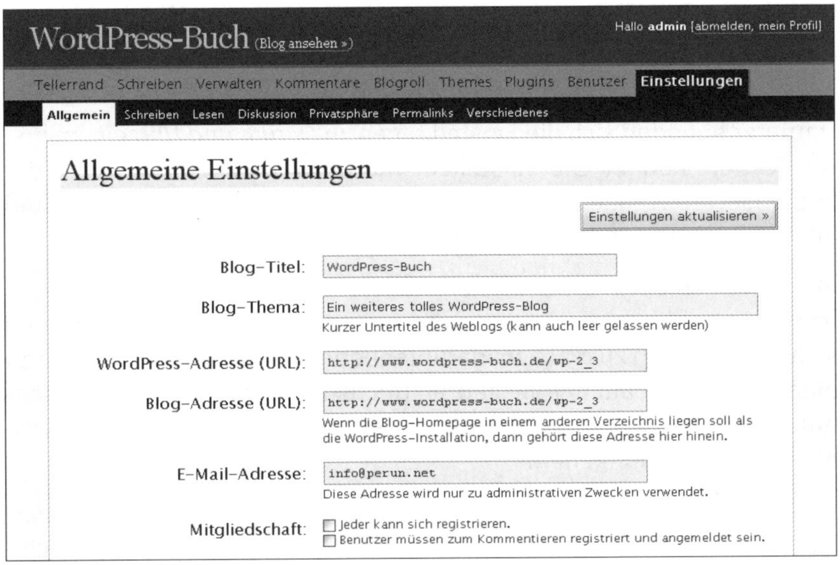

Abbildung 3.29
Allgemeine Einstellungen (Abb. 1/2)

Zudem haben Sie die Möglichkeit, die *E-Mail-Adresse* zu ändern, und zwar die Adresse, mit der Sie sich als Admin registriert haben. Darunter befinden sich zwei Checkboxen. Bei der ersten können Sie aktivieren, dass jeder Besucher sich registrieren kann, und wenn Sie die zweite Checkbox aktivieren, müssen die Kommentatoren sich vorher registrieren und anmelden.

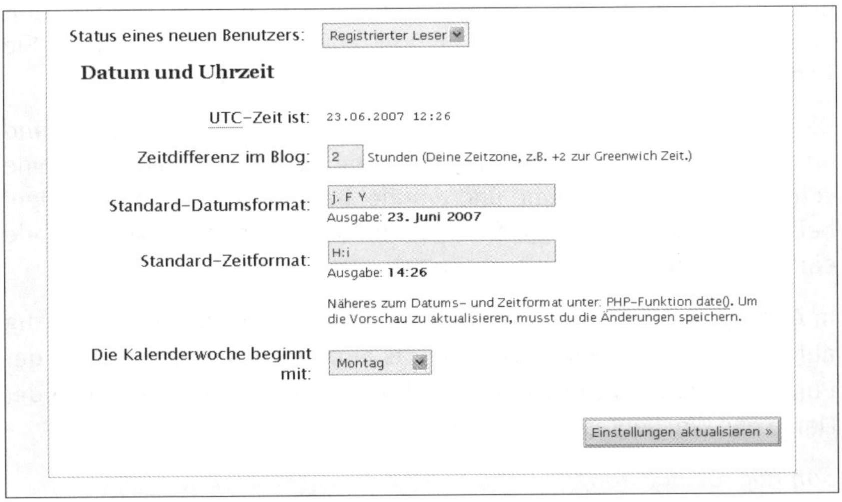

Abbildung 3.30
Allgemeine Einstellungen (Abb. 2/2)

Im unteren Teil dieses Unterbereichs haben Sie die Möglichkeit, zu bestimmen, welchen *Status* ein neu registrierter Benutzer bekommen soll. Standardmäßig ist dies der *Registrierte Leser*.

Darunter befinden sich die Einstellungen zu *Datum und Uhrzeit*. Im ersten Textfeld können Sie einstellen, wie hoch die Zeitdifferenz zu der koordinierten Weltzeit (*UTC*) ist. Im Sommer sind es zwei Stunden und im Winter eine Stunde Unterschied.

Im zweiten Textfeld können Sie einstellen, wie die *Datumsausgabe*, und im dritten Feld, wie die *Zeitausgabe* gestaltet wird. Doch Sie brauchen sich keine Sorgen zu machen, darunter befindet sich ein Link, der Sie zu einer Seite führt, auf der die ganzen Buchstaben in diesem Zusammenhang erklärt werden. Außerdem werde ich darauf im nächsten Abschnitt näher eingehen.

Im Auswahlfeld ganz unten können Sie entscheiden, ob die *Kalenderwoche* am Montag oder am Sonntag anfängt. Für den deutschsprachigen Raum ist Montag die sinnvollere Wahl.

Die Anpassungen im Unterbereich »Allgemein«

Nachdem Sie das Blog-Theme angepasst haben, scrollen Sie weiter runter und aktivieren die Checkbox *Jeder kann sich registrieren*. Damit steht die Registrierung allen Besuchern offen und jeder, der sich registriert, bekommt den Status *Registrierter Leser*. Diese Einstellung bringt den Vorteil, dass sich die registrierten Benutzer ihren Nickname (Spitznamen) sichern und ein »engeres« Verhältnis zu Ihrem Weblog aufbauen können. Das Stichwort hierbei heißt: Community-Aufbau. Sie können diese Einstellung jederzeit rückgängig machen.

Die Einstellung *Benutzer müssen zum Kommentieren registriert und angemeldet sein* würde ich für den Anfang nicht empfehlen. Es ist eine sehr restriktive Maßnahme und empfiehlt sich nur in seltenen Fällen, beispielsweise wenn Sie als Betreiber im Urlaub sind oder wenn gerade eine neue Spam-Welle anläuft.

Datum und Uhrzeit

In Abbildung 3.30 sehen Sie, wie die Standardeinstellungen in Bezug auf Datum und Uhrzeit aussehen. Das Einzige, was ich ändere, ist der Punkt *Standard-Datumsformat*. Dort habe ich es gern, wenn auch der Name des Wochentags ausgegeben wird:

Sonntag, 02. Juli 2007

Die Standardeinstellung gibt folgendes Datum aus:

02. Juli 2007

In dem entsprechenden Textfeld steht `j. F Y`. Diese Buchstaben sind Formatzeichen für die PHP-Funktion `date()`. Keine Sorge, Sie müssen jetzt nicht PHP lernen, in der PHP-Dokumentation[1] sind diese Formatzeichen[2] in deutscher Sprache erklärt. Hier ein Auszug:

- *i* – die Minuten mit führender Null (00 bis 59)
- *H* – die Stunde im 24-Stundenformat (00 bis 23)
- *l* – der Name des Wochentags (Montag bis Sonntag)
- *j* – Tag des Monats als Zahl ohne die führende Null (1 bis 31)
- *d* – Tag des Monats als Zahl mit führender Null (01 bis 31)
- *F* – der Name des Monats (Januar bis Dezember)
- *m* – die Zahl des Monats mit führender Null (01 bis 12)
- *Y* – die vierstellige Jahreszahl (2007)

Dementsprechend würde meine bevorzugte Angabe für das Datum folgendermaßen aussehen:

l, d. F Y (ergibt z. B. Sonntag, 02. Juli 2007)

Das Einzige, worauf Sie in diesem Bereich noch achten müssen, ist die Zeitdifferenz im Blog. Dort steht standardmäßig die Zahl *2*. Das ist richtig, solange die Sommerzeit gilt. Wenn die Uhrzeit im Herbst auf die Winterzeit umgestellt wird, müssen Sie dort *1* eintragen. Und im nächsten Frühjahr wieder *2*.

Unterbereich »Schreiben«

In dem oberen Teil dieses Unterbereichs können Sie als Erstes die Größe oder besser gesagt die *Länge der Textbox*, in der Sie die Beiträge verfassen, bestimmen. Darunter befinden sich zwei Checkboxen. Die erste Checkbox bestimmt, ob aus Zeichen wie :-) und ;-) ein ☺ (Smiley) wird. Die zweite Checkbox ist für Sie nur relevant, wenn Sie den grafischen bzw. den WYSIWYG-Editor deaktivieren und im Textmodus die Beiträge verfassen. In diesem Fall würde ich empfehlen, diese Checkbox zu aktivieren.

1. *de.php.net/manual/de/function.date.php* und in der Buch-CD
2. Eine ausführlichere Auflistung dieser Formatzeichen finden Sie auch im Anhang dieses Buches.

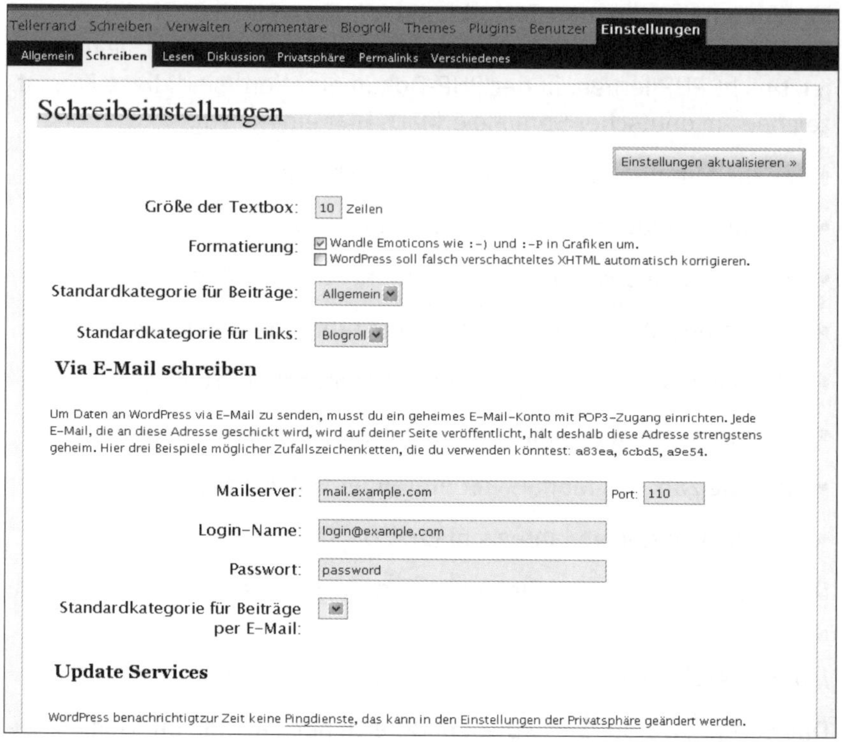

Abbildung 3.31
Die Schreibeinstellungen

Die beiden Auswahllisten darunter bestimmen die Standardkategorie für Ihre Blog-Beiträge und für die Links. Das heißt, dass, wenn Sie einen Beitrag verfassen und keine Kategorie auswählen, der Beitrag dann in dieser Kategorie veröffentlicht wird.

Wie Sie in Abbildung 3.31 sehen, können Sie bei WordPress auch via E-Mail Ihre Beiträge veröffentlichen. Dafür müssen Sie ein E-Mail-Konto einrichten, das nur Sie kennen, denn alle E-Mails, die Sie an diese Adresse schicken, werden als Weblog-Beitrag veröffentlicht. Ich würde Ihnen auch empfehlen, ein exotisches Präfix für die Adresse einzusetzen.

Ein gutes Beispiel wäre *bl274brghl-7azrq@perun.net* und ein schlechtes wäre *kontakt@perun.net* oder *info@perun.net*. Das hat damit zu tun, dass Spammer die Adressen mit Hilfe von Wörterbüchern und den bekannten Domains zusammensetzen, und Alltagswörter wie Info, Kontakt und Ähnliches kommen dann schnell auf die Verteilerliste der Spammer.

Um diese Funktion zu nutzen, müssen Sie, wie Sie auf der Abbildung erkennen können, den Mail-Server, die Portnummer, den Loginnamen, das Passwort und die Weblog-Kategorie, in der die Mail-Beiträge veröffentlicht werden, angeben.

Sie werden sich jetzt zu Recht fragen, wofür das Ganze gut sein soll. Mit dieser Funktion haben Sie die Möglichkeit, von einem modernen Handy oder von einem PDA aus einen Beitrag in Ihrem Weblog zu veröffentlichen. Vielleicht haben Sie gerade einen Schnappschuss gemacht und wollen diesen Ihren Lesern auch von unterwegs präsentieren.

Im unteren Teil dieses Unterbereichs haben Sie die Möglichkeit, die Update-Services zu verwalten. Hierbei benachrichtigt Ihr Weblog einen bestimmten Dienst bzw. eine Website, dass es auf Ihrem Weblog etwas Neues gibt. Da ich aber bei der Installation (siehe Kapitel 2) die Checkbox *Ich möchte, dass mein Blog in Suchmaschinen* ... deaktiviert habe, ist logischerweise auch die Benachrichtigung der Pingdienste deaktiviert. Sie können allerdings jederzeit die Benachrichtigungsfunktion wieder aktivieren bzw. deaktivieren (Seite 86). So schaut der entsprechende Bereich aus, wenn man bei der Installation die Checkbox aktiv gelassen hat:

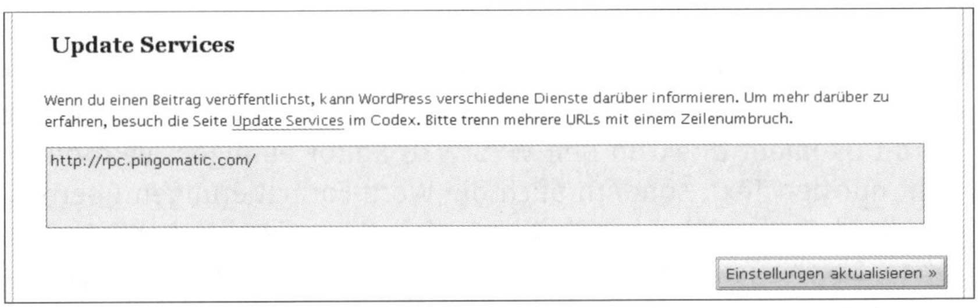

Abbildung 3.32
»Update Services« ist aktiv.

Wenn Sie diesen Dienst nutzen möchten, brauchen Sie sich keine Gedanken zu machen, ob es noch mehr Dienste gibt. Bei Pingomatic handelt es sich um einen Sammeldienst, der die Nachricht Ihres Weblogs an 17 weitere Dienste leitet, und das reicht aus, denn die bekannten Stellen werden durch Pingomatic benachrichtigt.

Die Anpassungen im Unterbereich »Schreiben«

In diesem Bereich ändere ich als Erstes, gegenüber den Standardeinstellungen (siehe Abbildung 3.31), die Größe der Textbox auf 15 Zeilen, damit ich beim Schreiben etwas mehr Platz zur Verfügung habe.

In der Version bzw. dem Versionsstrang 2.0.x hätte ich noch empfohlen, komplett auf den Einsatz des WYSIWYG-Editors zu verzichten und in der Code-Ansicht bzw. dem Texteditor zu arbeiten. Ich bin zwar immer noch ein Verfechter des Code-Editors und arbeite weiterhin in diesem. Aber glücklicherweise kann man jetzt während des Schreibens (»on the fly«) zwischen dem grafischen und dem Code-Editor wechseln, so dass eine Entweder-oder-Entscheidung nicht mehr notwendig ist.

Sie werden sich jetzt sicherlich fragen, warum man überhaupt in der Code-Ansicht arbeiten bzw. in diese wechseln sollte? Die Frage ist absolut berechtigt. Der WYSIWYG-Editor hat allerdings ein Problem. Er versucht den Komfort einer Office-Anwendung nachzubilden, aber das klappt nicht immer so einwandfrei, denn WordPress agiert in einer Internet-Umgebung und erzeugt (X)HTML-Seiten und keine Word-Dokumente.

Bei (X)HTML-Dokumenten ist es wichtig, dass Sie den Text semantisch richtig auszeichnen, und nicht nach visuellen Gesichtspunkten (darum kümmert sich CSS), und einen Text können Sie nur semantisch richtig auszeichnen, wenn Sie den Texteditor einsetzen.

Der WYSIWYG-Editor ist zwar ein mächtiges Werkzeug, aber dafür kann es Ihnen passieren, dass Sie eine unerwünschte Formatierung aus verschiedenen Gründen nicht wegbekommen, und dann müssen Sie doch in die Code-Ansicht des Texteditors wechseln.

Im Texteditor haben Sie zudem keine Probleme, wenn Sie Texte aus einem anderen Editor einfügen. Wenn Sie allerdings Texte aus einem Word-Dokument direkt in den WYSIWYG-Editor einfügen, wird dieser nicht nur den Text, sondern auch die Word-Formatierungen übernehmen. Und das kann je nach Text im Endergebnis ziemlich komisch aussehen. Solche Texte müssen Sie vorher »filtern«, entweder indem Sie sie in einen richtigen Texteditor (z. B. Notepad) reinkopieren und von dort aus rauskopieren und in den WYSIWYG-Editor von WordPress einfügen oder indem Sie die Texte direkt aus Word in den Texteditor von WordPress reinkopieren.

Wenn Sie jetzt denken, das würde nur bei kostenlosen Redaktionssystemen passieren, dann muss ich Sie enttäuschen. Auch bei Redaktionssystemen, die mehrere Tausend Euro pro Lizenz kosten, muss man Office-Texte vorher filtern und auch sonst muss man häufiger in die Code-Ansicht bzw. zum Texteditor wechseln, weil eine Formatierung sich »bockig« zeigt oder Sie einen Inhalt einfügen müssen, bei dem Sie mit dem WYSIWYG-Editor nicht weiterkommen, zum Beispiel, wenn Sie Java-Skripte oder Videos einbinden wollen.

Die Einstellung *WordPress soll falsch verschachteltes XHTML automatisch korrigieren* ist nur relevant, wenn Sie ausschließlich in der

Code-Ansicht arbeiten, und dann sollten Sie diese Einstellung auch aktivieren.

Unterbereich »Lesen«

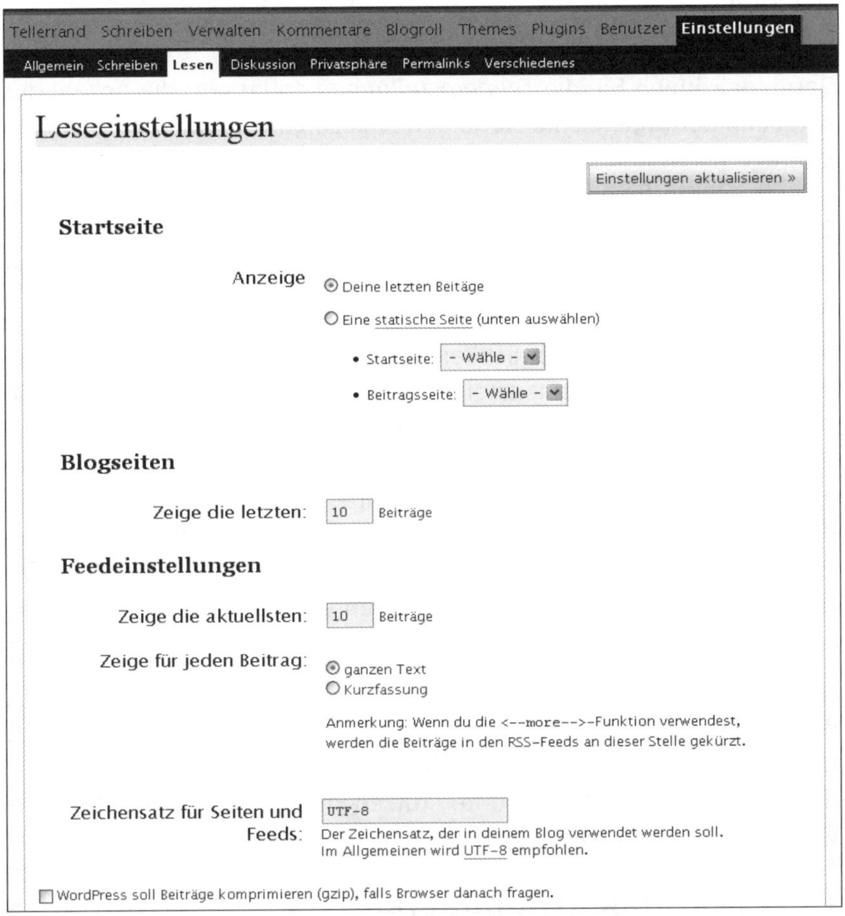

Abbildung 3.33
Die Leseeinstellungen

Die Startseite bestimmen

In diesem Bereich gab es seit der Version 2.1 einige sehr nützliche Änderungen. Es ist mittlerweile möglich, ohne Hilfe von Plugins zu bestimmen, ob als *Startseite* des ganzen Projekts die letzten Beiträge oder eine Seite (Pages) dienen soll. Dies war ein weiterer Schritt in Richtung WordPress als »klassisches« CMS (Content Management System).

Darunter können Sie bestimmen, wie viele Beiträge auf der Startseite angezeigt werden. Standardmäßig werden die letzten zehn Beiträge angezeigt. Sie können diesen Wert entweder erhöhen oder kleiner machen. Tragen Sie aber keine allzu hohe Zahl ein, denn dann vergrößert sich das Ladevolumen der Startseite und nicht jeder Besucher verfügt über eine schnelle Internetverbindung.

Leider ist es in diesem Bereich **nicht** mehr möglich, wie es noch im Versionsstrang 2.0.x war, hier einen Zeitraum anzugeben: Zeige die Beiträge der letzten xy Tage an.

Darunter können Sie die *Feedeinstellungen* anpassen: die Anzahl der aktuellen Beiträge, die im Newsfeed angezeigt werden, und ob Sie die Beiträge im Newsfeed vollständig oder auszugsweise ausgeben wollen. Ich würde Ihnen empfehlen, die Beiträge komplett auszugeben. Der Leser kann dann in seinem Feedreader selbst einstellen, ob er Ihren Newsfeed komplett, auszugsweise oder nur die Überschriften lesen will.

Danach haben Sie die Möglichkeit, für Ihre Beiträge und für den Newsfeed den *Zeichensatz* einzustellen. Standardmäßig ist dies *UTF-8*. Sie können aber auch *ISO-8859-1* (westeuropäischer Zeichensatz) eingeben. Wenn Sie allerdings UTF-8 einsetzen, sollten Sie darauf achten, dass Sie Software nutzen (achten Sie bitte vor allem auf die Editoren), die UTF-8 auch vollständig unterstützt, da es sonst zu Problemen, speziell bei Umlauten, kommen kann, wenn Ihr Weblog die Zeichen als UTF-8 kodiert und Sie die Template-Dateien unter ANSI (ISO) abgespeichert haben.

Des weiteren (Abbildung 3.33) bietet WordPress Ihnen die Möglichkeit, die Beiträge zu komprimieren (*gzip*), wenn der Browser danach fragt. Damit sparen Sie einiges an Bandbreite, allerdings muss der Browser des Besuchers diese Option unterstützen und auf dem Apache Webserver muss das Modul *mod_gzip* aktiviert sein.

Unterbereich »Diskussion«

In diesem Unterbereich (Abbildung 3.34) haben Sie die Möglichkeit, Einstellungen festzulegen, die sich vor allem auf die Kommentare beziehen. Im ersten Teilbereich (*Übliche Einstellungen für einen Beitrag*) können Sie einstellen, ob Sie die verlinkten Weblogs benachrichtigen wollen, ob Sie Pingbacks und Trackbacks von anderen Weblogs empfangen wollen und ob Besucher Kommentare abgeben dürfen. Diese Einstellungen sind global, können aber bei den einzelnen Beiträgen je nach Bedarf angepasst werden.

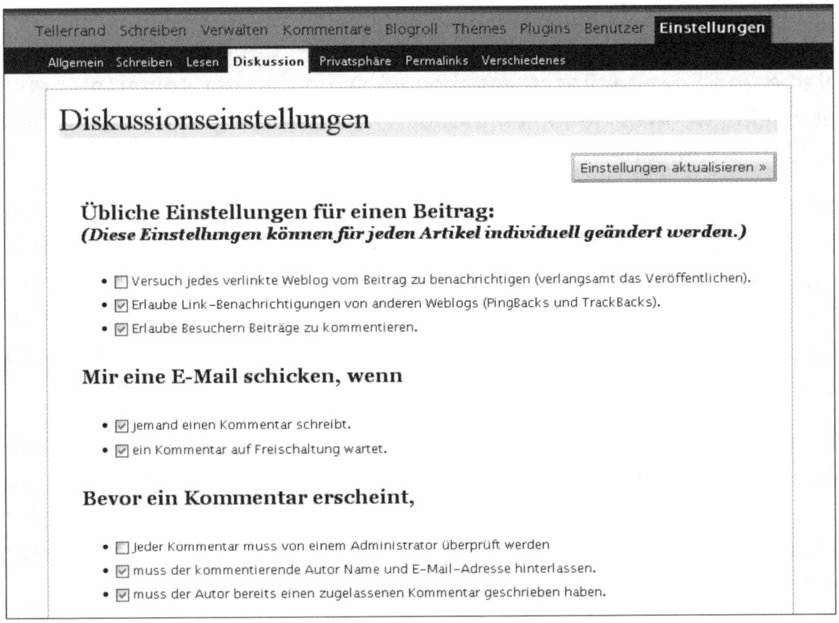

Abbildung 3.34
Die Diskussionseinstellungen (Abb. 1/2)

Der zweite Punkt betrifft die *E-Mail-Einstellungen*. Hier können Sie einstellen, ob Sie eine E-Mail bekommen, wenn jemand einen Kommentar abgibt, und ob Sie eine E-Mail bekommen, wenn ein Kommentar auf die Freischaltung wartet.

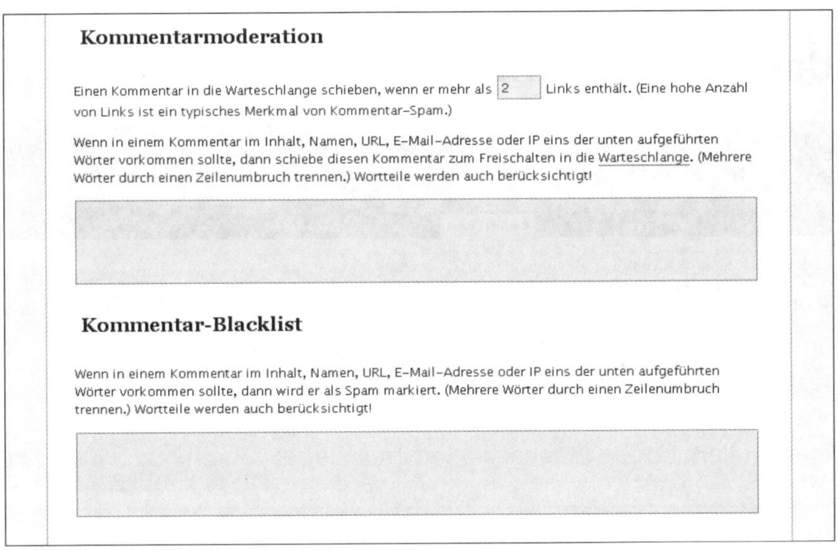

Abbildung 3.35
Die Diskussionseinstellungen (Abb. 2/2)

Bei dem dritten Punkt können Sie einstellen, ob ein *Kommentar* erst erscheint, wenn er vom Admin freigegeben wird, ob der Kommentator Name und E-Mail-Adresse angeben muss und ob der Kommentar erst erscheint, wenn der Kommentator bereits einen Kommentar abgegeben hat, der freigegeben wurde.

Im unteren Teil haben Sie die Möglichkeit, die Kommentarmoderation zu bestimmen sowie eine »graue« und »schwarze Liste« zu erstellen. Als Erstes können Sie eingeben, wie viele Verweise ein Kommentar maximal haben darf, bevor er in die Moderation geschoben wird. Das ist deswegen wichtig, weil Blogspammer meistens Kommentare mit vielen Links abschicken.

Die »graue Liste«

Darunter befindet sich ein Textfeld, in dem Sie Wörter, Adressen und Zahlenkombinationen eintragen können (nur ein Eintrag pro Zeile), die auf einen verdächtigen Kommentar schließen lassen. Dies könnte man auch als »graue Liste« bezeichnen. Alle Kommentare, die eines dieser verdächtigen Wörter enthalten, kommen in die Warteschleife.

Die »schwarze Liste«

Darunter befindet sich die *Kommentar-Blacklist* oder auf Deutsch die »schwarze Liste«. Genau wie bei der »grauen Liste« können Sie auch hier Wörter, Adressen und Zahlenkombinationen eintragen. Wenn ein Kommentar einen Begriff beinhaltet, der mit einem Begriff auf der »schwarzen Liste« übereinstimmt, wird er direkt gelöscht. Seien Sie also vorsichtig, welche Begriffe Sie hier eintragen.

Unterbereich »Privatsphäre«

Abbildung 3.36
Einstellungen zur Privatsphäre

In diesem Unterbereich, der seit der Version 2.1 existiert, sind die Einstellungsmöglichkeiten sehr übersichtlich. Sie können Ihr Weblog hier für die Suchmaschinen unsichtbar machen. Wenn Sie das Weblog ganz, also auch für Besucher, unsichtbar machen wollen, dann müssen Sie einen serverseitigen Passwortschutz einrichten.

Unterbereich »Permalinks«

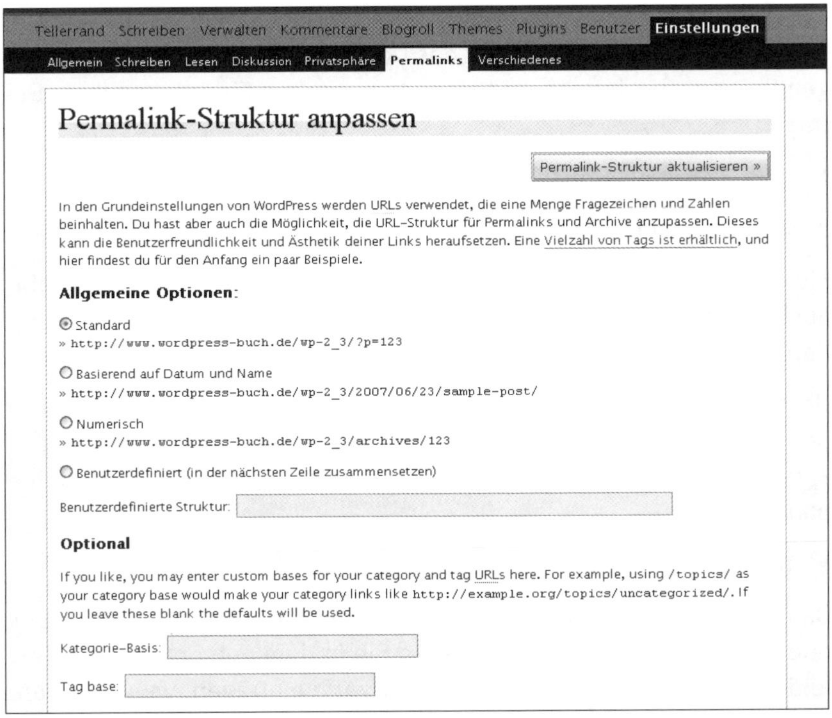

Abbildung 3.37
Anpassung der Permalink-Struktur

Ich sehe schon, wie sich die Suchmaschinenoptimierer (SEO) unter uns bei dem Anblick der Abbildung 3.37 die Hände reiben. Die Einstellungsmöglichkeiten sind vielfältig. Hier haben Sie die Möglichkeit, »sprechende URLs« zu erzeugen und somit den Permalinks Ihres Weblogs aussagefähige Adressen zu geben. Allerdings muss auf dem Apache-Webserver das Modul *mod_rewrite* aktiv sein und Sie müssen die Möglichkeit haben, .htaccess-Dateien hochzuladen und diese auch zu beschreiben.

Hinweis

Die .htaccess-Datei ist eine Textdatei, die Sie in jedem Texteditor erstellen können. Mit dieser Datei haben Sie die Möglichkeit, das Verhalten des Apache-Webservers zu beeinflussen oder auf bestimmte Funktionen zuzugreifen: »sprechende« URLs, Passwortschutz etc.

Die Anpassung der Permalink-Struktur

Standardmäßig ist die Funktion der »sprechenden« URLs deaktiviert und die URLs zu den einzelnen Beiträgen sind folgendermaßen aufgebaut:

- *www.wordpress-buch.de/?p=123*

Falls Sie sich für sprechende URLs entscheiden, haben Sie die Auswahl zwischen einem Permalink, der das Datum und den Namen des jeweiligen Beitrags wiedergibt, und einer numerischen Einordnung Ihres Beitrags:

- *www.wordpress-buch.de/2007/07/14/beitrags-name/*
- *www.wordpress-buch.de/archives/123*

Sie können den Aufbau der Permalink-Struktur in Ihrem Weblog aber auch ganz individuell gestalten. Auch auf diesen Punkt werde ich in Kapitel 4 näher eingehen.

Unter *Optional* haben Sie zudem die Möglichkeit, die **Kategoriebasis** in der Adresse einer Kategorie anzupassen. Üblicherweise – nachdem sprechende URLs erzeugt wurden – ist eine Kategorieadresse so aufgebaut:

- *www.wordpress-buch.de/category/allgemein/*

Das Wort *category* können Sie zum Beispiel durch *kategorie*, *thema* oder *ordner* ersetzen. Dafür müssen Sie in dem entsprechenden Textfeld (siehe Abbildung 3.37) z. B. */kategorie* eintragen, wenn Sie *category* durch *kategorie* ersetzen wollen.

Analog zu der Anpassung der Kategoriebasis können Sie auch die Basis-Adresse der Tags anpassen. Wenn Sie sich für die »sprechenden URLs« entschieden haben, dann schaut die URL für das Schlagwort *kirschkuchen* folgendermaßen aus:

- *www.wordpress-buch.de/tag/kirschkuchen/*

Auch hier können Sie das Wort *tag* durch eines Ihrer Wahl ersetzen, einfach in dem entsprechenden Textfeld */wunschwort* eintragen.

Es ist sinnvoll, sich schon im Vorfeld einige Gedanken zu der Permalink-Struktur zu machen. Und Sie können sich sicherlich vorstellen, warum. Nehmen wir mal an, Sie entscheiden sich für eine Permalink-Struktur, verfassen so um die 100 bis 120 Beiträge und stellen dann fest, dass die Struktur doch nicht das Wahre ist. Gut, in WordPress lässt sich die Permalink-Struktur schnell ändern, aber das Problem bleiben die Besucher, die über die Suchmaschinen kommen. Für eine sehr lange Zeit – bis die Suchmaschinen die umgezogene Seite wiedergefunden haben – landen diese üblicherweise auf einer Fehlerseite (Fehler 404) ihres Servers und im Fall von WordPress (im Standardfall) auf einer leeren Seite, wo WordPress sinngemäß ausrichten lässt: »*Sorry, der gesuchte Beitrag existiert nicht.*« Außerdem führen sämtliche Ping- und Trackbacks ins Leere.

Meine Empfehlung

Ich bevorzuge die Struktur, die auf dem Datum und dem Namen basiert. Ich kann Ihnen auch erklären, warum. Nehmen wir mal an, Sie schreiben einen Beitrag zum Thema »warmer Sommertag«. So könnte die URL des Beitrages ausschauen, wenn ich die numerische Variante wähle:

- *www.wordpress-buch.de/archives/123*

Wähle ich dagegen die Variante mit dem Datum und dem Namen in der URL, dann sieht die URL des gleichen Beitrages folgendermaßen aus:

- *www.wordpress-buch.de/2007/07/14/ein-warmer-sommertag/*

Beide URLs sind »sprechende URLs«, aber im Gegensatz zu der ersten URL sagt mir die zweite viel mehr. Ich weiß, wann der Beitrag geschrieben wurde, und was noch wichtiger ist, was das Thema des Beitrages ist. Eine mögliche Alternative, wenn man relativ selten schreibt, wäre es, auf die Angabe des Tages zu verzichten:

- *www.wordpress-buch.de/2007/07/ein-warmer-sommertag/*

Folgenden Code müssten Sie in das Feld *Benutzerdefinierte Struktur* eintragen:

/%year%/%monthnum%/%postname%/

Als Kategoriebasis würde ich Ihnen empfehlen, sich für das deutsche Wort Kategorie zu entscheiden und in das entsprechende Feld */kategorie* einzutragen. Bei der Tag-Basis würde ich nichts ändern und daher das Standardwort *tags* belassen. Ich bin zwar gegen den unnötigen und sinnlosen Einsatz von englischen Begriffen, aber in manchen Fällen sind die englischen Begriffe praktischer. Das englische Wort *tag* bzw. *tags* (ausgesprochen: tähgs) hört sich einfach runder an als die deutschen Übersetzungen: Schlagwort, Stichwort, Schlüsselwort. Und kürzer ist das englische Wort auch. Ein weiterer Aspekt ist, dass sehr viele Blogger bereits das Wort *tag* einsetzen und somit ein gewisser Wiedererkennungswert gegeben ist.

Tipp

Ich würde Ihnen davon abraten, den Kategorienamen in die Permalink-Struktur (*%category%*) zu übernehmen. Es ist sehr reizvoll, den Kategorienamen und somit ein weiteres suchmaschinentaugliches Keyword in der URL zu haben (z. B. *www.blog-url.de/kochrezepte/bohnensuppe*). Das funktioniert allerdings nur so lange, wie die Beiträge in derselben Kategorie(n) verbleiben. Sollten Sie irgendwann die Beiträge in andere Kategorien einsortieren, dann ändern sich automatisch ihre Permalinks und Sie müssen ausgefeilte Weiterleitungen einrichten, damit die Besucher nicht ins Leere »laufen«.

Hinweis

Wenn Sie vorher eine .htaccess-Datei hochgeladen und beschreibbar gemacht haben, übernimmt WordPress die Änderungen automatisch. Wenn die Datei nicht beschreibbar ist, müssen Sie den Code, den WordPress dann generiert, kopieren, in die .htaccess-Datei einfügen und diese dann hochladen.

Unterbereich »Verschiedenes«

Abbildung 3.38
Sonstige Einstellungen

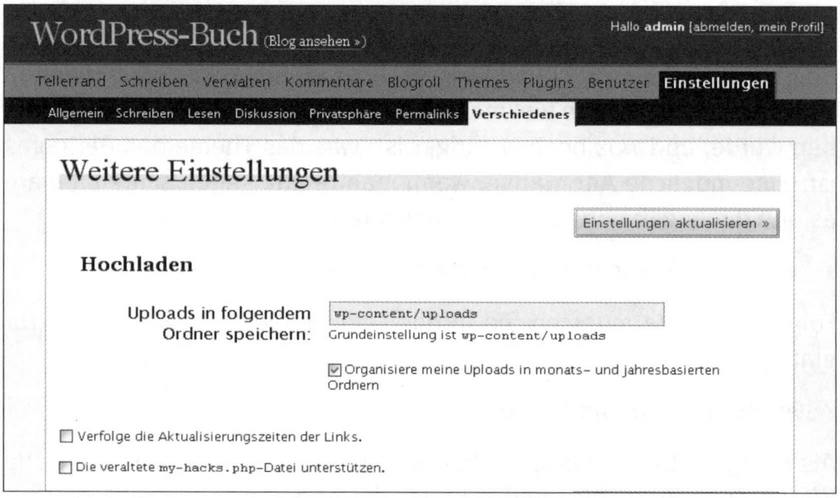

Upload-Ordner bestimmen

Dieser Unterbereich ist vergleichsweise übersichtlich. In dem Textfeld haben Sie die Möglichkeit, den Ordner zu bestimmen, in dem hochgeladene Dateien abgelegt werden sollen. Standardmäßig ist dies der Ordner *wp-content/uploads*. Darunter befindet sich eine Checkbox, mit der Sie bestimmen, ob WordPress die Uploads in Jahres- und Monatsordnern einsortiert.

Darunter befinden sich zwei weitere Checkboxen. Bei der ersten Checkbox aktivieren Sie die Fähigkeit von WordPress, Änderungen in der Blogroll zu verfolgen und beim nächsten Kontakt mit einem Update-Service diesen zu benachrichtigen, dass sich auch an ihrer Blogroll (Linksammlung) etwas geändert hat.

Die letzte Checkbox erlaubt die Unterstützung der alten *my-hacks.php*. Dies war eine der Möglichkeiten, WordPress zu erweitern, bis ab der Version 1.5 dies von der Plugin-Schnittstelle abgelöst wurde. Diese Checkbox können Sie ignorieren und daher auch inaktiv lassen, da Sie in diesem Buch die Fähigkeiten von WordPress nur mit Plugins erweitern werden.

Die Anpassung im Unterbereich »Verschiedenes«

Ein frisch installiertes WordPress hat noch keinen Ordner für die Bilder und sonstigen Dateien, die man hochladen möchte. Als Standardeinstellung gibt WordPress den Ordner *wp-content/uploads* vor und die Checkbox *Organisiere meine Uploads in monats- und jahresbasierten Ordnern* ist aktiviert. Das heißt, dass WordPress für jeden Monat eines Jahres einen neuen Ordner erstellt, um dort die hochgeladenen Dateien abzulegen.

Es befinden sich also alle Dokumente, die Sie im September 2007 hochladen, im Ordner */wp-content/uploads/2007/09/* und alle Bilder, die Sie im Januar 2008 hochladen, im Ordner */wp-content/uploads/2008/01/*.

Doch um diese komfortable Struktur zu erreichen, müssen Sie vorher noch einmal Ihr FTP-Programm bemühen. Der Ordner *uploads* existiert noch gar nicht und daher müssen Sie entweder dem übergeordneten Ordner *wp-content* 777er-Dateiattribute zuweisen, so dass WordPress innerhalb dieses Ordners schreiben und neue Unterordner erstellen kann, oder Sie erstellen manuell den *uploads*-Ordner und weisen nur diesem Ordner die vollen Schreibrechte zu (CHMOD 777). Das Ergebnis ist im Endeffekt gleich, mit dem Unterschied, dass der Ordner *wp-content* »geschützt« bleibt. Nach dem ersten Upload gibt es in beiden Fällen einen *uploads*-Ordner mit den entsprechenden Jahres- und Monatsordnern.

Nun sind Sie fürs Erste fertig mit dem Rundgang und dem grundlegenden Konfigurieren. Das heißt nicht, dass wir die Einstellungsmöglichkeiten auch nur im Geringsten ausgereizt haben, aber ich kann mir gut vorstellen, dass Sie erst mal einen Beitrag verfassen wollen, um zu sehen, wie WordPress in der Praxis funktioniert.

Zu konfigurieren gibt es noch genug, aber weitere Konfigurationsmöglichkeiten möchte ich Ihnen erst zeigen, nachdem Sie etwas mehr von der Funktionalität von WordPress kennen gelernt haben, und es bietet sich an, diese weiteren Optionen vor allem anhand konkreter Problemstellungen bzw. Gegebenheiten zu beschreiben.

3.10 Alle WordPress-Einstellungen auf einen Blick (options.php)

Wenn ich der Herausgeber einer bestimmten Computer-Zeitschrift wäre, Sie dürfen drei Mal raten, welche ich meine, dann würde ich diesem Bereich mindestens ein komplettes Kapitel spendieren und mit einer kraftvollen Überschrift wie »Undokumentierte Einstellungen«, »Geheime Hebel im System«, »Tunen Sie Ihr Weblog«, »Geheim: den versteckten Einstellungen auf den Zahn gefühlt« etc. zieren ... aber das hier ist keine Zeitschrift, daher wird es nur einen kurzen Hinweis auf das Thema geben. Wenn Sie die URL */wp-admin/options.php* Ihrer WordPress-Installation aufrufen, dann bekommen Sie folgendes Bild zu sehen:

Abbildung 3.39
Alle Einstellungen auf einem Blick

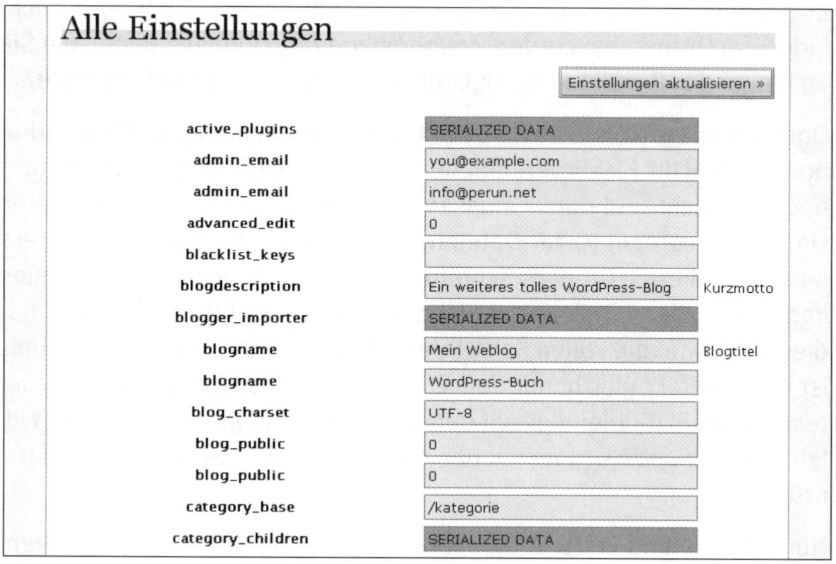

Sie bekommen **alle** Einstellungen Ihrer WordPress-Installation übersichtlich auf einer Seite präsentiert. Hier können Sie auch Plugin-Einstellungen einsehen und bearbeiten und Sie können Einstellungen tätigen, für die es im Admin-Bereich **keine** Einstellungsmöglichkeiten gibt, wie z. B. die Einstellung für den MIME-Typ für den Inhalt des Weblogs.

Kapitel 4

4

Die ersten Schritte als Blogger

Bis jetzt haben Sie erfahren, was Weblogs sind, welchen Mehrwert sie bieten, welchen Vorteil WordPress hat, wie man es installiert, und Sie haben den Admin-Bereich kennen gelernt. Ich kann mir gut vorstellen, dass Sie jetzt gerne ein oder mehrere Beiträge verfassen möchten, eine Seite erstellen und evtl. auch Dokumente hochladen wollen.

4.1 Einen Beitrag verfassen

Endlich ist es so weit und Sie können Ihren ersten Beitrag im Weblog verfassen. Gehen Sie dafür zum Menüpunkt *Schreiben / Beitrag schreiben*. Schreiben Sie in das *Titel*-Feld die Überschrift *Mein erster Beitrag* und fügen Sie in den Beitragsbereich einen Text ein. Diesen können Sie gerne auch ein bisschen formatieren:

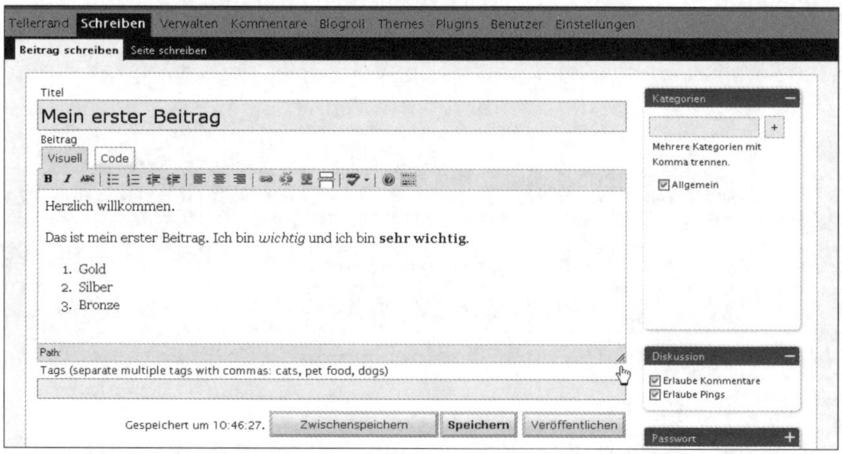

Abbildung 4.1
Der erste Beitrag in WYSIWYG-Ansicht

Ja, ich gebe es zu. Der Text ist nicht wirklich geistreich, aber als Blindtext und zu Demonstrationszwecken reicht seine literarische Qualität.

Tipp

Übrigens, im visuellen Editor können Sie die Textbox durch Klicken und Ziehen in der rechten unteren Ecke vergrößern.

Klicken Sie jetzt bitte auf den Knopf *Code,* um in die Code- bzw. HTML-Ansicht zu wechseln (Abbildung 4.2).

Die HTML-Ansicht ist sehr wichtig, wie ich es im letzten Kapitel bereits erwähnt habe. Manchmal muss man Inhalte (z. B. Javaskripte oder bestimmte HTML-Attribute) einfügen, die man mit dem visuellen Editor nicht einfügen kann, oder wenn sich eine Formatierung als zickig/problematisch erweist.

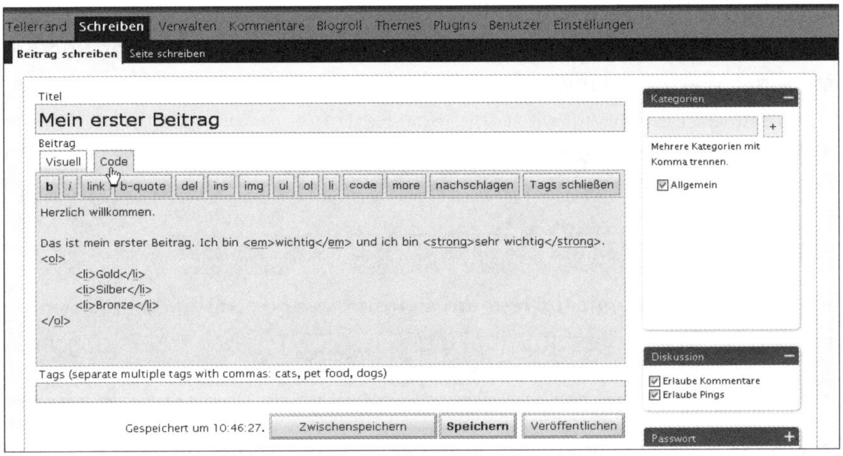

Abbildung 4.2
Der gleiche Beitrag in der Code-Ansicht

Code-Ansicht

Viele Autoren, und dazu zähle ich mich auch, arbeiten nur in der HTML-Ansicht, da man hierbei mehr Kontrolle über die Textauszeichnung hat und somit auch über die Qualität des (X)HTML-Codes. Wenn es darum geht, spezielle (X)HTML-Attribute anzuwenden (z. B. sprachliche Attribute für Screenreader), werden Sie um das Arbeiten im Code-Editor nicht herumkommen. Daher lohnt es sich, ab und an einen Blick in die Code-Ansicht zu werfen, um sich mit ihr vertraut zu machen. Um ein paar Sachen müssen Sie sich allerdings nicht kümmern. Wenn Sie innerhalb einer Textzeile einmal auf die Enter-Taste drücken, dann wird das von WordPress als ein einfacher Zeilenumbruch interpretiert (HTML: `<br />`) und wenn Sie zweimal auf die Enter-Taste tippen, dann interpretiert WordPress dies als einen neuen Absatz (HTML: `<p></p>`).

Das ist aus zwei Gründen wichtig: Zum einen wird das Absatzelement semantisch richtig eingesetzt (Stichwort hierbei ist Webstandards) und zum anderen haben Sie einen zusätzlichen »Ansprechpunkt« (Selektor), an dem Sie mit ihren CSS-Regeln ansetzen können.

Nun wenden wir uns wieder dem ersten richtigen Blog-Beitrag zu. Sie können sich beim Verfassen der Beiträge ruhig Zeit lassen und müssen sich auch keine Sorgen machen, ob der Text nicht eventuell verloren geht ... in früheren Versionen passierte das schon ab und an mal, zum Beispiel, wenn der Browser abstürzte oder man den Browser aus Versehen geschlossen hat.

Seit der Version 2.1 ist ein automatischer Speichermechanismus eingebaut – der Beitrag wird nach ein paar Minuten automatisch im Hintergrund (als Entwurf) gespeichert, aber **nicht** veröffentlicht. Falls Sie aus

Versehen während des Schreibens das Browserfenster schließen oder das Admin-Menü verlassen wollen, meldet sich zusätzlich das System mit einer Warnmeldung:

Abbildung 4.3
Achtung!

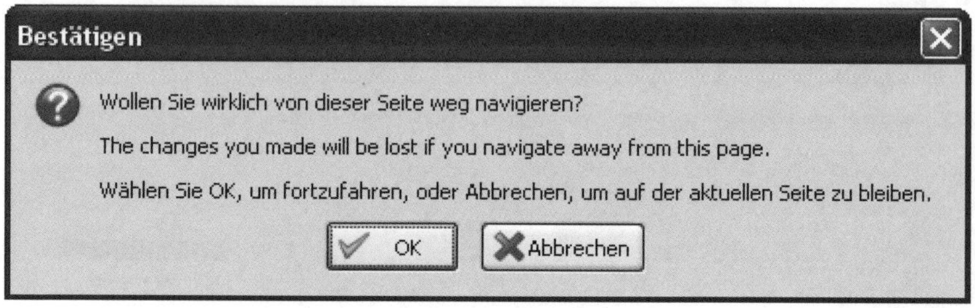

Wenn Sie jetzt auf *OK* klicken, dann verlassen Sie den Bereich bzw. das Browserfenster schließt sich. Mit einem Klick auf *Abbrechen* ändert sich nichts und Sie bleiben im selben Bereich bzw. das Fenster schließt sich nicht. Schauen Sie sich noch einmal den noch nicht veröffentlichten, ersten Beitrag an:

Abbildung 4.4
»Entwurf« ist die Standardeinstellung

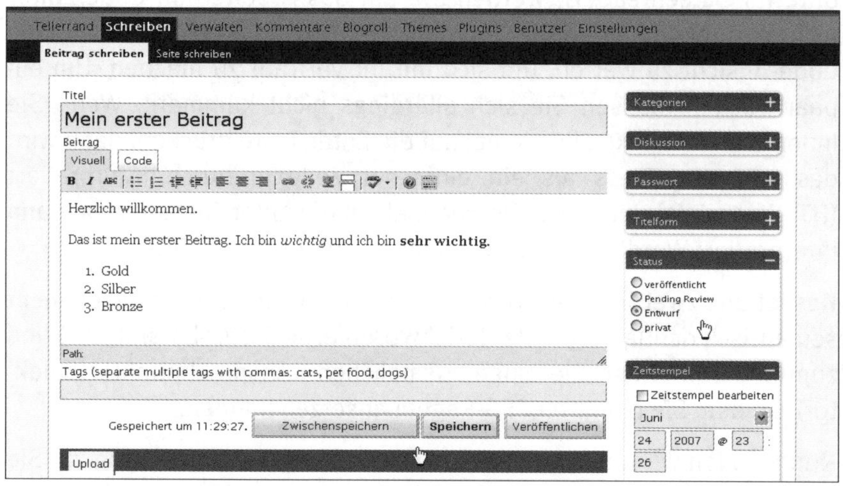

In der oberen Abbildung können Sie sehen, dass der Status des Beitrages auf Entwurf steht. Es handelt sich hierbei um die Standardeinstellung. Sollten Sie jetzt auf *Zwischenspeichern* oder *Speichern* klicken, dann wird der Beitrag in die Datenbank geschrieben, aber **nicht** veröffentlicht. Wenn Sie allerdings auf den Button *Veröffentlichen* klicken, dann wird der Beitrag auch im Frontend für die Besucher sichtbar.

Sie werden sich jetzt sicherlich fragen, worin der Unterschied zwischen *Zwischenspeichern* und *Speichern* liegen soll? Beim Zwischenspeichern werden die Änderungen gespeichert und übernommen, aber Sie bleiben im gleichen Bereich bzw. verlassen den Unterbereich *Beitrag schreiben* **nicht**. Wenn Sie allerdings auf *Speichern* klicken, dann wird gespeichert und Sie verlassen diesen Beitrag.

Hinweis

Wenn Sie einen Beitrag verfassen und auf *Zwischenspeichern* oder *Speichern* klicken, dann wird dieser Beitrag nicht veröffentlicht, weil der Status auf *Entwurf* steht. Wenn Sie allerdings einen bestehenden Beitrag bearbeiten, dann wirkt sich das Speichern oder Zwischenspeichern natürlich direkt aus und ist somit auch für den Besucher sichtbar – weil dann der Status des Beitrages auf den Wert *veröffentlicht* eingestellt ist. Der Klick auf den Button *Veröffentlichen* macht auch den frisch verfassten Beitrag für den Besucher sichtbar.

Die Vorschau

Nachdem Sie Ihren ersten Blogbeitrag geschrieben haben, klicken Sie zunächst auf den Button *Zwischenspeichern* und schauen Sie sich die Veränderung an:

Abbildung 4.5
Der Vorschau-Link

Obwohl der Beitrag noch nicht veröffentlicht ist, gibt es schon eine Vorschau. Seit der Version 2.2 befindet sich die Vorschau allerdings nicht mehr innerhalb des Bereiches, wo man die Beiträge verfasst. Beim Aufrufen des Links *Vorschau »* öffnet sich ein neues Browserfenster:

Abbildung 4.6
Die Vorschau

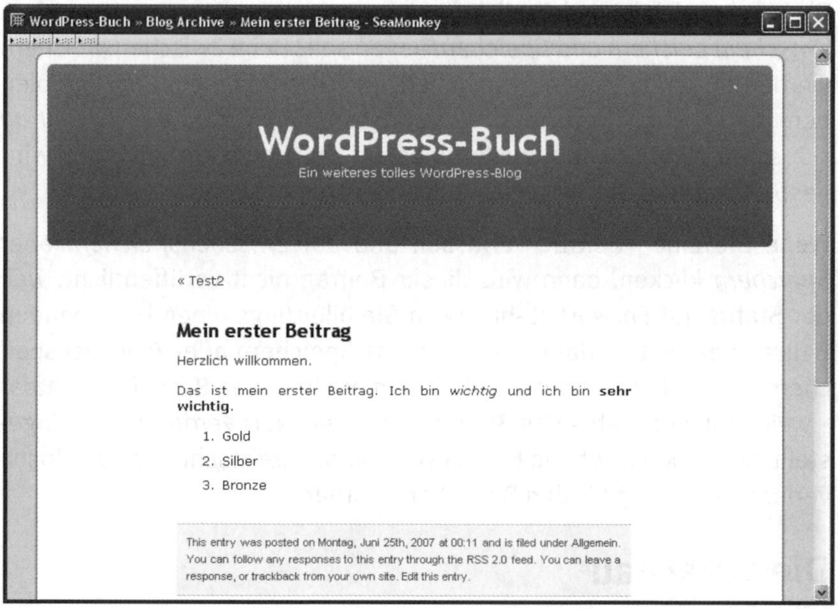

Anschließend wechseln Sie zurück und veröffentlichen Ihren ersten Beitrag, indem Sie den Button *Veröffentlichen* betätigen.

Tipp

Wenn Sie einen neu verfassten Beitrag zwischenspeichern und dann den Admin-Bereich verlassen oder zu einem anderen Menüpunkt wechseln, wird der Beitrag als Entwurf gespeichert. Die Entwürfe können Sie jederzeit bearbeiten und zu einem späteren Zeitpunkt veröffentlichen.

Die Formatierungsleiste

Abbildung 4.7
Visueller Editor

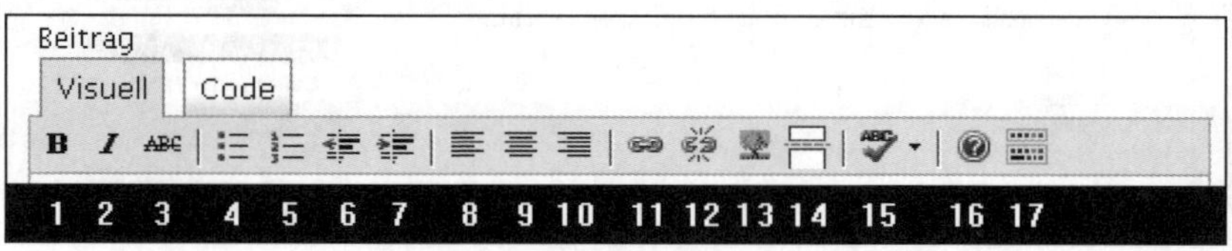

Der visuelle Editor hat in der Standardausführung 17 verschiedene Knöpfe (Buttons), die Ihnen helfen, Ihren Text zu formatieren.

1. **B** = Der entsprechende Abschnitt wird als sehr wichtig hervorgehoben bzw. visuell als fett formatiert.
2. *I* = Der entsprechende Abschnitt wird als wichtig hervorgehoben bzw. visuell als kursiv formatiert.

3. Der entsprechende Abschnitt wird durchgestrichen.
4. Der entsprechende Abschnitt leitet eine Aufzählungsliste ein.
5. Der entsprechende Abschnitt leitet eine nummerierte Liste ein.
6. Den Einzug zurücknehmen.
7. Dem entsprechenden Abschnitt einen Einzug geben.
8. Linksbündiger Absatz.
9. Zentrierter Absatz.
10. Dieser Absatz wird rechtsbündig.
11. Einen Link einfügen/bearbeiten.
12. Einen Link entfernen.
13. Ein Bild einfügen/bearbeiten.
14. Der »*weiterlesen...*«-Link. Trennt den Text in eine Einleitung (engl. Teaser) und den Rest.
15. Die Rechtschreibprüfung. Standardmäßig ist nur das Wörterbuch für die englische Sprache integriert.
16. ? = Es handelt sich hier um die Editor-Hilfe.
17. Der letzte Button erweitert die Leiste, wie man schön in der nächsten Abbildung sehen kann.

Abbildung 4.8
Erweiterter visueller Editor

Der erweiterte visuelle Editor verfügt über elf weitere Buttons:

1. In der Auswahlliste mit dem Namen *--Format--* befinden sich neun Auswahlmöglichkeiten: Absatz, Adressfeld, Präformatierter Bereich und sechs Überschriftenebenen.
2. U = Dieser Textabschnitt wird unterstrichen. Ich würde allerdings auf diese Auszeichnung/Formatierung verzichten, da im Web ein unterstrichener Text einen Link symbolisiert, und der Nutzer ist dann

evtl. irritiert, wenn manche »Links« anklickbar sind und manche wiederum nicht.

3. Der entsprechende Textabschnitt bekommt einen Blocksatz. Denken Sie bitte daran, dass es im Web bzw. (X)HTML und CSS keine Silbentrennung gibt und der Blocksatz durch vergrößerte Leerzeichen simuliert wird. Dies kann zu unschönen Lücken im Text führen.
4. Mit diesem Knopf bestimmen Sie die Textfarbe.
5. Einen unformatierten Text einfügen. Hier werden die Formatierungen aus der ursprünglichen Quelle nicht übernommen.
6. Bei dem Knopf mit dem Word-Symbol handelt es sich um die Möglichkeit, einen Text inkl. seiner Formatierungen aus der ursprünglichen Anwendung einzufügen. Hierbei werden die Formatierungen übernommen, soweit dies mit (X)HTML und CSS möglich ist.
7. Unter dem Knopf mit dem Radiergummi-Symbol verbirgt sich eine Funktion, die Formatierungen für einen Textabschnitt entfernt.
8. Der Button mit dem Pinsel bereinigt den Code und erhöht somit seine Qualität.
9. Hinter dem Button mit dem Omegasymbol () verbirgt sich eine sehr hilfreiche Funktion. Hier haben Sie die Möglichkeit, ganz einfach und komfortabel Sonderzeichen einzufügen.
10. Ein Bearbeitungsschritt zurück.
11. Ein Schritt in der Bearbeitung vor.

Abbildung 4.9
Code-Editor (Quicktags)

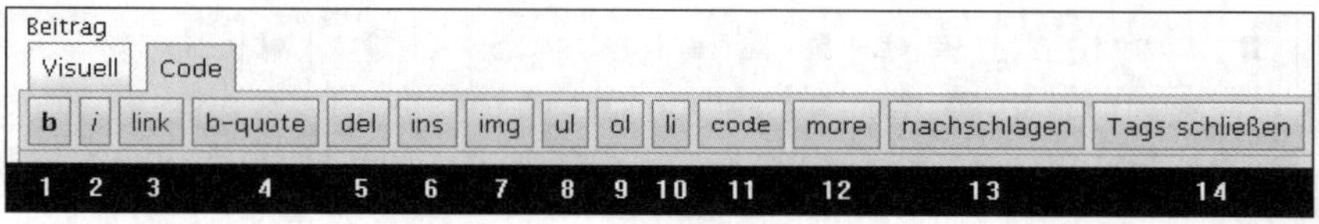

Die Code-Ansicht verfügt in der Standardausführung nur über 14 Buttons, diese können aber ganz einfach entweder manuell oder mit Hilfe eines Plugins erweitert werden, dazu später in Kapitel 12 mehr.

1. **b** = Der entsprechende Abschnitt wird als sehr wichtig hervorgehoben bzw. visuell als fett formatiert.
2. *i* = Der entsprechende Abschnitt wird als wichtig hervorgehoben bzw. visuell als kursiv formatiert.

3. link = Hiermit fügt man einen Link ein.
4. b-quote = Hiermit wird ein Abschnitt als Zitat ausgezeichnet.
5. del = Überholten bzw. alten Inhalt kennzeichnen.
6. ins = Neuen bzw. aktuellen Inhalt kennzeichnen (Gegenstück zu *del*).
7. img = Hiermit kann man ein Bild einfügen.
8. ul = Eine Aufzählungsliste einleiten.
9. ol = Eine nummerierte Liste einleiten.
10. li = Einen Listenpunkt innerhalb einer Aufzählungs- oder einer nummerierten Liste einfügen.
11. code = Ein Code-Beispiel kennzeichnen.
12. more = Der »*weiterlesen...*«-Link. Trennt den Text in eine Einleitung (engl. Teaser) und den Rest.
13. nachschlagen = Standardmäßig wird *www.ask.com* geöffnet, um nach einem Wort zu suchen.
14. Tags schließen = Alle offenen Tags schließen.

Achtung

Die Auszeichnungen bzw. Formatierungen sowohl im visuellen wie auch im Code-Editor funktionieren nur, wenn im Browser JavaScript eingeschaltet ist.

Optionen im Unterbereich »Beitrag schreiben«

Im Unterbereich *Beitrag schreiben* stehen Ihnen auf der rechten Seite einige Optionen zur Verfügung: Kategorien, Diskussion, Passwortschutz, Titelform, Status, Zeitstempel und Autor.

Kategorien

Wenn Sie einen Beitrag verfassen, haben Sie die Möglichkeit, diesen Beitrag in eine oder sogar mehrere Kategorien einzusortieren. Sie haben aber auch die Möglichkeit, im Nachhinein den Beitrag in eine neue oder eine zusätzliche Kategorie einzusortieren.

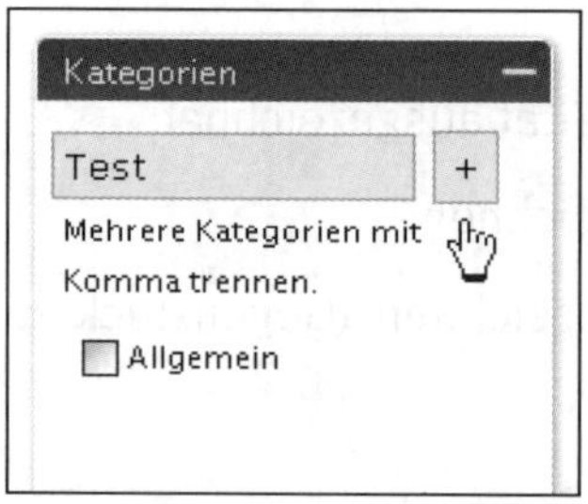

Abbildung 4.10
Beitragskategorie wählen

Wenn Sie einen Beitrag verfassen, dann haben Sie nicht nur die Möglichkeit, den Beitrag in eine oder mehrere Kategorien einzusortieren, Sie können sogar, während Sie den Beitrag verfassen (on the fly), auch eine neue Kategorie erstellen. Würde man jetzt in der oberen Abbildung auf das Plus-Zeichen klicken, dann würden Sie eine neue Kategorie mit dem Namen *Test* erstellen und diese wäre auch **sofort** verfügbar, ohne dass sich die Seite neu laden muss – Ajax sei Dank.

Beim nachträglichen Ändern der Kategorien sollten Sie allerdings Vorsicht walten lassen, wenn der Kategoriename Teil des Permalinks ist. Das Einsortieren eines Beitrags in eine **zusätzliche** Kategorie stellt kein Problem dar, aber das Einsortieren eines bereits bestehenden Beitrags von einer in eine **andere** Kategorie schon.

Wenn Sie die Permalink-Struktur gewählt haben, wie ich es in Kapitel 3 im Abschnitt *Die Anpassung der Permalink-Struktur* beschrieben habe, ist der Kategoriename kein Teil der URL eines Beitrags bzw. des Permalinks. Wenn Sie einen Kategorielink aufrufen, werden allerdings alle Beiträge aufgelistet, die in dieser Kategorie einsortiert sind.

Der Kategoriename wird erst dann ein direkter Teil der URL eines Beitrags (des Permalinks), wenn Sie in *Einstellungen / Permalinks / Benutzerdefiniert* (siehe Abbildung 3.37) das Schlüsselwort *%category%* eingetragen haben. Wenn Sie das machen, dann wird im Permalink des Beitrags der Name der Kategorie integriert, z. B. *www.wordpress-buch.de/allgemein/ein-testbeitrag/*, wenn Sie den Beitrag in die Kategorie *Allgemein* einsortiert haben. Wenn Sie jetzt den Beitrag in eine neue Kategorie verschieben, dann ändert sich auch die URL und der Beitrag ist dann z. B. für einen Besucher, der über eine Suchmaschine kam, nicht mehr auffindbar. Wenn Sie bei so einer Permalink-Struktur einen Beitrag verfassen, der von Anfang an in mehrere Kategorien einsortiert ist, dann wird der Beitrag unter *www.wordpress-buch.de/kat1/test/* und *www.wordpress-buch.de/kat2/test/* erreichbar sein, aber in der Übersicht wird nur der Permalink angezeigt mit der Kategorie, die

Sie beim Verfassen des Beitrages angeklickt haben: Wer zuerst kommt, mahlt zuerst. Das Gleiche gilt auch für das nachträgliche Einsortieren in zusätzliche Kategorien.

Diskussionsoptionen für einen Beitrag

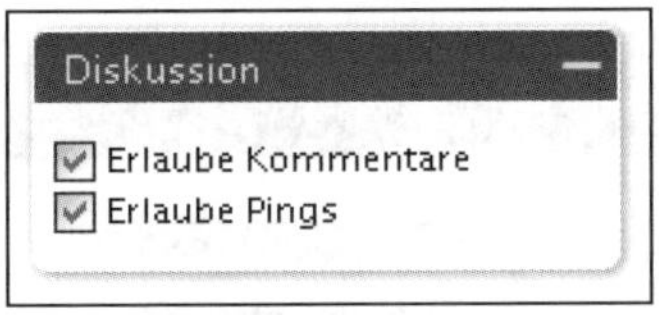

Abbildung 4.11
Diskussionsoptionen

Bei der Erstellung haben Sie die Möglichkeit, für jeden Beitrag individuell die Diskussionseinstellungen festzulegen. Normalerweise werden die Einstellungen aus dem Menüpunkt *Einstellungen / Diskussion* übernommen. Hier haben Sie allerdings die Möglichkeit, gegenüber den Standardeinstellungen Kommentare oder Pings zuzulassen oder nicht. Selbstverständlich können Sie auch hier nachträglich Änderungen vornehmen.

Passwortgeschützte Beiträge

WordPress bietet Ihnen die Möglichkeit, einzelne Beiträge mit einem Passwort zu schützen, damit nur die Besucher, die das Passwort kennen und eintippen, diesen Beitrag auch lesen und kommentieren können. Schauen wir uns unseren ersten richtigen Beitrag im Frontend an:

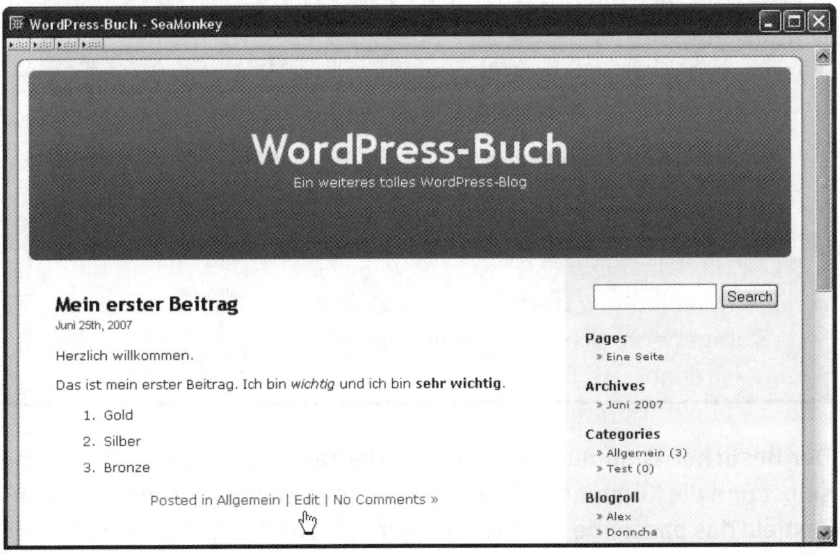

Abbildung 4.12
Ein Beitrag im Frontend

Edit- bzw. Bearbeitungslink

Wenn Sie als Administrator eingeloggt sind, dann sehen Sie unter jedem Beitrag einen Link mit dem Namen *Edit* oder bei Übersetzungen *Bearbeiten* oder Ähnliches. Wenn Sie diesen Link aufrufen, dann landen Sie im Admin-Bereich und zwar im Bearbeitungsmodus des einzelnen Beitrags.

Abbildung 4.13 Passwortschutz für einen Beitrag

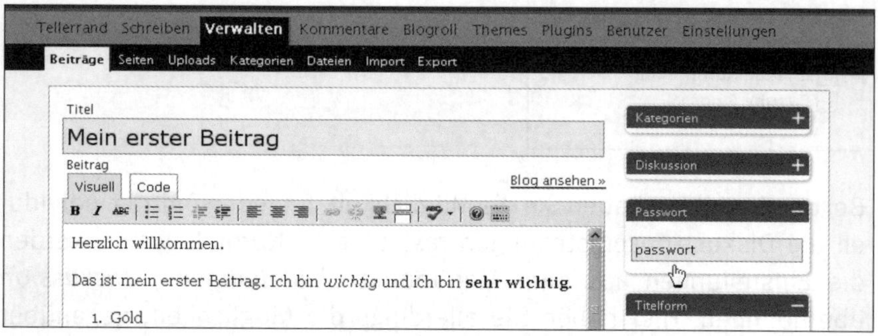

Einen geschützten Beitrag erstellen Sie, indem Sie auf der rechten Seite unter *Passwortschutz* ein Passwort eintragen und dann auf *Veröffentlichen* bzw. bei bestehenden Beiträgen auf *Speichern* klicken. Und so schaut das Ergebnis aus:

Abbildung 4.14 Ein geschützter Beitrag

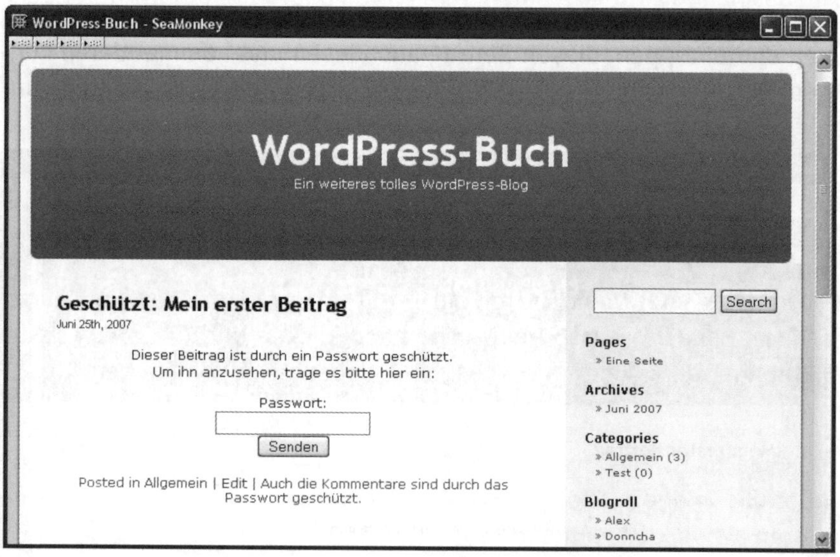

Der Besucher kann nur den Titel des Beitrags lesen, aber den Beitrag selbst und die Kommentarfunktion sieht man erst, nachdem man in das Textfeld das passende Passwort eingetragen und abgesendet hat. Auch im Newsfeed bekommt man lediglich die Nachricht, dass man ein Passwort benötigt, um diesen Beitrag zu lesen. Wenn Sie diesen Beitrag nicht mehr schützen wollen, dann entfernen Sie einfach das Passwort im Admin-Menü – das *Passwort*-Textfeld muss leer sein – und speichern ihn erneut ab. Fertig, der Beitrag ist nun wieder für alle Besucher sichtbar.

Hinweis

Sicherlich, die *Passwort*-Funktion schützt den Beitrag. Dennoch würde ich Ihnen nicht empfehlen, in solchen Beiträgen allzu sensible Daten einzutragen, wie z. B. Nummern von Bankkarten oder wichtige Passwörter. Dafür ist das System nicht ausgelegt und auch nicht gedacht.

Titelform bzw. die Adresse (URL) der Beiträge

Wenn Sie einen Beitrag verfassen und veröffentlichen, generiert WordPress an Hand der Einstellungen in der Permalink-Struktur und dem Titel die Adresse des Beitrags. Nehmen wir als Beispiel den Beitrag *Mein erster Beitrag* (siehe Abbildung 4.12), WordPress generiert daraus in unserem Beispiel folgende Adresse:

www.wordpress-buch.de/2007/06/25/mein-erster-beitrag/

Dabei ist *mein-erster-beitrag* die Titelform. Diese Titelform können Sie anpassen und zwar im rechten Bereich von *Beitrag schreiben* unter dem Punkt *Titelform*.

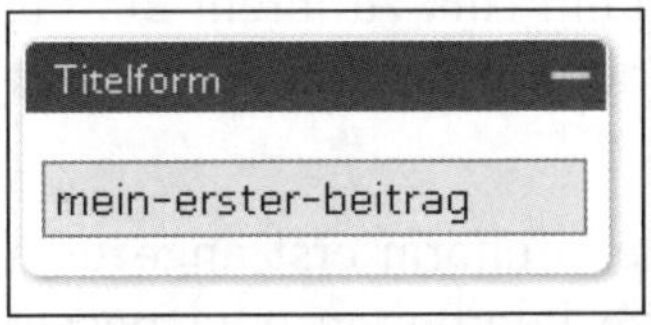

Abbildung 4.15
Die Titelform

Sie könnten jetzt, wenn Sie mit der Titelform nicht zufrieden sind, diese ändern. Einfach in das Titelform-Textfeld klicken und die gewünschte Form eintippen. Allerdings müssen Sie dabei einige Punkte beachten:

Keine Umlaute

Vom Einsatz von Sonderzeichen und Umlauten sollten Sie Abstand nehmen, da nicht alle Browser Sonderzeichen in der URL unterstützen. Wenn Sie in der Titelform einen Umlaut unterbringen wollen, dann am besten als oe, ue, ae und ss (anstatt ß).

Keine Leerzeichen

Leerzeichen sind problematisch, weil beim Aufrufen einer Adresse mit einem Leerzeichen der Browser diese »Lücke« mit Sonderzeichen ersetzt: aus *www.domain.de/meine datei.html* wird in den meisten

Browsern *www.domain.de/meine%20datei.html*. Das ist unleserlich, für unerfahrene Benutzer verwirrend und im Endeffekt auch nicht schön.

Vorsicht bei Großschreibung

Mit Großschreibung sollten Sie auch vorsichtig sein, denn auf Linux-Servern wird sehr wohl zwischen *meine-datei.html* und *Meine-Datei .html* unterschieden.

Unterstriche vermeiden

Erlaubt sind zwar Unterstriche, z. B. *mein_erster_beitrag*, aber die Unterstriche haben ein Problem: Verweise bzw. Links sind im Web standardmäßig unterstrichen und dieser verdeckt dann unter Umständen den Unterstrich in der Adresse und unerfahrene Benutzer könnten denken, dass dort ein Leerzeichen ist. Daher hat sich aus meiner Erfahrung der Einsatz von Bindestrichen (fälschlicherweise als Minus tituliert) in den Webadressen (URL) allgemein bewährt und zwar überall dort, wo ein Leerzeichen oder ein Bindestrich im Klartext stehen würde.

mein-erster-richtiger-beitrag.html oder *www.wordpress-buch.de*

ist doch leserlicher und aussagekräftiger als

meinersterrichtigerbeitrag.html oder *www.wordpressbuch.de*

Das nachträgliche Ändern der Titelform und damit auch der URL sollte man nach der Veröffentlichung eines Beitrags allerdings gut überdenken. Sollte an anderer Stelle, entweder im eigenen Blog oder aber auch auf einer anderen Seite im Internet, schon ein Link zu Ihrem Beitrag bestehen, ist dieser Verweis nach der Änderung der Titelform nicht mehr gültig.

Hinweis

Bis einschließlich Version 2.3-beta wird die Titelform erst angezeigt, wenn Sie einen schon bestehenden Beitrag bearbeiten oder besser ausgedrückt: Wenn Sie einen Beitrag verfassen (und auch zwischenspeichern), bleibt das Textfeld leer und die Titelform wird erst beim Veröffentlichen generiert.

Der Status des Beitrags

Wechseln Sie noch einmal in den Bearbeitungsmodus unseres ersten Beitrags, indem Sie im Frontend auf den Link *Edit* unter dem Beitrag klicken.

Abbildung 4.16
Status des Beitrags

Der aktuelle Status des Beitrags ist *veröffentlicht*. Was auch richtig ist, da der Beitrag bereits veröffentlicht wurde und auch im Frontend sichtbar ist. Sie haben aber jederzeit die Möglichkeit, einen veröffentlichten Beitrag als Entwurf abzuspeichern und ihn so vor den Besuchern zu »verstecken«, zum Beispiel, wenn Sie im Nachhinein bemerken, dass Ihr Artikel unvollständig ist, weil bestimmte Fakten fehlen. Links, die bereits auf diesen Beitrag verweisen, führen dann allerdings den Besucher ins »Leere« bzw. auf eine Fehlerseite.

Dafür müssen Sie nur das Optionsfeld *Entwurf* aktivieren und dann den Beitrag erneut speichern. Der Entwurf ist, wie das Wort auch schon andeutet, für Beiträge gedacht, die noch nicht fertig sind. Wenn Sie einen Beitrag als Entwurf abspeichern, sehen Sie ihn jedes Mal, wenn Sie den Menüpunkt *Beitrag schreiben* aufrufen:

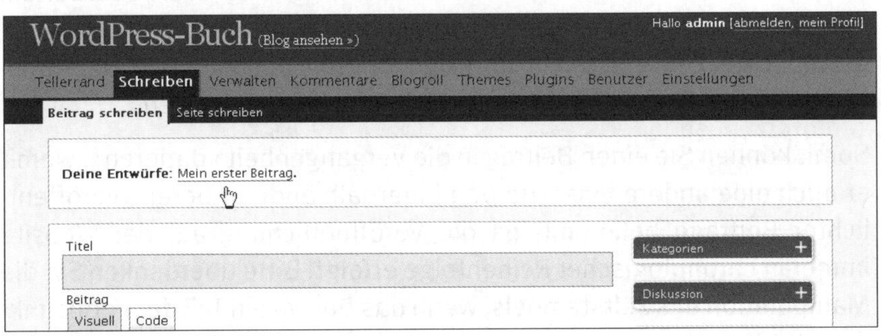

Abbildung 4.17
Die Entwürfe

Wenn Sie auf diesen Link klicken, würden Sie automatisch in den Bearbeitungsmodus des Entwurfs gelangen.

Private Beiträge

Im Gegensatz dazu ist ein privater Beitrag ein kompletter Beitrag, der auch veröffentlicht wird, aber nur von Ihnen zu sehen ist. Sie werden sich jetzt sicherlich fragen, wo der Unterschied zu einem passwortgeschützten Beitrag ist. Den privaten Beitrag kann **nur** der Autor des Beitrags sehen, auch nicht die anderen Admins oder registrierte Autoren. Um diesen Beitrag für die anderen zugänglich zu machen, müssten Sie Ihren Benutzernamen und Ihr Passwort weitergeben, also Zugangsdaten, mit denen Sie sich in Ihre WordPress-Installation einloggen – nicht empfehlenswert. Wenn Sie aber einen Beitrag mit einem (extra) Passwort sichern, können Sie dieses an eine ausgewählte Gruppe von Lesern weitergeben.

Der Zeitstempel oder wie schreibe ich in die Zukunft?

Wenn Sie einen Beitrag veröffentlichen, wird die zu diesem Zeitpunkt aktuelle Zeit genommen und dem Beitrag zugeordnet. Er zeigt also den Zeitpunkt der Veröffentlichung an.

Abbildung 4.18
Der Beitrag und sein Zeitstempel

Sie könnten den Zeitstempel dieses Beitrags aber auch bearbeiten. Dafür müssen Sie die Checkbox *Zeitstempel bearbeiten* aktivieren, die gewünschte Zeit einstellen und den Beitrag abspeichern. Daraufhin bekommt der Beitrag einen neuen Zeitstempel zugewiesen.

Somit können Sie einen Beitrag in die Vergangenheit »datieren«, womit er auch eine andere Einsortierung innerhalb anderer bereits veröffentlichter Beiträge bekommt, da die Veröffentlichung auf der Website immer in chronologischer Reihenfolge erfolgt. Bitte überdenken Sie die Manipulation des Zeitstempels, wenn das Datum ein Teil der Permalink-Struktur ist.

Sie können aber auch bei der Erstellung eines neuen Beitrags einen Zeitpunkt wählen, der in der Zukunft liegt. Dadurch erreichen Sie, dass der Beitrag geschrieben und von der Datenbank auch angenommen wird, aber erst an dem angegebenen Datum auch erscheint und somit für die Besucher lesbar ist. Auch hierfür müssen Sie die oben erwähnte Checkbox aktivieren und den gewünschten Zeitstempel eintragen.

Autor des Beitrages

Je nachdem, wie viele Autoren registriert sind, ist die Auswahlliste beim Menüpunkt *Autor* übersichtlich oder etwas länger.

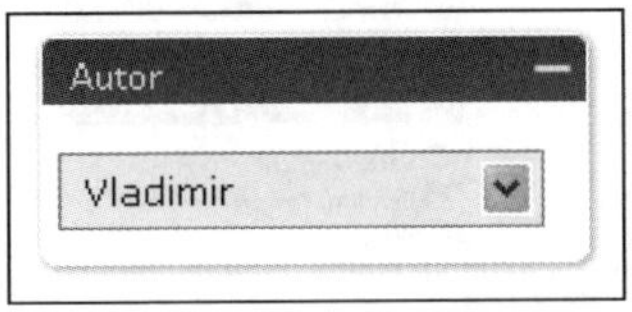

Abbildung 4.19
Autor auswählen

Wenn Sie sich als Admin oder Autor in einem WordPress-Weblog registrieren, erscheint auch Ihr Name in dieser Liste. Ob dabei Ihr Spitzname, der Familien- oder Vorname angezeigt wird, hängt von den Einstellungen im Menüpunkt *Benutzer / Dein Profil / Name, der im Blog benutzt werden soll* ab. Auch in diesem Punkt ist es möglich, nachträglich Änderungen vorzunehmen.

Von dieser Änderung – die Anpassung des Autorennamens – sind auch die bereits veröffentlichten Beiträge betroffen. Nach einer Änderung des Autorennamens muss man die Website lediglich im Browser erneut aufrufen bzw. neu laden.

Hinweis

Bei der Neuinstallation und bei manchen Updates auf die Version 2.2 bis 2.3-alpha (momentan der letzte Stand der Dinge) war es teilweise so, dass die Auswahlliste mit den Autoren gar nicht erschien. Das geschah in den Weblogs, wo es neben dem Admin **keinen** oder **nur einen** weiteren Nutzer gab. Abhilfe schaffte entweder die Erstellung eines neuen Nutzers, der auch Beiträge verfassen kann (z. B. *Herausgeber*), oder indem man den Admin im Menüpunkt *Autoren & Benutzer* noch mal zum Admin macht. Also nur die Checkbox neben dem Admin aktivieren und weiter unten den Button *Aktualisieren* anklicken. Das war's. Das klingt unlogisch, aber ab da blendet das System die Autor-Auswahl wieder ein und alles ist in Ordnung. Weder die Beiträge noch die Autoren sind verschwunden.

Tags (Verschlagwortung)

Seit der Version 2.3 hat man die Möglichkeit, Beiträge zu taggen, ohne dabei auf die Plugins von Drittanbietern angewiesen zu sein. Somit gehören die Tags nun zum Standardumfang einer WordPress-Installation.

Abbildung 4.20
Ein Beitrag mit Tags

Einen Beitrag können Sie entweder bei der Erstellung oder auch im Nachhinein taggen. Einfach in das entsprechende Textfeld unterhalb des Beitrags die Schlagwörter eintragen. Allerdings gilt es auch hier einige Regeln zu beachten, da aus den eingegebenen Tags auch die Webadressen (URLs) generiert werden: z. B. *www.wordpress-buch.de/tag/dein-tag/*.

Abbildung 4.21
Die Tags als Verweise

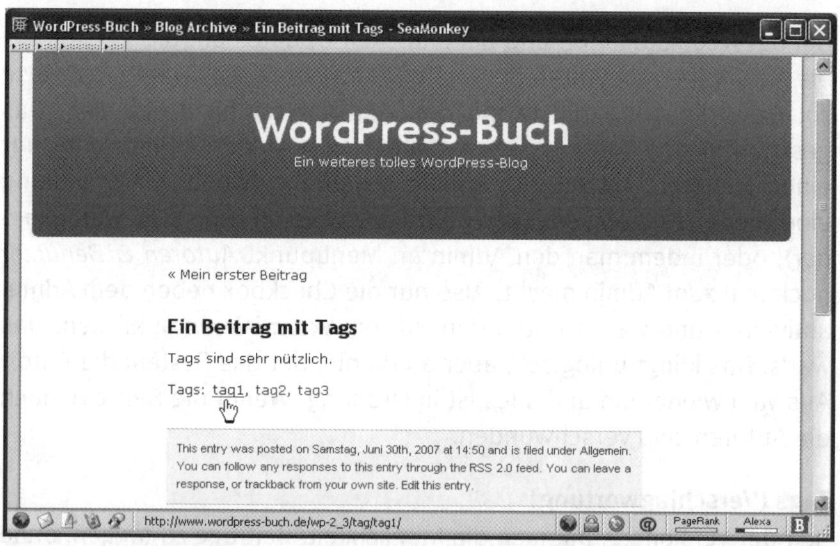

Verzichten Sie daher bei den Tags, ähnlich wie bei der Titelform, auf den Einsatz von Umlauten, Sonder- und Leerzeichen. Denken Sie daran, dass zwischen der Groß- und Kleinschreibung unterschieden wird, und bestimmen Sie für sich selbst, damit es nachher kein Chaos gibt, ob Sie die Tags bzw. die Begriffe im Singular (Einzahl) oder Plural (Mehrzahl) eintragen.

Tipp

Ich persönlich bevorzuge die Kleinschreibung, notiere die Schlagwörter als Singular, und wenn ich Begriffe habe, die aus zwei Wörtern bestehen, dann verbinde ich diese mit einem Bindestrich (»Minus«).

Die Kurzfassung

Ich werde hier den Upload-Bereich überspringen und zuerst mit der optionalen Kurzfassung der Beiträge weitermachen. Das liegt daran, dass ich den Upload-Bereich etwas ausführlicher in einem gesonderten Unterkapitel beschreiben werde. Die Beschreibung des Upload-Bereiches finden Sie unter der Überschrift »Bilder hochladen« auf Seite 127.

Die Vorteile der Kurzfassung

Im unteren Teil des Bereiches *Beitrag schreiben* befindet sich eine Textbox mit der Überschrift *Optionale Kurzfassung*. Hier haben Sie die Möglichkeit, eine Kurzfassung des jeweiligen Beitrags einzutragen. Diese Kurzfassung ist für zwei Bereiche wichtig. Zum einen ist es möglich, ein WordPress-Theme so zu erstellen, dass auf den Übersichtsseiten Auszüge aus Beiträgen angezeigt werden. Wenn ein Beitrag keine optionale Kurzfassung hat, schneidet WordPress diesen Beitrag automatisch nach 120 Wörtern ab. Wenn der Beitrag aber eine eingetragene Kurzfassung hat, wird diese angezeigt.

Aber auch bei der Ausgabe des Newsfeeds spielt die Kurzfassung eine Rolle. Die meisten Feedreader beherrschen mehrere Darstellungsmöglichkeiten: nur Titel, Auszug, Auszug falls vorhanden und ganzer Beitrag. Erstellen Sie einfach einen neuen Beitrag, zuerst ohne Kurzfassung:

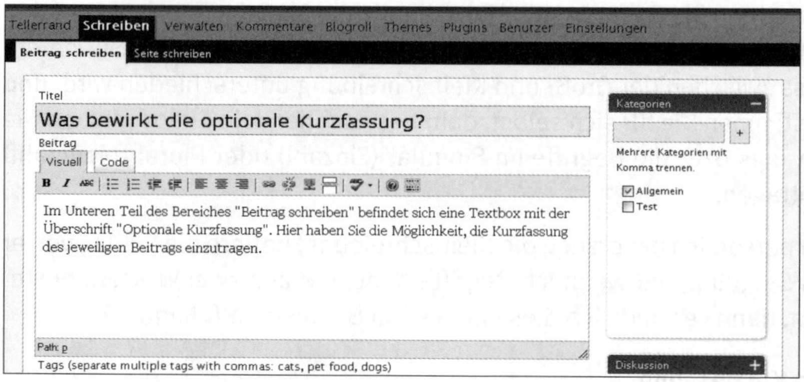

Abbildung 4.22
Einen neuen Beitrag erstellen

Veröffentlichen Sie diesen Beitrag; dann zeige ich Ihnen, wie dieser Beitrag in Bloglines (*www.bloglines.com*) aussieht:

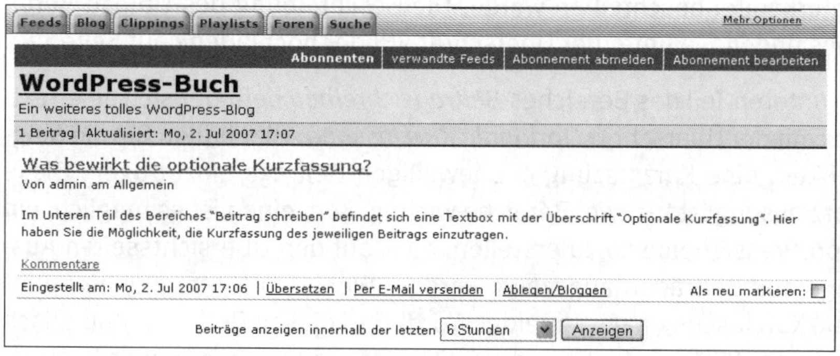

Abbildung 4.23
Die Anzeige des vollständigen Beitrags in Bloglines

Wenn Sie den Beitrag noch einmal bearbeiten und in der Textbox *Optionale Kurzfassung* den Satz »*Die Erklärung für die optionale Kurzfassung*« eintragen und abspeichern:

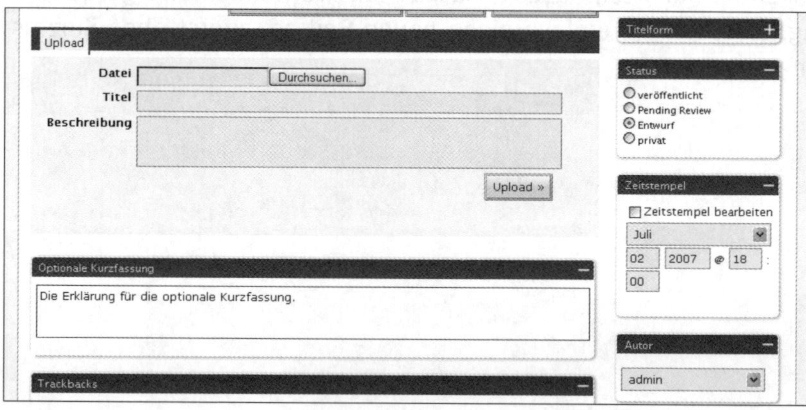

Abbildung 4.24
Die optionale Kurzfassung eintragen

Damit haben Sie die Möglichkeit, in Bloglines auch die Kurzfassung zu lesen:

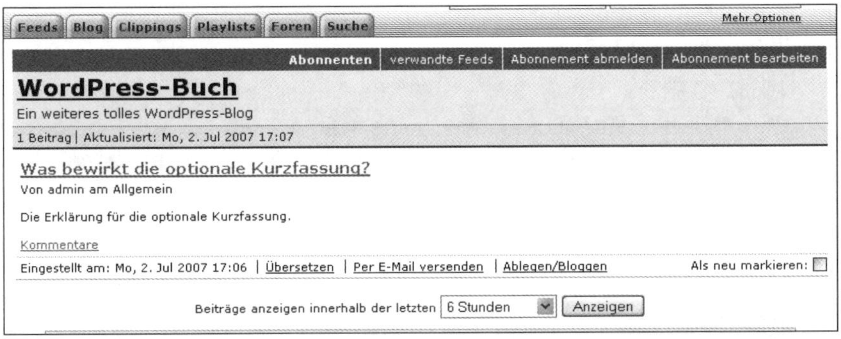

Abbildung 4.25
Die Anzeige der Kurzfassung in Bloglines

Um die Kurzfassung des Beitrags in Bloglines zu sehen, müssen Sie allerdings bei dem Abo-Vorgang oder später in *Abonnement bearbeiten* die Option *Zusammenfassung, falls verfügbar* auswählen.

Ping- und Trackback setzen

In den nächsten Schritten werde ich Ihnen zeigen, wie Sie Ping- und Trackbacks senden können. Dafür wird es notwendig sein, dass Sie zwei neue Beiträge erstellen. Aus dem ersten Beitrag werden Sie auf einen bestimmten Beitrag pingen und vom zweiten Beitrag aus werden Sie auf denselben Zielbeitrag trackbacken. Den ersten Beitrag werde ich *Pingback senden* und den zweiten Beitrag *Trackback senden* nennen. In diesem Beispiel wird der Beitrag *Mein erster Beitrag* als Ziel dienen.

Sie können auch gerne aus einem anderen älteren Beitrag auf andere Beiträge ping- bzw. trackbacken, wichtig ist dabei nur, dass Sie entweder von einem Beitrag auf zwei unterschiedliche verweisen **oder** von zwei unterschiedlichen Beiträgen auf einen Beitrag ping- und trackbacken, denn der Versand eines Ping- und Trackbacks von einem Beitrag auf ein Ziel funktioniert – in aller Regel – nicht. Wechseln Sie zum Menüpunkt *Schreiben / Beitrag schreiben* und erstellen Sie einen neuen Beitrag mit dem Titel *Pingback senden*.

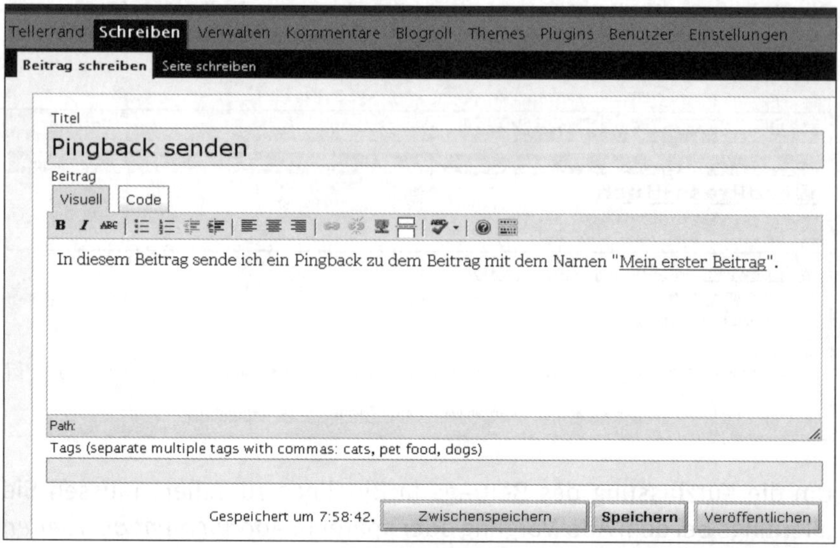

Abbildung 4.26
Pingback vorbereiten und ...

Verlinken Sie den Text »Mein erster Beitrag« mit der Adresse des entsprechenden Beitrags (Permalink). In der folgenden Abbildung habe ich die Code-Ansicht des gleichen Beitrags eingefügt, um die Verlinkung zu verdeutlichen:

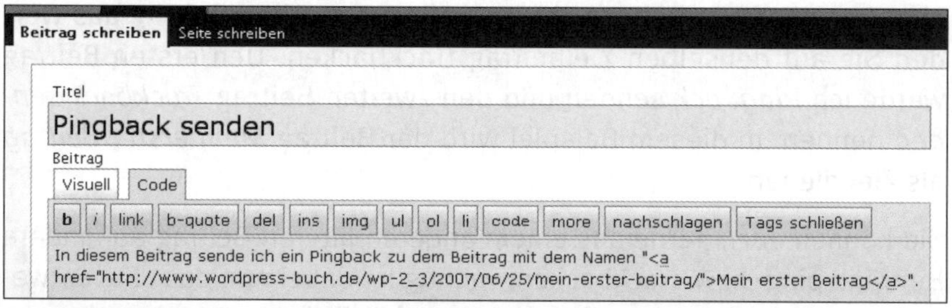

Abbildung 4.27
... die Code-Ansicht

Veröffentlichen Sie den Beitrag und schauen Sie sich bitte den Zielbeitrag Ihres Pingbacks im Frontend an:

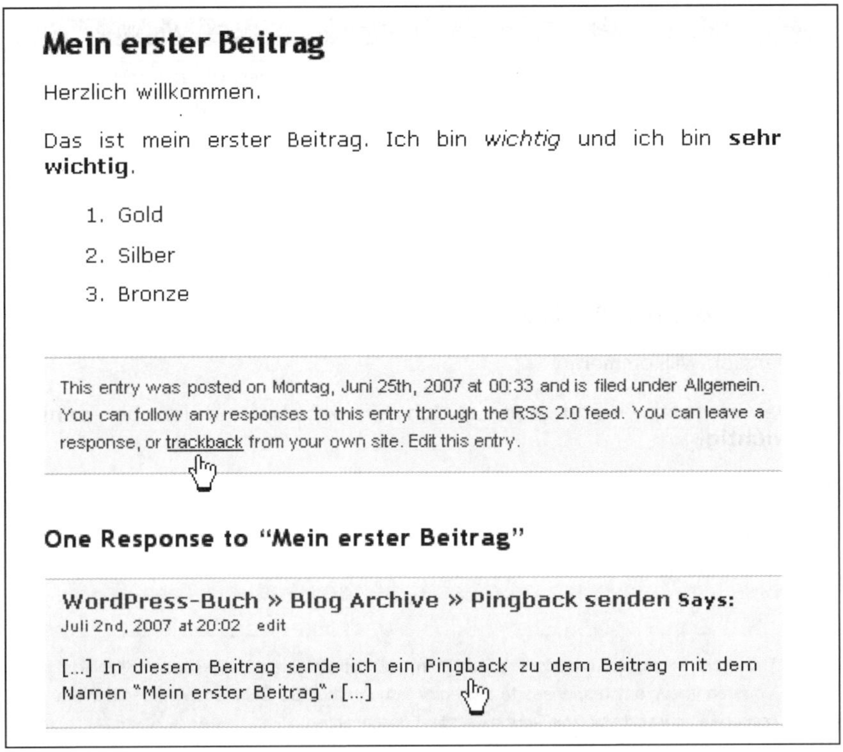

Abbildung 4.28
Der Pingback ist angekommen.

Wie Sie sehen, ist der Pingback angekommen und hat sich als Kommentar zu diesem Beitrag eingeordnet. Nun kopieren Sie die Trackback-Adresse des Beitrags: Rechtsklick auf den Verweis mit dem Namen *trackback*. Danach erstellen Sie einen neuen Beitrag mit dem Namen *Trackback senden*:

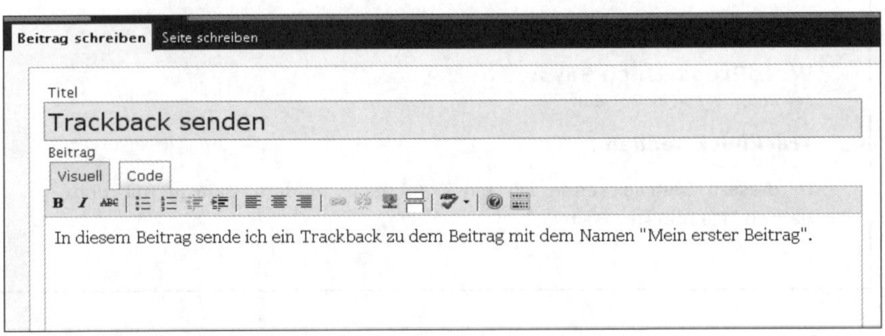

Abbildung 4.29
Trackback vorbereiten

Dann scrollen Sie weiter runter und geben in das entsprechende Feld die kopierte Trackback-Adresse ein und veröffentlichen diesen Beitrag.

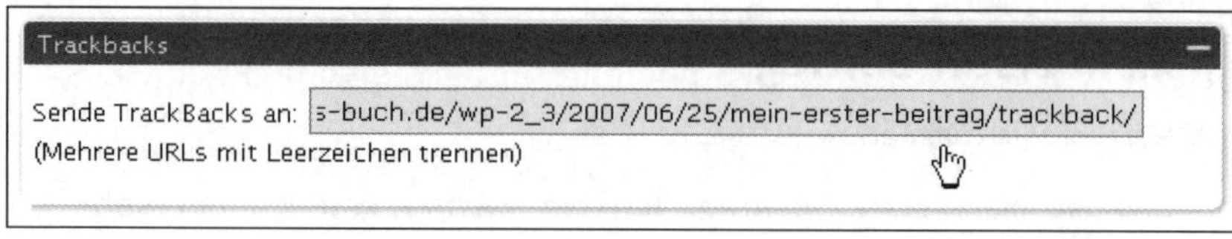

Abbildung 4.30
Trackback-Adresse eintragen

So schaut das Ergebnis im Zielbeitrag aus:

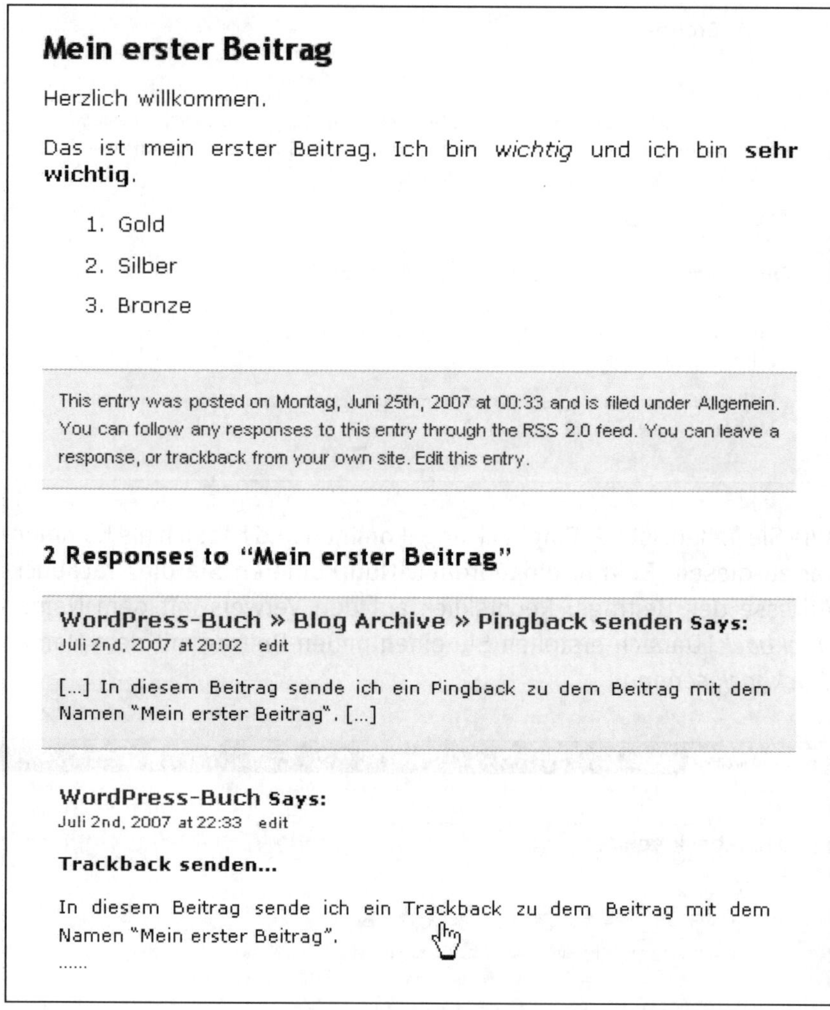

Abbildung 4.31
Ping- und Trackback im direkten Vergleich

Wie Sie sehen, reihen sich sowohl der Pingback als auch der Trackback in den Kommentarbereich ein und unterscheiden sich nur in Details. Um einen Pingback zu setzen, reicht es, wenn man einen Blog-Beitrag verlinkt, und der Auszug, der im Kommentarbereich erscheint, ist viel spezifischer als der Auszug von einem Trackback. Leider ist es so, dass mehr Systeme die Trackback- als die Pingback-Funktionalität unterstützen.

Ein Trackback wiederum erlaubt es, auch Weblogs zu trackbacken, die man innerhalb des Beitrags gar nicht erwähnt oder verlinkt hat. Dies wird aber von den meisten Bloggern, zu Recht, als Unsitte empfunden und solche »halben« oder »faulen« Trackbacks werden dann auch sofort gelöscht. Achten Sie daher darauf, dass Sie die entsprechende Seite auch erwähnen bzw. im Beitrag verlinken, wenn Sie Trackbacks auf andere Blogs setzen. Das ist fair und höflich.

Wenn ein Ping- oder Trackback abgeschickt wurde, dann erscheint im Bearbeitungsmodus des Beitrags im Menüpunkt *Trackbacks* eine Meldung:

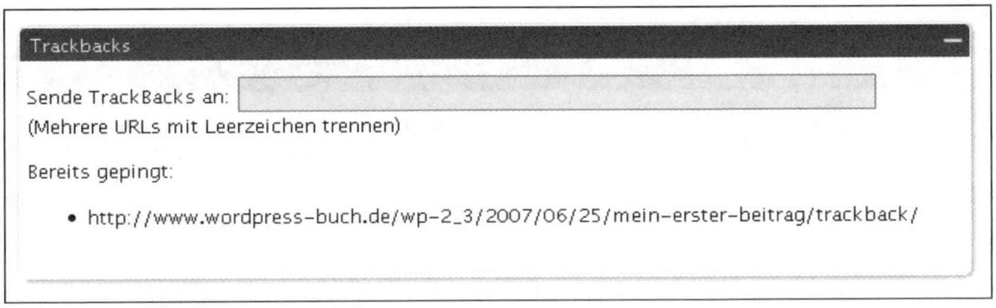

Abbildung 4.32
Die Meldung über einen abgeschickten Ping- oder Trackback

Diese Meldung besagt lediglich, dass Ihr System den Ping-/Trackback abgeschickt hat, aber nicht, dass der Ping-/Trackback von dem anderen System auch angenommen wurde.

Seien Sie nicht verunsichert, dass ich Ihnen nur anhand »interner Beispiele« aufgezeigt habe, wie Ping- und Trackbacks funktionieren. Die hier gezeigten Vorgänge gelten auch für fremde Websites, Sie müssen nur die entsprechenden URLs eintragen.

Benutzerdefinierte Felder

Benutzerdefinierte Felder sind der letzte Punkt im Unterbereich *Beitrag schreiben*. Der Menüpunkt besteht aus einem zweiteiligen Formular: dem Schlüssel und dem Wert.

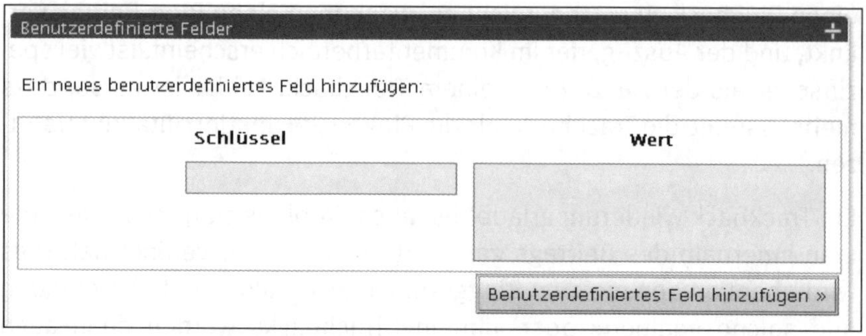

Abbildung 4.33
Benutzerdefinierte Felder

Die benutzerdefinierten Felder sind dafür da, dass Sie als Autor die sog. Metadaten zum Beitrag notieren können. Das könnte z. B. das momentane Wetter, Ihre Laune oder Ihr aktueller Lesestoff sein. Angenommen, zu dem Zeitpunkt, an dem Sie einen Beitrag verfassen wollen, lesen Sie gerade den Bestseller »Der Herr der Ringe«. Dann hätten Sie die Möglichkeit, einen Schlüssel mit dem Namen *Lesestoff* zu erstellen und auch direkt den entsprechenden Wert einzutragen: *Der Herr der Ringe*.

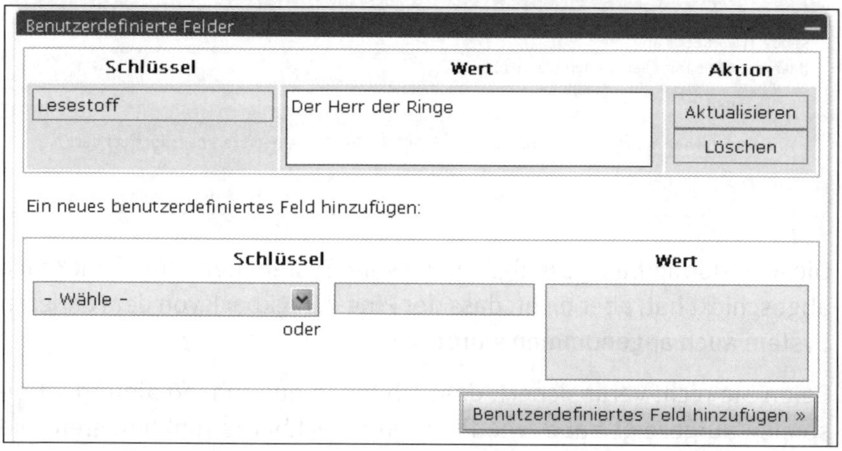

Abbildung 4.34
Ein neuer Schlüssel und der passende Wert

Nachdem Sie auf *Benutzerdefiniertes Feld hinzufügen* geklickt haben, wird sich die Seite im Browser neu laden und Sie können erkennen, dass sich das Eingabeformular um eine Auswahlliste erweitert hat. Hier können Sie auf bereits existierende Schlüssel zurückgreifen.

Über dem Eingabeformular können Sie die für diesen Beitrag aktuellen Benutzerfelder sehen. Diese können Sie nach Bedarf bearbeiten und anschließend aktualisieren oder auch einfach löschen.

Es ist erlaubt, in der Textbox *Wert* auch (X)HTML-Tags einzutragen. Somit sind Sie in der Lage, z. B. auf einen Buchshop zu verweisen, der entsprechende Wert würde dann folgendermaßen aussehen: `<a href="...">Der Herr der Ringe</a>`.

So schaut das Ergebnis der Abbildung 4.34 aus:

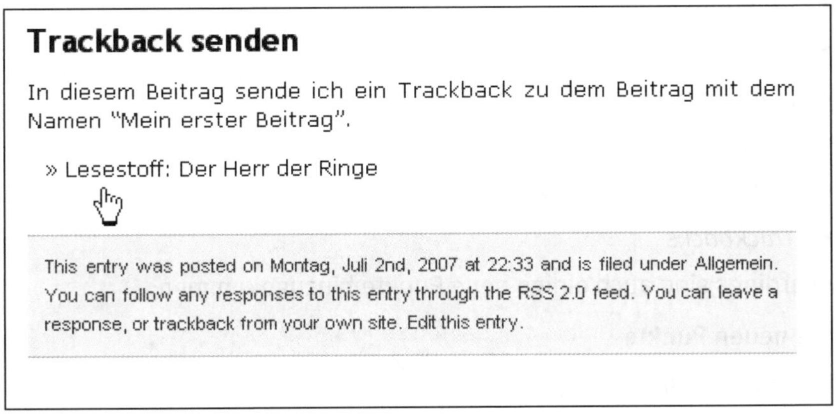

Abbildung 4.35

Um dieses Ergebnis zu erreichen, muss man allerdings das Default-Theme anpassen. Standardmäßig werden in diesem Theme die benutzerdefinierten Felder nicht angezeigt. Hierfür muss man ein sog. *Template-Tag* `<?php the_meta(); ?>` an der gewünschten Stelle in der entsprechenden Template-Datei einbauen. Im konkreten Fall handelt es sich um die Datei *single.php*. Diese Template-Datei ist zuständig für die Ausgabe der Einzelansicht eines Beitrags.

Bei den Template-Tags handelt es sich um PHP-Codeschnipsel, die innerhalb der WordPress-Architektur bestimmte Funktionen oder Ausgaben hervorrufen bzw. generieren, und diese Template-Tags werden, wie im vorherigen Absatz beschrieben, in den einzelnen Template-Dateien eines WordPress-Themes eingebunden und zwar an den Stellen, an denen die jeweilige Ausgabe erwünscht ist. Aber über das Thema Template-Tags werde ich in den nächsten Kapiteln ausführlicher berichten.

4.2 Eine Unterseite erstellen

Die Erstellung neuer Seiten folgt dem gleichen Prinzip wie die Erstellung neuer Beiträge. Wechseln Sie zum Menüpunkt *Schreiben / Seite schreiben*. Sie werden erkennen, dass es hier fast gleich aussieht wie in dem Menüpunkt *Schreiben / Beitrag schreiben*. Allerdings dürfte Ihnen recht schnell auffallen, dass auf der rechten Seite und im unteren Teil einige Punkte fehlen, die Sie im Unterbereich *Beitrag schreiben* kennen gelernt haben:

Die fehlenden Punkte

- *Kategorien*
- *Status*
- *Zeitstempel*
- *Tags*
- *Optionale Kurzfassung*
- *Trackbacks*

Allerdings sind auch einige neue Punkte hinzugekommen:

Die neuen Punkte

- *Übergeordnete Seite*
- *Seiten-Template*
- *Reihenfolge*

Die übrigen Punkte: *Diskussion*, *Passwortschutz*, *Titelform*, *Autor* und *Benutzerdefinierte Felder* funktionieren hier genauso wie im Unterbereich *Beitrag schreiben*, der weiter vorn in diesem Kapitel vorgestellt wurde. Deswegen werde ich auf diese Menüpunkte nicht noch mal speziell eingehen und werde Ihnen nur die neuen vorstellen.

Übergeordnete Seite

Mit dieser Einstellung haben Sie die Möglichkeit, innerhalb der Seiten eine hierarchische Struktur zu realisieren: Sie können bestimmen, ob Seiten auf der gleichen Ebene sind oder ob es »Eltern«- und »Kinder«-Seiten gibt. Erstellen Sie einfach ein paar Seiten, drei bis vier reichen vollkommen aus. Geben Sie bei manchen Seiten als *Übergeordnete Seite* den Standardwert ein (*Hauptseite* ...) und wählen Sie bei den anderen neu erstellten Seiten als übergeordnete Seite die *Erste Seite* aus.

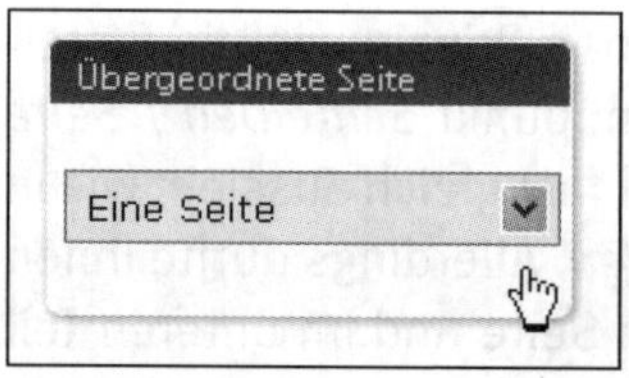

Abbildung 4.36
Übergeordnete Seite auswählen

Nachdem Sie die Seiten veröffentlicht haben, schauen Sie sich das Ergebnis im Frontend an:

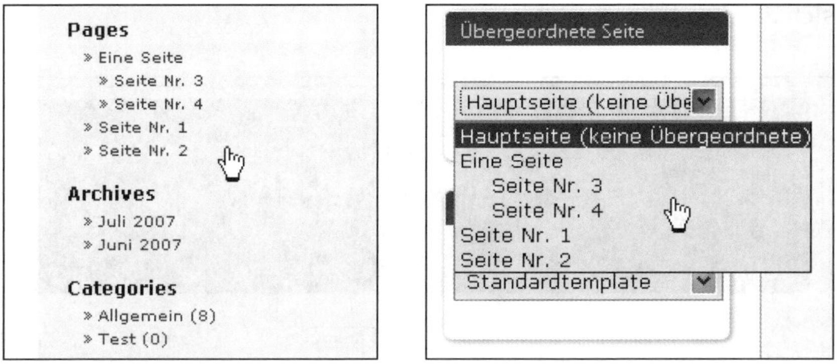

Abbildung 4.37
Auswirkungen der Auswahl von übergeordneten Seiten

In dem linken Bereich der oberen Abbildung sehen Sie die Auswirkung im Frontend (rechte Sidebar) und auf der rechten Seite der Abbildung sehen Sie die Auswirkungen im Admin-Menü.

Template der Seite

Der Menüpunkt *Seiten-Template* bietet Ihnen die Möglichkeit, einer Seite ein individuelles Template zuzuweisen. Dabei haben Sie nicht nur die Möglichkeit, anhand des Designs die Seite zu individualisieren, Sie können auch einzelnen Seiten spezielle Inhalte zuweisen. Die Entscheidung liegt bei Ihnen. Sie können einer bestimmten Seite einen extra Hintergrund und der anderen Seiten spezielle Funktionen zuweisen.

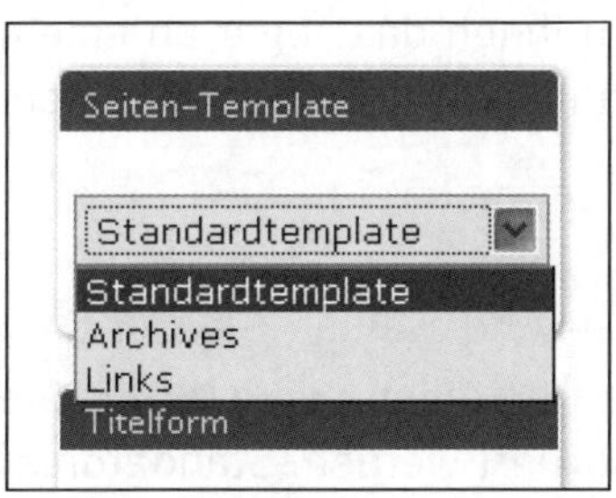

Abbildung 4.38
Seiten-Templates auswählen

Normalerweise greift WordPress bei der Erstellung einer Seite auf das Standard-Template zurück, das bei den meisten WordPress-Themes in der Datei *page.php* untergebracht ist. Wenn diese Datei nicht vorhanden ist, zum Beispiel, weil sie in einem Theme schlichtweg nicht angelegt wurde, greift WordPress bei der Darstellung einer Seite (Page) auf die Datei *index.php* zurück.

Erstellen Sie eine neue Seite und vergeben Sie dieser den Seitentitel *Mein Archiv*, tragen Sie keinen Inhalt ein, wählen Sie als Seiten-Template *Archives* aus und veröffentlichen Sie bitte diese Seite. Schauen Sie sich das Ergebnis im Frontend an:

Abbildung 4.39
Archiv herbeigezaubert

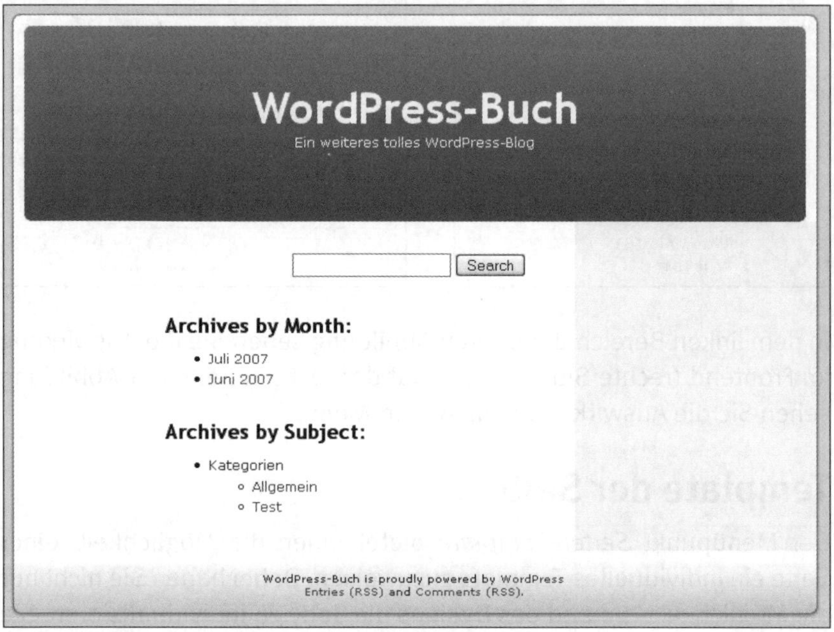

Ich versichere Ihnen, ich habe hierbei nicht geschummelt. Mit dem Seiten-Template *Archives* aus dem Default-Template haben Sie die Möglichkeit, ein Weblog-Archiv zu präsentieren und zwar ganz automatisch. Im weiteren Verlauf des Buches werde ich Ihnen das sogar an einem praktischen Beispiel zeigen. Das Archiv kann natürlich auch mit einem eigenen Template dargestellt werden.

Reihenfolge

Wenn Sie mehrere Seiten und Unterseiten erstellen, wäre es für Sie interessant zu wissen, wie diese Seiten sortiert werden. Standardmäßig werden die Seiten alphabetisch sortiert. Das hat einen gewissen Vorteil: Sie können bestimmte Seiten auch später veröffentlichen, sie werden trotzdem alphabetisch einsortiert.

Es könnte aber sein, dass Ihnen die alphabetische Sortierung nicht zusagt. Dafür gibt es im Unterbereich *Schreiben / Seite schreiben* einen Menüpunkt auf der rechten Seite mit dem Namen *Reihenfolge*.

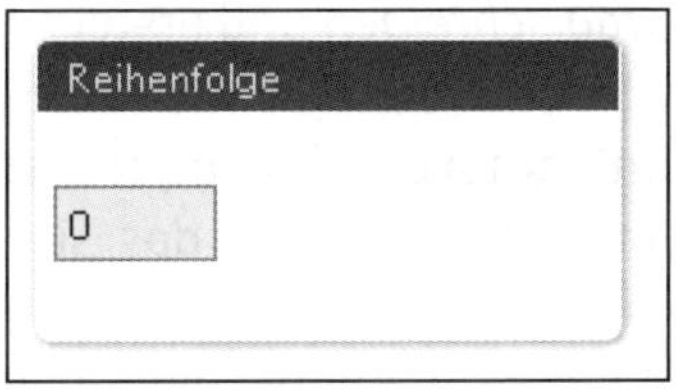

Abbildung 4.40
Reihenfolge bestimmen

Standardmäßig steht hier der Wert *0* (null). Dies ist auch gleichzeitig der höchste bzw. der stärkste Wert. Der Wert *1* ist schwächer, *2* noch schwächer usw. Ich habe jetzt einfach mal der Seite *Eine Seite* den Wert *1* in der Reihenfolge gegeben.

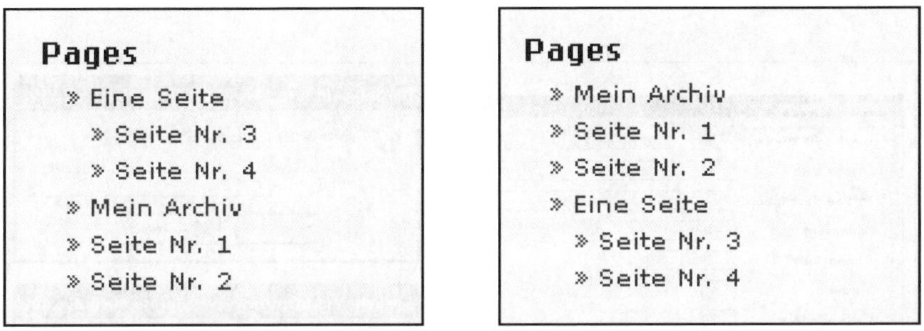

Abbildung 4.41
Reihenfolge: vorher und nachher

In der oberen Abbildung sehen Sie im linken Teil den Standard bzw. den ursprünglichen Zustand. Alle Seiten haben den Wert null und daher greift hier die alphabetische Sortierung. In dem rechten Teil der Abbildung sehen Sie, was passiert, wenn ich der Seite mit dem Namen *Eine Seite* den Wert *1* zuteile. Sie ist in der Reihenfolge schwächer und rutscht daher – zusammen mit ihren untergeordneten Seiten – unter die Seiten mit einem höheren Wert in der Reihenfolge. Dadurch, dass die anderen Hauptseiten (Seite Nr. 1 und Seite Nr. 2) alle den gleichen Wert (null) haben, greift hier weiterhin die alphabetische Sortierung.

Die Möglichkeit, die Seiten zu sortieren, ist eine wichtige Funktion. Nicht zuletzt, wenn es darum geht, WordPress als klassisches CMS (Redaktionssystem) einzusetzen.

4.3 Bilder und Grafiken einbinden

Bis jetzt haben Sie lediglich kennen gelernt, wie man Texte in Beiträge und Seiten einfügt. Sie haben zwar erfahren, dass man auch Bilder einbinden kann, haben aber bis jetzt kein konkretes Beispiel gesehen.

Gehen Sie zum Menüpunkt *Schreiben / Beitrag schreiben* und erstellen Sie dort einen neuen Beitrag mit dem Titel *Das erste Bild*. Wenn Sie möchten, können Sie als Inhaltsfüller auch Blindtext einfügen, das ist aber nicht notwendig. Sie werden jetzt ein Bild einbinden, das sich schon im Web befindet. Dafür müssen Sie natürlich die Adresse des Bildes kennen. Ich werde als Beispiel das Bild aus dem Impressum von meinem Weblog (*www.perun.net*) einbinden. Die Adresse des Bildes ist:

http://www.perun.net/wp-content/upload3/perun-impressum.jpg

Sie können selbstverständlich auch ein anderes Bild wählen, um dieses Beispiel nachzuvollziehen.

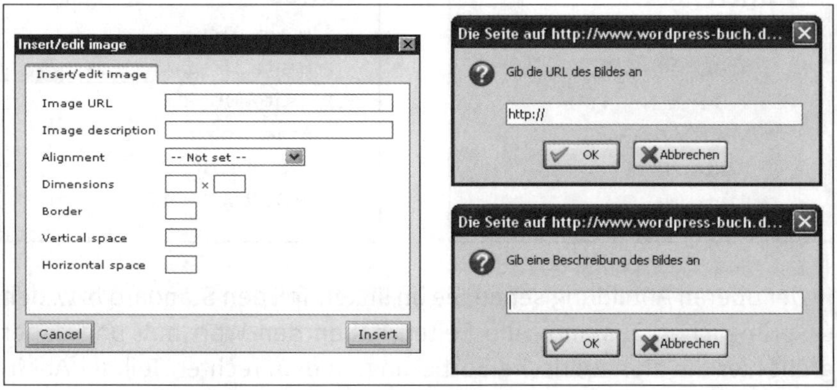

Abbildung 4.42
Bild einfügen: visuell vs. code

In Abbildung 4.42 sehen Sie im linken Bereich das Menü, das auftaucht, wenn Sie im visuellen Editor ein Bild einfügen wollen. Auf der rechten Seite der Abbildung sehen Sie zwei Boxen. Die obere Box erscheint als Erstes, wenn Sie in dem Code-Editor ein Bild einfügen wollen. Hier müssen Sie die Adresse des Bildes einfügen. Wenn Sie die Adresse bestätigt haben, erscheint die zweite Box, in der Sie eine kurze und passende Beschreibung des Bildes notieren – es handelt sich hierbei um den Inhalt des `alt`-**Attributs**. Ich habe das `alt`-Attribut deswegen hervorgehoben, da sehr viele Leute hier fälschlicherweise von einem `alt`-Tag reden, das es schlichtweg **nicht** gibt.

Das `alt`-Attribut dient den Suchmaschinen und Screenreadern als Beschreibung des Bildes. Der Inhalt des `alt`-Attributs erscheint auch im Browser, wenn ein Bild aus verschiedenen Gründen nicht geladen wird. Das kann mehrere Ursachen haben: Der Nutzer blockt die Anzeige der Grafiken im Browser, das Bild wurde versehentlich gelöscht etc.

Wenn Sie hier den visuellen Editor nutzen, dann reicht es, die Felder Adresse (*Image URL*) und die Beschreibung (*Image Description*) auszufüllen. Die Ausmaße werden von dem visuellen Editor automatisch erkannt und übernommen und die anderen Sachen wie die Ausrichtung, Rahmen (*Border*) etc. sind optional und sollten sinnvollerweise in der CSS-Datei zentral ausgelagert werden.

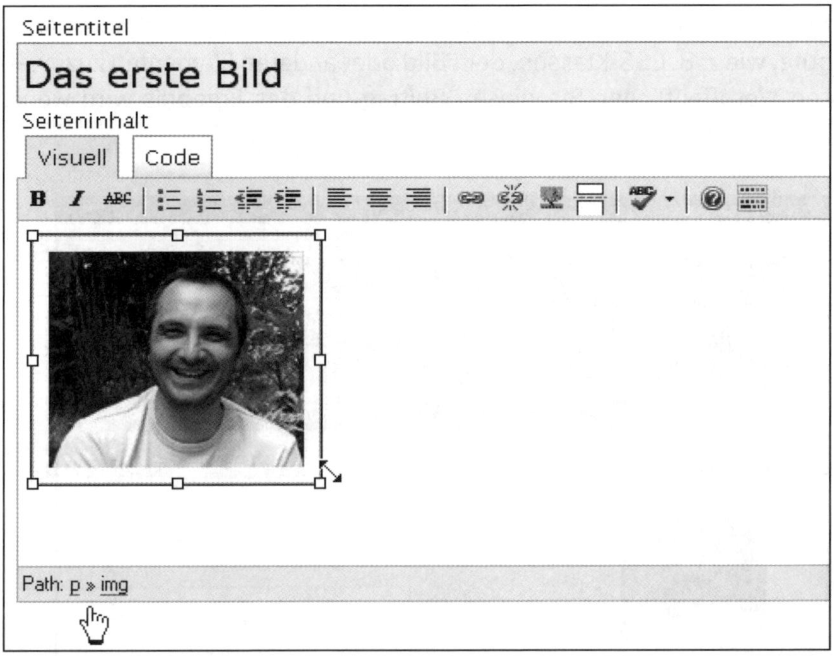

Abbildung 4.43
Das eingefügte Bild im visuellen Editor

Das Bild sehen Sie im visuellen Editor direkt, und wenn Sie es anklicken, sehen Sie einen Rahmen um das Bild und durch Klicken und Ziehen haben Sie die Möglichkeit, das Bild zu vergrößern bzw. zu verkleinern. Aber erwarten Sie nicht allzu viel von dieser Funktion, WordPress ist kein Photoshop-Ersatz und wenn Sie die Bilder in ihrer Größe ändern, leidet die Qualität darunter. Im unteren Bereich der Abbildung sehen Sie *Path: p » img*. Es handelt sich hier um eine »HTML-Information«, die besagt, dass das aktuell angeklickte Element ein Bild (`<img />`) ist, das sich innerhalb eines Absatzes (`<p></p>`) befindet.

Wenn Sie es lieber spartanisch mögen oder schon mit (X)HTML gearbeitet haben, dann wird Ihnen unter Umständen die Code-Ansicht besser gefallen:

Abbildung 4.44
Die Code-Ansicht

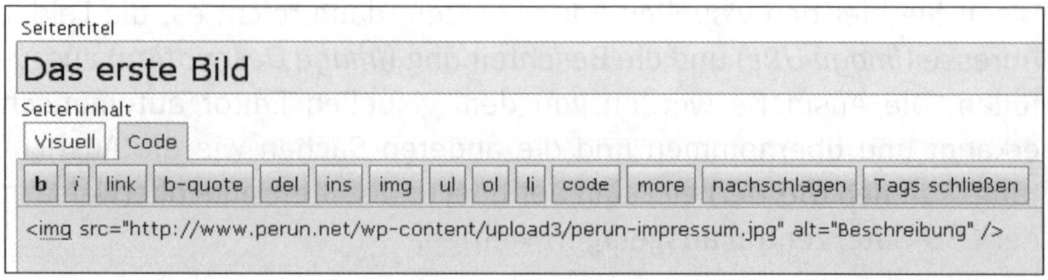

Nur in der Code-Ansicht haben Sie die Möglichkeit, bestimmte Attribute, wie z. B. CSS-Klassen, dem Bild oder anderen Elementen zuzuweisen. Veröffentlichen Sie diesen Beitrag und das Ergebnis wird wenig überraschend sein:

Abbildung 4.45
Das Bild im Frontend

Nun haben Sie das erste Bild in einem Beitrag eingebunden und veröffentlicht. Aber das geht nur, wenn das Bild schon online ist und Sie die Adresse des Bildes kennen. Die Adresse des Bildes oder einer Grafik finden Sie z. B. in Mozilla Firefox oder SeaMonkey heraus, indem Sie auf die Grafik rechtsklicken und dann im Kontextmenü den Punkt *Eigenschaften* aufrufen (Abbildung 4.46).

Aus diesem neu erscheinenden Fenster können Sie die Adresse kopieren und einige weitere Informationen herauslesen. Die erfahrenen Nutzer mögen mir den obigen Hinweis verzeihen, aber mir ist aufgefallen, dass auch einige sehr erfahrene Internet-Nutzer den Punkt *Eigenschaf-*

ten aus dem Kontext-Menü der Mozilla-Browser nicht kennen und recht überrascht wirken, wenn ich ihnen dies zeige.

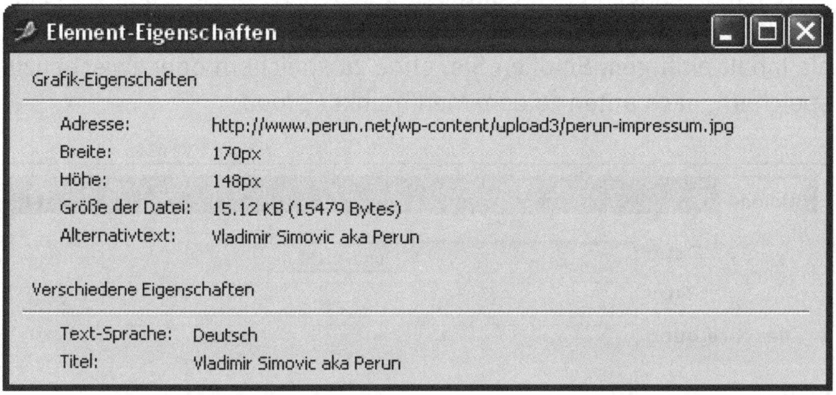

Abbildung 4.46
Bild-Informationen

Hinweis

Lassen Sie aber bitte Vorsicht walten, wenn Sie fremde Grafiken und Dateien einbinden, die auf anderen Servern liegen. So etwas nennt man *Hotlinking* und es wird von den meisten Webmastern nicht gern gesehen. Denn wenn Sie ein Bild hotlinken, dann erscheint es in Ihrem Beitrag, Sie haben einen zusätzlichen Inhalt, aber der Aufruf des Bildes passiert auf dem Server des anderen Webmasters. Er hat dadurch mehr Datendurchsatz auf seinem Server, und je nachdem, wie oft ein Bild aufgerufen wird, hat er auch zusätzliche Kosten und der Server wird durch die zusätzlichen Anfragen belastet. Hotlinken sollten Sie daher nur, wenn die Dateien auf Ihrem Webspace liegen oder der Webmaster Ihnen erlaubt hat, auf seine Bilder zu hotlinken. Manche Video- (z. B. YouTube) und Bild-Dienste (Flickr) erlauben explizit das Hotlinken der Dateien, die auf ihren Servern liegen. Ein weiterer Aspekt sind die evtl. **rechtlichen Folgen**. Nur weil ein Bild auf einer Website eingebunden ist, heißt es noch lange nicht, dass ein anderer Webmaster dieses Bild nutzen darf. Indem Sie ein Bild hotlinken, machen Sie es zum eigenen Inhalt, und da die meisten Bilder im Internet einem Urheberrecht unterliegen, könnte das für Sie unangenehme rechtliche Konsequenzen haben. In diese Falle tappen leider auch sehr erfahrene Webmaster.

Bilder hochladen

Sie haben natürlich auch die Möglichkeit, Bilder und andere Dokumente (z. B. PDF-Dokumente) über den Admin-Bereich von WordPress hochzuladen. Dafür muss der entsprechende Ordner auch die passenden Attribute haben, das heißt, er muss die vollen Schreibrechte haben (CHMOD 777).

Erstellen Sie einen neuen Beitrag und geben Sie diesem den Titel *Eine Grafik hochladen und einbinden*. Sie können evtl. auch etwas Blindtext als Inhalt einfügen. Scrollen Sie, ohne zu speichern oder zwischenzuspeichern, nach unten zu dem Menüpunkt *Upload*.

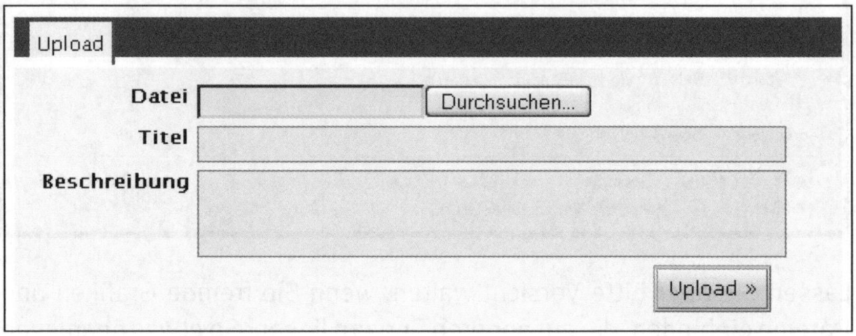

Abbildung 4.47
Das Upload-Formular

Das Upload-Formular besteht aus drei Feldern und zwei Buttons. In das Feld *Datei* kommt der Pfad der Grafik, die sich auf Ihrem Rechner befindet. Betätigen Sie *Durchsuchen...* und es wird sich ein Fenster des Betriebssystems, in diesem Fall von Windows, öffnen und Sie können dann nach der Datei suchen, die Sie hochladen möchten.

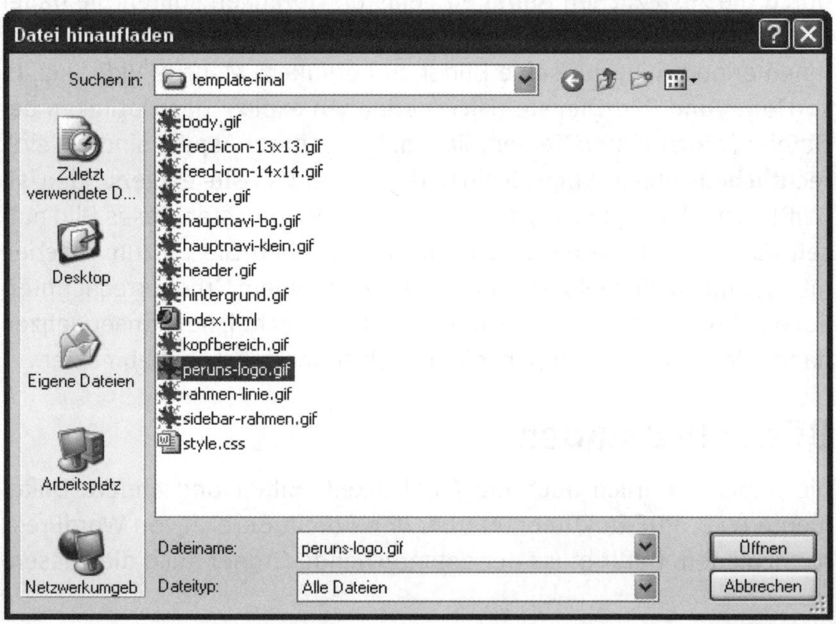

Abbildung 4.48
Datei auswählen

Wenn Sie die gewünschte Grafik gefunden haben, dann können Sie entweder auf sie doppelklicken oder einmal klicken und auf den Knopf *Öffnen* klicken. Dies überträgt den Pfad der Datei in das Textfeld des Upload-Formulars von WordPress.

In das zweite Formularfeld mit dem Namen *Titel* (siehe Abbildung 4.47) tragen Sie den Titel des Dokumentes ein, unter dem Sie das Dokument gelistet sehen möchten, und das ist auch der Inhalt des `alt`-Attributs und bei einer Verlinkung auch der Inhalt des `title`-Attributs – der Text, der erscheint, wenn man den Mauscursor über einen Verweis hält (auch bekannt als *Tooltip*).

Im dritten Feld mit dem Namen *Beschreibung* ist eine Beschreibung, die lediglich für Sie relevant ist, da sie nur im Admin-Bereich zu sehen ist. So könnte ein ausgefülltes Formular aussehen:

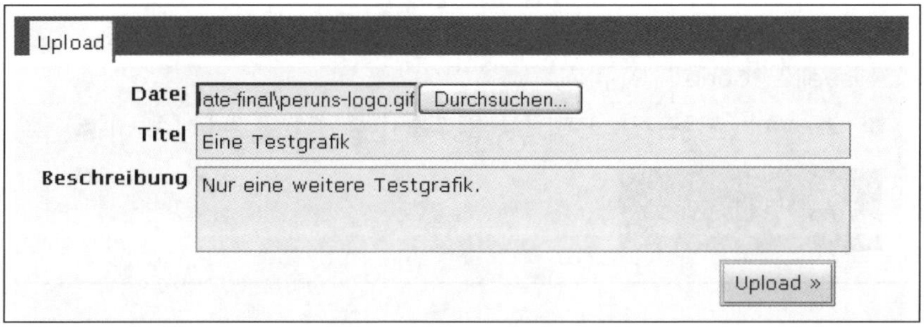

Abbildung 4.49
Das ausgefüllte Upload-Formular

Nachdem Sie das Formular ausgefüllt haben, einfach den Button *Upload »* betätigen. Das Upload-Formular verändert sich:

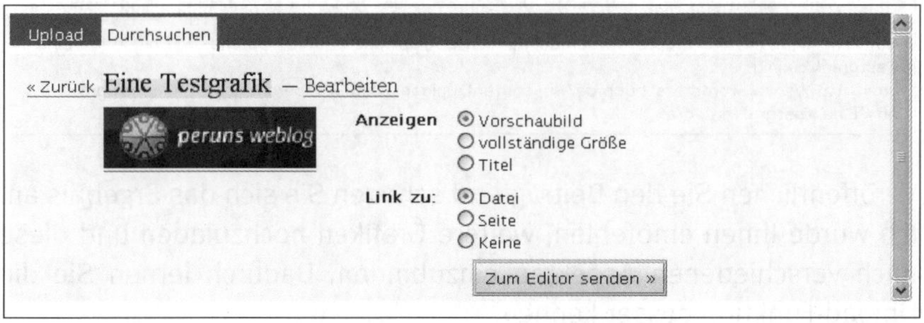

Abbildung 4.50
Die hochgeladene Grafik

Die Grafik wurde hochgeladen und der Upload-Bereich hat sich geändert. Nutzer, die schon die Version 2.0 von WordPress kennen, werden hier den Zugewinn an Komfort in der Handhabung erkennen. Sie haben die Möglichkeit, die Grafik nach verschiedenen Aspekten einzubinden:

- Als Vorschaubild (verkleinerte Grafik)
- Als Original bzw. in voller Größe
- Nur den Titel (kein Bild)

Zusätzlich haben Sie noch die Möglichkeit, die verschiedenen Anzeigeoptionen zu verlinken (Link zum Bild oder zu einer Seite) oder sie unverlinkt zu lassen. Dadurch ergeben sich neun verschiedene Möglichkeiten, eine Datei einzubinden. Ich werde mich hierbei für die Standardauswahl entscheiden: Es wird eine Vorschaugrafik eingebunden, die auf das Original verweist. Daher muss ich hier nur auf *Zum Editor senden »* klicken.

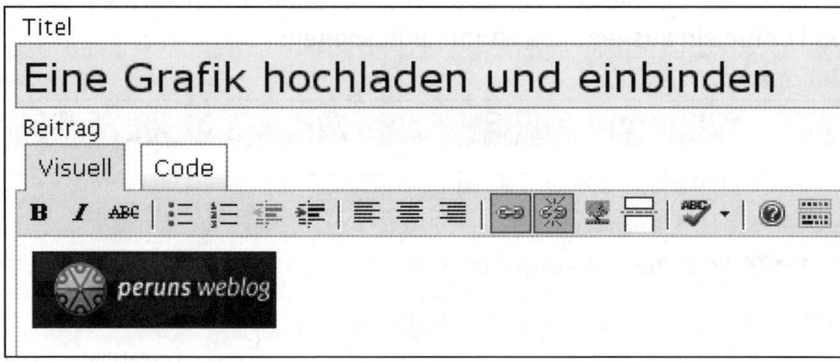

Abbildung 4.51
Visueller Editor

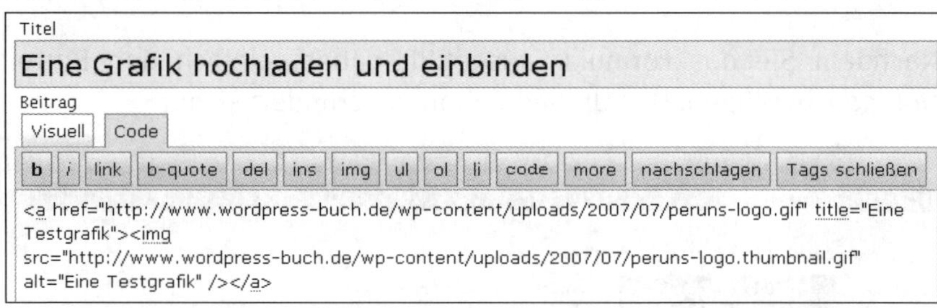

Abbildung 4.52
Code-Ansicht

Veröffentlichen Sie den Beitrag und schauen Sie sich das Ergebnis an. Ich würde Ihnen empfehlen, weitere Grafiken hochzuladen und diese nach verschiedenen Aspekten einzubinden. Dadurch lernen Sie die Upload-Funktion besser kennen.

Über den Menüpunkt *Verwalten / Uploads* können Sie später selbst die hochgeladenen Dokumente verwalten: ansehen, bearbeiten und löschen.

4.4 Podcasting mit WordPress

Auf einer Website, die mit WordPress betrieben wird, können Sie problemlos Dateien in verschiedenen Formaten hochladen und einbinden. So auch Audio- und Video-Dateien. Vor einigen Jahren ist ein Phänomen aufgetaucht, das man als *Podcasting* bezeichnet. Im Grunde genommen basiert Podcasting auf einer schon seit Längerem bestehenden Technik des Audio- und Video-Bloggens: Man veröffentlicht also keine geschriebenen, sondern Audio- und Video-Beiträge. Wie erwähnt, eigentlich nichts Neues. Allerdings bringt das Podcasten doch eine neue Komponente in die ganze Geschichte. Wenn der Audio- oder Video-Beitrag veröffentlicht wird, wird diese Datei auch im RSS-Feed verlinkt und in diesem Feed tauchen einige Informationen zu dieser Datei auf. Ich habe testweise eine MP3-Datei hochgeladen und eingebunden:

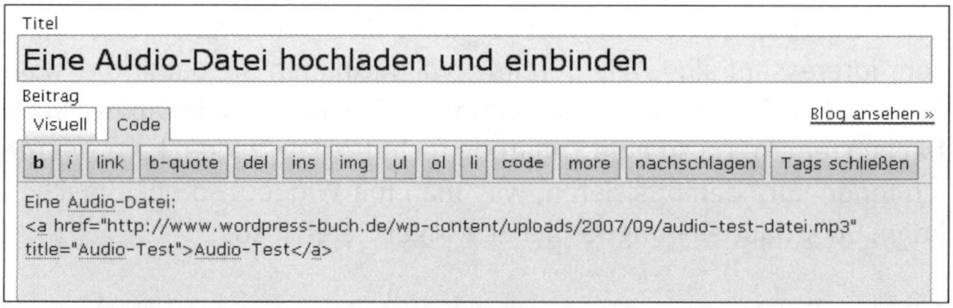

Abbildung 4.53
Eine MP3-Datei einbinden

Sie müssen natürlich nicht die interne Upload-Funktion nutzen und die Datei kann auch auf einem externen Server liegen. Wenn ich diesen Beitrag abspeichere, dann kreiert WordPress im Feed, neben den üblichen Informationen, auch folgenden Eintrag für den Beitrag, in dem sich die Datei befindet:

```
<enclosure url="http://www.wordpress-buch.de/wp-content/uploads/
    2007/09/audio-test-datei.mp3" length="993157" type="audio/
    mpeg"/>
```

Listing 4.1
Das enclosure-Tag

Und wozu das Ganze? Spezielle Software ist in der Lage, den abonnierten Newsfeed in regelmäßigen Abständen aufzusuchen und die dort eingebundene Datei herunterzuladen. Hier das Ergebnis des kleinen Experiments in Bloglines:

Abbildung 4.54
Bloglines erkennt die MP3-Datei

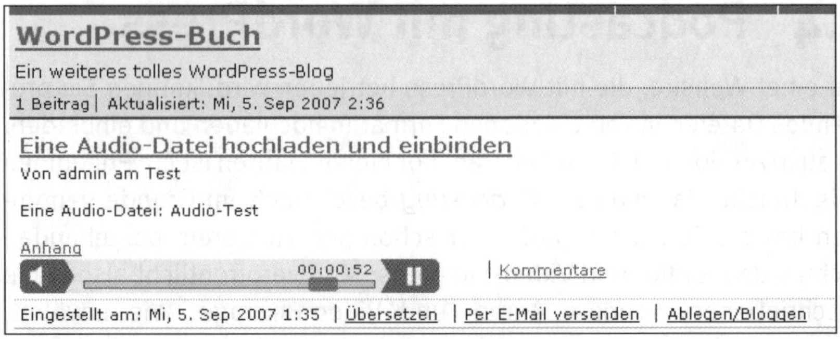

Wie Sie in der Abbildung sehen können, erkennt Bloglines, dass in dem Beitrag eine MP3-Datei eingebunden ist, und bietet daher unter dem Beitrag einen Player an, mit dem Sie den Beitrag abspielen lassen können.

4.5 Widgets einsetzen

Die Widgets sind eine sehr feine Funktion, die speziell für die Endnutzer sehr interessant sind. Wie bereits erwähnt, haben Sie damit die Möglichkeit, komfortabel aus dem Admin-Menü heraus den Inhalt der Sidebar zu steuern. Da so eine Erklärung recht trocken wirken kann, werde ich Ihnen kurz demonstrieren, was man mit Widgets so alles machen kann. So schaut ein jungfräulicher Widget-Bereich aus:

Abbildung 4.55
Leere dynamische Sidebar

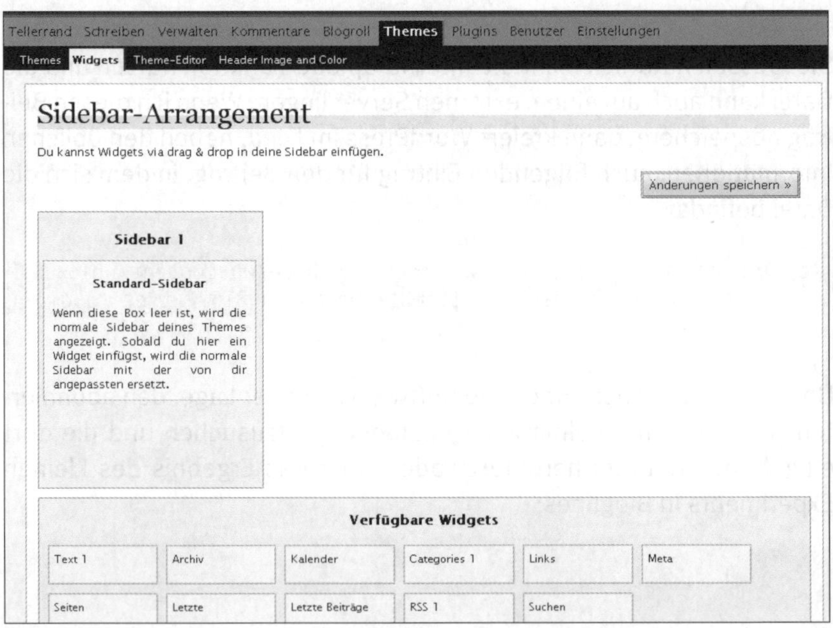

Sie sehen eine Meldung, die besagt, dass die Sidebar leer ist. Im unteren Teil der Abbildung sehen Sie schon vorgefertigte Widgets. Sie haben hier eine Auswahl von Widgets mit vordefinierten Funktionen, z. B. die Suchfunktion und die Auflistung der letzten Beiträge. Sie können allerdings auch sog. Textblöcke einfügen. In diesen Textblöcken können Sie Text oder sogar HTML notieren. Ich werde jetzt testweise einen Textblock mit einer Nachricht und einem Link, den Kalender und den Feed meines »Herr der Ringe«-Weblogs als Widget integrieren. Sie müssen einfach den gewünschten Widget anklicken, ziehen und auf die Sidebar plumpsen lassen. Anschließend klicken Sie bitte auf das Bearbeitungssymbol des jeweiligen Widgets:

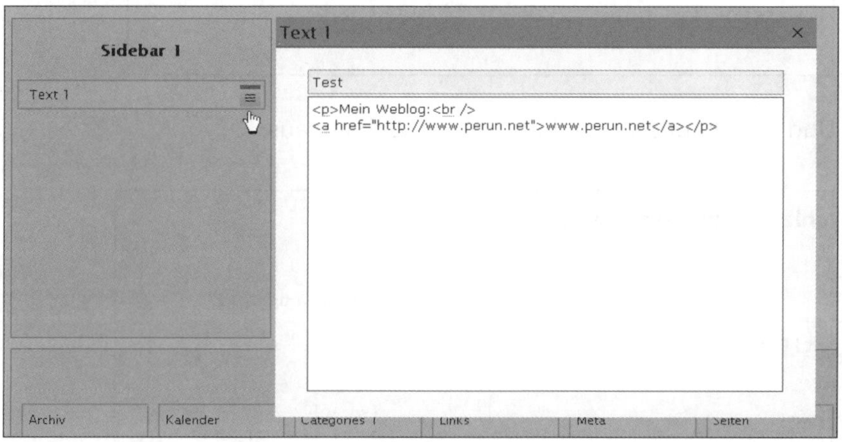

Abbildung 4.56
Ein Text-Widget bearbeiten

Hier in dem Textblock können Sie die Überschrift und den Inhalt bearbeiten. Bei einem Feed-Widget können Sie wiederum die Überschrift und die Quelle des Newsfeeds eingeben sowie die Anzahl der ausgegebenen Überschriften aus dem Feed. Nun habe ich die drei Komponenten eingefügt und so schaut der Bereich momentan aus:

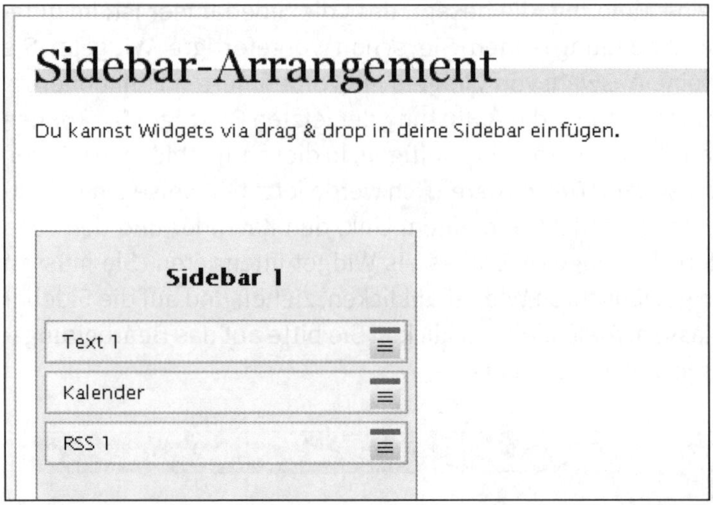

Abbildung 4.57
Die eingefügten Widgets

Und so schaut das Ergebnis auf der Website aus:

Abbildung 4.58
Das Endergebnis

Im Generator des Admin-Menüs des Widget-Bereiches können Sie weitere Kategorie-, Text- und Feed-Widgets generieren lassen. Es gibt auch zahlreiche Plugins, die eine Widget-Funktion mitbringen. Somit können Sie ganz komfortabel Plugins einsetzen, ohne die Template-Dateien bearbeiten zu müssen.

Kapitel 5

5

Anpassungen am Weblog vornehmen

Bis jetzt haben Sie gelernt, was Weblogs sind und wie man WordPress installiert, und haben bereits die ersten kleinen Schritte als Blogger getätigt. In diesem Kapitel werden Sie erfahren, wie man die ersten, kleineren Anpassungen an einem WordPress-Blog durchführt. Im Rahmen dieses Kapitels werden Sie auch lernen, wie man Plugins und neue Themes installiert und worauf man als Blogger achten sollte, um nicht unangenehm aufzufallen oder rechtliche Probleme zu bekommen.

5.1 Permalinks und deutsche Sonderzeichen

Sie haben bereits in diesem Buch an mehreren Stellen gelesen, dass WordPress »sprechende« URLs generieren kann und dass dabei auf den Titel des Beitrags bzw. der Seite als Quelle zugegriffen wird. Das ist die gute Nachricht und Sie ahnen es, es folgt die weniger gute Nachricht. WordPress kann bei dem oben genannten Prozess nicht viel mit deutschen Umlauten und Sonderzeichen anfangen ... mit spanischen und französischen auch nicht, aber die lassen wir jetzt mal außen vor. Um das zu demonstrieren, erstellen Sie einen neuen Beitrag und vergeben als Titel *Schöne Grüße aus Köln*. Veröffentlichen Sie den Beitrag und schauen Sie sich das Ergebnis an:

Abbildung 5.1
Umlaute sind verschwunden.

Wenn Sie sich die URL genauer ansehen:

www.wordpress-buch.de/wp-2_3/2007/07/07/schone-gruse-aus-koln/

werden Sie merken, dass etwas nicht stimmt. Richtig, die Umlaute sind verschwunden. Aus *Schöne Grüße aus Köln* wurde *Schone Gruse aus Koln*. Ihnen stehen jetzt drei Möglichkeiten zur Verfügung:

- Sie finden sich damit ab.
- Sie bessern die Titelform und damit die URL manueli aus (siehe Kapitel 4).
- Sie installieren das Plugin *German Permalinks* von Scott Hanson (*www.papascott.de*) und lassen das System die Titelform automatisch für Sie ausbessern.

Ich würde Ihnen die dritte Option empfehlen. Das Plugin finden Sie unter anderem auf der Buch-CD.

German Permalinks installieren

Wenn Sie das Komplettpaket von der Buch-CD nicht installiert haben, laden Sie die Datei *german-permalinks.php* via FTP in den Ordner */wp-content/plugins/* hoch.

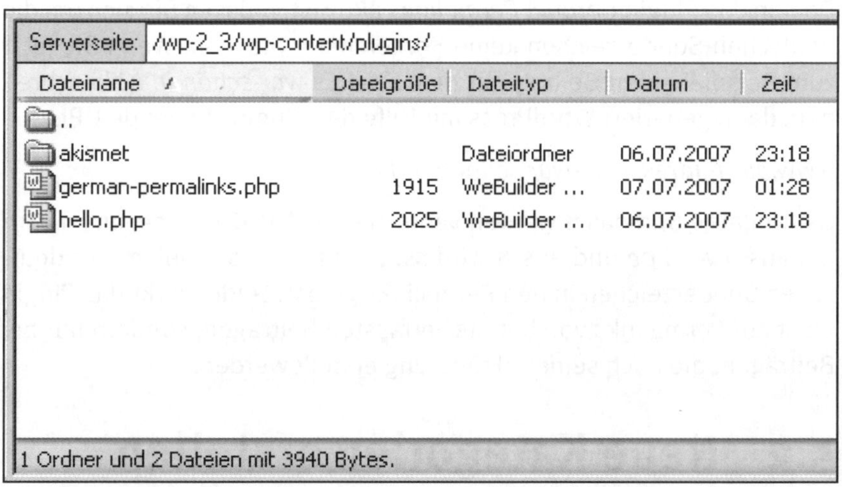

Abbildung 5.2
Der Plugin-Ordner

Ein WordPress-Plugin aktivieren

Anschließend wechseln Sie zu dem Menüpunkt *Plugins / Plugins* und aktivieren dort das Plugin *German Permalinks*, indem Sie den Link *Aktivieren*, der sich jeweils rechts von der Plugin-Beschreibung befindet, anklicken.

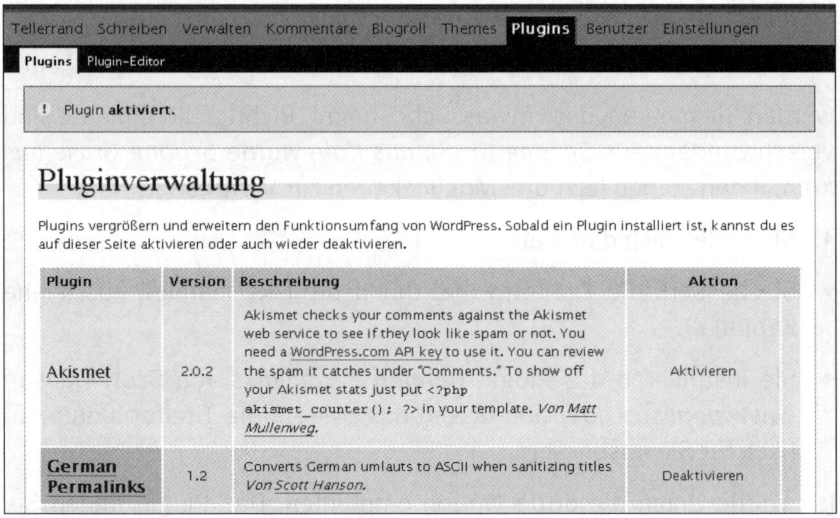

Abbildung 5.3
German Permalinks wurde aktiviert.

Mit diesem Schritt haben Sie gerade Ihr **erstes Plugin installiert**. So einfach ist das: das Plugin herunterladen, gegebenenfalls entpacken, in den Plugin-Ordner hochladen und innerhalb von *Plugins / Plugins* aktivieren.

Da nun das Plugin *German Permalinks* aktiv ist, müssen Sie sich um die deutschen Sonderzeichen keine Sorgen mehr machen. Wenn Sie jetzt zum Beispiel einen Beitrag mit dem Titel *Es war schön in Köln* schreiben, dann generiert WordPress mit Hilfe des Plugins folgende URL:

www.blog-adresse/es-war-schoen-in-koeln/

Die Umlaute und das ß werden »entschärft«. Aus *ö* wird *oe*, aus *ü* wird *ue*, aus *ä* wird *ae* und aus *ß* wird *ss*. Somit ist das Problem der deutschen Sonderzeichen in den Permalinks gelöst. Leider wirkt das Plugin nicht auf Permalinks von bereits verfassten Beiträgen, sondern nur bei Beiträgen, die nach seiner Aktivierung erstellt werden.

5.2 Neue Kategorien erstellen

WordPress bietet die Möglichkeit, die Beiträge in Kategorien einzusortieren. Dabei können Sie selbst entscheiden, ob ein Beitrag in eine oder mehrere Kategorien sortiert werden soll. Die Kategorien bieten Ihnen die Möglichkeit, die Inhalte des Weblogs zu strukturieren und anhand der Kategorien erkennen die Besucher die Schwerpunkte der Website.

Neue Kategorien zu erstellen, ist sehr einfach. Wechseln Sie bitte innerhalb des Admin-Bereiches zum Punkt *Verwalten /Kategorien*:

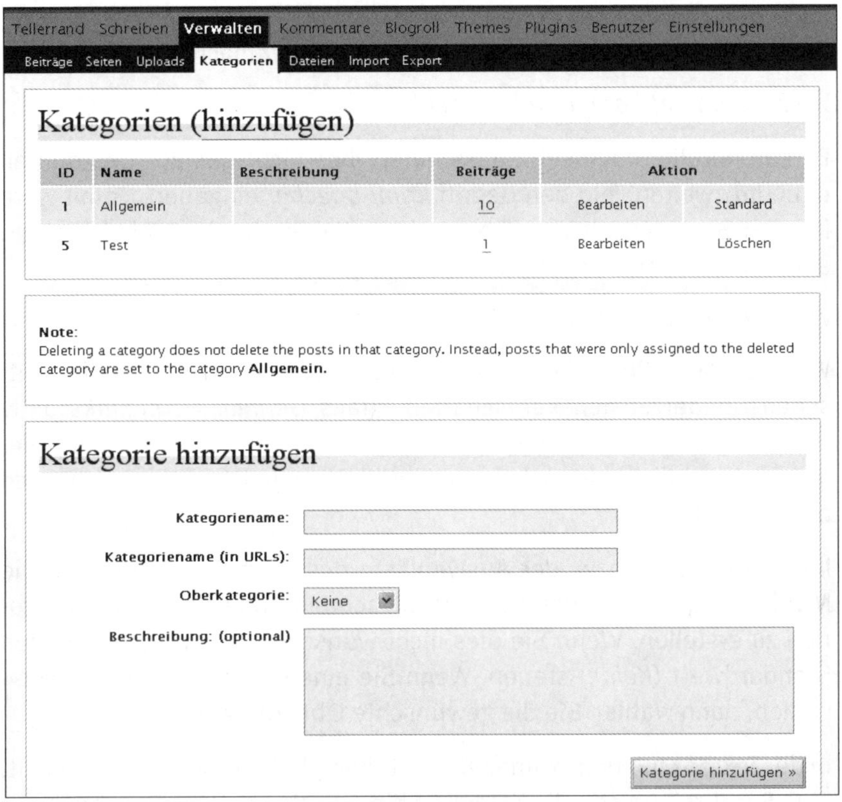

Abbildung 5.4
Kategorien verwalten

Im oberen Bereich haben Sie die Möglichkeit, die bereits bestehenden Kategorien zu verwalten. Im mittleren Bereich steht der Hinweis, dass, falls Sie eine Kategorie löschen, die dort existierenden Beiträge nicht gelöscht, sondern lediglich in die Kategorie verschoben werden, die Sie als Standard definiert haben. Üblicherweise ist dies die Kategorie *Allgemein*, die bei der Installation erzeugt wird. Die Standardkategorie können Sie unter *Einstellungen / Schreiben / Standardkategorie für Beiträge* ändern.

Kategoriename

Im unteren Bereich der Abbildung sehen Sie ein Formular. Mit diesem fügen Sie neue Kategorien hinzu. Im ersten Textfeld geben Sie den Kategorienamen ein. Dieser Name der Kategorie ist dann auch auf der Website sichtbar.

Im zweiten Textfeld – *Kategoriename (in URLs)* – können Sie gegebenenfalls einen abweichenden bzw. passenden Namen oder besser ausgedrückt eine Adresse (URL) vergeben. Nehmen wir mal an, die neue Kategorie soll *Bücher* heißen. Wenn Sie das zweite Feld leer lassen, dann wird WordPress daraus in der URL *buecher* machen:

www.perun.net/kategorie/buecher/

Abweichende Kategorieadresse

Es könnte allerdings sein, dass Ihnen dies nicht gefällt. Sie könnten dann im zweiten Feld den Begriff *krimi-buecher* eingeben. Somit wäre für den Besucher also im Frontend die Kategorie als *Bücher* betitelt, aber die URL der Kategorie wäre:

www.perun.net/kategorie/krimi-buecher/

Wenn Sie WordPress die URL generieren lassen, dann wird es die deutschen Sonderzeichen »entschärfen« (falls *German Permalinks* aktiv ist), die Leerzeichen durch einen Bindestrich auffüllen und alles kleinschreiben – die beiden letzten Modifizierungen funktionieren auch ohne das Plugin.

Unter- oder Hauptkategorie

Im dritten Punkt bzw. der Auswahlliste des Formulars haben Sie die Möglichkeit, die Kategorien zu verschachteln und somit Unterkategorien zu erstellen. Wenn Sie dies nicht wünschen, dann lassen Sie den Standardwert (*Keine*) stehen. Wenn Sie eine Unterkategorie erstellen wollen, dann wählen Sie die gewünschte Oberkategorie.

Beschreibung als Tooltip

In der Textbox mit dem Namen *Beschreibung* haben Sie die Möglichkeit, eine Beschreibung für die Kategorie hinzuzufügen. Diese Beschreibung wird nicht nur innerhalb des Admin-Menüs angezeigt, sondern auch als Tooltip (`title`-Attribut), wenn man mit dem Mauscursor über dem jeweiligen Kategorielink verweilt.

5.3 Das Default-Theme anpassen

Das Default-Theme bietet, im Gegensatz zu den anderen Themes, die Möglichkeit, innerhalb der Admin-Oberfläche die Farbe der Kopfgrafik und der Schrift zu ändern. Wechseln Sie dazu zur Admin-Oberfläche und rufen Sie den Menüpunkt *Themes / Header Image and Color* (Headergrafik und -farben) auf.

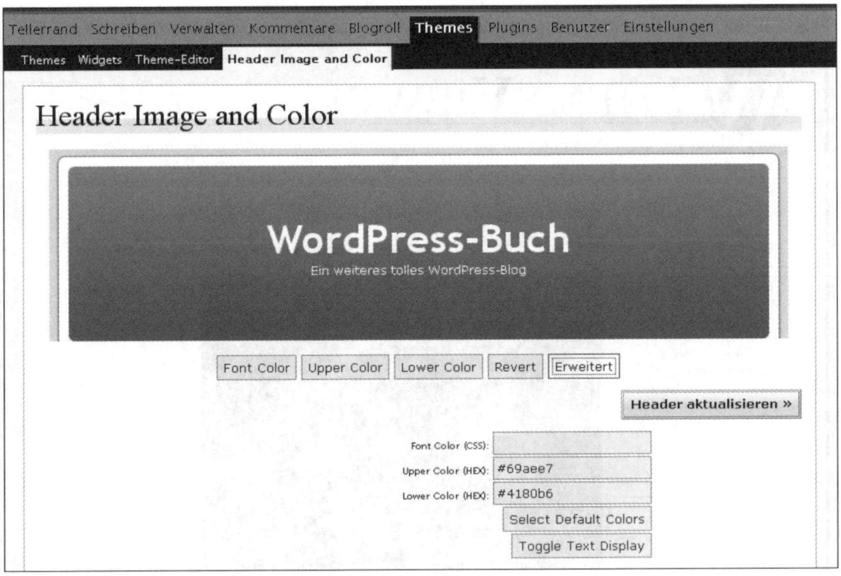

Abbildung 5.5
Die Anpassung des Kopfbereiches

Sehr schnell und mit einfachen Mitteln können Sie hier die Schriftfarbe (*Font Color*), die Farbe im oberen Bereich (*Upper Color*) und die Farbe im unteren Bereich (*Lower Color*) anpassen. Wenn Sie einen dieser drei Bereiche anklicken, öffnet sich ein Farbwähler und Sie können die passende Farbe auswählen. Wenn Sie den Button *Erweitert* anklicken, haben Sie die Möglichkeit, eigene Farbwerte für die Schrift und für den Hintergrund anzugeben. Wenn Sie die ursprünglichen Farben haben möchten, dann müssen Sie nur *Select Default Colors* (*Standardfarben wählen*) aufrufen.

Gewiss, die hier vorgestellten Möglichkeiten sind beschränkt, aber sie sind ausreichend, um mal schnell oder übergangsweise einem Weblog eine kleine, individuelle Note zu vergeben.

5.4 Ein neues Theme installieren

Wenn Ihnen die Anpassungsmöglichkeiten, die im Menüpunkt *Headergrafik und -farben* zur Verfügung stehen, nicht ausreichen und Sie keine Lust oder Zeit haben, ein eigenes Theme zu entwickeln, dann haben Sie die Möglichkeit, auf mittlerweile mehr als 3.000 freie Themes zurückzugreifen. Besuchen Sie dafür die Website *ThemeViewer* (*themes.wordpress.net*).

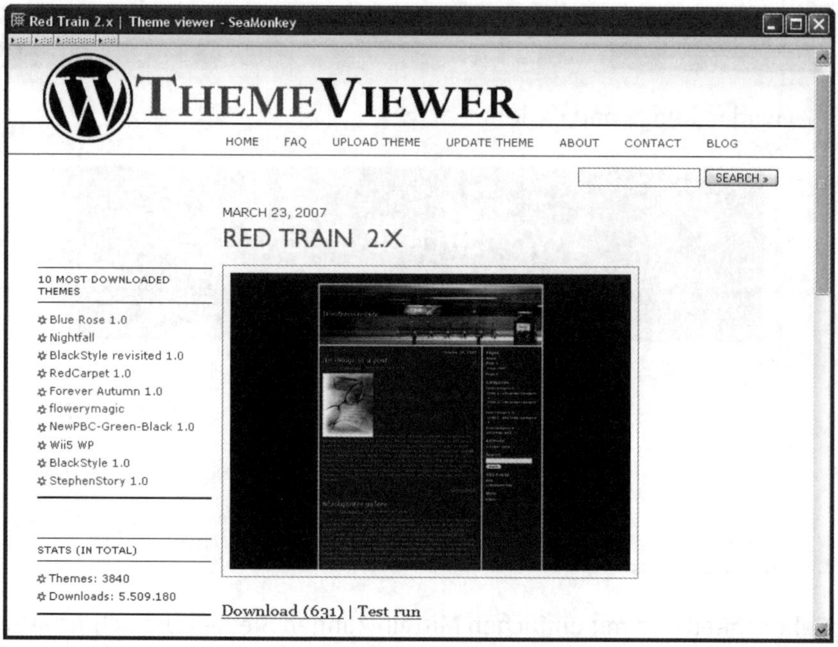

Abbildung 5.6
Themes im ThemeViewer

Sie können sich dort die frei verfügbaren Themes nach verschiedenen Kriterien (Anzahl der Spalten, nach Farbe etc.) auflisten lassen. Sie können die Themes auch direkt vor Ort testen, indem Sie den Link *Test run* aufrufen.

Nachdem Sie sich für ein Theme entschieden haben, müssen Sie es herunterladen und dann entpacken. Den Theme-Ordner müssen Sie nach */wp-content/themes/* hochladen, damit die Struktur folgendermaßen ausschaut: *www.blog-adresse.de/wp-content/themes/mein-theme/template-datei.php*

Anschließend aktivieren Sie unter *Themes / Themes* das neue Theme, indem Sie auf die jeweilige verlinkte Abbildung oder den verlinkten Titel klicken.

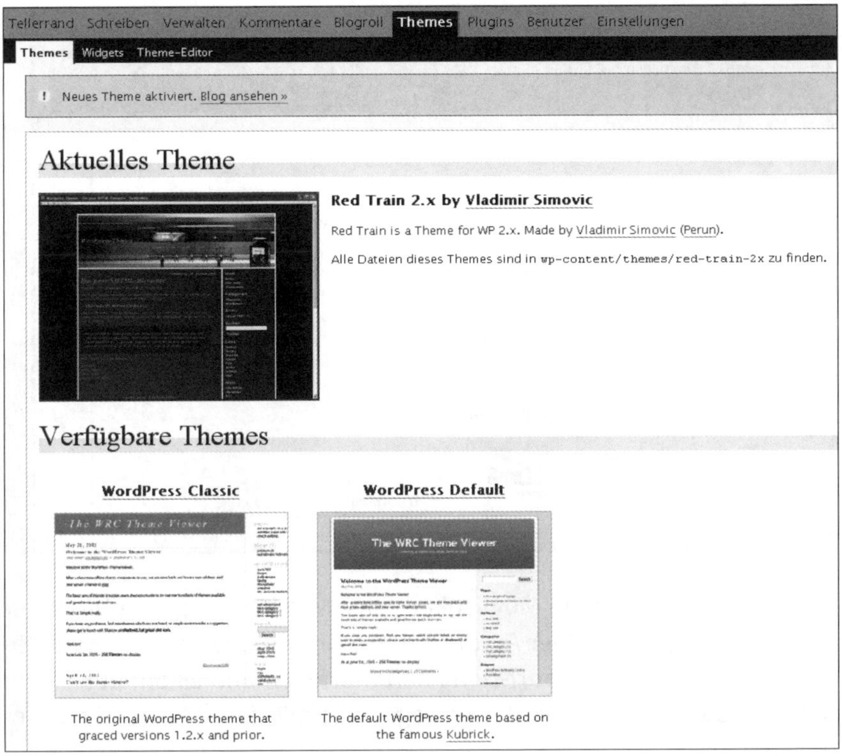

Abbildung 5.7
Neues Theme wurde aktiviert.

Achten Sie bei der Auswahl eines Themes darauf, ob es mit Ihrer installierten WordPress-Version kompatibel ist.

5.5 Das Erstellen von Backups ist lästig, aber notwendig

Wie auch beim eigenen PC bzw. seinem Desktop-Rechner fällt es auch im Web den meisten Leuten schwer, regelmäßig Backups (Sicherheitskopien) zu machen: es ist lästig und beansprucht Zeit. Doch mittlerweile ist es sehr einfach, von einer WordPress-Installation ein Backup zu machen. Seit der Version 2.1 ist es nicht mehr notwendig, die Datenbank zu sichern, um z. B. mit seinem Weblog umzuziehen. Die WordPress-Entwickler haben seit dieser Version einen Export-Vorgang eingebaut. In diesem Export-Vorgang werden alle Beiträge, Seiten, Kommentare und benutzerdefinierten Felder in einer XML-Datei gespeichert. Wenn Sie Ihr Weblog sichern wollen, begeben Sie sich innerhalb des Admin-Bereichs zu *Verwalten / Export*.

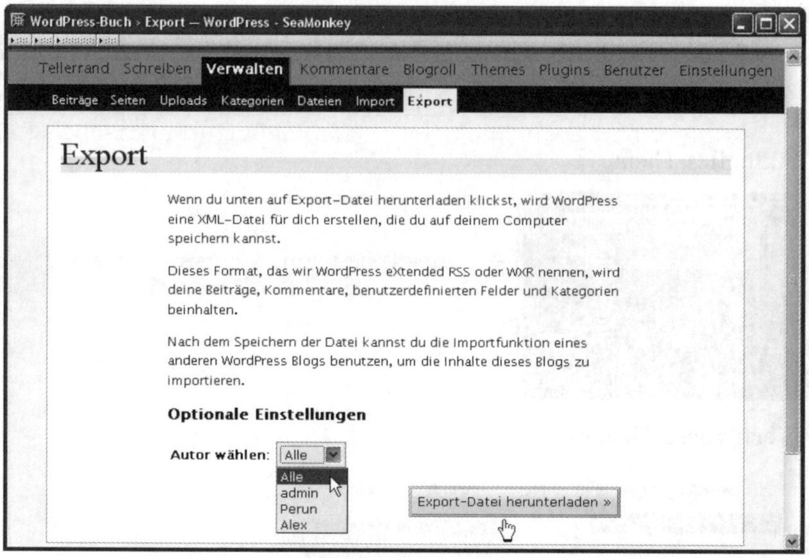

Abbildung 5.8
Export-Vorgang

Hier haben Sie dann die Möglichkeit, das Weblog komplett (*Alle*) oder nur die Beiträge einzelner Autoren zu exportieren. Anschließend betätigen Sie den Button *Export-Datei herunterladen* und es öffnet sich ein neues Browserfenster mit der Anfrage, was mit der XML-Datei passieren soll:

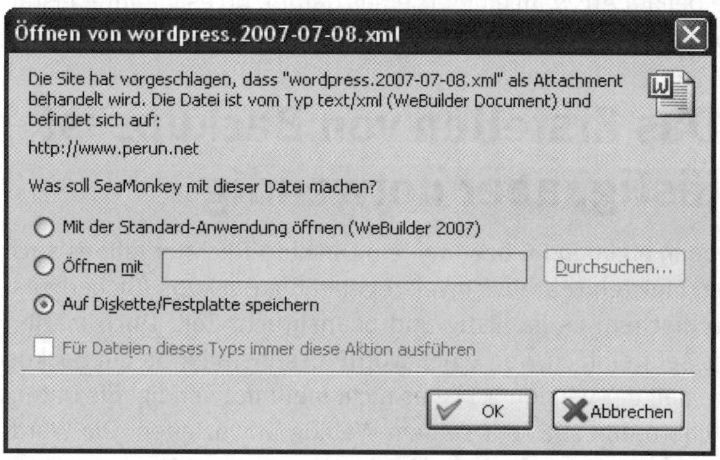

Abbildung 5.9
Export-Datei speichern

Selbstverständlich wollen wir die Export-Datei auf unserem Rechner speichern. Wie Sie aus der Abbildung sehen können, generiert WordPress auch automatisch einen passenden Namen nach dem folgenden Prinzip: *jahr-monat-tag.xml*. Je nachdem, wie umfangreich Ihr Weblog ist, dauert logischerweise der Export-Vorgang länger und umso größer ist natürlich auch die Export-Datei. Daher ist auch hier die Geduld eine Tugend.

Wenn Sie die Export-Datei in ein neues Weblog importieren möchten, dann wechseln Sie zu *Verwalten / Import*:

Abbildung 5.10
Import-Vorgang

Wenn Sie eine WordPress-Export-Datei importieren wollen, dann wählen Sie logischerweise in den Import-Optionen auch WordPress.

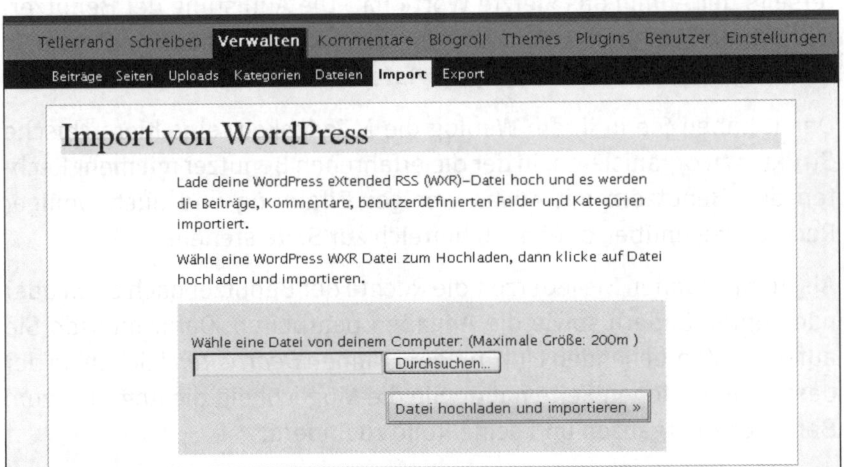

Abbildung 5.11
Datei importieren

Wenn Sie auf *Durchsuchen...* klicken, haben Sie die Möglichkeit, eine vorher gespeicherte Datei auf Ihrem Rechner auszuwählen. Anschließend betätigen Sie *Datei hochladen und importieren* und der Import-Vorgang startet. Je nachdem, wie groß die Datei ist und über welche Internetverbindung Sie verfügen, kann der Vorgang etwas länger dauern. Abhängig von den Server-Einstellungen und der Dateigröße kann der Vorgang auch abgebrochen werden, weil die Datei zu groß ist und damit die Server-Einstellungen für die maximale Dateigröße überschritten werden.

Wenn die Server-Einstellungen einen erfolgreichen Import verhindern, dann setzen Sie sich mit Ihrem Hoster in Verbindung, um eine Lösung zu finden. Das habe ich vor einiger Zeit auch machen müssen und mein Hoster hat daraufhin die zulässige Dateigröße für den Import bzw. den Upload via PHP erhöht.

5.6 Benutzerverwaltung (Rechtemanagement)

Im dritten Kapitel haben Sie im Abschnitt *Hauptbereich »Benutzer«* erfahren, dass WordPress es nicht nur erlaubt, dass mehrere Autoren unter ihren Namen Beiträge verfassen können, sondern dass es auch möglich ist, den verschiedenen Autoren unterschiedliche Rechte zuzuweisen. Somit beherrscht WordPress auch einen rudimentären Workflow (Arbeitsablauf), da es möglich ist, dass bestimmte Autoren zwar Beiträge verfassen, aber nicht veröffentlichen können und dass andererseits der Admin das »letzte Wort« hat. Die Auflistung der Benutzerbezeichnungen und der entsprechenden Rechte finden Sie auch in Kapitel 3, Abschnitt *Unterbereich »Autoren & Benutzer«*.

Damit haben Sie in Ihrem Weblog die Möglichkeit, eine hierarchische Struktur zu organisieren, in der die erfahrenen Benutzer mit mehr Rechten den Benutzern mit etwas weniger Erfahrung und auch weniger Rechten gegenüber, aber auch hilfreich zur Seite stehen.

Als Admin können Sie jederzeit die Rechte der Benutzer nach oben oder nach unten ändern sowie die Angaben bearbeiten. Dafür müssen Sie auf den entsprechenden Link mit dem Namen *Bearbeiten* klicken. In der damit aufgerufenen Seite haben Sie die Möglichkeit, die Angaben zum Benutzer zu ergänzen und seine Rolle zu ändern.

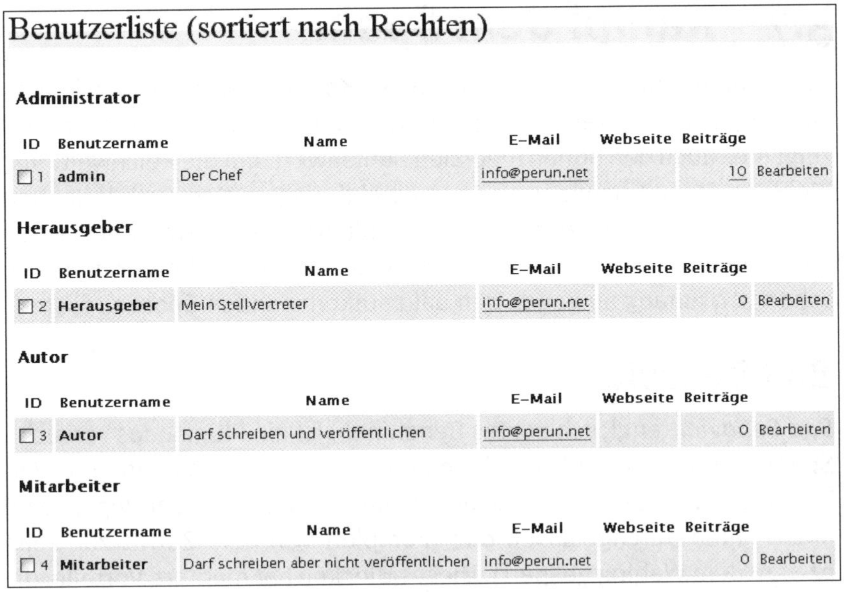

Abbildung 5.12
Beispiel eines hierarchischen Aufbaus

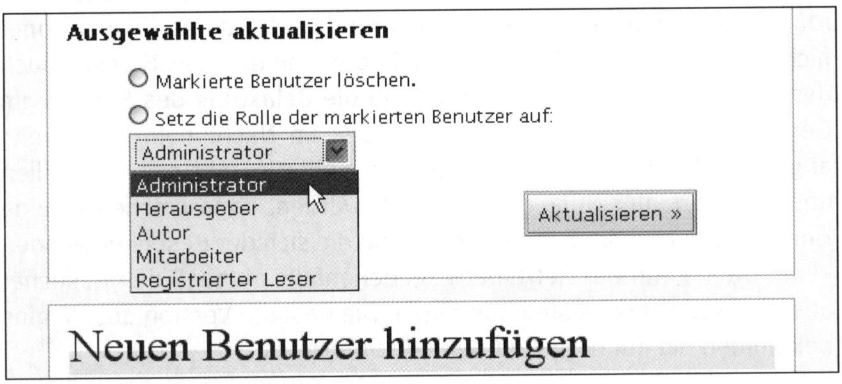

Abbildung 5.13
Die Rechte ändern oder den Benutzer löschen

Rechte ändern

Wenn Sie allerdings lediglich die Rechte eines Autors ändern wollen, dann reicht es, im selben Menüpunkt zu bleiben (*Benutzer /Autoren & Benutzer*), die Checkbox neben dem Benutzer zu aktivieren (siehe Abbildung 5.12) und unter *Ausgewählte aktualisieren* die Option *Setz die Rolle der markierten Benutzer auf* zu aktivieren (siehe Abbildung 5.13), in der nebenstehenden Auswahlliste den gewünschten Status auszuwählen und dann auf *Aktualisieren* zu klicken.

Benutzerkonto löschen

Falls Sie ein Benutzerkonto löschen wollen, aktivieren Sie einfach in der Benutzerliste die entsprechende Checkbox sowie unter der Überschrift *Ausgewählte aktualisieren* die Option *Markierte Benutzer löschen* und klicken dann auf den Button *Aktualisieren*.

5.7 Kampf dem Spam

Der Weblog-Spam bzw. der Spam in den Kommentaren und Trackbacks ist schon seit längerer Zeit zu einer wahren Plage geworden. Allerdings zeigt dies auch den hohen medialen Stellenwert und die Reichweite von Weblogs. Denn Spammer sind nur da aktiv, wo es sich auch lohnt und sie etwas verdienen können. Aber es soll nicht unser Problem sein, ob die Spammer Geld verdienen oder nicht. Ich würde Ihnen raten, sich schon von Anfang an gegen den bald aufkommenden Spam zu rüsten.

Bad Behavior

Bad Behavior (engl. schlechtes Benehmen) ist ein Plugin, das versucht, Spam schon im Vorfeld zu bekämpfen. Das Plugin beobachtet das Verhalten des vermeintlichen Besuchers und anhand diverser Regeln wird dieser dann durchgelassen oder komplett von dem Zutritt zur Seite bzw. zu dem Weblog gesperrt. Dieses Blocken hat mehrere Vorteile, die Spam- oder dreiste Suchmaschinen-Roboter (die sich z. B. nicht an die *robots.txt* halten) werden schon im Vorfeld geblockt und können somit nicht ihre Botschaften hinterlassen. Zudem mindert das Blocken auch den aufkommenden Datenverkehr und die Belastung des Servers, im Gegensatz zu den Spam-Filtern, die erst im Nachhinein die bereits abgesendeten Kommentare aussieben. Sollte in sehr seltenen Fällen auch ein normaler Nutzer ausgesperrt werden, dann erscheinen eine Hinweisseite und die E-Mail-Adresse, an die sich der Besucher wenden kann. Dann kann der Betreiber gegebenenfalls manuell den Besucher aus der »schwarzen Liste« austragen. Die neueste Version des Plugins bekommen Sie auf *www.bad-behavior.ioerror.us*.

Wenn Sie das Plugin heruntergeladen haben, müssen Sie es entpacken und den **kompletten** Ordner in den Plugin-Ordner hochladen (Abbildung 5.14).

Nach der Aktivierung erscheint ein neuer Unterpunkt unter dem Menüpunkt *Einstellungen* im Admin-Bereich (Abbildung 5.15).

In dem neuen Menüpunkt sehen Sie drei Checkboxen:

- *Statistics – Display statistics in blog footer*
- *Logging – Verbose HTTP request logging*
- *Strict Mode – Strict checking (blocks more spam but may block some people)*

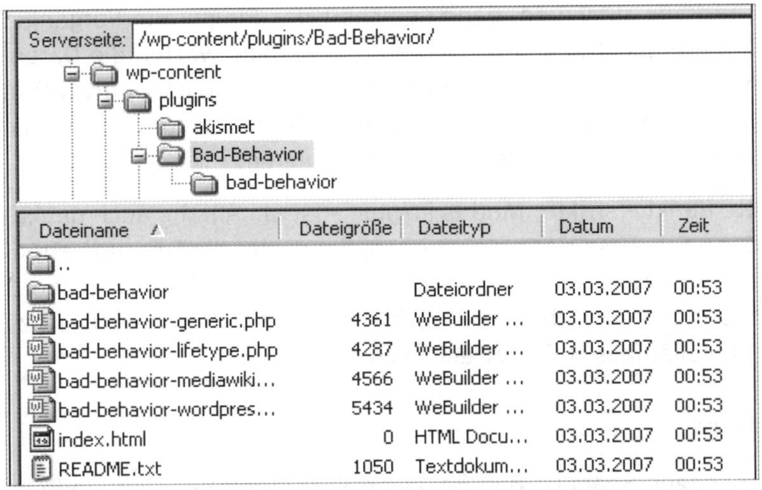

Abbildung 5.14
Bad-Behavior-Ordner

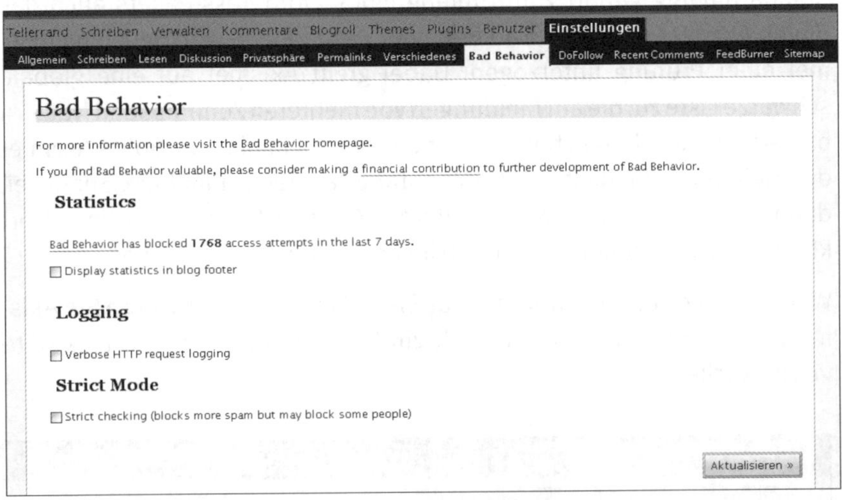

Abbildung 5.15
Bad-Behavior-Einstellungen

Der erste Punkt ist rein kosmetischer Natur. Hier können Sie entscheiden, ob die Statistik – wie viele Spam-Versuche geblockt wurden – in dem Fußbereich der Website auftauchen soll. Diese Statistik wird im Fußbereich automatisch eingebunden, Sie müssen nichts extra in eine Template-Datei eintragen. Voraussetzung ist lediglich, dass der Template-Hook `wp_footer();` am Ende der *footer.php* erhalten bleibt. Zu dem Theme Template-Hooks werden Sie unter anderem in Kapitel 6 mehr lesen.

Der zweite Punkt entscheidet darüber, ob alles mitgeloggt wird. Bei der Installation ist dieser Punkt inaktiv und das ist auch gut so. Bad Behavior speichert alle geblockten Vorgänge in der Datenbank. Wenn Sie diese Checkbox aktivieren, dann speichert das Plugin **alle** Vorgänge: geblockte und nicht-geblockte Vorgänge und dann wächst die Datenbank in einem sehr kurzen Zeitraum (alleine durch diese Aktivität) in den zweistelligen Megabyte-Bereich. Diese Option sollten Sie höchstens kurzfristig und nur zu Testzwecken aktivieren.

Der dritte Punkt – strikter Modus ja/nein – ist am Anfang auch deaktiviert. Wenn Sie diese Option aktivieren, dann wird die Filterung strenger, allerdings steigt auch die Gefahr, dass normale Nutzer ausgesperrt werden. Daher würde ich Ihnen empfehlen, diese Option deaktiviert zu lassen und allenfalls zu Testzwecken zu aktivieren.

Akismet

Im Kampf gegen Spam ist Bad Behavior nicht Ihr einziger Verbündeter. Standardmäßig gehört zum Umfang eines WordPress-Pakets auch das Plugin Akismet. Das, was Bad Behavior nicht blockt, wird dann von Akismet einer Prüfung unterzogen. Dabei greift Akismet auf eine globale schwarze Liste zu, die auf Meldungen von mehreren Zehntausend Nutzern basiert, und das Plugin hat auch einen Lernmechanismus. Sollte Akismet der Meinung sein, dass ein Kommentar oder Track-/Pingback Spam sei, dann wird dieser unter *Kommentare / Akismet-Spam* einsortiert. Dort können Sie die Kommentare dann löschen oder veröffentlichen.

Wechseln Sie zum Menüpunkt *Plugins /Plugins* und aktivieren Sie Akismet, indem Sie rechts von der Plugin-Beschreibung auf den Link *Aktivieren* klicken.

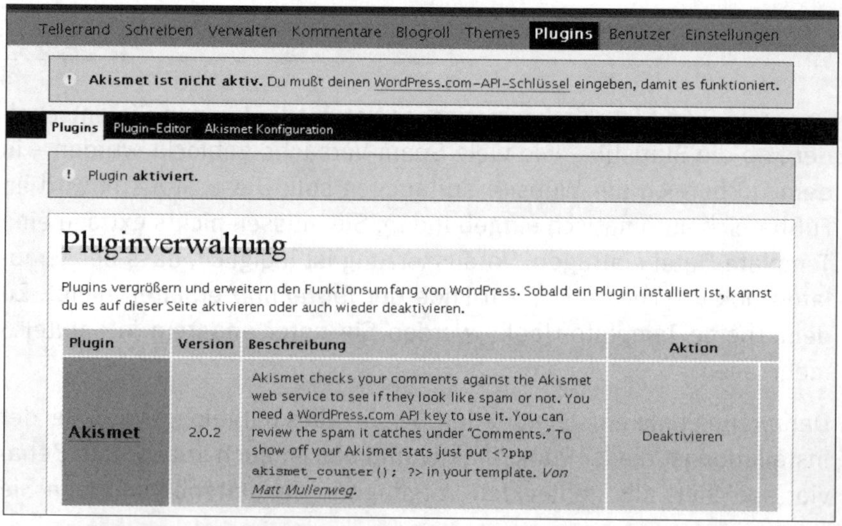

Abbildung 5.16
Aktivierung von Akismet

Allerdings werden Sie bei der erstmaligen Aktivierung von Akismet im oberen Bereich der Seite einen Warnhinweis zu sehen bekommen:

> *Akismet ist nicht aktiv. Du musst deinen WordPress.com-API-Schlüssel eingeben, damit es funktioniert.*

Sie haben zwar das Plugin installiert, aber das ist nur die Datei, die auf den Dienst auf *www.akismet.com* zugreift. Jetzt müssen Sie sich für den Dienst registrieren und zwar unter *www. wordpress.com/signup/.*

Abbildung 5.17
Registrierung bei WordPress.com

Sie werden sich jetzt sicherlich fragen, warum auf *WordPress.com* und nicht auf *akismet.com*? Das ist eine gute Frage. Ein paar Leute, darunter zwei der Hauptentwickler von WordPress (Matt Mullenweg und Ryan Boren), haben ein Unternehmen mit dem Namen Automattic (*www.automattic.com*) gegründet. Und zwei der Produkte dieser Firma sind die Weblog-Plattform WordPress.com und der Anti-Spam-Dienst Akismet – alles klar?

Daher müssen Sie sich bei WordPress.com registrieren, um einen Schlüssel für den Akismet-Dienst zu bekommen. Sie müssen hier einen Benutzernamen auswählen, eine gültige E-Mail-Adresse eingeben, den Nutzungsbedingungen zustimmen und festlegen, ob Sie einen Word-

Press.com-Account haben wollen oder sich nur mit dem Benutzernamen registrieren wollen (die zweite Option).

Da Sie ja bereits ein Weblog haben bzw. sich dafür entschieden haben, ein eigenes Weblog zu betreiben, reicht es, wenn Sie die Option *Bitte nur einen Benutzernamen* auswählen. Damit registrieren Sie einen Benutzernamen und bekommen den API-Schlüssel für Akismet. Wenn Sie auf *weiter* klicken, werden die Daten abgeschickt. Anschließend bekommen Sie folgende Meldung zu lesen:

> *Eine Email wurde an [die E-Mail-Adresse] gesendet, um dein Benutzerkonto zu aktivieren. Überprüfe deinen Posteingang und klicke auf den Link in der Nachricht. Sie sollte in den nächsten 30 Minuten bei dir ankommen.*
>
> *Wenn du dein Konto nicht innerhalb von 2 Tagen aktivierst, musst du dich noch einmal anmelden.*

Wenn Sie auf den Link in der E-Mail geklickt haben, dann haben Sie auch Ihren Akismet-Account aktiviert und Sie bekommen dann sehr bald eine zweite E-Mail. In dieser sind noch einmal der Benutzername, das Passwort und der API-Schlüssel (API Key) notiert. Der API-Schlüssel ist eine 12-stellige Zeichenkette, bestehend aus Buchstaben und Zahlen. Kopieren Sie den Schlüssel und wechseln Sie zu dem neuen Menüpunkt *Plugins /Akismet Konfiguration* innerhalb des Admin-Bereichs.

Abbildung 5.18
API-Schlüssel einfügen

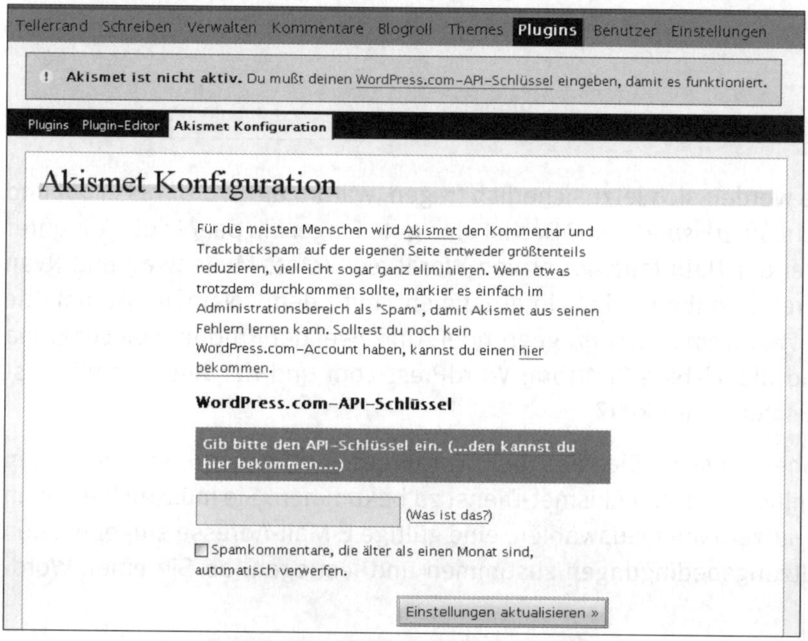

Auf der Seite befindet sich ein Textfeld. In dieses Textfeld fügen Sie den API-Schlüssel ein. Darunter befindet sich eine Checkbox mit folgendem Text:

> *Spamkommentare, die älter als einen Monat sind, automatisch verwerfen.*

Es liegt an Ihnen, ob Sie die Checkbox aktivieren möchten oder nicht. Anschließend betätigen Sie den Button mit dem Namen *Einstellungen aktualisieren* und ab da ist Akismet aktiv.

Den API-Schlüssel sollten Sie für sich behalten und nicht mit anderen Personen teilen bzw. anderen Personen zugänglich machen. Hier die originale Empfehlung in diesem Punkt:

> *This key should be as kept as secret as your password – don't share it with anybody.*

Übersetzt heißt es: Veröffentlichen Sie nicht Ihren API-Schlüssel, er ist wie ein Kennwort.

Falls doch mal ein Spam-Kommentar durchkommt

In seltenen Fällen passiert es, dass Akismet einen Spam-Kommentar durchlässt. Das ist kein Beinbruch, wenn Sie unter *Einstellungen / Diskussion* die Checkbox mit dem Namen *muss der Autor bereits einen zugelassenen Kommentar geschrieben haben* aktiv gelassen haben, dann landet der Spam-Kommentar eh in der Warteschlange (*Kommentare /Moderation erwartend*) und ist somit für den Besucher nicht sichtbar. Dann können Sie ihn immer noch als Spam deklarieren: Die Auswahl bzw. Radiobox bei *Spam* aktivieren und auf *Kommentare moderieren* klicken. Somit landet dieser Kommentar nicht nur einfach im Spam, sondern auch Akismet lernt wieder etwas dazu.

Stopp! Dies ist kein Spam!

Sollte es passieren, dass ein Kommentar aus Versehen als Spam deklariert wird, dann ist dies auch kein Problem. Begeben Sie sich einfach zu *Kommentare / Akismet-Spam* und dort aktivieren Sie unter dem entsprechenden Kommentar die Checkbox mit dem Namen *Kein Spam*. Anschließend betätigen Sie den Knopf *Kommentare moderieren* am unteren Ende der Seite.

5.8 Worauf sollte man als Blogger achten

Es gibt diverse Punkte zu beachten, was man als Blogger machen und nicht machen sollte. Einige der Sachen darf man nicht machen, weil sie nicht dem »guten Ton« entsprechen, und andere Sachen sollte man lieber lassen, weil sie rechtliche Folgen nach sich ziehen können.

Das Internet ist kein rechtsfreier Raum!

Das Internet ist, auch wenn manche es nicht wahrhaben wollen, kein rechtsfreier Raum. Alles, was »draußen« verboten ist, ist auch im Web nicht erlaubt.

Hierbei denke ich vor allem an das allgemeine Persönlichkeitsrecht und an das Urheberrecht. Sie dürfen in Ihrem Weblog niemanden beleidigen, falsche Tatsachenbehauptungen aufstellen und nicht vertretbare Werturteile äußern (siehe § 11 II MDStV). Sie dürfen sich auch nicht, ohne die Erlaubnis des Eigentümers, die Inhalte anderer Weblogs und Websites zu eigen machen.

Eine gute Anlaufstelle, wenn es um das Thema Recht und Weblogs geht, ist das Weblog *www.law-blog.de*. Hier gibt es viele Informationen zu dem Thema und auch diverse Checklisten. Zudem können Sie in der Praxis erleben, wie es aussieht, wenn vier Anwälte bloggen.

Sich nicht mit »fremden Federn schmücken«

In der Welt der Weblogs (Blogosphäre) gibt es auch einige ungeschriebene Regeln, die ihre Gültigkeit auch für andere Webmaster haben. Sich ungefragt am Inhalt (Texte, Bilder etc.) anderer Blogger zu bedienen, ist nicht nur strafbar, sondern kommt bei den anderen Bloggern gar nicht gut an. Sich mit »fremden Federn zu schmücken« ist auch im Web etwas, womit Sie sich keine Freunde machen.

Quelle angeben

Wenn Sie ein Thema anderswo aufgeschnappt haben, aber sich innerhalb des Beitrags keine Gelegenheit für eine Verlinkung auf den ursprünglichen Beitrag bietet, hat es sich in der Blogosphäre eingebürgert, am Ende des Beitrags auf den ursprünglichen Beitrag folgendermaßen zu verweisen:

Via: www.perun.net

oder z. B.

Gefunden in: Peruns Weblog

Gönnen Sie sich diese zusätzliche Zeile, sie kostet nichts, bringt Ihnen aber viel Sympathie ein.

Volle RSS-Feeds sind kein Freiwild!

Ein Großteil der Blogger bietet ihre Beiträge in Form von Voll-Feeds an, das heißt, die Beiträge erscheinen in ungekürzter Fassung im RSS-Reader. Das ist löblich, denn nur so hat man als Leser die Wahl zu entscheiden, ob man von den Beiträgen nur den Titel, einen kurzen Anreißer oder ihn komplett lesen möchte – Bloglines z. B. bietet diese Option an. Wenn die Feeds vom Betreiber kastriert werden, dann hat man die Wahl nicht mehr.

Einige Webmaster zapfen allerdings diese Feeds an, veröffentlichen sie auf ihren Seiten, teilweise ohne einen Hinweis auf die Urheberschaft, und schalten dann auf diesen Seiten Werbung – sie verdienen Geld mit fremden Inhalten. Wenn man dann einige anspricht, dann entgegnen die dreist:

> *Wenn ein Voll-Feed vorliegt, dann darf ich das. Würde der Blogger das nicht wollen, dann würde er seine Beiträge nicht komplett im Newsfeed veröffentlichen.*

Es ist schon seltsam, auf welch kuriose Gedanken manche Zeitgenossen so kommen, wenn ihnen langweilig ist. Mit der gleichen Logik könnte man einen Polizeiwagen entwenden, weil er auf einem öffentlichen Parkplatz steht. Das Gesicht der Polizeibeamten und des Richters würde ich gern mal sehen, wenn man dies als Begründung auftischen würde.

Wenn Sie also Feeds von anderen Bloggern auf Ihrer Seite veröffentlichen möchten, dann fragen Sie vorher. Dies gebietet nicht nur die Höflichkeit.

Keine »faulen« Trackbacks

Wenn Sie in Ihren Beiträgen auf andere Beiträge trackbacken, vergessen Sie nicht, auch im Inhalt den fremden Beitrag zu erwähnen und zu verlinken. Dieses »halbe« bzw. »faule« Trackbacken, ohne auf den fremden Beitrag zu verweisen, wird als unhöflich empfunden und zum Teil als Spam gewertet. Dies hat zur Folge, dass der Trackback bzw. der daraus resultierende Kommentar gelöscht wird. Hier ist die Pingback-Funktion besser geeignet, da es Ihnen damit nicht passieren kann, auf einen fremden Beitrag zu pingen, ohne ihn im Beitrag erwähnt zu haben.

Kein »nofollow«

Verzichten Sie auf den Einsatz von »nofollow«. Im Januar 2005 kam die Firma Google auf die ganz »glorreiche« Idee, das Link-Attribut mit dem Namen nofollow einzuführen, mit der Begründung, dass dies den Spam in den Weblogs eindämmen würde. Normalerweise ist ein Verweis folgendermaßen aufgebaut:

```
<a href="http://www.perun.net">Peruns Weblog</a>
```

Und mit dem `nofollow`-Attribut so:

```
<a href="http://www.perun.net" rel="nofolow">Peruns Weblog</a>
```

Hinweis

Wobei, wie Sie es bereits erahnen können, die Bezeichnung `nofollow`-Attribut falsch ist, auch wenn die Bezeichnung in vielen Quellen so aufgeführt ist, da `nofollow` lediglich der Wert des `rel`-Attributs ist. Eigentlich müsste man entweder »Attributswert nofollow« oder `rel="nofollow"`-Attribut als korrekte Bezeichnung nennen.

Googles Argumentation war, dass Verweise, die mit diesem Attribut gekennzeichnet werden, von den Suchmaschinen ignoriert werden und es somit für die Spammer uninteressant wird, in den Weblogs zu spammen bzw. Links zu bestimmten Seiten zu hinterlassen, weil diese Verweise von den Suchmaschinen nicht verfolgt werden.

Dieser Ansicht war nicht nur Google, sondern auch die Suchmaschinen MSN (*www.msn.de*) und Yahoo! (*www.yahoo.de*). Und seit der Version 1.5 ist in WordPress das `rel="nofollow"`-Attribut so implementiert, dass es automatisch in alle Links im Kommentarbereich eingefügt wird.

Die Erfahrung hat aber leider gezeigt, was sehr viele schon vorher vermutet haben, dass nämlich dieses Attribut natürlich die Spammer nicht aufgehalten hat. Es hat lediglich dazu geführt, dass auch die Verweise der Kommentatoren, die etwas Konstruktives beizusteuern haben, durch das `nofollow`-Attribut zu Verweisen zweiter Klasse degradiert wurden.

Hinweis

Mehr zum Thema nofollow können Sie u. a. auf *www.nonofollow.net* erfahren.

Meine Empfehlung wäre, dass Sie das DoFollow-Plugin aktivieren, um nofollow in den Kommentar-Links zu verhindern. Dieses Plugin finden Sie sowohl auf der Buch-CD als auch auf der Website des Autors: *kimmo.suominen.com/sw/dofollow/*.

Teil II

Themes: Das Template-System von WordPress

Kapitel 6

6

Einstieg in WordPress-Themes

Bis jetzt haben Sie einige Grundlagen kennen gelernt, haben einen Rundgang durch die Admin-Oberfläche absolviert, erste Schritte als frischgebackener Blogger getätigt und einige grundlegende Anpassungen vorgenommen. Nun geht es langsam, aber sicher an das Eingemachte. Sie werden sich in diesem Kapitel mit den theoretischen Grundlagen der Themes – dem Template-System von WordPress – auseinandersetzen. In den nächsten Kapiteln werden Sie dann die theoretischen Kenntnisse aus diesem Kapitel an praktischen Beispielen vertiefen.

6.1 Form folgt Funktion

Das Aussehen einer Website – oder das, was man als Design bzw. das Layout einer Website bezeichnet – ist ein sehr wichtiger Aspekt. Allerdings dürfen Sie eines nicht aus den Augen verlieren: Das Design einer Seite ist kein Selbstzweck. Das Design folgt immer einer Funktion und soll dem Benutzer helfen, sich besser auf der Seite zurechtzufinden und die Inhalte leichter erkennen und »aufnehmen« zu können. Eine Website ist kein Gemälde und sie darf nicht an Schönheit sterben. Was aber im Umkehrschluss nicht heißt, dass ein Layout kein schmückendes Element haben darf.

Tipp

»Webseiten sind keine Gemälde« – lesen Sie dazu den Artikel von Jens Grochtdreis auf *www.webkrauts.de/2006/09/01/webseiten-sind-keine-gemaelde/*.

6.2 Was sind Themes und wie sind sie aufgebaut?

Wie Sie schon bereits erfahren haben, sind die Themes der Begriff für die fertigen und einsatzbereiten Layouts bzw. Designs für WordPress. Die Themes bestehen aus einem Unterordner, der sich innerhalb des Ordners *wp-content* befindet. Innerhalb des jeweiligen Themes-Ordners befinden sich Dateien – **Template-Dateien** – und evtl. weitere Unterordner, z. B. für Bilder. In Abbildung 6.1 sehen Sie den Aufbau des Classic-Themes.

Die verschiedenen Template-Dateien haben auch entsprechend verschiedene Funktionen und manche der Dateien müssen auf jeden Fall vorhanden sein und manche sind optional. Im weiteren Verlauf des Buches werden Sie des Öfteren folgende Begriffe zu lesen bekommen:

- Template-Dateien
- Include-Tags
- Template-Tags
- Template-Hooks
- Conditional-Tags
- The Loop
- Seiten-Templates

Auf den nächsten Seiten werde ich auf die einzelnen Begriffe näher eingehen und erklären, welche Rolle sie in einem Theme spielen.

Abbildung 6.1
Das Classic-Theme

6.3 Welche Template-Dateien gibt es?

Ein WordPress-Theme ist das komplette Design einer Website. Stellen Sie sich einfach das Theme wie eine einzelne HTML-Seite vor, die verschiedene Zustände abdeckt: Übersicht, Einzelansicht, Kommentar etc. Diese HTML-Datei »zerschneiden« Sie in mehrere Einzeldateien (Template-Dateien) und an den entsprechenden Stellen in diesen Dateien fügen Sie *Template-Tags* ein, die an der Stelle, wo sie eingebunden sind, bestimmte Inhalte ausgeben: Auflistung der Kategorien, das Datum etc.

Die Template-Dateien lassen sich in drei Gruppen aufteilen. Zum einen sind das Dateien, die zum Einsatz kommen, wenn ein bestimmter Zustand abgefragt wird: Auflistung der Suchergebnisse, Ansicht der einzelnen Beiträge etc. Die andere Gruppe sind Template-Dateien, die lediglich dazu dienen, den Code auszulagern (z. B. *header.php* für den Kopfbereich), und somit auch die Pflege des Themes erleichtern. In die dritte Gruppe fallen alle restlichen Dateien, wie z. B. die *screenshot.png*, die lediglich dazu dient, im Admin-Bereich die Auswahl zu erleichtern. Hier folgt eine Auflistung möglicher Template-Dateien:

Template-Dateien für bestimmte Zustände

- *index.php* – die Hauptdatei eines Themes. Diese Datei muss vorhanden sein.
- *style.css* – die Stylesheet-Datei. Diese Datei muss vorhanden sein.
- *category.php* – die Datei für die Ausgabe der Kategorieübersicht. Diese Datei ist optional, wenn sie fehlt, wird die *index.php* eingesetzt.
- *comments.php* – das Kommentar-Template. Diese Datei ist eigentlich optional. Wenn sie nicht vorhanden ist, wird die Kommentardatei aus dem Default-Theme genutzt. Daher ist es empfehlenswert, falls man ein eigenes Theme erstellt, auch die *comments.php* zu erstellen.
- *page.php* – die Datei ist zuständig für die Ausgabe der Seiten (Pages). Diese Datei ist optional, wenn sie fehlt, wird die *index.php* eingesetzt.
- *single.php* – diese Datei ist zuständig für die Ausgabe eines Beitrags in der Einzelansicht. Diese Datei ist optional, wenn sie fehlt, wird die *index.php* eingesetzt.
- *archive.php* – diese Datei ist zuständig für die Ausgabe des Archivs. Diese Datei ist optional, wenn sie fehlt, wird die *index.php* eingesetzt.
- *search.php* – mit dieser Datei wird die Ausgabe der Suchergebnisse beeinflusst. Diese Datei ist optional, wenn sie fehlt, wird die *index.php* eingesetzt.
- *404.php* – wenn WordPress einen Beitrag nicht finden kann, wird eine Meldung ausgegeben. Ist die 404.php vorhanden, greift Word-

Press auf diese Datei zu. Auch diese Datei ist optional, wenn sie fehlt, wird die *index.php* eingesetzt.

- *author.php* – steuert die Ausgabe, wenn nach einem bestimmten Autor gesucht wird. Diese Datei ist optional, wenn sie fehlt, wird die *index.php* eingesetzt.
- *date.php* – steuert die Ausgabe, wenn nach einem bestimmten Zeitabschnitt gesucht wird. Diese Datei ist optional, wenn sie fehlt, wird die *index.php* eingesetzt.

Template-Dateien mit Auslagerungsfunktion

- *header.php* – hier wird der Kopfbereich der Seite ausgelagert.
- *sidebar.php* – hier wird die Seitenleiste (Sidebar) der Website ausgelagert.
- *footer.php* – hier wird der Fußbereich der Website ausgelagert.
- *comments.php* – das Kommentar-Template. Nein, das ist kein Fehler. Die *comments.php* ist eine Ausnahme, sie ist sowohl für einen bestimmten Zustand verantwortlich (Kommentarbereich), hat aber auch eine auslagernde Funktion.

Sonstige Template-Dateien

- *screenshot.png* – diese Grafik dient bei der Auswahl des Themes als Vorschaugrafik.
- *functions.php* – diese Datei ist zuständig für die Widget-Funktion.

6.4 Include-Tags

Wenn Sie den Inhalt der Template-Dateien in die Auslagerungsdateien (*header.php*, *sidebar.php*, *comments.php* und *footer.php*) auslagern, dann müssen Sie diese in der jeweiligen Template-Datei auch »verlinken« bzw. dem System zu verstehen geben, dass Sie an der bestimmten Stelle den Code aus der Auslagerungsdatei einbinden wollen. Dafür haben die Entwickler spezielle Include-Tags erstellt:

- `<?php get_header(); ?>` – an der Stelle wird die *header.php* eingebunden.
- `<?php get_sidebar(); ?>` – an der Stelle wird die *sidebar.php* eingebunden.

- `<?php comments_template(); ?>` – an der Stelle wird die *comments.php* eingebunden.
- `<?php get_footer(); ?>` – an der Stelle wird die *footer.php* eingebunden.

Diese speziellen Include-Tags erfüllen die gleiche Funktion wie die *Include-Anweisung* von PHP (*de.php.net/include/*). Mit dem Unterschied, dass man sich bei den Include-Tags keine Sorge um den Pfad und den Dateinamen machen muss, wenn man die Dateien alle im dafür vorgesehenen Ordner belässt.

Selbstverständlich kann man auch »selbst gestrickte« Template-Dateien in die »offiziellen« Template-Dateien einbinden, z. B.: `<?php include(TEMPLATEPATH . "/deine-datei.php"); ?>`. Der Wert `TEMPLATEPATH` gibt die absolute Adresse des Theme-Ordners auf dem Server wieder. Mit »selbst gestrickt« bezeichne ich Template-Dateien, die nicht zum »offiziellen« Umfang (Seite 159) gehören.

Hinweis

Wenn man »selbst gestrickte« Template-Dateien einsetzt, sollte man darauf achten, dass man sie nicht so wie die »offiziellen« Template-Dateien nennt. Eine »selbst gestrickte« Template-Datei mit *sidebar.php* oder *archive.php* zu benennen, ist keine gute Idee, aber *kopfbereich.php* oder *archiv.php* kann man z. B. verwenden.

6.5 Was sind Template-Tags?

Template-Tags sind Code-Schnipsel bzw. PHP-Funktionen, die WordPress anweisen, entweder etwas zu tun oder einen bestimmten Inhalt oder bestimmte Informationen anzuzeigen. So gesehen kann man sagen, dass Template-Tags »WordPress-Befehle« sind.

Momentan – Juli 2007 – existieren 111 gültige Template-Tags, die auch für die Version 2.3 einsetzbar sind. Es existieren eigentlich noch ein paar mehr, allerdings handelt es sich dann um Template-Tags, die nicht mehr gültig sind oder sehr bald nicht mehr gültig sein werden (engl. *deprecated*). Alle der 111 gültigen Template-Tags müssen Sie auswendig lernen und ich werde Sie am Ende des Kapitels abfragen ... das ist natürlich ein Scherz. Keine Sorge, es erwartet keiner von Ihnen, dass Sie alle Template-Tags auswendig kennen, und das ist auch nicht notwendig, wenn Sie Themes für WordPress entwerfen wollen. Die Zahl von mehr als 110 Template-Tags wirkt vielleicht beängstigend, aber einen großen Teil werden Sie sehr wahrscheinlich kaum oder nur äußerst selten nutzen und wie in vielen Lebenslagen, so ist es auch hier nicht unbedingt wichtig, alles zu wissen, aber wichtig, zu wissen, wo es steht. Die Auflistung der Template-Tags finden Sie in der offiziellen Dokumentation: *codex.wordpress.org/Template_Tags*. Auf die gängigen Template-Tags werde ich im weiteren Verlauf des Buches näher eingehen.

```
1  <!DOCTYPE html PUBLIC "-//W3C//DTD XHTML 1.0 Transitional//EN" "http://www.w3.
   org/TR/xhtml1/DTD/xhtml1-transitional.dtd">
2  <html xmlns="http://www.w3.org/1999/xhtml" <?php language_attributes(); ?>>
3
4  <head profile="http://gmpg.org/xfn/11">
5      <meta http-equiv="Content-Type" content="<?php bloginfo('html_type'); ?>;
   charset=<?php bloginfo('charset'); ?>" />
6
7      <title><?php bloginfo('name'); ?><?php wp_title(); ?></title>
8
9      <meta name="generator" content="WordPress <?php bloginfo('version'); ?>" />
   <!-- leave this for stats please -->
10
11     <style type="text/css" media="screen">
12         @import url( <?php bloginfo('stylesheet_url'); ?> );
13     </style>
14
15     <link rel="alternate" type="application/rss+xml" title="RSS 2.0" href="<?
```

Abbildung 6.2
Template-Tags innerhalb einer Template-Datei

In der Zeile 7 sehen Sie zwei Template-Tags:

```
<title><?php bloginfo('name'); ?><?php wp_title(); ?></title>
```

Diese zwei Template-Tags befinden sich innerhalb des `title`-Elements. Der Inhalt des `title`-Elements ist sehr wichtig, da er in den Suchergebnissen und für die Lesezeichen als Überschrift dient. Zudem erscheint der Inhalt des `title`-Elements in der Kopfleiste des Browsers. An diesem zufällig gewählten Beispiel sehen Sie sehr gut, wie und in welcher Art man die Template-Tags innerhalb der Template-Datei unterbringt.

6.6 Template-Hooks

Wenn Sie ein bestehendes Theme bearbeiten oder ein neues erstellen, sollten Sie darauf achten, dass Sie die Template-Hooks (Hook = engl. für Haken) nicht löschen bzw. dass Sie diese einbauen. Speziell, wenn Sie ein Theme für die breite Öffentlichkeit erstellen, ist dies immens wichtig. Die Template-Hooks werden auch als Plugin-Hooks, WordPress-Hooks oder sogar nur als Hooks bezeichnet.

Diese Hooks werden von einigen Plugins benötigt, damit sie richtig bzw. überhaupt funktionieren können. Man kann sich die Funktion der Plugin-Hooks auch bildlich als »Haken« vorstellen, die den Plugins einen Punkt bieten, an dem sie ansetzen können.

Das Anti-Spam-Plugin Bad Behavior, das Sie bereits im vorherigen Kapitel kennen gelernt haben, kann automatisch die Statistik der geblockten Spamversuche im Fußbereich der Website anzeigen. Dafür muss sich allerdings in der *footer.php* der Hook `wp_footer();` befinden. Ohne diesen Hook findet das Plugin nicht die Stelle, an der es die Statistik anzeigen soll.

Im Classic-Template z. B. befinden sich folgende Hooks:

- `<?php wp_head(); ?>` – Zeile 22 in der Datei *header.php*
- `<?php do_action('comment_form', $post->ID); ?>` – Zeile 67 in der Datei *comments.php*
- `<?php wp_meta(); ?>` – Zeile 36 in der Datei *sidebar.php*
- `<?php wp_footer(); ?>` – Zeile 10 in der Datei *footer.php*

Wenn Sie nun ein neues Theme erstellen oder ein bestehendes anpassen wollen, reicht es zu wissen, dass Sie diese Hooks nicht löschen sollten. Detaillierte Informationen sind nur für Plugin-Entwickler interessant und die finden Sie hier:

- *codex.wordpress.org/Plugin_API#Current_hooks_for_filters*
- *codex.wordpress.org/Plugin_API#Current_Hooks_For_Actions*
- *codex.wordpress.org/Plugin_API#Current_hooks_for_filters*

6.7 Conditional-Tags

Bei den *Conditional-Tags* handelt es sich um Code-Fragmente, die eine Bedingung aufstellen: »Wenn dies und das erfüllt ist, dann handle so und so.« Angenommen, Sie erstellen ein WordPress-Theme und wollen nur auf der Startseite etwas einblenden:

```
<?php if ( is_home()) { ?>
<h2>Willkommen in meinem Weblog</h2>
<?php } ?>
```

Wenn Sie etwas nur auf den Seiten (Pages) einblenden wollen:

```
<?php if ( is_page()) { ?>
<h2>Dies ist eine Seite</h2>
<?php } ?>
```

Sie haben selbstverständlich auch die Möglichkeit, Conditional-Tags bestimmte Parameter mitzugeben:

```
<?php if ( is_page('Impressum')) { ?>
<h2>Impressum und Kontaktdaten</h2>
<?php } ?>
```

In diesem Fall stellen Sie eine Seite (Page) als Bedingung, die als Titel Impressum hat. Sie können die Bedingungen auch durch logische Operatoren verknüpfen:

```
<?php if ( is_page() || is_single()) { ?>
<p>Lorem ipsum...</p>
<?php } ?>
```

Hier wird als Bedingung »entweder Seite oder einzelner Beitrag« gestellt. Folgende logische Operatoren (die eigentlichen Operatoren sind hervorgehoben) sind zugelassen:

- a `||` b = a oder b
- a `or` b = a oder b
- a `&&` b = a und b
- a `and` b = a und b
- `!` a = nicht a
- a `xor` b = entweder a oder b, aber nicht beide

Wie Sie sehen, gibt es für die Bedingungen »und« und »oder« jeweils zwei Schreibweisen. Es hängt von Ihnen ab, für welche Sie sich entscheiden. Auf jeden Fall haben Sie mit den Conditional-Tags eine Möglichkeit, die Position im Weblog abzufragen und entsprechende Elemente auszugeben. Die Möglichkeiten sind vielfältig, z. B. verschiedene Bilder bzw. Inhalte in der Seitenleiste, je nachdem, ob es sich um die Startseite, eine Seite oder einen Einzelbeitrag handelt. Sie können eine Begrüßung nur auf der Startseite einfügen oder für das Archiv eine spezielle Einleitung hinzufügen u. v. m.

Weitere Informationen zu Conditional-Tags gibt es hier: *codex.wordpress.org/Conditional_Tags*

6.8 Der Loop – Das Herzstück eines WordPress-Themes

The Loop oder auch der Loop ist so gesehen das »Herzstück« von WordPress. Der Loop ist dafür zuständig, dass die Beiträge und die Inhalte einer Seite ausgegeben werden. Der Loop wird in der Datei *index.php* und in jeder Template-Datei eingebunden, die für die Ausgabe der Beiträge und Inhalte verantwortlich ist, z. B. *page.php* und *single.php*.

Sehen wir uns einmal den Loop in der Datei *index.php* des Classic-Themes an. Den Anfang und das Ende habe ich hervorgehoben:

Abbildung 6.3
Der Loop im Classic-Theme

```
<?php if (have_posts()) : while (have_posts()) : the_post(); ?>
<?php the_date('','<h2>','</h2>'); ?>
<div class="post" id="post-<?php the_ID(); ?>">
<h3 class="storytitle"><a href="<?php the_permalink() ?>"
   rel="bookmark"><?php the_title(); ?></a></h3>
<div class="meta"><?php _e("Filed under:"); ?> <?php
   the_category(',') ?> &#8212; <?php the_author() ?> @ <?php
   the_time() ?> <?php edit_post_link(__('Edit This')); ?></
   div>
<div class="storycontent">
<?php the_content(__('(more...)')); ?>
</div>
<div class="feedback">
<?php wp_link_pages(); ?>
<?php comments_popup_link(__('Comments (0)'), __('Comments
   (1)'), __('Comments (%)')); ?>
</div>
</div>
<?php comments_template(); // Get wp-comments.php template ?>
<?php endwhile; else: ?>
<p><?php _e('Sorry, no posts matched your criteria.'); ?></p>
<?php endif; ?>
```

Innerhalb der hervorgehobenen Stellen werden Bereiche untergebracht, die in jedem Beitrag vorkommen sollen: Überschrift des Beitrags (Zeile 10), Anzahl der Kommentare (Zeile 19), Verweis zum Kommentarbereich (ebenfalls Zeile 19), der eigentliche Beitrag (Zeile 14) etc. Wenn Sie z. B. einen kleinen Hinweis unterbringen wollen, der nur einmal auf einer Seite vorkommen soll, dann ist der Loop der falsche Ort dafür.

In der folgenden Grafik habe ich versucht, die Zusammenhänge zwischen den verschiedenen Template-Dateien, den Template- und Conditionals-Tags sowie den Template-Hooks bildlich darzustellen:

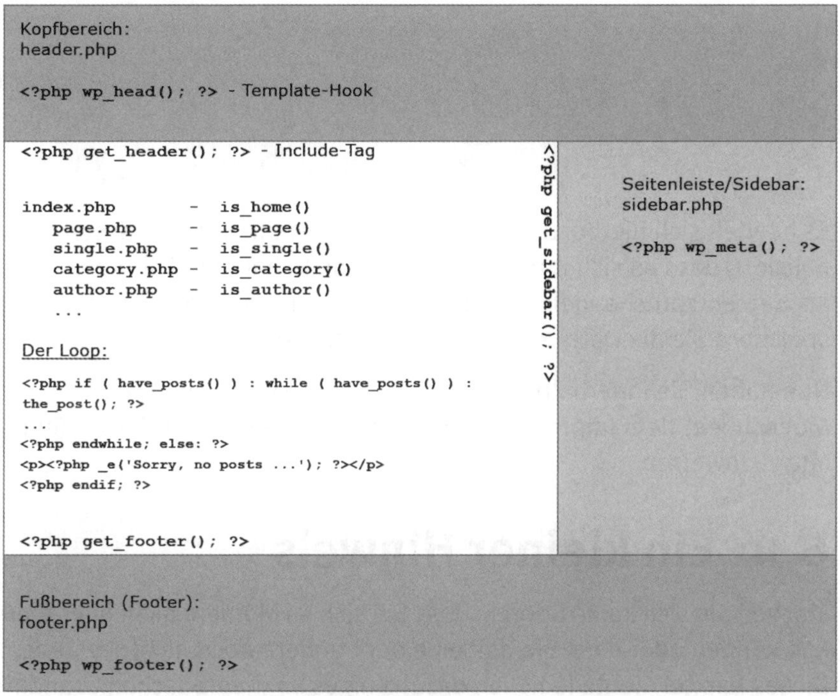

Abbildung 6.4
WordPress-Themes komprimiert

6.9 Seiten-Templates

Sie haben bereits erfahren, dass die *page.php* die Template-Datei ist, die die Ausgabe der Seiten (Pages) steuert, und dass Sie diese Datei erstellen können, indem Sie die Datei *index.php* kopieren, umbenennen und an Ihre Bedürfnisse anpassen. Sie haben allerdings auch die Möglichkeit, den Unterseiten verschiedene Template-Dateien zuzuweisen.

Angenommen, Ihre Datei *page.php* unterscheidet sich von der Datei *index.php* (Haupt-Template) dadurch, dass Sie bei der Ausgabe der Seiten (*page.php*) die Informationen unter der Beitragsüberschrift (`<div class="meta">...`) nicht angezeigt haben möchten, dann würden Sie logischerweise diesen Bereich in der `page.php` löschen.

Wenn Sie dann mehrere Seiten erstellt haben, könnte es z. B. sein, dass Sie auf einer Seite, beispielsweise im Impressum, diesen Bereich doch eingeblendet haben wollen. Dann öffnen Sie die Datei *page.php* in einem Texteditor und speichern sie als *impressum.php* in demselben Ordner ab. Danach fügen Sie in dieser neuen Datei (*impressum.php*) ganz am Anfang folgenden Kommentar-Prolog ein:

```
<?php
/*
Template Name: Impressum
*/
?>
```

Es handelt sich hierbei um einen PHP-Kommentar, der dem System signalisiert, dass es sich um ein Seiten-Template handelt. Führen Sie nun an der entsprechenden Stelle die gewünschten Änderungen durch, speichern Sie die Datei ab und laden Sie sie hoch.

Nun haben Sie innerhalb des Bereichs *Schreiben / Seite schreiben* die Möglichkeit, dem Impressum oder auch anderen Seiten dieses Template zuzuweisen.

6.10 Ein kleiner Hinweis

Machen Sie sich keine Sorgen, dass Sie sich im Moment nicht alles merken können oder dass Sie das eine oder andere noch nicht verstehen. Dieses Kapitel diente lediglich dazu, einiges an theoretischen Grundlagen und relevantem Vokabular für die Entwicklung von WordPress-Themes kennen zu lernen. In den weiteren Kapiteln werden wir zusammen das Classic- und Default-Theme auf »Herz und Nieren« durchleuchten und anschließend werde ich Ihnen an zwei praktischen Beispielen zeigen, wie man ein Weblog und wie man eine klassische Website (WordPress als klassisches CMS) realisieren kann. Das wird Ihr Wissen so weit erweitern, dass Sie nachher in der Lage sind, selbstständig ein WordPress-Theme zu entwickeln.

Bis hier war alles noch Adagio ... ab jetzt geht's über zu Rock 'n' Roll.

Kapitel 7

7

Das Classic-Theme

In diesem Kapitel werde ich Ihnen das Classic-Theme vorstellen. Dieses Theme war schon in der WordPress-Version 1.0 dabei, die am 3. Januar 2004 veröffentlicht wurde. Lange Zeit war dieses Theme, das von Dave Shea (*mezzoblue.com*) entwickelt wurde, das Standard-Theme, bis es im Februar 2005 in der Version 1.5 von dem jetzigen Default-Theme (Kubrick) abgelöst wurde. Das Theme ist im Design und Aufbau relativ einfach gehalten und deswegen eignet es sich sehr gut für den Einstieg, im Gegensatz zu dem Default-Theme, das um einiges komplexer ist. Und so schaut das gute, alte Prachtstück aus:

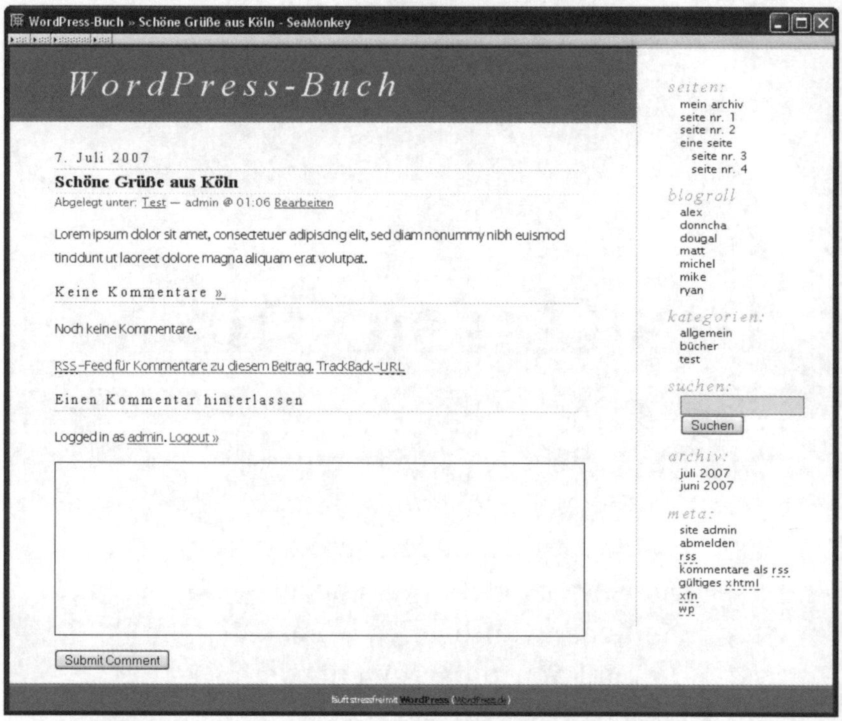

Abbildung 7.1
Das Classic-Theme

7.1 Der Kopfbereich (header.php)

Ich gehe einfach mal von oben nach unten durch und daher zeige ich Ihnen zuerst die Datei, die für den Kopfbereich zuständig ist – *header.php*:

Listing 7.1
header.php

```
<!DOCTYPE html PUBLIC "-//W3C//DTD XHTML 1.0 Transitional//
  EN" "http://www.w3.org/TR/xhtml1/DTD/xhtml1-transitio-
  nal.dtd">
<html xmlns="http://www.w3.org/1999/xhtml" <?php
  language_attributes(); ?>>

<head profile="http://gmpg.org/xfn/11">
  <meta http-equiv="Content-Type" content="<?php blogin-
    fo('html_type'); ?>; charset=<?php bloginfo('charset');
    ?>" />

  <title><?php bloginfo('name'); ?><?php wp_title(); ?></tit-
    le>

  <meta name="generator" content="WordPress <?php blogin-
    fo('version'); ?>" /> <!-- leave this for stats please -->

  <style type="text/css" media="screen">
  @import url( <?php bloginfo('stylesheet_url'); ?> );
  </style>

  <link rel="alternate" type="application/rss+xml" title="RSS
    2.0" href="<?php bloginfo('rss2_url'); ?>" />
  <link rel="alternate" type="text/xml" title="RSS .92"
    href="<?php bloginfo('rss_url'); ?>" />
  <link rel="alternate" type="application/atom+xml" tit-
    le="Atom 0.3" href="<?php bloginfo('atom_url'); ?>" />

  <link rel="pingback" href="<?php bloginfo('pingback_url');
    ?>" />
  <?php wp_get_archives('type=monthly&format=link'); ?>
  <?php //comments_popup_script(); // off by default ?>
  <?php wp_head(); ?>
</head>

<body>
<div id="rap">
<h1 id="header"><a href="<?php bloginfo('url'); ?>/"><?php
  bloginfo('name'); ?></a></h1>

<div id="content">
<!-- end header -->
```

Doctype und DTD

Die Datei *header.php* fängt mit der Dokumenttyp-Deklaration an

Listing 7.2
Doctype

```
<!DOCTYPE html PUBLIC "-//W3C//DTD XHTML 1.0 Transitional//
  EN" "http://www.w3.org/TR/xhtml1/DTD/xhtml1-transitio-
  nal.dtd">
```

Diese wird umgangssprachlich auch als *Doctype* abgekürzt. Sie signalisiert dem Client (z. B. dem Browser), dass das folgende Dokument ein XHTML-Dokument in der »Geschmacksrichtung« *transitional* ist. Am Ende ist ein Verweis auf eine Datei – eine Dokumenttyp-Defnition (DTD) –, in dieser sind Regeln notiert, was und wo innerhalb eines Dokuments erlaubt ist. Von den momentan vier Versionen von XHTML 1.0 würde ich Ihnen neben der *transitional*-Version nur noch den Einsatz der *strict*-Version empfehlen:

Listing 7.3
XHTML (strict)

```
<!DOCTYPE html PUBLIC "-//W3C//DTD XHTML 1.0 Strict//EN"
     "http://www.w3.org/TR/xhtml1/DTD/xhtml1-strict.dtd">
```

Die anderen beiden Versionen sind entweder für Websites gedacht, die Frames einsetzen (*frameset*), oder bieten einen sehr abgespeckten Umfang, um auch von leistungsärmeren Clients, wie z. B. Mobiltelefonen, benutzt werden zu können (*basic*).

Ich persönlich setze in meinen Projekten die *transitional*-Version ein. Ich habe damit gute Erfahrungen gemacht und in dieser Version werden Attribute zugelassen, die z. B. in der *strict*-Version unerwünscht sind: `target="_blank"` ist ein Beispiel dafür. Ein weiteres in der *strict*-Version nicht zugelassenes Attribut ist das Attribut `start`. Mit diesem Attribut kann man bei einer nummerierten Liste bestimmen, bei welcher Zahl die Nummerierung anfängt. Das ist sehr hilfreich, wenn man eine lange nummerierte Liste in mehrere Teile aufteilen muss und trotzdem die fortlaufende Nummerierung beibehalten möchte.

Das (X)HTML-Tag (<html ...>)

In der Zeile 02 sehen Sie das einleitende (X)HTML-Tag:

Listing 7.4
Das einleitende HTML-Tag

```
02  <html xmlns="http://www.w3.org/1999/xhtml" <?php language_at-
     tributes(); ?>>
```

Bei XHTML-Dateien muss im Gegensatz zu HTML-Dateien hier noch zusätzlich das *xmlns*-Attribut notiert werden. *xmlns* ist eine Abkürzung und steht für *XML namespace*. Mit diesem Attribut werden alle Elemente dieses Dokuments dem XHTML-Namensraum zugewiesen.

Am Ende wird üblicherweise die Angabe zur eingesetzten Sprache notiert. Hiermit ist die Sprache des Inhaltes gemeint – in unserem Fall Deutsch. Wenn Sie dies manuell machen, dann schaut es folgendermaßen aus:

```
<html xmlns="http://www.w3.org/1999/xhtml" xml:lang="de" lang="de">
```

Listing 7.5
Deutschsprachiger Inhalt

Das erste Attribut ist die XML-konforme Angabe und das zweite Attribut (`lang="de"`) wird aus Rücksicht auf ältere Browser notiert. Da sich WordPress und somit auch die Standard-Themes in vielen Ländern der Welt durchgesetzt haben, wurde es zunehmend notwendig, auch auf diese Tatsache einzugehen. Daher hat man die Template-Funktion `language_attributes();` eingeführt. Je nachdem, was Sie in der *wp-config.php* in der Zeile 17 notieren (siehe Kapitel 2), wird der entsprechende Wert an Stelle von `language_attributes();` eingetragen. Sobald Sie dort z. B. `de` oder `de_DE` notieren, »erkennt« WordPress, dass es sich hier um die deutsche Sprache handelt, und gibt nachher im Quelltext Folgendes aus:

```
<html xmlns="http://www.w3.org/1999/xhtml" dir="ltr" lang="de-DE">
```

Listing 7.6
Wir scheiben von links nach rechts.

Die Schreibrichtung (dir="...")

Als Sprache (`lang`) ist Deutsch angegeben und davor erscheint ein neues Attribut: `dir="ltr"`. Das `dir`-Attribut bestimmt die Schreibrichtung. Hier in Europa schreiben und lesen wir von links nach rechts: **l**eft to **r**ight. Anhand der Eingabe in der *wp-config.php* erkennt WordPress allerdings nicht nur, um welche Sprache es sich handelt, sondern auch, falls die entsprechende Sprachdatei vorhanden ist, welche Schreibrichtung diese Sprache nutzt: In hebräischer Sprache z. B. schreibt man von rechts nach links, dort würde dann `dir="rtl"` (**r**ight to **l**eft) stehen. Voraussetzung ist hierbei, wie bereits erwähnt, dass die entsprechende Sprachdatei auf dem Server vorhanden ist.

Falls Sie ein WordPress-Theme für die Öffentlichkeit entwickeln, dann würde ich das `<?php language_attributes(); ?>` stehen lassen. Wenn Sie ein Theme nur für sich oder nur für den deutschsprachigen Raum entwickeln, dann würde ich in der Zeile 02 Folgendes notieren:

```
<html xmlns="http://www.w3.org/1999/xhtml" xml:lang="de"
    lang="de">
```

Listing 7.7
Meine Empfehlung

Auf die Angabe des `dir`-Attributes kann man dabei verzichten, da dies die Standardeinstellung in (X)HTML ist oder besser ausgedrückt: `ltr` ist der Standardwert des `dir`-Attributes.

Die Angaben im Kopfbereich (<head>...</head>)

Ab Zeile 04 fängt der eigentliche Kopfbereich des (X)HTML-Dokuments an. Innerhalb dieses Bereichs werden Meta-Informationen und Verlinkungen zu externen CSS- und JavaScript-Dateien untergebracht.

Listing 7.8
Der Kopfbereich fängt an.

```
04  <head profile="http://gmpg.org/xfn/11">
```

Hier sehen Sie zum Beispiel die Verlinkung zu der *Xhtml Friends Network*-Seite. Von dieser Seite holt sich WordPress die Angaben, um die zwischenmenschlichen Beziehungen in der Blogroll darzustellen (siehe Kapitel 3; Unterbereich *Link hinzufügen*).

Zeichensatz

In der fünften Zeile werden die Angaben zum Inhalt und zum Zeichensatz getätigt:

Listing 7.9
Angaben zum Inhalt und Zeichensatz

```
05  <meta http-equiv="Content-Type" content="<?php blog-
    info('html_type'); ?>; charset=<?php bloginfo('charset'); ?>" />
```

Die zwei Angaben werden durch Template-Tags (`bloginfo('...');`) realisiert. Das Template-Tag `bloginfo();` ist sehr umfangreich und Sie werden ihm mit verschiedenen Parametern noch häufiger begegnen. Nach einer frischen Installation gibt WordPress Folgendes im Quelltext aus:

Listing 7.10
Ein HTML-Dokument mit UTF-8 als Zeichensatz

```
<meta http-equiv="Content-Type" content="text/html; charset=UTF-8"
    />
```

Die Angaben zum Zeichensatz (`charset`) können Sie innerhalb des Admin-Bereiches steuern und zwar unter *Einstellungen / Lesen*. Die Angaben zum `content` – wie der Inhalt vom Client (z. B. Browser) behandelt werden soll (MIME-Typen) – kann man innerhalb des Admin-Bereichs, zumindest im Moment (Mitte August 2007), nicht direkt steuern. Indirekt geht das über den direkten Aufruf von *www.dein-blog/wp-admin/options.php*. Dies ist eine versteckte Option ... man nennt so etwas auch ein *Easter Egg* (Osterei). Dort können Sie viele Einstellungen einsehen und anpassen, unter anderem auch den MIME-Typ.

Seiten-Titel

In der Zeile 07 des Listing 7.1 sehen Sie die Angaben zum Seiten-Titel:

Listing 7.11
Der Seiten-Titel

```
07  <title><?php bloginfo('name'); ?><?php wp_title(); ?></title>
```

Sehen Sie, ich habe Ihnen nicht zu viel versprochen. Das `bloginfo();` ist wieder da, gefolgt von dem Template-Tag `wp_title();`. Die Ausgabe des ersten Template-Tags können Sie innerhalb des Admin-Bereiches steuern: *Einstellungen / Allgemein / Blog-Titel*. Die Ausgabe von `wp_title();` wird von WordPress automatisch aus dem Titel des Beitrags bzw. der Seite ausgelesen. Hier die Abbildung eines Seitentitels, generiert aus einer Beitragsüberschrift:

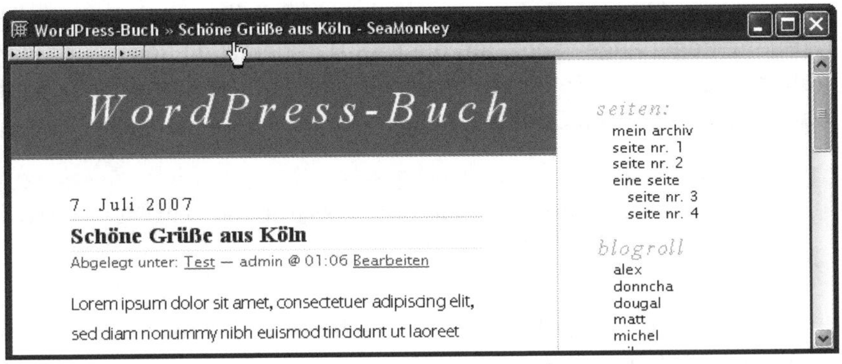

Abbildung 7.2
Der Seitentitel

Wie bereits erwähnt, ist der Seitentitel sehr wichtig. Er erscheint nicht nur im Kopf des Browsers, sondern auch als Überschrift bei den abgelegten Lesezeichen und als Überschrift bei den Suchergebnissen.

Und wer hat's gemacht?

In Zeile 09 von *header.php* sehen Sie folgenden Code:

```
09  <meta name="generator" content="WordPress <?php blog-
      info('version'); ?>" /> <!-- leave this for stats please -->
```

Listing 7.12
Womit wurde das Dokument erstellt?

Es handelt sich hierbei um ein Meta-Tag (gefolgt von einem HTML-Kommentar), das die Information enthält, mit welcher Anwendung diese Seite erstellt wurde. Es ist keine essenzielle Angabe und Sie können sie, wenn Sie wollen, auch entfernen. Als Zeichen der Anerkennung der Leistung der WordPress-Entwickler sollte man diesen Hinweis aber stehen lassen. Zudem bitten die WordPress-Entwickler darum, diese Information aus statistischen Gründen im Quelltext zu belassen. Folgendes wird im Quelltext nach der Installation von WordPress 2.3-alpha generiert:

```
<meta name="generator" content="WordPress 2.3-alpha" /> <!--
    leave this for stats please -->
```

Listing 7.13
Die eingesetzte WordPress-Version

Die externe CSS-Datei

In den Zeilen 11–13 befindet sich der Code, mit dem die externe CSS-Datei des jeweiligen Themes eingebunden wird:

Listing 7.14
Die CSS-Datei des Themes einbinden

```
11  <style type="text/css" media="screen">
12    @import url( <?php bloginfo('stylesheet_url'); ?> );
13  </style>
```

In der Zeile 11 sehen Sie das Attribut `media` mit dem Wert `screen`. Damit sagt man dem besuchenden Client, dass dieses CSS nur für die Ausgabe am Monitor zu benutzen sei. In der Zeile 12 wird dann die `@import`-Regel angewandt, um die CSS-Datei einzubinden ... und der gute alte `bloginfo`-Bekannte ist wieder mit von der Partie. So schaut dann das Ergebnis im Quelltext aus:

Listing 7.15
Die entsprechende CSS-Datei ist eingebunden.

```
<style type="text/css" media="screen">
    @import url( http://www.wordpress-buch.de/wp-content/themes/
        classic/style.css );
</style>
```

Verweise auf die Newsfeeds

In den Zeilen 15–17 werden die verschiedenen Newsfeed-Formate eingebunden: RSS 2.0, RSS 0.92 und Atom 0.3.

Listing 7.16
Verweise auf die Newsfeeds

```
15    <link rel="alternate" type="application/rss+xml" title="RSS
        2.0" href="<?php bloginfo('rss2_url'); ?>" />
16    <link rel="alternate" type="text/xml" title="RSS .92"
        href="<?php bloginfo('rss_url'); ?>" />
17    <link rel="alternate" type="application/atom+xml" tit-
        le="Atom 0.3" href="<?php bloginfo('atom_url'); ?>" />
```

Und hier das Ergebnis im Quelltext:

Listing 7.17
Verweise auf die verschiedenen Feed-Formate

```
<link rel="alternate" type="application/rss+xml" title="RSS 2.0"
     href="http://www.wordpress-buch.de/feed/" />
<link rel="alternate" type="text/xml" title="RSS .92"
     href="http://www.wordpress-buch.de/feed/rss/" />
<link rel="alternate" type="application/atom+xml" title="Atom
     0.3" href="http://www.wordpress-buch.de/feed/atom/" />
```

Das `link`-Element, auch wenn es so heißt, darf man nicht verwechseln mit dem eigentlichen »Link«-Element bzw. dem Element, das von einer Quelle auf eine andere verweist (`<a href="...">...</a>`). Das `link`-Element ist zuständig für die logische Beziehung von zwei Quellen und dies spielt sich im Hintergrund ab bzw. ist in der Regel für den Besucher auf den ersten Blick nicht sichtbar.

Der Rest vom Schützenfest ...

Die restlichen Angaben im Kopfbereich:

Listing 7.18
Die restlichen Angaben im Kopfbereich

```
19    <link rel="pingback" href="<?php bloginfo('ping-
        back_url'); ?>" />
20    <?php wp_get_archives('type=monthly&format=link'); ?>
21    <?php //comments_popup_script(); // off by default ?>
22    <?php wp_head(); ?>
23  </head>
```

In der Zeile 19 wird der Pfad zu der zuständigen Datei eingebunden, die unter anderem die ankommenden Pingbacks entgegennimmt. In der Zeile darauf werden die logischen Verweise zu den einzelnen Monatsarchiven generiert und in der Zeile 21 sehen Sie die momentan deaktivierte (auskommentierte) Einbindung des Skriptes, in dem der komplette Kommentarbereich in einem Popup-Fenster aufgemacht wird. Die Zeile 21 könnte auf den ersten Blick etwas verwirrend sein, weil zwei Mal auskommentiert wird (//). Einmal, um die Skript-Ausführung zu unterbinden, und einmal, um einen Hinweis unterzubringen.

In Zeile 22 sehen Sie den ersten Template-Hook in diesem Theme. Und so schaut nachher das Ergebnis im Quelltext aus:

Listing 7.19
Der untere Teil des Kopfbereiches

```
  <link rel="pingback" href="http://www.wordpress-buch.de/wp-
      2_3/xmlrpc.php" />
  <link rel='archives' title='Juli 2007' href='http://www.word-
      press-buch.de/wp-2_3/2007/07/' />
  <link rel='archives' title='Juni 2007' href='http://www.word-
      press-buch.de/wp-2_3/2007/06/' />
  <meta name='robots' content='noindex,nofollow' />
  <link rel="EditURI" type="application/rsd+xml" title="RSD"
      href="http://www.wordpress-buch.de/wp-2_3/xmlrpc.php?rsd" />
</head>
```

Bitte nicht folgen!

Die zwei Zeilen im Quelltext, auf die ich näher eingehen möchte, habe ich hervorgehoben. Die erste Zeile `<meta name='robots' content='noindex,nofollow' />` ist ein Meta-Tag und diese Zeile wird automatisch von WordPress eingefügt, wenn Sie entweder schon bei der Installation oder nachher unter *Einstellungen / Privatsphäre* eingestellt haben, dass Suchmaschinen geblockt werden sollen. Seriöse Suchmaschinen-Robots halten sich an dieses Tag und nehmen diese Website nicht in den Index auf und folgen auch nicht den internen Links auf dieser Seite.

Die zweite relevante Quelltext-Zeile bindet *RSD* ein. Bei RSD (*Really Simple Discovery*) handelt es sich um ein XML-Format, das die Authentifizierung in einem System erleichtern soll. Im Fall von WordPress erleichtert RSD es dem Nutzer bzw. seiner Software, sich in WordPress einzuloggen, um einen Beitrag zu veröffentlichen bzw. einen bestehenden zu bearbeiten. Das ist nicht zuletzt deswegen notwendig, da man in WordPress auch aus externen Anwendungen heraus bloggen kann.

Jetzt wird es sichtbar (<body>)

Jetzt kommen wir zum Code, der sich auf den sichtbaren Bereich (engl. Viewport) auswirkt:

Listing 7.20
Der sichtbare Bereich der *header.php*

```
25  <body>
26  <div id="rap">
27  <h1 id="header"><a href="<?php bloginfo('url'); ?>/"><?php
      bloginfo('name'); ?></a></h1>
28
29  <div id="content">
30  <!-- end header -->
```

Es fängt mit der Zeile 25 an und dort logischerweise mit dem `body`-Tag. Die Kenner wissen: Alles, was innerhalb von `<body>...</body>` notiert wird, ist für den Besucher (in aller Regel) sichtbar ... außer man wendet CSS- oder JavaScript-»Tricks« an, um Teile des Inhalts auszublenden.

Das erste div

Die Zeile 26 beinhaltet das allumfassende `div`-Tag. Das `div`-Element ist ein Block-Element und hat keine explizite semantische Bedeutung, wie z. B. das `p`-Element (Absatz) oder `h1`-Element (Absatz erster Ordnung). Dennoch sollte man dieses Element mit Bedacht und nicht so oft einsetzen und verteilen wie ein B-Promi seine Autogrammkarten. Mit dem `div`-Element gruppiert man die (X)HTML-Elemente verschiedener Bereiche (Sidebar, Footer etc.), strukturiert somit den Code und vergibt den Bereichen damit auch einen zusätzlichen »Ankerpunkt«, den Sie mit CSS ansprechen können.

Das erste `div`-Element hat auch ein Attribut: `id="rap"`. Das `id`-Attribut ist sehr mächtig. Zum einen ergibt der Wert dieses Attributs (in diesem Fall `rap`) einen CSS-Selektor und man kann diesen Bereich explizit verlinken bzw. mit einem Link erreichen:

Listing 7.21
Ein Verweis auf einen Ankerpunkt

```
<a href="#rap">Zum Unterbereich</a>
```

Weil man mit dem `id`-Attribut auch einen *Ankerpunkt* setzt, ist es notwendig, dass ein `id`-Attribut mit identischem Wert nur einmal pro

Unterseite vorkommt. CSS ist es egal, wie oft z. B. `id="rap"` auf einer Seite vorkommt. (X)HTML ist es nicht egal, weil ein Verweis eine eindeutige Adresse haben muss. Würden Sie `id="rap"` an mehreren Stellen auf der Seite einsetzen, dann wüsste der Browser (beim Aufruf von `<a href="#rap">...</a>`) nicht, wo er hingehen soll.

Überschrift erster Ordnung

Die Zeile 27 der *header.php* beinhaltet eine Überschrift erster Ordnung (`h1`).

```
27  <h1 id="header"><a href="<?php bloginfo('url'); ?>/"><?php
      bloginfo('name'); ?></a></h1>
```

Listing 7.22
Überschrift erster Ordnung

Die eigentliche Überschrift ist verlinkt und das Template-Tag `bloginfo();` kommt zwei Mal zum Einsatz. Das Ergebnis im Quelltext schaut im Fall des Testblogs folgendermaßen aus:

```
<h1 id="header"><a href="http://www.wordpress-buch.de/">Word-
      Press-Buch</a></h1>
```

Listing 7.23
Die Ausgabe der ersten Überschrift

In Zeile 29 folgt ein weiteres öffnendes `div`-Tag – zuständig für den Inhaltsbereich – und in der darauf folgenden Zeile ein (X)HTML-Kommentar, der ankündigt, dass die Datei *header.php* hier zu Ende ist.

Abbildung 7.3
Auswirkungen der *header.php* im sichtbaren Bereich

Das Ergebnis ist zwar ernüchternd, aber nicht verwunderlich, da ein Großteil des Codes den Prozessen im nicht-sichtbaren Bereich gewidmet ist.

Hinweis

Die beiden hier geöffneten `div`-Blöcke werden später in der *footer.php* geschlossen.

7.2 Die Sidebar (sidebar.php)

Im nächsten Schritt wenden wir uns dem Code der Seitenleiste (*sidebar.php*) zu:

Listing 7.24
sidebar.php

```
<!-- begin sidebar -->
<div id="menu">

<ul>
<?php /* Widgetized sidebar, if you have the plugin installed. */
     if ( !function_exists('dynamic_sidebar') || !dynamic_sidebar() ) : ?>
   <?php wp_list_pages('title_li=' . __('Pages:')); ?>
   <?php wp_list_bookmarks('title_after=&title_before='); ?>
   <?php wp_list_categories('title_li=' . __('Categories:')); ?>
  <li id="search">
   <label for="s"><?php _e('Search:'); ?></label>
   <form id="searchform" method="get" action="<?php bloginfo('home'); ?>">
   <div>
     <input type="text" name="s" id="s" size="15" /><br />
     <input type="submit" value="<?php _e('Search'); ?>" />
   </div>
   </form>
  </li>
  <li id="archives"><?php _e('Archives:'); ?>
   <ul>
     <?php wp_get_archives('type=monthly'); ?>
   </ul>
  </li>
  <li id="meta"><?php _e('Meta:'); ?>
   <ul>
     <?php wp_register(); ?>
     <li><?php wp_loginout(); ?></li>
     <li><a href="<?php bloginfo('rss2_url'); ?>" title="<?php _e('Syndicate this site using RSS'); ?>"><?php _e('<abbr title="Really Simple Syndication">RSS</abbr>'); ?></a></li>
     <li><a href="<?php bloginfo('comments_rss2_url'); ?>" title="<?php _e('The latest comments to all posts in RSS'); ?>"><?php _e('Comments <abbr title="Really Simple Syndication">RSS</abbr>'); ?></a></li>
     <li><a href="http://validator.w3.org/check/referer" title="<?php _e('This page validates as XHTML 1.0 Transitional'); ?>"><?php _e('Valid <abbr title="eXtensible HyperText Markup Language">XHTML</abbr>'); ?></a></li>
<li><a href="http://gmpg.org/xfn/"><abbr title="XHTML Friends Network">XFN</abbr></a></li>
```

```
33        <li><a href="http://wordpress.org/" title="<?php
            _e('Powered by WordPress, state-of-the-art semantic
            personal publishing platform.'); ?>"><abbr title=
            "WordPress">WP</abbr></a></li>
34        <?php wp_meta(); ?>
35      </ul>
36    </li>
37  <?php endif; ?>
38
39  </ul>
40
41  </div>
42  <!-- end sidebar -->
43
```

Die Sidebar fängt beschaulich an:

```
02  <!-- begin sidebar -->
03  <div id="menu">
```

Widgets, ja oder nein

Zuerst ein Kommentar und ein weiteres `div`-Tag, das die Sidebar-Elemente gruppiert. Jedoch geht es schon im nächsten Schritt zur Sache:

Listing 7.25
Abfrage der Widget-Funktion

```
05  <ul>
06  <?php /* Widgetized sidebar, if you have the plugin installed. */
07        if ( !function_exists('dynamic_sidebar') ||
            !dynamic_sidebar() ) : ?>
```

In der Zeile 05 wird eine Aufzählungsliste eingeleitet, da alle Unterpunkte der Sidebar als Listenpunkte ausgegeben werden. In der Zeile 06 sehen Sie einen PHP-Kommentar und in der Zeile 07 wird eine Abfrage oder besser ausgedrückt Bedingung gestellt. Es wird gefragt, ob die »dynamische Sidebar« existiert und ob sie aktiv ist. Allerdings wird die Frage in »negativer« Form gestellt:

»Wenn die dynamische Sidebar nicht existiert oder nicht aktiv ist, dann ...«

Das heißt, dass der gesamte Code ab der Zeile 08 nur zum Einsatz kommt, wenn die dynamische Sidebar – **Widget-Funktion** – nicht existiert oder nicht aktiviert wurde. Widgets konnte man schon seit WordPress 2.0 in Form von Plugins einbinden. Seit WordPress 2.2 gehören sie zum Standardumfang und man kann sie innerhalb von *Themes / Widgets* aktivieren. Wenn das jeweilige Theme dies unterstützt, dann haben Sie die Möglichkeit, die Inhalte der Sidebar – aus dem Admin-Bereich heraus – zu steuern, ohne sich in den Code der *sidebar.php* begeben zu müssen: Klicken & Ziehen ist hier das Mittel der Wahl. Mehr zum Thema Widgets finden Sie in Kapitel 4.

Seiten in der Navigation

Nun folgt der Code, der zum Einsatz kommt, wenn, aus welchen Gründen auch immer, Widgets nicht zum Einsatz kommen. In der Zeile 08 werden die Seiten (Pages) in der Sidebar ausgegeben:

Listing 7.26
Pages in der Template-Datei

```
08      <?php wp_list_pages('title_li=' . __('Pages:')); ?>
```

Mit dem Template-Tag `wp_list_pages();` werden die Seiten (Pages) ausgegeben. Diesem Template-Tag kann man verschiedene Parameter zuweisen. Der Parameter `title_li=` bezieht sich auf die Überschrift dieses Bereiches. Wenn man diesem Parameter keinen oder einen leeren Wert gibt, dann gibt es keine Überschrift. In unserem Beispiel wurde als Wert `__('Pages:')` notiert, das später durch die Sprachdatei in *Seiten:* übersetzt wird. Die zwei Unterstriche und die Klammer am Anfang eines Wertes signalisieren WordPress, dass es sich hier um einen Wert handelt, der übersetzt werden kann.

Wenn man in der *wp-config.php* die gewünschte Sprache eingetragen und die passende Sprachdatei auf den Server hochgeladen hat, dann wird der Begriff übersetzt ... natürlich nur, wenn die Sprachdatei für den Begriff auch eine Übersetzung anbietet. Nicht alle Sprachdateien sind so weit fortgeschritten wie die deutsche. Hier das Ergebnis der Zeile 08 im Quelltext:

Listing 7.27
Die Ausgabe der Seiten

```
<li class="pagenav">Seiten:
  <ul>
    <li class="page_item"><a href="http://www.wordpress-buch.de/
        mein-archiv/" title="Mein Archiv">Mein Archiv</a></li>
    <li class="page_item"><a href="http://www.wordpress-buch.de/
        seite-nr-1/" title="Seite Nr. 1">Seite Nr. 1</a></li>
    ...
  </ul>
</li>
```

Ich habe den Quelltext auf das Nötigste gekürzt. Und hier der entsprechende Bereich im Browser:

Abbildung 7.4
Seiten-Ausgabe in der Sidebar

Übrigens, die einzelnen Menüpunkte in der Sidebar des Classic-Theme werden standardmäßig in Kleinbuchstaben (Fachausdruck: Gemeine) ausgegeben. Zuständig dafür ist folgende CSS-Regel: `#menu ul {text-transform: lowercase;}`.

Die Ausgabe der Blogroll

In der Zeile 09 der *sidebar.php* wird die Ausgabe der Blogroll eingebunden:

Listing 7.28
Die Blogroll einbinden

```
09      <?php wp_list_bookmarks('title_after=&title_before='); ?>
```

Das Template-Tag `wp_list_bookmarks();` ist in WordPress 2.1 hinzugekommen. In dem oberen Beispiel hat das Template-Tag zwei Parameter bekommen. Diese beiden Parameter fügen dem Titel der jeweiligen Link-Kategorie `<h2>` bzw. `</h2>` hinzu. Voraussetzung ist, dass die Kategorisierung der Links in der Ausgabe aktiv ist; das ist die Standardeinstellung. Wenn Sie keine Kategorisierung wünschen, dann müsste das Template-Tag mindestens folgende Angaben haben: `wp_list_bookmarks('categorize=0');`. Hier sehen Sie den generierten Quelltext des betreffenden Bereiches aus dem unveränderten Classic-Theme. Die Kategorisierung ist momentan nur bedingt sichtbar, da bei der Installation nur eine Kategorie (*Blogroll*) vorhanden ist:

Listing 7.29
Die Ausgabe der aktuellen Blogroll

```
<li id="linkcat-2" class="linkcat">Blogroll
  <ul>
    <li><a href="http://www.alexking.org/">Alex</a></li>
    <li><a href="http://inphotos.org/">Donncha</a></li>
    <li><a href="http://dougal.gunters.org/">Dougal</a></li>
    <li><a href="http://photomatt.net/">Matt</a></li>
    <li><a href="http://zengun.org/weblog/">Michel</a></li>
    <li><a href="http://zed1.com/journalized/">Mike</a></li>
    <li><a href="http://boren.nu/">Ryan</a></li>
  </ul>
</li>
```

Und hier die entsprechende Abbildung:

Abbildung 7.5
Die Bogroll

Die Ausgabe der Kategorien

```
<?php wp_list_categories('title_li=' . __('Catego-
  ries:')); ?>
```

Mit `wp_list_categories();` werden die Blog-Kategorien ausgegeben. Der Parameter im oberen Beispiel ist fast identisch mit dem Parameter in Listing 7.26. Auch `wp_list_categories();` gibt es erst seit WordPress 2.1 und im oberen Beispiel wird als Titel des Bereiches `__('Categories:')` angegeben. Falls die deutsche Sprachdatei existiert und eingebunden wurde, dann erscheint an der Stelle *Kategorien:*. Hier die Ausgabe im Quelltext:

Listing 7.30
Die Ausgabe der Kategorien

```
<li class="categories">Kategorien:
  <ul>
    <li><a href="http://www.wordpress-buch.de/kategorie/allge-
        mein/" title="...">Allgemein</a></li>
    <li><a href="http://www.wordpress-buch.de/kategorie/buecher/
        " title="...">Bücher</a></li>
    <li><a href="http://www.wordpress-buch.de/kategorie/test/"
        title="...">Test</a></li>
  </ul>
</li>
```

Dort, wo jetzt die Auslassungspunkte stehen, steht entweder die von Ihnen notierte Beschreibung der Kategorie oder der Standardsatz: *Alle unter Kategoriename abgelegten Beiträge ansehen*. Hier die Abbildung der Kategorie-Links:

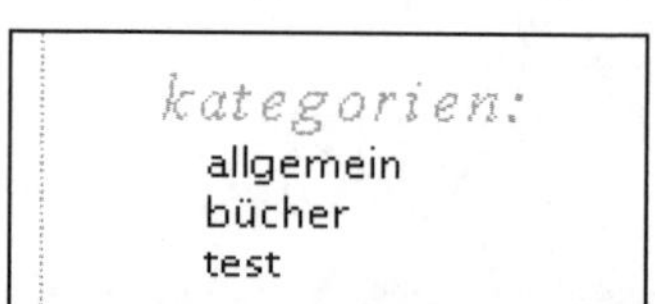

Abbildung 7.6
Die Ausgabe der Kategorien

Das Suchformular

Listing 7.31
Die Suchfunktion

```
  <li id="search">
    <label for="s"><?php _e('Search:'); ?></label>
    <form id="searchform" method="get" action="<?php blogin-
      fo('home'); ?>">
    <div>
      <input type="text" name="s" id="s" size="15" /><br />
      <input type="submit" value="<?php _e('Search'); ?>" />
    </div>
    </form>
  </li>
```

Zu dem Suchformular gibt es nicht viel zu sagen, außer dass der gesuchte Begriff mit der `get`-Methode an die Startseite übergeben wird und dass es neben dem doppelten Unterstrich (`__('')`) eine weitere Methode gibt, um die Sprachdatei ins Spiel zu bringen: `_e('...');`, der innerhalb der Klammer bzw. der Hochkommata übersetzt wird, sofern in der *wp-config.php* der entsprechende Eintrag und die passende Sprachdatei existieren.

Hinweis

Die zwei Methoden der Lokalisierung – `_e()` und `__()` – unterscheiden sich dadurch, dass die erste Methode eingesetzt wird, wenn der Begriff einfach und ohne Umwege übersetzt werden soll. Die zweite Methode wird eingesetzt, wenn der zu übersetzende Begriff Argument einer Funktion ist. Zum Beispiel als Parameter-Wert eines Template-Tags.

Hier die Ausgabe im Quelltext:

```
<li id="search">
  <label for="s">Suchen:</label>
  <form id="searchform" method="get" action="http://www.word-
      press-buch.de">
    <div>
      <input type="text" name="s" id="s" size="15" /><br />
      <input type="submit" value="Suchen" />
    </div>
  </form>
</li>
```

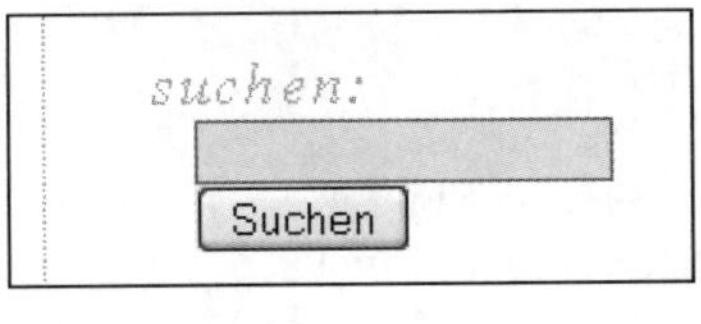

Abbildung 7.7
Das Suchformular

Das Archiv

Listing 7.32
Das Monatsarchiv

```
<li id="archives"><?php _e('Archives:'); ?>
  <ul>
    <?php wp_get_archives('type=monthly'); ?>
  </ul>
</li>
```

Mit dem Template-Tag und dem Parameter `wp_get_archives('type=monthly');` werden Links generiert, die auf Unterseiten führen, wo alle Beiträge des entsprechenden Monats aufgelistet werden. Wenn Sie keine *archive.php* mit speziellen Angaben erstellt haben, werden die Beiträge in den Archiven so aufgelistet wie auf der Startseite des Weblogs, da WordPress beim Fehlen der *archive.php* auf die *index.php* zugreift. Hier die Ausgabe im Quelltext am Beispiel des Test-Blogs:

Listing 7.33
Das Monatsarchiv

```
<li id="archives">Archiv:
  <ul>
    <li><a href='http://www.wordpress-buch.de/wp-2_3/2007/07/'
        title='Juli 2007'>Juli 2007</a></li>
    <li><a href='http://www.wordpress-buch.de/wp-2_3/2007/06/'
        title='Juni 2007'>Juni 2007</a></li>
  </ul>
</li>
```

Und hier die obligatorische Abbildung der Links zu den einzelnen Monatsarchiven:

Abbildung 7.8
Das Archiv

Der Meta-Bereich

In den Meta-Bereich der Sidebar werden einige Elemente eingeordnet, die nicht wirklich miteinander in Verbindung stehen: Login/Logout-Funktion, Links zu Newsfeeds und Links zum XHTML-Validator und der offiziellen WordPress-Website.

Listing 7.34
Der Meta-Bereich

```
<li id="meta"><?php _e('Meta:'); ?>
  <ul>
    <?php wp_register(); ?>
    <li><?php wp_loginout(); ?></li>
    <li><a href="<?php bloginfo('rss2_url'); ?>" tit-
      le="<?php _e('Syndicate this site using RSS');
      ?>"><?php _e('<abbr title="Really Simple Syndicati-
      on">RSS</abbr>'); ?></a></li>
```

```
30        <li><a href="<?php bloginfo('comments_rss2_url'); ?>"
            title="<?php _e('The latest comments to all posts in
            RSS'); ?>"><?php _e('Comments <abbr title="Really
            Simple Syndication">RSS</abbr>'); ?></a></li>
31        <li><a href="http://validator.w3.org/check/referer"
            title="<?php _e('This page validates as XHTML 1.0
            Transitional'); ?>"><?php _e('Valid <abbr title="eX-
            tensible HyperText Markup Language">XHTML</abbr>');
            ?></a></li>
32  <li><a href="http://gmpg.org/xfn/"><abbr title="XHTML Friends
      Network">XFN</abbr></a></li>
33        <li><a href="http://wordpress.org/" title="<?php
            _e('Powered by WordPress, state-of-the-art semantic
            personal publishing platform.'); ?>"><abbr tit-
            le="WordPress">WP</abbr></a></li>
34        <?php wp_meta(); ?>
35      </ul>
36    </li>
```

In der Zeile 27 sehen Sie das Template-Tag `wp_register();`, das den Verweis *Site Admin* – wenn der Nutzer eingeloggt ist – oder sonst den Verweis *Registrieren* einblendet. Der Verweis *Registrieren* wird allerdings nur angezeigt, wenn unter *Einstellungen / Allgemein* die Checkbox mit dem Namen *Jeder kann sich registrieren* aktiviert ist. Wenn man dieses Template-Tag ohne Parameter notiert, bekommt der ausgegebene Link automatisch davor und dahinter das passende `li`-Tag (Listenpunkt).

In der Zeile 28 sorgt `wp_loginout();` dafür, dass man sich entweder einloggen oder ausloggen kann. In der Zeile 29 wird der Link zum Newsfeed und in der Zeile 30 der Link zum Kommentar-Feed eingebunden. In den Zeilen 31–33 werden drei externe Links eingebunden: zum (X)HTML-Validator, zu der XFN-Seite und zu der offiziellen WordPress-Seite. In der Zeile 34 befindet sich ein weiterer Template-Hook: `wp_meta();`.

Hier die Ausgabe im Quelltext im Test-Blog, wenn man als eingeloggter Admin das Weblog besucht:

Listing 7.35
Der Meta-Bereich

```
<li id="meta">Meta:
  <ul>
    <li><a href="http://www.wordpress-buch.de/wp-admin/">Site
        Admin</a></li>
    <li><a href="http://www.wordpress-buch.de/wp-login.php?ac-
        tion=logout">Abmelden</a></li>
```

```
    <li><a href="http://www.wordpress-buch.de/feed/" tit-
        le="Abonnier diese Seite mit RSS"><abbr title="Really
        Simple Syndication">RSS</abbr></a></li>
    <li><a href="http://www.wordpress-buch.de/comments/feed/"
        title="Die neuesten Kommentare zu allen Beiträgen als
        RSS">Kommentare als <abbr title="Really Simple Syndicati-
        on">RSS</abbr></a></li>
    <li><a href="http://validator.w3.org/check/referer" tit-
        le="Diese Seite validiert als XHTML 1.0 Transitional">Gül-
        tiges <abbr title="eXtensible HyperText Markup Langua-
        ge">XHTML</abbr></a></li>
    <li><a href="http://gmpg.org/xfn/"><abbr title="XHTML Friends
        Network">XFN</abbr></a></li>
    <li><a href="http://wordpress.org/" title="Powered by Word-
        Press - die zeitgemäße Plattform zum Veröffentlichen per-
        sönlicher Beiträge."><abbr title="WordPress">WP</abbr></
        a></li>
  </ul>
</li>
```

Und hier sehen Sie die Abbildung des Meta-Bereiches, einmal im eingeloggten (links) und das andere Mal im ausgeloggten Zustand:

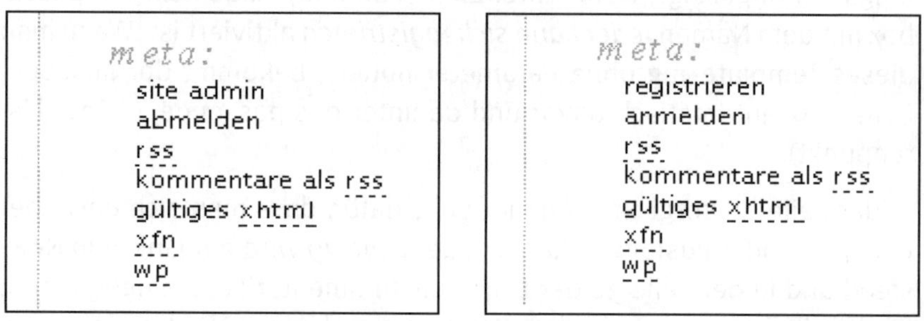

Abbildung 7.9 Meta-Bereich: ein-/ausgeloggt

Das Ende der Sidebar

Listing 7.36 Das Ende der sidebar.php

```
37  <?php endif; ?>
38
39  </ul>
40
41  </div>
42  <!-- end sidebar -->
```

Das Ende der Sidebar ist relativ unspektakulär. In der Zeile 37 wird die `if`-Abfrage aus der Zeile 07 (siehe Listing 7.24 und Listing 7.25) der *sidebar.php* geschlossen. In der Zeile 39 wird die Aufzählungsliste, die in der Zeile 05 anfängt, geschlossen. Das Gleiche gilt in der Zeile 41 für den `div`-Block, der in der Zeile 03 anfängt. In der Zeile 42 kündigt der

HTML-Kommentar an, dass dies nun das endgültige Ende der Sidebar ist.

7.3 Die Hauptdatei (index.php)

Nun wenden wir uns der Hauptdatei des Themes zu: der *index.php*. Neben der *style.css* ist das die wichtigste Template-Datei und hier laufen die Stränge zusammen.

Listing 7.37
index.php

```
<?php
get_header();
?>

<?php if (have_posts()) : while (have_posts()) : the_post(); ?>

<?php the_date('','<h2>','</h2>'); ?>

<div class="post" id="post-<?php the_ID(); ?>">
  <h3 class="storytitle"><a href="<?php the_permalink() ?>" rel="bookmark"><?php the_title(); ?></a></h3>
  <div class="meta"><?php _e("Filed under:"); ?> <?php the_category(',') ?> &#8212; <?php the_tags(__('Tags: '), ', ', ' &#8212; '); ?> <?php the_author() ?> @ <?php the_time() ?> <?php edit_post_link(__('Edit This')); ?></div>

  <div class="storycontent">
    <?php the_content(__('(more...)')); ?>
  </div>

  <div class="feedback">
    <?php wp_link_pages(); ?>
    <?php comments_popup_link(__('Comments (0)'), __('Comments (1)'), __('Comments (%)')); ?>
  </div>

</div>

<?php comments_template(); // Get wp-comments.php template ?>

<?php endwhile; else: ?>
<p><?php _e('Sorry, no posts matched your criteria.'); ?></p>
<?php endif; ?>

<?php posts_nav_link(' &#8212; ', __('&laquo; Older Posts'), __('Newer Posts &raquo;')); ?>

```

```
32  <?php get_footer(); ?>
33
```

Auf die Zeilen 01–03 verteilt sich das Include-Tag, mit dem der Inhalt der *header.php* (Listing 7.1) an der entsprechenden Stelle eingebunden wird:

Listing 7.38
Header einbinden

```
01  <?php
02  get_header();
03  ?>
```

Ich habe es bis heute nicht verstanden, warum dieses Include-Tag über drei Zeilen verteilt wird. Einzeilig (`<?php get_header(); ?>`) funktioniert es auch einwandfrei.

Der Loop

In der Zeile 05 fängt das Herzstück eines jeden WordPress-Themes an: der Loop. Und er beginnt mit einer Abfrage:

Listing 7.39
Hast du Beiträge?
Wenn ja …

```
05  <?php if (have_posts()) : while (have_posts()) : the_post();
    ?>
```

Der Loop fängt mit der Abfrage an, ob es Beiträge gibt (`if (have_posts()`). Wenn ja, dann wird die `while`-Schleife gestartet und es werden alle Beiträge aufgelistet. Die Funktion `the_post();` ist dafür zuständig, dass die einzelnen Beiträge innerhalb des Loops verfügbar sind, und erst durch den Einsatz dieser Funktion können etliche Template-Tags überhaupt funktionieren. Bei dieser Notierung handelt es sich um die **alternative Syntax für Kontroll-Strukturen**, die Zeile 05 könnte man auch folgendermaßen notieren:

Listing 7.40
Die »konservative« Schreibweise

```
<?php
if (have_posts()) {
  while(have_posts())) {
    the_post();
  }
}
?>
```

Bezüglich der alternativen Syntax steht in der PHP-Dokumentation Folgendes:

PHP bietet eine alternative Syntax für einige seiner Kontroll-Strukturen, als da sind if, while, for, foreach und switch. Die öffnende Klammer muss immer durch einen Doppelpunkt »:« und die schließende Klammer entsprechend durch endif;, endwhile;, endfor;, endforeach; oder endswitch; ersetzt werden.

Quelle: *de3.php.net/manual/de/control-structures.alternative-syntax.php*

Das Datum

Listing 7.41
Welches Datum haben wir heute?

```
<?php the_date('','<h2>','</h2>'); ?>
```

Der eigentliche Beitrag

Mit dem Template-Tag `the_date();` wird das Datum des Beitrags ausgegeben bzw. das Datum der Beiträge, wenn am gleichen Tag mehrere verfasst wurden. Mit den Parameter-Werten in unserem Beispiel wird das Datum als Überschrift zweiter Ordnung ausgezeichnet. Das Datum wird in der Form ausgegeben, wie es im Admin-Bereich unter *Einstellungen / Allgemein / Datum und Uhrzeit* eingestellt wurde.

Listing 7.42
Der Beitrag

```
09 <div class="post" id="post-<?php the_ID(); ?>">
10   <h3 class="storytitle"><a href="<?php the_permalink() ?>"
     rel="bookmark"><?php the_title(); ?></a></h3>
11   <div class="meta"><?php _e("Filed under:"); ?> <?php
     the_category(',') ?> &#8212; <?php the_tags(__('Tags: '),
     ', ', ' &#8212; '); ?> <?php the_author() ?> @ <?php
     the_time() ?> <?php edit_post_link(__('Edit This')); ?></
     div>
12
13   <div class="storycontent">
14     <?php the_content(__('(more...)')); ?>
15   </div>
16
17   <div class="feedback">
18     <?php wp_link_pages(); ?>
19     <?php comments_popup_link(__('Comments (0)'), __('Com-
       ments (1)'), __('Comments (%)')); ?>
20   </div>
21
22 </div>
```

Der Code des eigentlichen Beitrags fängt in der Zeile 09 der *index.php* an und endet in der Zeile 22. In der Zeile 09 sehen Sie das einleitende `div`-Tag. Dieser `div`-Block bekommt eine Klasse (`post`) und eine eindeutige ID (`id-beitragsnummer`) zugewiesen. Somit können Sie die Beiträge mit einer CSS-Datei durch die Klasse und jeden einzelnen Beitrag in der Auflistung durch die eindeutige ID ansprechen: Jeder Beitrag hat somit eine eindeutige Kennung.

Die Überschrift des Beitrags

In der Zeile 10 wird der eigentliche Titel des Beitrages mit einer Überschrift der dritten Ordnung ausgezeichnet. Die Überschrift bekommt eine Klasse (`storytitle`) zugewiesen. Den Verweis bzw. den Permalink des Beitrages bekommt man durch das Template-Tag `the_permalink();` und die Überschrift wird durch `the_title();` generiert.

Beitragsinformationen

In der Zeile 11 befindet sich ein `div`-Block, dem man das Klassen-Attribut `meta` zugewiesen hat. Hier befinden sich einige Informationen zu dem jeweiligen Beitrag. Durch `the_category();` werden die Kategorien aufgelistet, unter denen der Beitrag einsortiert wurde. Wurde ein Beitrag unter mehreren Kategorien einsortiert, dann werden alle aufgelistet und durch Komma getrennt – Komma ist in diesem Fall auch der Parameter-Wert für dieses Template-Tag.

Danach folgt die Auflistung der Tags. Auch hier werden, wenn es mehr als ein Tag gibt, die Tags mit Komma voneinander getrennt. Ihnen ist sicherlich schon das Zeichen `—` aufgefallen. Es handelt sich hierbei um einen langen Gedankenstrich (»so breit wie der Buchstabe m«), der als Unicode (dezimal) kodiert wurde. Er trennt hier die Angaben zu Kategorien, Tags und Autor voneinander ab (siehe Abbildung 7.10).

Anschließend wird der Autor (`the_author();`) und die Zeit bei der Veröffentlichung des Beitrages (`the_time();`) ausgegeben. Die Zeit wird in dem Format ausgegeben, wie Sie es im Admin-Bereich unter *Einstellungen / Allgemein / Datum und Uhrzeit / Standard-Zeitformat* eingestellt haben. Mit Hilfe von Parameter-Werten können Sie mit `the_time();` auch das Datum des Beitrages ausgeben lassen. Sie werden sich jetzt zu Recht fragen, warum Sie dies machen sollten, schließlich gibt es für die Datumsausgabe das Template-Tag `the_date();`. Das Problem bei `the_date();` ist allerdings, dass es pro Seite nur einmal das gleiche Datum ausgibt. Wollen Sie auf einer Seite bei mehreren Beiträgen, auch wenn sie am gleichen Tag veröffentlicht wurden, das Datum ausgeben, müssen Sie `the_time('d. F Y');` eintragen. Diese Parameter bewirken folgende Ausgabe: *20. Juli 2007*. Welche Datumsparameter es gibt, habe ich im dritten Kapitel unter der Überschrift *Die Anpassungen im Unterbereich »Allgemein«* erklärt.

Bearbeiten-Link

In der Zeile 11 sehen Sie noch folgenden Code: `<?php edit_post_link (__('Edit This')); ?>`. Es handelt sich hierbei um den Bearbeiten-Link. Wenn Sie eingeloggt sind und die entsprechenden Rechte haben, können Sie den jeweiligen Beitrag bearbeiten: Sie gelangen in den Admin-Bereich, wenn Sie dem Link mit dem Namen *Bearbeiten* folgen. Dieser Verweis ist nur sichtbar, wenn Sie eingeloggt sind und die entsprechenden Rechte haben (z. B. als Admin oder »Herausgeber«), somit ist dieser Link logischerweise für die Besucher unsichtbar.

Der Inhalt

Mit dem folgenden »Dreizeiler« wird der eigentliche Inhalt, also das, was man im Admin-Bereich in die Textbox mit dem Namen *Beitrag* (*Schreiben / Beitrag* bzw. *Seite schreiben*) eingegeben hat, ausgegeben:

Listing 7.43
Der Inhalt

```
13    <div class="storycontent">
14      <?php the_content(__('(more...)')); ?>
15    </div>
```

Der Parameterwert `(more...)` wird in das Deutsche mit *(weiterlesen...)* übersetzt. Es ist der Verweis zu dem Rest des Beitrages, wenn Sie den Beitrag in zwei Bereiche geteilt haben: Teaser (Anreißer) und den Rest-Beitrag.

Die Resonanz

Unter dem Inhalt befindet sich der »Feedback«-Bereich (Zeile 17–20 in der *index.php*). Hier wird auch eine weitere Teilungsfunktion untergebracht. Nehmen wir mal an, Sie haben vor, einen sehr langen Beitrag zu verfassen. Es würde sich also anbieten, diesen Beitrag in mehrere Teile (»Seiten«) zu gliedern. An der Stelle, wo das Template-Tag `wp_link_pages();` notiert wird, wird eine Umblättern-Funktion (*1, 2, 3* etc.) für diesen Beitrag erscheinen, um innerhalb dieses Beitrages zwischen den einzelnen Teilen zu springen.

Listing 7.44
Das Feedback

```
17    <div class="feedback">
18      <?php wp_link_pages(); ?>
19      <?php comments_popup_link(__('Comments (0)'), __('Com-
          ments (1)'), __('Comments (%)')); ?>
20    </div>
```

Die Möglichkeit, den Beitrag in mehrere Unterseiten zu teilen, ist in der Standard-Installation im visuellen Editor nicht vorhanden und im Code-Editor deaktiviert. Um diese Funktion im Code-Editor zu aktivieren, müssen Sie den Kommentar um die Angaben in den Zeilen 135–142 der *quicktag.js* entfernen. Diese Datei befindet sich im Ordner */wp-includes/js/*. Oder Sie behelfen sich manuell, indem Sie zwischendurch in die Code-Ansicht wechseln und an der entsprechenden Stelle den Code <!--nextpage--> einfügen.

In der Zeile 19 sehen Sie `comments_popup_link();`. Dieses Template-Tag erkennt, ob die Funktion (Kommentarbereich im Popup-Fenster) aktiv ist. Wenn ja, wird ein Popup-Fenster geöffnet, sonst werden Sie beim Aufruf dieses Verweises in den Kommentarbereich geleitet. Die drei Parameter-Werte beziehen sich auf den Zustand bzw. den Text des Links, wenn keiner, wenn nur einer oder wenn mehrere Personen (% übernimmt die Platzhalter-Funktion) einen Beitrag kommentiert haben. Dadurch können Sie den Linktext individualisieren:

Listing 7.45
Individueller Kommentar-Link

```
<?php comments_popup_link('Trau dich! Sei der erste.', 'Wie? Nur
     einer?', '% Besucher waren mutig genug.'); ?>
```

Sie haben recht, das Beispiel ist knapp an der Grenze dazu, albern zu sein. Ich wollte Ihnen aber zeigen, dass man hier auch ganz individuelle Textzeilen eintragen kann, um das Weblog zu personalisieren und es dadurch etwas von der Masse abzuheben.

Ab zum Kommentarbereich

In der Zeile 24 der *index.php* wird durch ein Include-Tag der Kommentarbereich eingebunden:

Listing 7.46
Kommentar-Include

```
24  <?php comments_template(); // Get wp-comments.php template ?>
```

Hierbei wird die *comments.php* angesprochen. Sollte diese im aktuellen Theme nicht existieren, dann greift das System automatisch auf die Kommentardatei des Default-Themes zurück.

Das Ende des Loops

Nun sind wir am Ende des Loops angekommen. Zuerst wird in der Zeile 26 der *index.php* die `while`-Schleife beendet.

Listing 7.47
Loop-Ende

```
26  <?php endwhile; else: ?>
27  <p><?php _e('Sorry, no posts matched your criteria.'); ?></p>
28  <?php endif; ?>
```

In der Zeile 27 wird der Text für die Meldung eingebunden, wenn keine passenden Beiträge zu finden sind. Die deutsche Meldung lautet:

> *Leider gibt es keinen Beitrag, der deinen Kriterien entspricht.*

Diese Meldung kommt also immer dann zum Vorschein, wenn kein oder kein passender Beitrag vorhanden ist: Änderung der Permalink-Struktur, Beitrag existiert nicht, der Suchbegriff wurde nicht gefunden. Somit übernimmt diese Meldung auch die Funktion einer Fehlerseite (404er-

Fehlermeldung), solange diese nicht existiert. In der Zeile 28 wird der Loop endgültig beendet.

Das Ende der index.php

Doch damit ist die *index.php* noch nicht zu Ende. In der Zeile 30 wird die Funktion eingebunden, die es dem Besucher ermöglicht, seitenweise zwischen den Beiträgen zu blättern. Wie viele Beiträge pro Seite aufgelistet werden, ist davon abhängig, welche Einstellung Sie im Admin-Bereich unter *Einstellungen / Lesen* getätigt haben.

Listing 7.48
Das Ende der index.php

```
30  <?php posts_nav_link(' &#8212; ', __('&laquo; Older Posts'),
      __('Newer Posts &raquo;')); ?>
31
32  <?php get_footer(); ?>
```

In der Zeile 32 wird durch ein Include-Tag der Footer-Bereich eingebunden und somit ist die *index.php* hier zu Ende.

Abbildung 7.10
Die Auswirkungen der *index.php*

Damit die Abbildung übersichtlich bleibt, habe ich im Admin-Bereich die Anzeige der Beiträge auf zwei pro Seite begrenzt.

7.4 Der Fußbereich (footer.php)

Nun schauen wir uns den Fußbereich an, der in diesem Theme sehr übersichtlich ist:

Listing 7.49
footer.php

```
01 <!-- begin footer -->
02 </div>
03
04 <?php get_sidebar(); ?>
07
06 <p class="credit"><!--<?php echo get_num_queries(); ?> que-
   ries. <?php timer_stop(1); ?> seconds. --> <cite><?php echo
   sprintf(__("Powered by <a href='http://wordpress.org/'
   title='%s'><strong>WordPress</strong></a>"), __("Powered by
   WordPress, state-of-the-art semantic personal publishing
   platform.")); ?></cite></p>
07
08 </div>
09
10 <?php wp_footer(); ?>
11 </body>
12 </html>
```

Die Datei fängt mit einem HTML-Kommentar an und in der zweiten Zeile gesellt sich ein abschließendes `div`-Tag hinzu. Hierbei wird der `div`-Block geschlossen, der in der Zeile 29 der *header.php* (Listing 7.1) geöffnet wurde. In Zeile 04 wird durch ein Include-Tag die Sidebar eingebunden.

In Zeile 06 sehen Sie einen Absatz, in dem sich einige Informationen befinden, die typischerweise im Fußbereich einer Seite untergebracht werden. Zuerst wird innerhalb eines HTML-Kommentars die Abfrage untergebracht, wie viele Datenbankzugriffe notwendig waren, um die Seite auszugeben, und wie viel Zeit dafür benötigt wurde. Dadurch, dass diese Abfrage innerhalb eines HTML-Kommentars untergebracht ist, wird sie zwar ausgeführt, allerdings sind die Informationen nur im Quelltext sichtbar.

Danach sehen Sie den Link zu *wordpress.org*. Mittlerweile ist der komplette Verweis – inkl. des Textes und des Linktitels – in eine PHP-Funktion (`sprintf`) eingebettet. Somit ist es nicht nur möglich, den verlinkten, sondern auch den Text davor und auch den Text im Linktitel zu übersetzen bzw. durch die Sprachdatei ansprechen zu lassen.

Am Ende der Datei, in der Zeile 08, folgt das letzte abschließende `div`-Tag, das den Block abschließt, der in der Zeile 26 der *header.php* angefangen hat (`<div id="rap">`). In Zeile 10 befindet sich der Template-Hook (`wp_footer();`) und die abschließenden Tags für `body` und `html`.

Hier das Ergebnis der *footer.php* im Quelltext:

```
</div>
<!-- end sidebar -->

<p class="credit"><!--17 queries. 1.143 seconds. --> <cite>läuft
      stressfrei mit <a href='http://wordpress.org' title='Powe-
      red by WordPress - die zeitgemäße Plattform zum Veröffent-
      lichen persönlicher Beiträge.'><strong>WordPress</strong></
      a> ( <a href='http://wordpress.de' title='Deutsche Word-
      Press-Community'>WordPress.de</a> )</cite></p>

</div>

</body>
</html>
```

Listing 7.50
Der Fußbereich im Quelltext

Und so schaut das Ergebnis der *footer.php* im Frontend bzw. dem Browser aus:

Abbildung 7.11
Der Fußbereich im Browser

7.5 Der Kommentarbereich (comments.php)

Nun wenden wir uns dem Kommentarbereich des Classic-Themes zu. Hier zuerst der komplette Code der *comments.php*:

```
<?php if ( !empty($post->post_password) && $_COOKIE['wp-
    postpass_' . COOKIEHASH] != $post->post_password) : ?>
<p><?php _e('Enter your password to view comments.'); ?></p>
<?php return; endif; ?>

<h2 id="comments"><?php comments_number(__('No Comments'),
  __('1 Comment'), __('% Comments')); ?>
<?php if ( comments_open() ) : ?>
  <a href="#postcomment" title="<?php _e("Leave a comment");
    ?>">&raquo;</a>
<?php endif; ?>
</h2>

<?php if ( $comments ) : ?>
<ol id="commentlist">

<?php foreach ($comments as $comment) : ?>
```

Listing 7.51
comments.php

```
  <li id="comment-<?php comment_ID() ?>">
  <?php comment_text() ?>
  <p><cite><?php comment_type(__('Comment'), __('Trackback'), __('Pingback')); ?> <?php _e('by'); ?> <?php comment_author_link() ?> &#8212; <?php comment_date() ?> @ <a href="#comment-<?php comment_ID() ?>"><?php comment_time() ?></a></cite> <?php edit_comment_link(__("Edit This"), ' |'); ?></p>
  </li>

<?php endforeach; ?>

</ol>

<?php else : // If there are no comments yet ?>
  <p><?php _e('No comments yet.'); ?></p>
<?php endif; ?>

<p><?php comments_rss_link(__('<abbr title="Really Simple Syndication">RSS</abbr> feed for comments on this post.')); ?>
<?php if ( pings_open() ) : ?>
  <a href="<?php trackback_url() ?>" rel="trackback"><?php _e('TrackBack <abbr title="Universal Resource Locator">URL</abbr>'); ?></a>
<?php endif; ?>
</p>

<?php if ( comments_open() ) : ?>
<h2 id="postcomment"><?php _e('Leave a comment'); ?></h2>

<?php if ( get_option('comment_registration') && !$user_ID ) : ?>
<p><?php printf(__('You must be <a href="%s">logged in</a> to post a comment.'), get_option('siteurl')."/wp-login.php?redirect_to=".get_the_permalink());?></p>
<?php else : ?>

<form action="<?php echo get_option('siteurl'); ?>/wp-comments-post.php" method="post" id="commentform">

<?php if ( $user_ID ) : ?>

<p><?php printf(__('Logged in as %s.'), '<a href="'.get_option('siteurl').'/wp-admin/profile.php">'.$user_identity.'</a>'); ?> <a href="<?php echo get_option('siteurl'); ?>/wp-login.php?action=logout" title="<?php _e('Log out of this account') ?>"><?php _e('Logout &raquo;'); ?></a></p>
```

```
<?php else : ?>

<p><input type="text" name="author" id="author" value="<?php
  echo $comment_author; ?>" size="22" tabindex="1" />
<label for="author"><small><?php _e('Name'); ?> <?php if
  ($req) _e('(required)'); ?></small></label></p>

<p><input type="text" name="email" id="email" value="<?php
  echo $comment_author_email; ?>" size="22" tabindex="2" />
<label for="email"><small><?php _e('Mail (will not be publis-
  hed)');?> <?php if ($req) _e('(required)'); ?></small></
  label></p>

<p><input type="text" name="url" id="url" value="<?php echo
  $comment_author_url; ?>" size="22" tabindex="3" />
<label for="url"><small><?php _e('Website'); ?></small></
  label></p>

<?php endif; ?>

<!--<p><small><strong>XHTML:</strong> <?php printf(__('You
  can use these tags: %s'), allowed_tags()); ?></small></p>-->

<p><textarea name="comment" id="comment" cols="100%"
  rows="10" tabindex="4"></textarea></p>

<p><input name="submit" type="submit" id="submit" tabin-
  dex="5" value="<?php echo attribute_escape(__('Submit Com-
  ment')); ?>" />
<input type="hidden" name="comment_post_ID" value="<?php echo
  $id; ?>" />
</p>
<?php do_action('comment_form', $post->ID); ?>

</form>

<?php endif; // If registration required and not logged in ?>

<?php else : // Comments are closed ?>
<p><?php _e('Sorry, the comment form is closed at this
  time.'); ?></p>
<?php endif; ?>
```

Überprüfung, ob die Kommentare geschützt sind

Schauen wir uns zuerst die ersten drei Zeilen genauer an:

Listing 7.52
Passwort ja oder nein

```
01 <?php if ( !empty($post->post_password) && $_COOKIE['wp-
     postpass_' . COOKIEHASH] != $post->post_password) : ?>
02 <p><?php _e('Enter your password to view comments.'); ?></p>
03 <?php return; endif; ?>
```

In der ersten Zeile wird geprüft, ob der Beitrag, zu dem die Kommentare gehören, durch ein Passwort geschützt ist. Wenn dies der Fall sein sollte und der Besucher noch nicht das Passwort eingegeben hat, soll die Meldung erscheinen, die in Zeile 02 notiert ist. Wurde ein Beitrag bzw. seine Kommentare nicht durch ein Passwort geschützt, wird der Code ab Zeile 05 weiter ausgeführt. In der nächsten Abbildung sehen Sie den Fall, wenn ein Beitrag geschützt ist und das Passwort noch nicht eingegeben wurde:

Abbildung 7.12
Geschützter Kommentarbereich

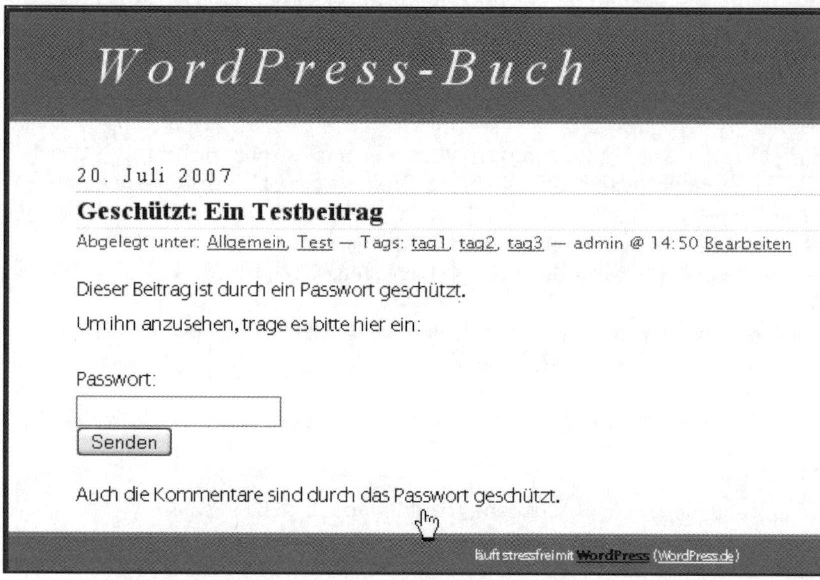

Dadurch, dass auf dem Testsystem die Sprachdatei aktiv ist, wurde der englische Satz *Enter your password to view comments* durch *Auch die Kommentare sind durch das Passwort geschützt* übersetzt. In der Zeile 03 sehen Sie die PHP-Anweisung `return`. Eine der Aufgaben dieser Anweisung ist es, die Ausführung einer Skriptdatei zu stoppen, und das ist hier auch der Fall. Wenn kein Passwort eingegeben wird, wird in der Zeile 03 die Ausführung der *comments.php* beendet. Anschließend folgt `endif`, das die `if`-Abfrage aus der Zeile 01 beendet.

Die Anzahl und die Auflistung der Kommentare

Listing 7.53
Die Anzahl der Kommentare

```
05 <h2 id="comments"><?php comments_number(__('No Comments'),
     __('1 Comment'), __('% Comments')); ?>
06 <?php if ( comments_open() ) : ?>
07   <a href="#postcomment" title="<?php _e("Leave a comment");
       ?>">&raquo;</a>
08 <?php endif; ?>
09 </h2>
```

In der Zeile 05 wird eine Überschrift zweiter Ordnung geöffnet und direkt dahinter befindet sich das Template-Tag `comments_number();`. Dieses Template-Tag überprüft, ob und wie viele Kommentare abgegeben wurden. Auch Track- und Pingbacks werden als Kommentare gezählt. In der Zeile 06 wird abgefragt, ob für diesen Beitrag die Kommentarfunktion aktiv ist. Wenn ja, wird ein verlinkter Pfeil (») eingebunden. Klickt man auf diesen Verweis, springt man innerhalb der Seite zum Anker mit dem Namen `postcomment` und das ist die Überschrift über dem Kommentarfeld, das sich weiter unten im Kommentarbereich befindet (siehe auch Listing 7.56). In der Zeile 08 wird die `if`-Abfrage und in der Zeile 09 die Überschrift geschlossen.

Die Auflistung der Kommentare

Nun sehen Sie den Bereich innerhalb der *comments.php*, der für die Ausgabe der einzelnen Kommentare zuständig ist:

Listing 7.54
Die Auflistung der Kommentare

```
<?php if ( $comments ) : ?>
<ol id="commentlist">

<?php foreach ($comments as $comment) : ?>
  <li id="comment-<?php comment_ID() ?>">
  <?php comment_text() ?>
  <p><cite><?php comment_type(__('Comment'), __('Track-
    back'), __('Pingback')); ?> <?php _e('by'); ?> <?php
    comment_author_link() ?> &#8212; <?php comment_date() ?>
    @ <a href="#comment-<?php comment_ID() ?>"><?php
    comment_time() ?></a></cite> <?php
    edit_comment_link(__("Edit This"), ' |'); ?></p>
  </li>

<?php endforeach; ?>

</ol>

```

```
24 <?php else : // If there are no comments yet ?>
25   <p><?php _e('No comments yet.'); ?></p>
26 <?php endif; ?>
```

In Zeile 11 wird die Abfrage gestellt, ob es schon Kommentare gibt. Wenn es **keine** Kommentare gibt, wird der Text aus der Zeile 25 ausgegeben. In der Übersetzung heißt die Meldung: *Noch keine Kommentare*.

Gibt es Kommentare, wird in der Zeile 12 eine nummerierte Liste (`<ol>`) geöffnet und mit der `foreach`-Schleife in der Zeile 14 wird jeder Kommentar – also auch Ping- und Trackbacks – als einzelner Listenpunkt ausgegeben (Zeile 15–18). Dabei bekommt jeder Kommentar – ähnlich wie Beiträge – eine eindeutige ID zugewiesen (Zeile 15).

In der Zeile 16 befindet sich das Template-Tag `comment_text();`. Dieses Template-Tag hat keine Parameter und ist zuständig für die Ausgabe des Kommentarinhalts. In der Zeile 17 befinden sich innerhalb eines Absatzes die Angaben, um welche Kommentarart (`comment_type();`) es sich handelt, der Name des Kommentators und um welche Zeit der Kommentar abgeschickt wurde. Am Ende des Absatzes befindet sich der Bearbeiten-Link, der natürlich nur von den eingeloggten Betreibern zu sehen ist. Der Name des Kommentarautors wird verlinkt, wenn es sich um ein Ping- oder Trackback handelt oder wenn bei der Kommentarabgabe der Autor des Kommentars in das Kommentarformular eine Webadresse eingegeben hat.

Der Link zum Kommentar-Feed und die Trackback-URL

In Zeile 20 wird `foreach` und in der Zeile 22 die nummerierte Liste beendet. In der Zeile 26 wird die `if`-Abfrage beendet.

Listing 7.55
Der Kommentar-Feed-Link und die Trackback-URL

```
28 <p><?php comments_rss_link(__('<abbr title="Really Simple
     Syndication">RSS</abbr> feed for comments on this post.'));
     ?>
29 <?php if ( pings_open() ) : ?>
30   <a href="<?php trackback_url() ?>" rel="trackback"><?php
       _e('TrackBack <abbr title="Universal Resource Loca-
       tor">URL</abbr>'); ?></a>
31 <?php endif; ?>
32 </p>
```

In den Zeilen 28–32 sehen Sie einen Absatz. Dieser wird in der Ausgabe unter den Kommentaren bzw. der Meldung, dass es keine Kommentare gibt, platziert. Der erste Teil des Inhaltes dieses Absatzes ist der Verweis zu dem Kommentar-Feed für **diesen** Beitrag.

In der Zeile 29 findet abermals eine Abfrage statt und zwar, ob Ping- und Trackbacks zugelassen sind (`if (pings_open();)`). Denn es ist nicht sinnvoll, die Trackback-Adresse zu veröffentlichen, wenn Trackbacks zu dieser oder im Allgemeinen deaktiviert sind. Daher wird der Verweis (Zeile 30) nur angezeigt, wenn Ping- und Trackbacks zugelassen werden. Die Ping- und Trackbacks kann man global unter *Einstellungen / Diskussion / Übliche Einstellungen für einen Beitrag* steuern oder für jeden Beitrag einzeln beim *Verfassen/Bearbeiten* des Beitrages festlegen (*Diskussion*). In der Zeile 31 endet die `if`-Abfrage und in der Zeile 32 der Absatz.

Das Kommentarformular

Langsam, aber sicher nähern wir uns dem Formular, in dem die Besucher, falls die Funktion nicht gesperrt ist, ihre Meinung in der Form eines Kommentars abgeben können.

Listing 7.56
Die Formular-Überschrift und die Login-Abfrage

```
34  <?php if ( comments_open() ) : ?>
35  <h2 id="postcomment"><?php _e('Leave a comment'); ?></h2>
36
37  <?php if ( get_option('comment_registration') && !$user_ID )
      : ?>
38  <p><?php printf(__('You must be <a href="%s">logged in</a> to
      post a comment.'), get_option('siteurl')."/wp-
      login.php?redirect_to=".get_the_permalink());?></p>
39  <?php else : ?>
```

In Zeile 34 findet ... na was wohl ... richtig, eine Abfrage statt und zwar eine, die Sie bereits kennen (Listing 7.53). Es wird geprüft, ob die Kommentarfunktion aktiv ist. Wenn ja, erscheint eine Überschrift. In der deutschen Übersetzung steht dort: *Einen Kommentar hinterlassen*.

In Zeile 37 wird dann wiederum durch ein weiteres `if`-Konstrukt abgefragt, ob sich der Besucher einloggen muss, um einen Kommentar zu hinterlassen (`get_option('comment_registration')`). Wenn ja und wenn der aktuelle Besucher nicht eingeloggt ist, erscheint der Text aus der Zeile 38, der den Besucher darauf aufmerksam macht, dass er sich einloggen muss, um einen Kommentar zu hinterlassen. Ein Teil der Meldung wird verlinkt und der Verweis führt zu dem Login-Formular, allerdings mit dem Permalink des Beitrages als Parameter, so dass man nach dem Einloggen automatisch wieder zu dem Beitrag geleitet wird. In Zeile 39 befindet sich ein `else` und somit ist der folgende Code relevant, wenn man entweder nicht eingeloggt sein muss, um einen Kommentar abzugeben, oder wenn man sich bereits eingeloggt hat:

Listing 7.57
Der erste Teil des Formulars

```
41  <form action="<?php echo get_option('siteurl'); ?>/wp-com-
      ments-post.php" method="post" id="commentform">
42
43  <?php if ( $user_ID ) : ?>
44
45  <p><?php printf(__('Logged in as %s.'), '<a
      href="'.get_option('siteurl').'/wp-admin/pro-
      file.php">'.$user_identity.'</a>'); ?> <a href="<?php echo
      get_option('siteurl'); ?>/wp-login.php?action=logout"
      title="<?php _e('Log out of this account') ?>"><?php
      _e('Logout &raquo;'); ?></a></p>
46
47  <?php else : ?>
```

In Zeile 41 beginnt das Formular (<form>). Die Angaben aus dem Formular werden per `post`-Methode an die Datei *wp-comments-post.php* übergeben, die sich im Hauptverzeichnis von WordPress befindet. In der Zeile 43 findet eine weitere Abfrage statt und zwar, ob man eingeloggt ist. Wenn man eingeloggt ist, erscheint ein Absatz mit dem Text (hier übersetzt): *Eingeloggt als [Nutzername]. Ausloggen »*. In Zeile 47 leitet das `else` den Code ein, der ausgegeben wird, wenn die Kommentarfunktion freigeschaltet ist, aber man als Besucher nicht eingeloggt ist – die grundlegenden Angaben über den Kommentator:

Listing 7.58
Name, E-Mail, URL

```
49  <p><input type="text" name="author" id="author" value="<?php
      echo $comment_author; ?>" size="22" tabindex="1" />
50  <label for="author"><small><?php _e('Name'); ?> <?php if
      ($req) _e('(required)'); ?></small></label></p>
51
52  <p><input type="text" name="email" id="email" value="<?php
      echo $comment_author_email; ?>" size="22" tabindex="2" />
53  <label for="email"><small><?php _e('Mail (will not be publis-
      hed)');?> <?php if ($req) _e('(required)'); ?></small></
      label></p>
54
55  <p><input type="text" name="url" id="url" value="<?php echo
      $comment_author_url; ?>" size="22" tabindex="3" />
56  <label for="url"><small><?php _e('Website'); ?></small></
      label></p>
57
58  <?php endif; ?>
```

Die Textbox

In den Zeilen 49–56 werden die drei Textfelder ausgegeben, in denen der Kommentator seinen Namen, seine E-Mail-Adresse und die Adresse seiner Website eingeben kann. Im Admin-Bereich unter *Einstellungen / Allgemein / Mitgliedschaft* gibt es eine Checkbox mit dem Namen *Benutzer müssen zum Kommentieren registriert und angemeldet sein*. Wenn diese Checkbox aktiv ist, werden die ersten beiden Textfelder (Name und E-Mail) zu Pflichtfeldern, das heißt, sie müssen ausgefüllt werden, sonst wird der Kommentar vom System nicht angenommen. Zuständig für diese Abfrage ist `if ($req) _e('(required)');`. In der Zeile 58 wird das `if-else`-Konstrukt, das in der Zeile 43 (siehe auch Listing 7.57) startet, durch das `endif;` beendet.

Listing 7.59
Die Textbox

```
60 <!--<p><small><strong>XHTML:</strong> <?php printf(__('You
     can use these tags: %s'), allowed_tags()); ?></small></p>-->
61
62 <p><textarea name="comment" id="comment" cols="100%"
     rows="10" tabindex="4"></textarea></p>
63
64 <p><input name="submit" type="submit" id="submit" tabin-
     dex="5" value="<?php echo attribute_escape(__('Submit Com-
     ment')); ?>" />
65 <input type="hidden" name="comment_post_ID" value="<?php echo
     $id; ?>" />
66 </p>
67 <?php do_action('comment_form', $post->ID); ?>
68
69 </form>
```

In Zeile 60 der *comments.php* befindet sich ein HTML-Kommentar, der die Ausgabe der Auflistung der erlaubten (X)HTML-Tags versteckt. Wenn Sie den HTML-Kommentar (`<!-- ... -->`) entfernen, wird die Auflistung sichtbar. Folgende (X)HTML-Tags sind in den Kommentaren erlaubt:

Listing 7.60
Erlaubte (X)HTML-Tags

```
<a href="" title=""> <abbr title=""> <acronym title=""> <b>
    <blockquote cite=""> <code> <em> <i> <strike> <strong>
```

Das Ende der comments.php

In Zeile 62 befindet sich die Textbox, in der der eigentliche Kommentar eingegeben wird. Mit dem Code in der Zeile 64 wird der Sende-Knopf generiert, mit dem man den Kommentar abschickt bzw. zur Datenbank sendet. In der Zeile 65 sehen Sie ein verstecktes Formularfeld, in diesem wird die eindeutige Nummer (ID) des Kommentars an die Datenbank gesendet. In der Zeile 67 der *comments.php* befindet sich der Template-Hook für den Kommentarbereich: `do_action('comment_form', $post->ID);`. Dieser **muss** auf jeden Fall vor dem abschließenden `form`-Tag untergebracht sein.

Listing 7.61
Das Ende der *comments.php*

```
71 <?php endif; // If registration required and not logged in ?>
72
73 <?php else : // Comments are closed ?>
74 <p><?php _e('Sorry, the comment form is closed at this
     time.'); ?></p>
75 <?php endif; ?>
```

Wie schon der englische Kommentar verrät, wird in der Zeile 71 die Abfrage – »Registrierung notwendig und noch nicht eingeloggt« – beendet, die ihren Ursprung in der Zeile 37 hat (siehe auch Listing 7.56). In der Zeile 73 sehen Sie den `else`-Teil des `if-else`-Konstrukts, der seinen Ursprung in der Zeile 34 hat (Listing 7.56), daher ist der Code in der Zeile 74 relevant, wenn die Kommentarfunktion für diesen Beitrag geschlossen wurde. In der Zeile 75 wird dieses `if-else`-Konstrukt geschlossen und wir befinden uns am Ende der *comments.php*.

Zu guter Letzt sehen Sie die Abbildungen des Kommentarbereiches einmal im eingeloggten und dann im ausgeloggten Zustand:

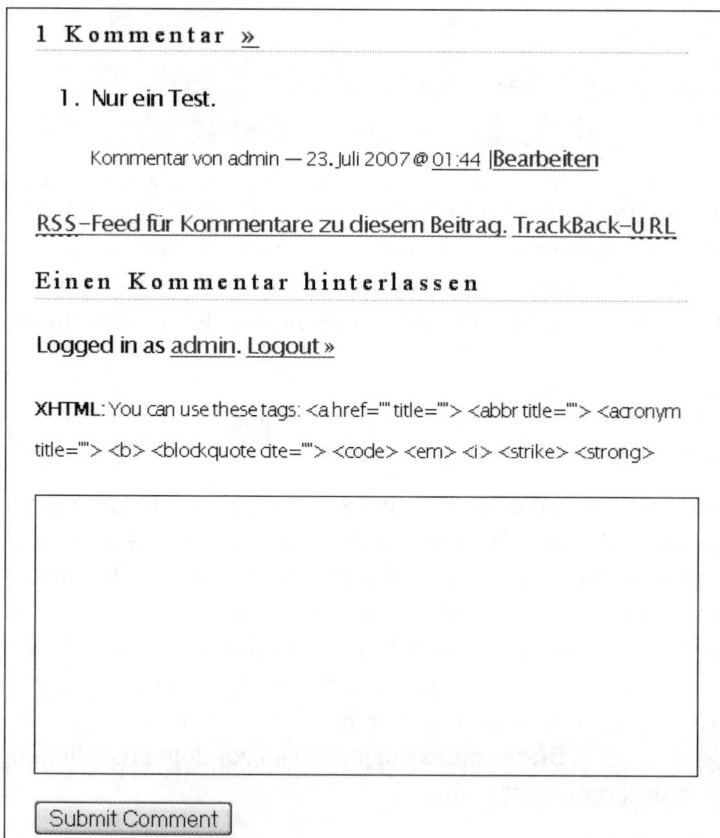

Abbildung 7.13
Der Kommentarbereich im eingeloggten Zustand

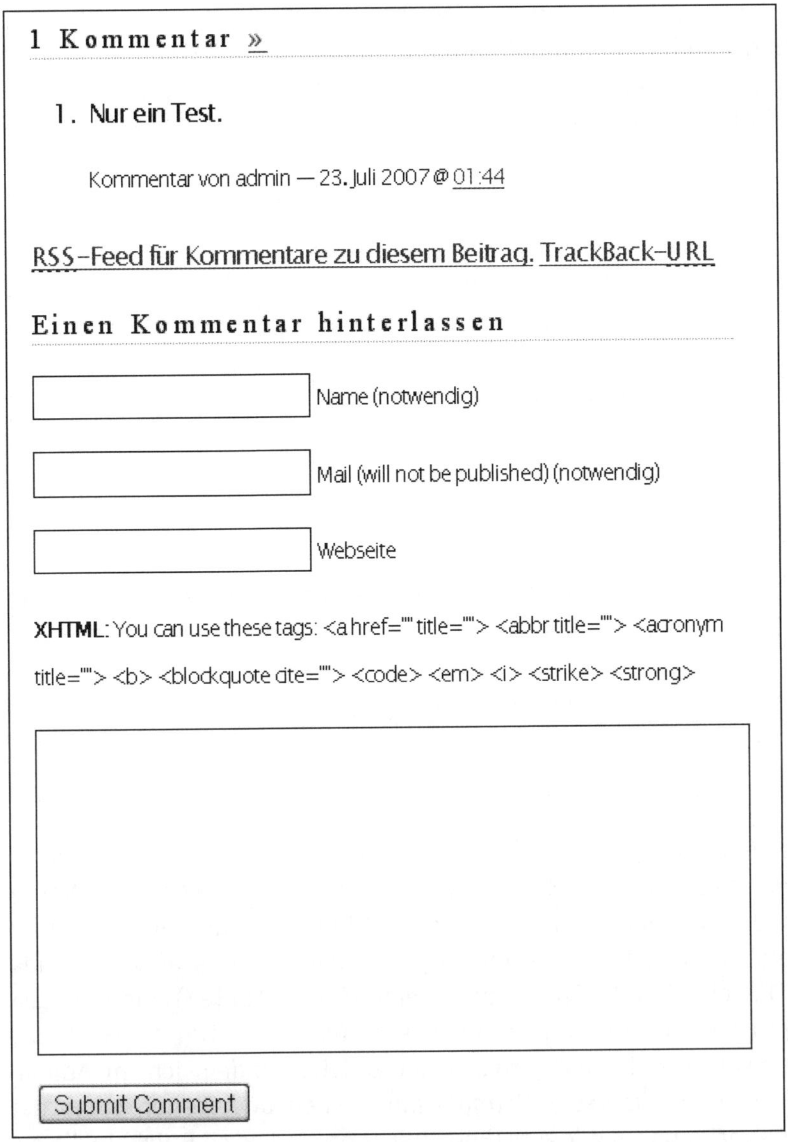

Abbildung 7.14
Der Kommentarbereich im ausgeloggten Zustand

7.6 Die Funktionsdatei (functions.php)

Die Datei *functions.php* ist im eigentlichen Sinn keine »richtige« Template-Datei, da sie nur der Widget-Funktion dient. In der *sidebar.php* (Listing 7.24) wurde bereits das Fundament für die Widget-Funktion gelegt, indem eine Abfrage (Listing 7.25) eingebaut wurde, ob die Widget-

Funktion existiert und ob sie aktiv ist. Das war der erste Schritt, aber damit die Widgets funktionieren, muss auch eine *functions.php* erstellt werden. Diese Datei muss dann natürlich auch in dem jeweiligen Themes-Ordner untergebracht werden. So schaut die *functions.php* des Classic-Themes aus:

Listing 7.62
functions.php

```
01 <?php
02 if ( function_exists('register_sidebar') )
03   register_sidebar(array(
04      'before_widget' => '<li id="%1$s" class="widget %2$s">',
05      'after_widget' => '</li>',
06      'before_title' => '',
07      'after_title' => '',
08   ));
09
10 ?>
11
```

In diesem Beispiel handelt es sich bereits um eine leicht erweiterte Datei, das Minimum, das die *functions.php* beinhalten muss, ist:

Listing 7.63
Minimale Angaben

```
<?php
if ( function_exists('register_sidebar') )
  register_sidebar();
?>
```

In der *functions.php* des Classic-Themes gesellt sich ein Array hinzu (Zeilen 03–08). Mit der Hilfe des Arrays bzw. der Schlüssel- und Werte-Paare des Arrays bekommt jeder Widget-Bereich in der Sidebar vorher ein einleitendes Listenelement-Tag und nachher das abschließende Tag. Das einleitende Tag bekommt eine ID (`id="%1$s"`) und ein Klassen-Attribut mit zwei Werten zugewiesen (`class="widget %2$s"`). Ich habe testweise die Widget-Funktion aktiviert, indem ich im Admin-Bereich unter *Themes / Widgets* mit Klicken und Ziehen eines der bereits verfügbaren Widgets (Ende Juli 2007 sind es elf Stück) in die bis dahin leere Sidebar-Box geschoben habe. Ich habe mich für das Archiv entschieden. Nach dem Abspeichern schaute ich mir das Ergebnis im Frontend an. Der komplette Inhalt der Sidebar ist weg, mit der Ausnahme des Monatsarchivs. Hier der Quelltext des besagten Bereiches:

```
<li id="archives" class="widget widget_archives">Archiv
  <ul>
    <li><a href='http://www.wordpress-buch.de/2007/07/' tit-
        le='Juli 2007'>Juli 2007</a></li>
```

```
    <li><a href='http://www.wordpress-buch.de/2007/06/' tit-
        le='Juni 2007'>Juni 2007</a></li>
  </ul>
</li>
```

Listing 7.64
Der Quelltext des aktiven Widgets

In dem Quelltext sehen Sie, was aus den »Platzhalter«-Werten (`sprintf`-Typ-Angaben) geworden ist. Aus `%1$s` wurde `archives` und aus `%2$s` wurde `widget_archives`. Es wird also der Name des Widgets ausgelesen und an der entsprechenden Stelle eingefügt. Einmal alleine und einmal in Verbindung mit einem Präfix (`widgets_`). Somit haben Sie eine gute Möglichkeit, IDs und Klassen zu vergeben, um zusätzliche Selektoren für die CSS-Angaben zu bekommen.

Sie haben selbstverständlich auch die Möglichkeit, wenn Bedarf besteht, die *functions.php* nach Ihren eigenen Bedürfnissen zu organisieren. Hier eine mögliche Alternative:

Listing 7.65
Alternative *functions.php*

```
<?php
if ( function_exists('register_sidebar') )
  register_sidebar(array(
    'before_widget' => '<div id="%1$s">',
    'after_widget' => '</div>',
    'before_title' => '<h2 class="widget">',
  'after_title' => '</h2>',
  ));
?>
```

Die Ausgabe der alternativen *functions.php* schaut im Quelltext folgendermaßen aus:

Listing 7.66
Der Quelltext der alternativen *functions.php*

```
<div id="archives">
  <h2 class="widget">Archiv</h2>
  <ul>
    <li><a href="http://www.wordpress-buch.de/2007/07/" tit-
        le="Juli 2007">Juli 2007</a></li>
    <li><a href="http://www.wordpress-buch.de/2007/06/" tit-
        le="Juni 2007">Juni 2007</a></li>
  </ul>
</div>
```

7.7 Der Stylesheet (style.css)

Nun sind Sie zu der letzten Template-Datei des Classic-Themes gelangt, der CSS-Datei: *style.css*. Wie ich es bereits in der Einleitung erwähnt habe, werde ich in diesem Buch auf das Thema CSS nicht näher eingehen ... aus den in der Einleitung genannten Gründen. Allerdings gibt es etwas, was Sie beachten müssen, damit die CSS-Datei richtig erkannt wird.

Listing 7.67
style.css

```
01  /*
02  Theme Name: WordPress Classic
03  Theme URI: http://wordpress.org/
04  Description: The original WordPress theme that graced versi-
      ons 1.2.x and prior.
05  Version: 1.5
06  Author: Dave Shea
07
08  Default WordPress by Dave Shea || http://mezzoblue.com
09  Modifications by Matthew Mullenweg || http://photomatt.net
10  This is just a basic layout, with only the bare minimum defi-
      ned.
11  Please tweak this and make it your own. :)
12  */
```

Für uns sind die Zeilen 02–06 relevant. Dort wird zum einen der Name des Themes notiert, die URL zu der Website, die Beschreibung des Themes (Zeile 04), die Angabe zur Version und der Name des Autors. Diese Angaben erscheinen nachher im Admin-Bereich: *Themes / Themes*. Ohne diese Angaben würde das ganze Theme zwar auch ohne Probleme funktionieren und auch die Auswahl des Themes im Admin-Bereich wäre möglich, aber es gäbe sonst keine zusätzlichen Informationen zu dem Theme. Schauen wir uns den Anfang der CSS-Datei aus dem Default-Theme (Kubrick) an:

Listing 7.68
style.css des Default-Themes

```
01  /*
02  Theme Name: WordPress Default
03  Theme URI: http://wordpress.org/
04  Description: The default WordPress theme based on the famous
      <a href="http://binarybonsai.com/kubrick/">Kubrick</a>.
05  Version: 1.6
06  Author: Michael Heilemann
07  Author URI: http://binarybonsai.com/
...
18  */
```

Im Kopf der CSS-Datei des Default-Themes sehen Sie eine neue Angabe in Zeile 07: `Author URI: http://binarybonsai.com`. Dadurch wird bei der Themes-Ansicht der Name des Autors verlinkt. Innerhalb der `Description` (Zeile 04) kann man auch (X)HTML-Elemente unterbringen, um z. B. noch einmal zusätzlich auf die Website des Autors oder auf eine zweite Adresse zu verlinken. Eine Verlinkung zum Autor und eine gute Beschreibung sind sehr wichtig, speziell wenn Sie WordPress-Themes für die Öffentlichkeit, also freie Themes entwickeln. In der nächsten Abbildung sehen Sie das Zusammenspiel verschiedener Angaben im Kopf der CSS-Datei bei der Themes-Ansicht im Admin-Bereich.

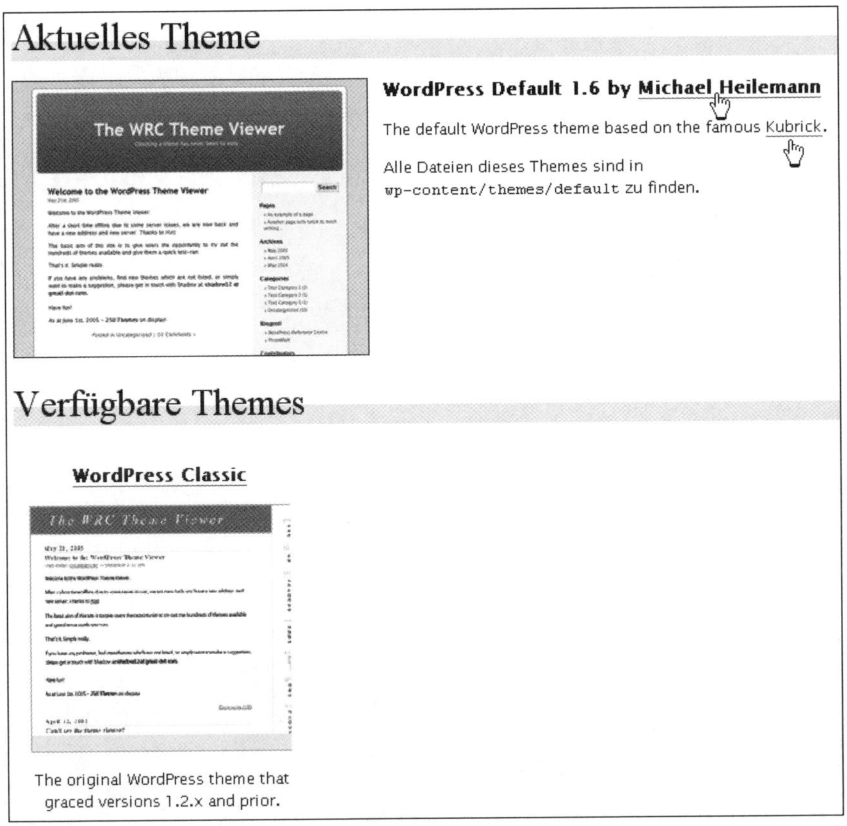

Abbildung 7.15
Verfügbare Themes

Kapitel 8

8

Das Default-Theme

8.11 Der Kommentarbereich (comments.php) 239

Im vorherigen Kapitel habe ich Ihnen den Aufbau des Classic-Themes erklärt. In diesem Kapitel ist das Default-Theme an der Reihe. Das Default-Theme ist das Standard-Theme von WordPress seit der Version 1.5. Im Gegensatz zu dem Classic-Theme ist der Aufbau dieses Themes um einiges anspruchsvoller, um das Wort kompliziert zu vermeiden. Es sind nicht einfach nur mehr Template-Dateien vorhanden, es werden auch fortgeschrittene Techniken angewendet (z. B. Conditional-Tags), um bestimmte Zustände abzufragen, um dafür spezielle Inhalte wiederzugeben.

Abbildung 8.1
Die Dateien des Default-Themes

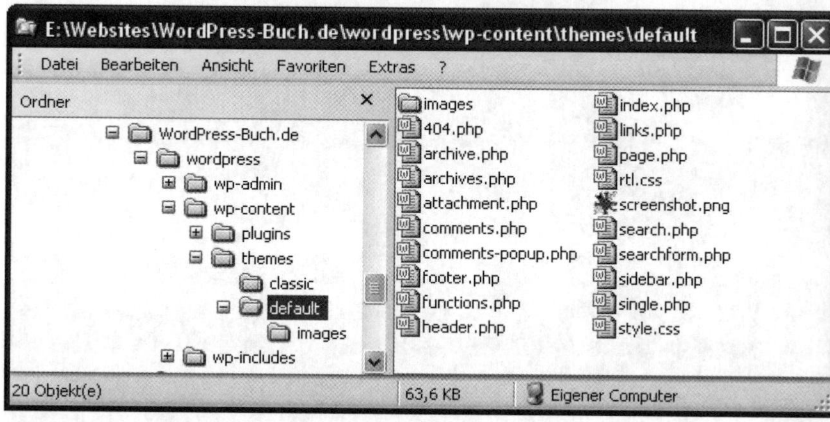

Viele Code-Fragmente werden Ihnen aus dem vorherigen Kapitel bekannt vorkommen, daher werde ich es vermeiden, auf diese noch einmal näher einzugehen, und werde nur Abwandlungen oder neuen Code näher beschreiben. Daher ist es wichtig, dass Sie das Kapitel, in dem das Classic-Theme vorgestellt wurde, lesen.

8.1 Der Kopfbereich (header.php)

Listing 8.1
header.php

```
<!DOCTYPE html PUBLIC "-//W3C//DTD XHTML 1.0 Transitional//EN" "http://www.w3.org/TR/xhtml1/DTD/xhtml1-transitional.dtd">
<html xmlns="http://www.w3.org/1999/xhtml" <?php language_attributes(); ?>>

<head profile="http://gmpg.org/xfn/11">
<meta http-equiv="Content-Type" content="<?php bloginfo('html_type'); ?>; charset=<?php bloginfo('charset'); ?>" />

```

```
<title><?php bloginfo('name'); ?> <?php if ( is_single() ) { ?> &raquo; Blog Archive <?php } ?> <?php wp_title(); ?></title>
<meta name="generator" content="WordPress <?php bloginfo('version'); ?>" /> <!-- leave this for stats -->
<link rel="stylesheet" href="<?php bloginfo('stylesheet_url'); ?>" type="text/css" media="screen" />
<link rel="alternate" type="application/rss+xml" title="<?php bloginfo('name'); ?> RSS Feed" href="<?php bloginfo('rss2_url'); ?>" />
<link rel="pingback" href="<?php bloginfo('pingback_url'); ?>" />
<style type="text/css" media="screen">
<?php
// Checks to see whether it needs a sidebar or not
if ( !$withcomments && !is_single() ) {
?>
#page { background: url("<?php bloginfo('stylesheet_directory'); ?>/images/kubrickbg-<?php bloginfo('text_direction'); ?>.jpg") repeat-y top; border: none; }
<?php } else { // No sidebar ?>
#page { background: url("<?php bloginfo('stylesheet_directory'); ?>/images/kubrickbgwide.jpg") repeat-y top; border: none; }
<?php } ?>
</style>
<?php wp_head(); ?>
</head>
<body>
<div id="page">
<div id="header">
  <div id="headerimg">
    <h1><a href="<?php echo get_option('home'); ?>/"><?php bloginfo('name'); ?></a></h1>
  <div class="description"><?php bloginfo('description'); ?></div>
</div>
</div>
<hr />
```

In der Zeile 07 sehen Sie den ersten Unterschied zwischen dem Classic- und dem Default-Theme:

Listing 8.2
Seiten-Titel

```
07  <title><?php bloginfo('name'); ?> <?php if ( is_single() ) { ?>
      &raquo; Blog Archive <?php } ?> <?php wp_title(); ?></title>
```

Zuerst wird wie üblich der Titel bzw. der Name des Weblogs eingebunden (`bloginfo('name')`), gefolgt von einer Abfrage mittels eines Conditional-Tags (`is_single()`), ob es sich bei der jeweiligen Seite um die Einzelansicht eines Beitrages handelt. Wenn ja, dann soll im Seiten-Titel zusätzlich noch *» Blog Archive* erscheinen. Am Ende befindet sich das Template-Tag `wp_title()`, das die Titel der Beiträge und Seiten ausliest und anzeigt.

Die zweite Neuerung, die erscheint, ist wiederum eine Abfrage:

Listing 8.3
Abweichende Hintergrundgrafik

```
15  <style type="text/css" media="screen">
16
17  <?php
18  // Checks to see whether it needs a sidebar or not
19  if ( !$withcomments && !is_single() ) {
20  ?>
21  #page { background: url("<?php blog-
      info('stylesheet_directory'); ?>/images/kubrickbg-<?php
      bloginfo('text_direction'); ?>.jpg") repeat-y top; border:
      none; }
22  <?php } else { // No sidebar ?>
23  #page { background: url("<?php blog-
      info('stylesheet_directory'); ?>/images/kubrickbgwide.jpg")
      repeat-y top; border: none; }
24  <?php } ?>
25
26  </style>
```

Welches Hintergrundbild soll es sein?

Die Abfrage startet in der Zeile 19 und es wird mittels einer negativen Abfrage (`if !$variable`) festgestellt, ob man sich **nicht** auf der Einzelansicht des Beitrages (`!is_single`) befindet und ob nicht die Kommentare angezeigt werden (`!$withcomments`). Wenn diese negative Abfrage wahr ist und man sich z. B. auf den Übersichtseiten befindet, wird der CSS-Code aus der Zeile 21 im Kopfbereich eingebunden.

Sollte die Abfrage den Wert `false` (bzw. falsch) geliefert bekommen, kommt `else` zum Zug und der CSS-Code aus der Zeile 23 wird im Kopfbereich der Seite eingebunden. Was Sie hier sehen, ist eine einfache Möglichkeit, verschiedene Hintergrundbilder einzubinden – je nach

Bereich der Website. Aber das ist nicht alles. Je nachdem, welche Sprache Sie in der Datei *wp-config.php* (Zeile 17) angegeben haben, erkennt das System die Schreibrichtung der Sprache und bindet ein anderes Hintergrundbild ein. Bei den Sprachen, in denen man von links nach rechts schreibt (z. B. alle europäischen Sprachen), wird das Hintergrundbild *kubrickbg-ltr.jpg* eingebunden. Bei Weblogs mit z. B. hebräischer Sprache wird das Hintergrundbild *kubrickbg-rtl.jpg* eingebunden.

Listing 8.4
Die Überschrift in der Kopfgrafik

```
34 <div id="header">
35   <div id="headerimg">
36     <h1><a href="<?php echo get_option('home'); ?>/"><?php
         bloginfo('name'); ?></a></h1>
37   <div class="description"><?php bloginfo('description');
       ?></div>
38 </div>
39 </div>
```

In diesem Bereich (Zeilen 34–39) gibt es wenig Neues. Eine Ausnahme ist aber die WordPress-Funktion `get_option();`. Ähnlich dem Template-Tag `bloginfo();` liefert sie wichtige Informationen allgemeiner Natur. Mit dem Parameter `home` liefert diese Funktion die Adresse des Weblogs. Die Adresse des Weblogs kann man auch durch `bloginfo('url');` bekommen. In der Zeile 37 sehen Sie noch einmal `bloginfo();` allerdings mit dem Parameter `description`. Die Beschreibung (engl. Description) des Weblogs können Sie unter *Einstellungen / Allgemein / Blog-Thema* ändern.

Abbildung 8.2
Der Kopfbereich

Das war es eigentlich mit der *header.php*. Das Einzige, was man noch erwähnen könnte, ist, dass die *header.php* mit einer Trennlinie (<hr />) aufhört, die durch CSS unsichtbar gemacht wird (`hr {display: none;}`). Das ist eine gängige Praxis, um die Bereiche einer Website (Kopf, Fuß, Inhalt etc.) voneinander abzugrenzen, auch für die Besucher, die ohne CSS-Unterstützung unterwegs sind (z. B. textbasierte Browser) oder für die Ausgabe am Drucker.

8.2 Die Sidebar (sidebar.php)

Listing 8.5
Die *sidebar.php*

```
<div id="sidebar">
  <ul>
  <?php /* Widgetized sidebar, if you have the plugin installed. */
     if ( !function_exists('dynamic_sidebar') || !dynamic_sidebar() ) : ?>
   <li>
     <?php include (TEMPLATEPATH . '/searchform.php'); ?>
   </li>

   <!-- Author information is disabled per default. Uncomment and fill in your details if you want to use it.
   <li><h2>Author</h2>
   <p>A little something about you, the author. Nothing lengthy, just an overview.</p>
   </li>
   -->

   <?php if ( is_404() || is_category() || is_day() || is_month() ||
   is_year() || is_search() || is_paged() ) {
   ?> <li>

   <?php /* If this is a 404 page */ if (is_404()) { ?>
   <?php /* If this is a category archive */ } elseif (is_category()) { ?>
   <p>You are currently browsing the archives for the <?php single_cat_title(''); ?> category.</p>

   <?php /* If this is a yearly archive */ } elseif (is_day()) { ?>
   <p>You are currently browsing the <a href="<?php bloginfo('url'); ?>/"><?php echo bloginfo('name'); ?></a> weblog archives
   for the day <?php the_time('l, F jS, Y'); ?>.</p>

   <?php /* If this is a monthly archive */ } elseif (is_month()) { ?>
   <p>You are currently browsing the <a href="<?php bloginfo('url'); ?>/"><?php echo bloginfo('name'); ?></a> weblog archives
```

```
    for <?php the_time('F, Y'); ?>.</p>

    <?php /* If this is a yearly archive */ } elseif
      (is_year()) { ?>
    <p>You are currently browsing the <a href="<?php blogin-
      fo('url'); ?>/"><?php echo bloginfo('name'); ?></a>
      weblog archives
    for the year <?php the_time('Y'); ?>.</p>

    <?php /* If this is a monthly archive */ } elseif
      (is_search()) { ?>
    <p>You have searched the <a href="<?php echo blogin-
      fo('url'); ?>/"><?php echo bloginfo('name'); ?></a>
      weblog archives
    for <strong>'<?php the_search_query(); ?>'</strong>. If
      you are unable to find anything in these search results,
      you can try one of these links.</p>

    <?php /* If this is a monthly archive */ } elseif (is-
      set($_GET['paged']) && !empty($_GET['paged'])) { ?>
    <p>You are currently browsing the <a href="<?php echo blo-
      ginfo('url'); ?>/"><?php echo bloginfo('name'); ?></a>
      weblog archives.</p>

    <?php } ?>

    </li> <?php }?>

    <?php wp_list_pages('title_li=<h2>Pages</h2>' ); ?>

    <li><h2>Archives</h2>
      <ul>
      <?php wp_get_archives('type=monthly'); ?>
      </ul>
    </li>

    <?php wp_list_categories('show_count=1&title_li=<h2>Ca-
      tegories</h2>'); ?>

    <?php /* If this is the frontpage */ if ( is_home() ||
      is_page() ) { ?>
    <?php wp_list_bookmarks(); ?>

    <li><h2>Meta</h2>
    <ul>
      <?php wp_register(); ?>
      <li><?php wp_loginout(); ?></li>
```

```
63          <li><a href="http://validator.w3.org/check/referer"
              title="This page validates as XHTML 1.0 Transitio-
              nal">Valid <abbr title="eXtensible HyperText Markup
              Language">XHTML</abbr></a></li>
64          <li><a href="http://gmpg.org/xfn/"><abbr title="XHTML
              Friends Network">XFN</abbr></a></li>
65          <li><a href="http://wordpress.org/" title="Powered by
              WordPress, state-of-the-art semantic personal publi-
              shing platform.">WordPress</a></li>
66          <?php wp_meta(); ?>
67        </ul>
68        </li>
69        <?php } ?>
70
71        <?php endif; ?>
72      </ul>
73    </div>
74
75
```

In der Zeile 04 wird, ähnlich dem Classic-Theme, auch hier das Vorhandensein der Widget-Funktion, bzw. ob diese Funktion aktiv ist, abgefragt. In der Zeile 06 sehen Sie folgendes Konstrukt:

Listing 8.6
Die Suchfunktion auslagern

```
06          <?php include (TEMPLATEPATH . '/searchform.php'); ?>
```

Hiermit wird das komplette Suchformular in eine externe Datei (*searchform.php*) ausgelagert. Der Wert `TEMPLATEPATH` gibt den absoluten Pfad zu dem jeweiligen Themes-Ordner wieder. Wobei man hier einen Unterschied zwischen `TEMPLATEPATH` und `bloginfo('template_directory')` machen muss. `TEMPLATEPATH` liefert den absoluten Pfad auf dem Webserver, z. B. */www/htdocs/nutzer/wp-content/themes/default*, und `bloginfo('template_directory')` das, was man als Webadresse bezeichnet (*http://www.wordpress-buch.de/wp-content/themes/default/*). Und so schaut die *searchform.php* aus:

Listing 8.7
searchform.php

```
<form method="get" id="searchform" action="<?php bloginfo('url');
      ?>/">
<div><input type="text" value="<?php the_search_query(); ?>"
      name="s" id="s" />
<input type="submit" id="searchsubmit" value="Search" />
</div>
</form>
```

Fragen Sie mich bitte nicht, warum der Theme-Entwickler für vier Zeilen Code eine extra Template-Datei erstellt hat, ich kann in dieser Vorgehensweise auch keinen wirklichen Vorteil erkennen.

In den Zeilen 09–13 der *sidebar.php* folgt ein Bereich, der durch einen (X)HTML-Kommentar ausgeblendet wird. Diesen Bereich können Sie auch getrost löschen oder wie vorgesehen ein paar Informationen zu Ihrer Person, Ihrer Perle (wie heißt eigentlich das Maskulinum von Perle?) oder Ihrem Haustier eintragen. Katzen sollen in »Klein-Bloggersdorf« angeblich hoch im Kurs stehen ... habe ich mir sagen lassen.

»Extreme Abfraging«

Ab Zeile 15 beginnt eine Abfrage-Orgie. Man möge mir diesen Begriff verzeihen, aber es beschreibt am besten, was ab jetzt passiert:

Listing 8.8
Bist du Kategorie, Archiv, Suchergebnis oder »Unterseite«?

```
15      <?php if ( is_404() || is_category() || is_day() ||
          is_month() ||
16      is_year() || is_search() || is_paged() ) {
17      ?> <li>
```

Ich übersetze die Abfrage am besten von PHP in Deutsch: Wenn du eine 404er-Fehlermeldung oder Kategorieübersicht oder ein Tagesarchiv (Übersicht der Beiträge eines Tages) oder Monatsarchiv oder Jahresarchiv oder eine »Unterseite« bist, dann wird ein Listenpunkt eröffnet.

Hinweis

Ich habe das Wort Unterseite im vorherigen Satz mit Anführungszeichen versehen, da sich das Conditional-Tag `is_paged();` auf die so genannte **Paginierung** bezieht. Wenn Beiträge in WordPress aufgelistet werden, dann werden sie, wenn sie eine bestimmte Anzahl überschreiten, auf mehrere Seiten verteilt und diese folgenden Seiten erfüllen in WordPress den Zustand, den man als `paged` bezeichnet.

Die Abfrage aus den Zeilen 15–16 startet, wenn der zurückgelieferte Wert wahr (`true`) ist, einen Listenpunkt, aber innerhalb des Listenpunktes kommt es zu weiteren Abfragen:

Listing 8.9
Abfragen innerhalb des Listenpunktes

```
19      <?php /* If this is a 404 page */ if (is_404()) { ?>
20      <?php /* If this is a category archive */ } elseif
          (is_category()) { ?>
21      <p>You are currently browsing the archives for the <?php
          single_cat_title(''); ?> category.</p>
22
23      <?php /* If this is a daily archive */ } elseif (is_day())
          { ?>
```

```
24    <p>You are currently browsing the <a href="<?php blogin-
        fo('url'); ?>/"><?php echo bloginfo('name'); ?></a>
        weblog archives
25    for the day <?php the_time('l, F jS, Y'); ?>.</p>
26
27    <?php /* If this is a monthly archive */ } elseif
        (is_month()) { ?>
28    <p>You are currently browsing the <a href="<?php blogin-
        fo('url'); ?>/"><?php echo bloginfo('name'); ?></a>
        weblog archives
29    for <?php the_time('F, Y'); ?>.</p>
30
31    <?php /* If this is a yearly archive */ } elseif
        (is_year()) { ?>
32    <p>You are currently browsing the <a href="<?php blogin-
        fo('url'); ?>/"><?php echo bloginfo('name'); ?></a>
        weblog archives
33    for the year <?php the_time('Y'); ?>.</p>
34
35    <?php } elseif (is_search()) { ?>
36    <p>You have searched the <a href="<?php echo blogin-
        fo('url'); ?>/"><?php echo bloginfo('name'); ?></a>
        weblog archives
37    for <strong>'<?php the_search_query(); ?>'</strong>. If
        you are unable to find anything in these search results,
        you can try one of these links.</p>
38
39    <?php } elseif (isset($_GET['paged']) && !emp-
        ty($_GET['paged'])) { ?>
40    <p>You are currently browsing the <a href="<?php echo blo-
        ginfo('url'); ?>/"><?php echo bloginfo('name'); ?></a>
        weblog archives.</p>
```

Durch diese zusätzlichen Abfragen (`if` und `elseif`) in den Zeilen 19–40 der *sidebar.php* werden verschiedene Zustände angesprochen. Bei einer klassischen 404er-Fehlermeldung bleibt der Listenpunkt leer (Zeile 19). Handelt es sich um eine Kategorieübersicht, wird folgende Meldung eingebunden:

> *You are currently browsing the archives for the XYZ category (Du befindest dich gerade im Archiv der XYZ-Kategorie.).*

Der Wert XYZ wird durch den jeweiligen Kategorienamen ersetzt und diesen bekommen Sie automatisch von dem Template-Tag `single_cat_title();` geliefert. Nach dem gleichen Prinzip wird weiter abgefragt, um welche Art des Archivs es sich handelt, und es werden dann angepasste Meldungen für Tages- (Zeilen 23–25), Monats- (Zeilen

27–29) und Jahresarchiv (Zeilen 31–33) sowie für Suchergebnisse (Zeilen 35–37) und für die Paginierung (Zeilen 39–40) ausgegeben. Dabei sehen Sie ein neues Template-Tag im Einsatz: `the_search_query();`. Dieses ist seit WordPress 2.1 dabei und liefert den in das Suchformular eingegebenen Begriff.

Nachdem in den Zeilen 42–44 sowohl die Abfragen wie auch das Listenelement beendet werden, kommen uns in den Zeilen 46–54 bekannte Template-Tags entgegen, die Sie bereits im Classic-Theme kennen gelernt haben. Es werden die Seiten (Zeile 46), das Monatsarchiv (Zeile 50) und die Kategorien (Zeile 54) aufgelistet.

Durch das `if`-Konstrukt (`if ( is_home() || is_page() )`), das in der Zeile 56 der *sidebar.php* anfängt, wird die Blogroll und der Meta-Bereich nur auf der Startseite und auf den Seiten (Pages) eingeblendet. Und somit befinden wir uns auch am Ende der *sidebar.php*.

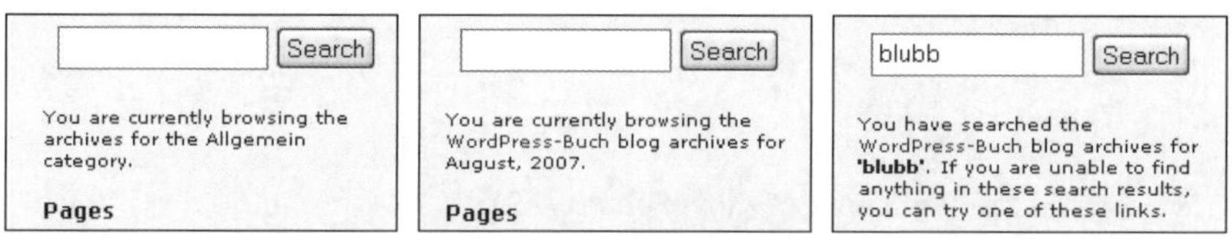

Abbildung 8.3
Die verschiedenen Zustände der Sidebar

In der Abbildung sehen Sie drei exemplarische Zustände des oberen Bereiches der Sidebar: bei einer Kategorieübersicht, bei einem Monatsarchiv und bei einem erfolglosen Suchergebnis.

8.3 Die Hauptdatei (index.php)

Listing 8.10
Die *index.php*

```
<?php get_header(); ?>

  <div id="content" class="narrowcolumn">

  <?php if (have_posts()) : ?>

    <?php while (have_posts()) : the_post(); ?>

      <div class="post" id="post-<?php the_ID(); ?>">
      <h2><a href="<?php the_permalink() ?>" rel="bookmark"
        title="Permanent Link to <?php the_title(); ?>"><?php
        the_title(); ?></a></h2>
      <small><?php the_time('F jS, Y') ?> <!-- by <?php
        the_author() ?> --></small>

```

```
13        <div class="entry">
14          <?php the_content('Read the rest of this entry &ra-
            quo;'); ?>
15        </div>
16
17        <p class="postmetadata"><?php the_tags('Tags: ', ', ',
          '<br />'); ?> Posted in <?php the_category(', ') ?> |
          <?php edit_post_link('Edit', '', ' | '); ?>  <?php
          comments_popup_link('No Comments &#187;', '1 Comment
          &#187;', '% Comments &#187;'); ?></p>
18      </div>
19
20    <?php endwhile; ?>
21
22    <div class="navigation">
23      <div class="alignleft"><?php next_posts_link('&laquo;
          Older Entries') ?></div>
24      <div class="alignright"><?php previous_posts_link('Newer
          Entries &raquo;') ?></div>
25    </div>
26
27  <?php else : ?>
28
29    <h2 class="center">Not Found</h2>
30    <p class="center">Sorry, but you are looking for something
        that isn't here.</p>
31    <?php include (TEMPLATEPATH . "/searchform.php"); ?>
32
33  <?php endif; ?>
34
35  </div>
36
37  <?php get_sidebar(); ?>
38
39  <?php get_footer(); ?>
40
```

Zu der *index.php* gibt es nicht viel zu sagen. Die Datei ist – im Bezug auf das Classic-Theme – übersichtlich geblieben und das meiste dürfte ja auch schon bekannt sein. Einziger großer Unterschied ist, dass hier ein anderes Template-Tag für die »Weiterblättern«-Funktion (Zeilen 23–24) verwendet wird. Im Classic-Theme war dies `posts_nav_link();` und hier ist es das Template-Tag-Paar `next_post_link();` und `previous_post_link();`. Zudem wird, und das ist die zweite Änderung, die »Weiterblättern«-Funktion zwischen dem Ende der `while`-Schleife und dem Ende der `if`-Abfrage untergebracht. Somit enden auch die Schleife und die Abfrage nicht in der gleichen Zeile wie im Classic-Theme.

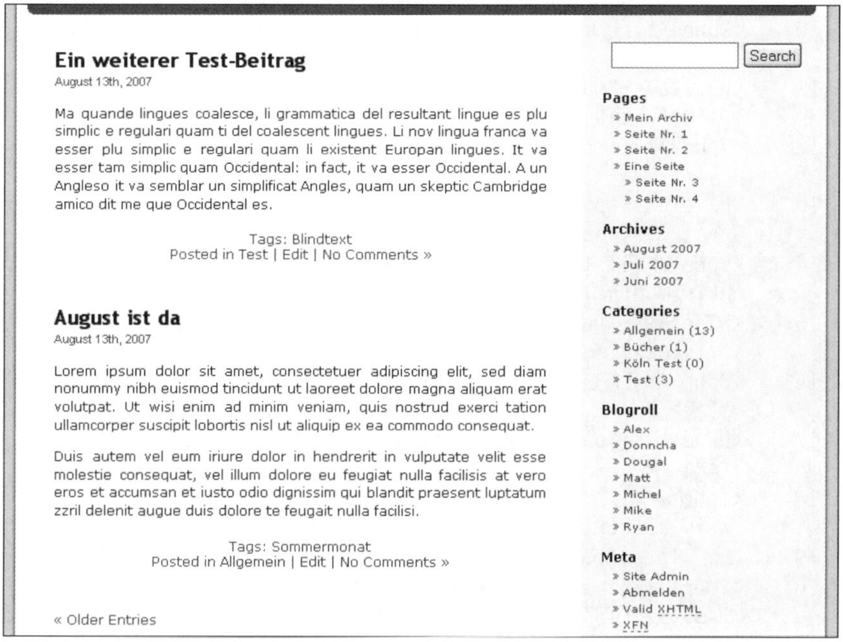

Abbildung 8.4
Die Hauptseite (*index.php*)

8.4 Die Archiv-Übersicht (archive.php)

Die Datei *archive.php* wird eingesetzt, wenn die Beiträge eines bestimmten Zeitraums, einer Kategorie oder eines Autors aufgelistet werden. Die *archives.php* wird für diese Abfragen so lange eingesetzt, wie es für eine dieser Abfragen keine spezielle Template-Datei gibt: *category.php* für die Kategorieübersichten, *author.php* für die Beiträge eines Autors und *date.php* für die Übersicht eines bestimmten Zeitraums.

Listing 8.11
Die *archive.php*

```
<?php get_header(); ?>

<div id="content" class="narrowcolumn">
  <?php is_tag(); ?>
  <?php if (have_posts()) : ?>

  <?php $post = $posts[0]; // Hack. Set $post so that
    the_date() works. ?>
```

```
<?php /* If this is a category archive */ if (is_category()) { ?>
<h2 class="pagetitle">Archive for the &#8216;<?php single_cat_title(); ?>&#8217; Category</h2>
<?php /* If this is a tag archive */ } elseif( is_tag() ) { ?>
<h2 class="pagetitle">Posts Tagged &#8216;<?php single_cat_title(); ?>&#8217;</h2>
<?php /* If this is a daily archive */ } elseif (is_day()) { ?>
<h2 class="pagetitle">Archive for <?php the_time('F jS, Y'); ?></h2>
<?php /* If this is a monthly archive */ } elseif (is_month()) { ?>
<h2 class="pagetitle">Archive for <?php the_time('F, Y'); ?></h2>
<?php /* If this is a yearly archive */ } elseif (is_year()) { ?>
<h2 class="pagetitle">Archive for <?php the_time('Y'); ?></h2>
<?php /* If this is an author archive */ } elseif (is_author()) { ?>
<h2 class="pagetitle">Author Archive</h2>
<?php /* If this is a paged archive */ } elseif (isset($_GET['paged']) && !empty($_GET['paged'])) { ?>
<h2 class="pagetitle">Blog Archives</h2>
<?php } ?>


<div class="navigation">
  <div class="alignleft"><?php next_posts_link('&laquo; Older Entries') ?></div>
  <div class="alignright"><?php previous_posts_link('Newer Entries &raquo;') ?></div>
</div>

<?php while (have_posts()) : the_post(); ?>
<div class="post">
  <h3 id="post-<?php the_ID(); ?>"><a href="<?php the_permalink() ?>" rel="bookmark" title="Permanent Link to <?php the_title(); ?>"><?php the_title(); ?></a></h3>
  <small><?php the_time('l, F jS, Y') ?></small>

  <div class="entry">
    <?php the_content() ?>
  </div>

```

```
39      <p class="postmetadata"><?php the_tags('Tags: ', ', ',
          '<br />'); ?> Posted in <?php the_category(', ') ?> |
          <?php edit_post_link('Edit', '', ' | '); ?> <?php
          comments_popup_link('No Comments &#187;', '1 Comment
          &#187;', '% Comments &#187;'); ?></p>
40
41    </div>
42
43    <?php endwhile; ?>
44
45    <div class="navigation">
46      <div class="alignleft"><?php next_posts_link('&laquo;
          Older Entries') ?></div>
47      <div class="alignright"><?php previous_posts_link('Newer
          Entries &raquo;') ?></div>
48    </div>
49
50    <?php else : ?>
51
52    <h2 class="center">Not Found</h2>
53    <?php include (TEMPLATEPATH . '/searchform.php'); ?>
54
55    <?php endif; ?>
56
57  </div>
58
59  <?php get_sidebar(); ?>
60
61<?php get_footer(); ?>
62
```

Wenn Sie sich die *archives.php* und die vorherigen Template-Dateien genauer anschauen, wird Ihnen das allermeiste bekannt vorkommen. Allerdings gibt es auch hier ein paar kleine Veränderungen. Zum einen wird der bekannte Loop-Anfang (`if (have_posts()) : while (have_posts()) : the_post();`) getrennt ausgegeben. Zuerst wird abgefragt, ob es überhaupt Beiträge gibt (`if (have_posts())` :). Wenn diese Abfrage positiv beantwortet wird, kommt ein weiteres `if-elseif`-Konstrukt zum Einsatz (Zeilen 7–22), das Sie bereits aus der *sidebar.php* kennen. Durch dieses Konstrukt wird, je nach Art der Übersicht, eine angepasste Meldung in Form einer Überschrift ausgegeben. Zudem wird hier über den Beiträgen noch einmal zusätzlich die »Weiterblättern«-Funktion eingebunden.

Danach folgt in den Zeilen 30–41 der Rest des Loops, die zweite »Weiterblättern«-Funktion (Zeilen 45–48) und wie gehabt in den Zeilen 52–

53 der Code, der ausgeliefert wird, wenn kein Beitrag gefunden wird. In der folgenden Abbildung sehen Sie den Zustand der Website, wenn man die Kategorie *Allgemein* aufruft.

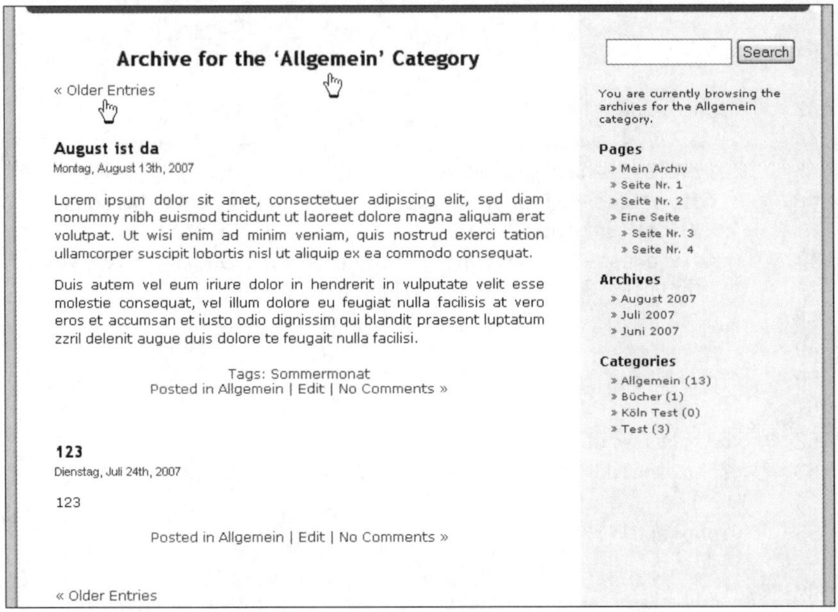

Abbildung 8.5
Die *archives.php*

8.5 Die Ausgabe des Suchergebnisses (search.php)

Die Template-Datei *search.php* wird eingesetzt, wenn ein Suchergebnis ausgegeben wird. Ist diese Datei nicht vorhanden, wird die *index.php* eingesetzt.

Listing 8.12
Die *search.php*

```
<?php get_header(); ?>

<div id="content" class="narrowcolumn">

  <?php if (have_posts()) : ?>

    <h2 class="pagetitle">Search Results</h2>

    <div class="navigation">
      <div class="alignleft"><?php next_posts_link('&laquo;
        Older Entries') ?></div>
```

```
11      <div class="alignright"><?php previous_posts_link('Newer
          Entries &raquo;') ?></div>
12    </div>
13
14
15    <?php while (have_posts()) : the_post(); ?>
16
17    <div class="post">
18      <h3 id="post-<?php the_ID(); ?>"><a href="<?php
          the_permalink() ?>" rel="bookmark" title="Permanent
          Link to <?php the_title(); ?>"><?php the_title(); ?></
          a></h3>
19      <small><?php the_time('l, F jS, Y') ?></small>
20
21      <p class="postmetadata"><?php the_tags('Tags: ', ', ',
          '<br />'); ?> Posted in <?php the_category(', ') ?> |
          <?php edit_post_link('Edit', '', ' | '); ?>  <?php
          comments_popup_link('No Comments &#187;', '1 Comment
          &#187;', '% Comments &#187;'); ?></p>
22    </div>
23
24    <?php endwhile; ?>
25
26    <div class="navigation">
27      <div class="alignleft"><?php next_posts_link('&laquo;
          Older Entries') ?></div>
28      <div class="alignright"><?php previous_posts_link('Newer
          Entries &raquo;') ?></div>
29    </div>
30
31    <?php else : ?>
32
33    <h2 class="center">No posts found. Try a different search?</
        h2>
34    <?php include (TEMPLATEPATH . '/searchform.php'); ?>
35
36    <?php endif; ?>
37
38  </div>
39
40  <?php get_sidebar(); ?>
41
42  <?php get_footer(); ?>
```

Wenn Sie sich die *search.php* genauer ansehen, werden Sie feststellen, dass diese Datei so gut wie identisch mit der *archive.php* ist. Der einzige Unterschied ist, dass hier in der Zeile 07 die Überschrift

(*Search Result*; Suchergebnis) das große `if-elseif`-Konstrukt aus der *archive.php* (Listing 8.11) ablöst.

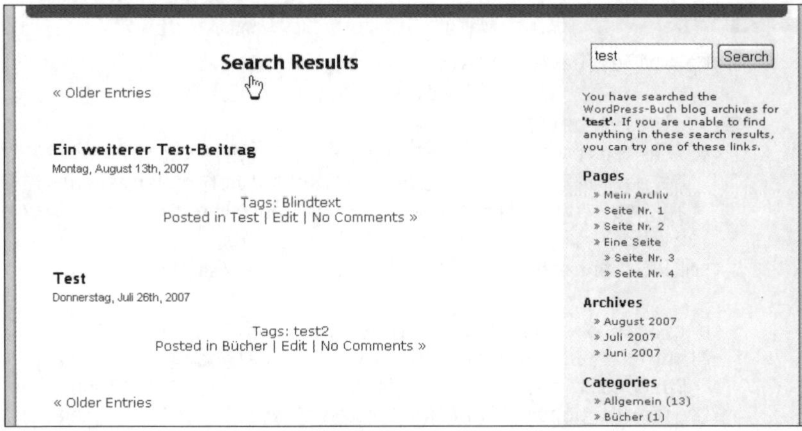

Abbildung 8.6
Die *search.php*

8.6 Die Einzelansicht (single.php)

Die *single.php* wird immer dann vom System eingesetzt, wenn ein einzelner Beitrag angezeigt werden soll. Ist diese Datei nicht vorhanden, kommt die *index.php* zum Einsatz.

Listing 8.13
Die Einzelansicht (*single.php*)

```
<?php get_header(); ?>

<div id="content" class="widecolumn">

<?php if (have_posts()) : while (have_posts()) : the_post();
  ?>

  <div class="navigation">
    <div class="alignleft"><?php previous_post_link('&laquo;
      %link') ?></div>
    <div class="alignright"><?php next_post_link('%link
      &raquo;') ?></div>
  </div>

  <div class="post" id="post-<?php the_ID(); ?>">
    <h2><a href="<?php echo get_permalink() ?>" rel="book-
      mark" title="Permanent Link: <?php the_title();
      ?>"><?php the_title(); ?></a></h2>

    <div class="entry">
    <?php the_content('<p class="serif">Read the rest of this
      entry &raquo;</p>'); ?>
```

```
    <?php wp_link_pages(array('before' => '<p><strong>Pages:</strong> ', 'after' => '</p>', 'next_or_number' => 'number')); ?>
    <?php the_tags( '<p>Tags: ', ', ', '</p>'); ?>
    <p class="postmetadata alt">
      <small>
      This entry was posted
      <?php /* This is commented, because it requires a little adjusting sometimes.
      You'll need to download this plugin, and follow the instructions:
      http://binarybonsai.com/archives/2004/08/17/time-since-plugin/ */
      /* $entry_datetime = abs(strtotime($post->post_date) - (60*120)); echo time_since($entry_datetime); echo ' ago'; */ ?>
      on <?php the_time('l, F jS, Y') ?> at <?php the_time() ?>
      and is filed under <?php the_category(', ') ?>.
      You can follow any responses to this entry through the <?php comments_rss_link('RSS 2.0'); ?> feed.
      <?php if (('open' == $post-> comment_status) && ('open' == $post->ping_status)) {
      // Both Comments and Pings are open ?>
      You can <a href="#respond">leave a response</a>, or <a href="<?php trackback_url(true); ?>" rel="trackback">trackback</a> from your own site.
      <?php } elseif (!('open' == $post-> comment_status) && ('open' == $post->ping_status)) {
      // Only Pings are Open ?>
      Responses are currently closed, but you can <a href="<?php trackback_url(true); ?> " rel="trackback">trackback</a> from your own site.
      <?php } elseif (('open' == $post-> comment_status) && !('open' == $post->ping_status)) {
      // Comments are open, Pings are not ?>
      You can skip to the end and leave a response. Pinging is currently not allowed.
      <?php } elseif (!('open' == $post-> comment_status) && !('open' == $post->ping_status)) {
      // Neither Comments, nor Pings are open ?>
      Both comments and pings are currently closed.
```

```
48          <?php } edit_post_link('Edit this entry.','',''); ?>
49
50          </small>
51        </p>
52
53      </div>
54    </div>
55
56    <?php comments_template(); ?>
57
58    <?php endwhile; else: ?>
59
60      <p>Sorry, no posts matched your criteria.</p>
61
62    <?php endif; ?>
63
64    </div>
65
66    <?php get_footer(); ?>
67
```

Bis inklusive Zeile 20 sehen Sie in dieser Datei nur schon bekannten Code. In den Zeilen 21–51 befindet sich ein Absatz, der mit grauer Hintergrundfarbe hervorgehoben wird – diese farbliche Hervorhebung sehen Sie erst im Browser, da sie in der CSS-Datei ausgelagert ist. In diesem Absatz befinden sich Angaben zum Beitrag: Datum der Erstellung, Kategorie des Beitrages, der Link zum Kommentar-Feed für diesen Beitrag, Link zum Kommentarformular, die Trackback-Adresse und der »Bearbeiten«-Link.

Am Anfang dieses Bereiches in den Zeilen 24–27 befindet sich ein auskommentierter Code-Abschnitt. Wenn Sie diesen Bereich aktivieren – den PHP-Kommentar in der Zeile 27 entfernen – und das *Time Since*-Plugin von *binarybonsai.com/wordpress/time-since/* (die aktuelle Adresse) holen und installieren, dann wird an dieser Stelle nicht nur »*Dieser Beitrag wurde am Montag, den 13. August 2007 geschrieben*«, sondern »*Dieser Beitrag wurde vor 2 Tagen und drei Stunden am Montag, den 13. August 2007 geschrieben*« ausgegeben. Wobei Sie dann die Freiheit haben, den zweiten Teil der Meldung mit dem »normalen« Datum zu entfernen, so dass dann nur ausgegeben wird, wie lange es her ist, dass der Beitrag verfasst wurde.

Ich muss ehrlich sagen, es ist zwar putzig, dass angezeigt wird, wie lange es her ist, dass ein Beitrag verfasst wurde, aber es ist meiner Meinung nach unpraktikabel, wenn dort nur steht »... *vor drei Wochen und zwei Tagen*«. Wenn das übliche Datum angegeben wird, kann ich mir viel leichter ausrechnen, wie lange es her ist, dass der Beitrag verfasst wurde, als wenn ich andersherum das richtige Datum ausrechnen muss.

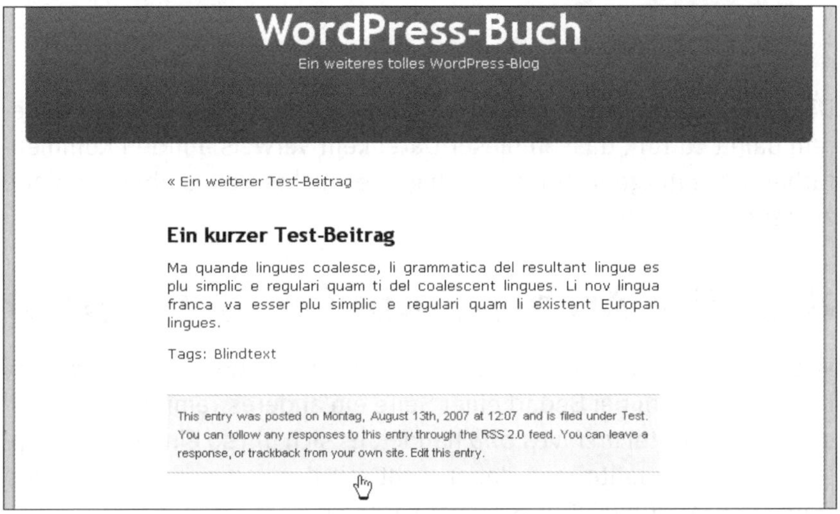

Abbildung 8.7
Die *single.php*

8.7 Die Seiten (page.php)

Wie Sie schon erfahren haben, wird die *page.php* von WordPress eingesetzt, wenn die Seiten (Pages) aufgerufen werden. Ist diese Template-Datei nicht vorhanden, wird auf die *index.php* zurückgegriffen.

Listing 8.14
Die *page.php*

```
<?php get_header(); ?>

<div id="content" class="narrowcolumn">

  <?php if (have_posts()) : while (have_posts()) : the_post();
    ?>
  <div class="post" id="post-<?php the_ID(); ?>">
    <h2><?php the_title(); ?></h2>
    <div class="entry">
      <?php the_content('<p class="serif">Read the rest of
        this page &raquo;</p>'); ?>

      <?php wp_link_pages(array('before' => '<p><strong>Pa-
        ges:</strong> ', 'after' => '</p>', 'next_or_number'
        => 'number')); ?>

```

```
    </div>
  </div>
  <?php endwhile; endif; ?>
  <?php edit_post_link('Edit this entry.', '<p>', '</p>'); ?>
</div>

<?php get_sidebar(); ?>

<?php get_footer(); ?>
```

Die *page.php* ist sehr kompakt und übersichtlich. Das hat unter anderem damit zu tun, dass in dieser Datei kein Verweis auf den Kommentarbereich untergebracht ist. Auch gibt es nichts Neues über den Code zu berichten.

8.8 Die Archiv-Seite (archives.php)

Wie Sie bereits wissen, können Sie auch verschiedene Seiten-Templates erstellen, um bei Bedarf einer Seite ein anderes Template zuzuweisen. Bei der Datei *archives.php* handelt es sich um so ein Seiten-Template und diese sollte man daher nicht mit der »offiziellen« Template-Datei *archive.php* (Listing 8.11) verwechseln.

Listing 8.15
Die *archives.php*

```
<?php
/*
Template Name: Archives
*/
?>

<?php get_header(); ?>

<div id="content" class="widecolumn">

  <?php include (TEMPLATEPATH . '/searchform.php'); ?>

  <h2>Archives by Month:</h2>
  <ul>
    <?php wp_get_archives('type=monthly'); ?>
  </ul>

  <h2>Archives by Subject:</h2>
  <ul>
    <?php wp_list_categories(); ?>
  </ul>
```

```
22
23 </div>
24
25 <?php get_footer(); ?>
26
```

Die Zeilen 01–05 sind dafür relevant, dass WordPress erkennt, dass es sich hier um ein Seiten-Template handelt. Der Wert in der dritten Zeile (hier `Archives`) ist auch der Wert, der nachher bei der Erstellung oder auch bei der Bearbeitung einer bestehenden Seite auf der rechten Seite unter *Seiten-Templates* in der Auswahlliste zu sehen ist.

Es gibt zwei Vorgehensweisen, wie Sie mit verschiedenen Seiten-Templates umgehen können. Zum einen können Sie diese verwenden, um auf verschiedenen Seiten z. B. verschiedene schmückende Elemente oder zusätzliche Inhalte einzubinden, **oder** Sie können so verfahren, dass Sie mit einem Seiten-Template den **kompletten** Inhalt ausgeben. Die *archives.php* gehört zu der zweiten Gruppe. Wenn Sie die *archives.php* bei einer Seite als Template einsetzen, brauchen Sie nur die Überschrift einzugeben. Diese selbst verfasste Überschrift (*Seitentitel*) taucht allerdings **nur** in der Seitenleiste als Menüpunkt auf. Den Inhalt, bestehend aus einem Monats- und Kategorie-Archiv, generiert WordPress selbst. Falls Sie evtl. doch Inhalt eingeben, wird dieser auf der jeweiligen Unterseite nicht ausgegeben bzw. ignoriert, genau wie die selbst verfasste Überschrift.

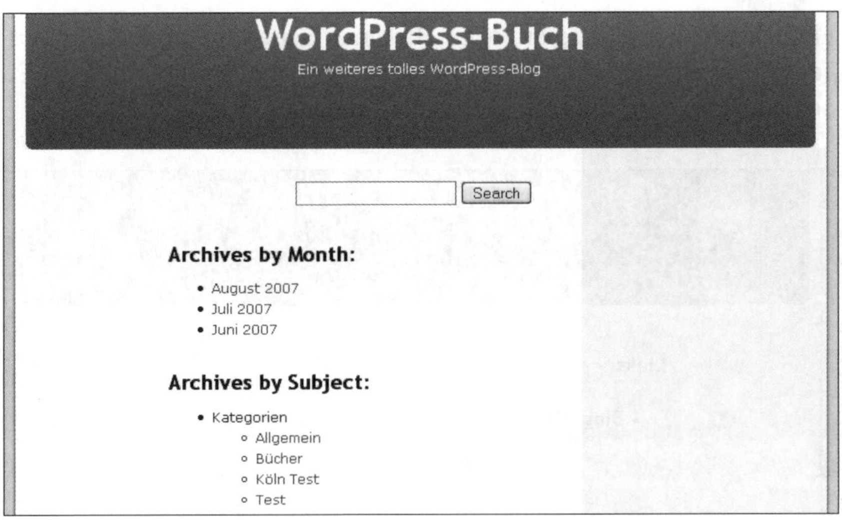

Abbildung 8.8
Die *archives.php* im Einsatz

8.9 Die Blogroll-Seite (links.php)

Listing 8.16
Die *links.php*

```
<?php
/*
Template Name: Links
*/
?>

<?php get_header(); ?>

<div id="content" class="widecolumn">

  <h2>Links:</h2>
  <ul>
    <?php get_links_list(); ?>
  </ul>

</div>

<?php get_footer(); ?>

```

Die *links.php* funktioniert nach dem gleichen Prinzip wie die *archives.php*. Auch hierbei handelt es sich um ein Seiten-Template, das selbstständig den Inhalt generiert: Es wird die Blogroll ausgegeben. Der einzige Unterschied zu der *archives.php* ist das fehlende Suchformular.

Einfach eine neue Seite erstellen, ihr einen Seitentitel und das Seiten-Template mit dem Namen *Links* zuweisen und veröffentlichen. So schaut das Ergebnis bei einer Standardinstallation aus:

Abbildung 8.9
Die *links.php* im Einsatz

8.10 Die Fehlerseite (404.php)

Die Template-Datei *404.php* wird aufgerufen, wenn ein Besucher eine Adresse innerhalb der WordPress-Installation aufruft, die es nicht gibt bzw. nicht mehr gibt. Ist diese Datei nicht vorhanden, kommt die *index.php* zum Einsatz bzw. die Meldung, die nach dem `else`-Zweig innerhalb des Loops kommt. Diese besagte Meldung befindet sich im Default-Theme in den Zeilen 29 und 30 in der *index.php*.

Listing 8.17
Die *404.php*

```
<?php get_header(); ?>

<div id="content" class="narrowcolumn">

  <h2 class="center">Error 404 - Not Found</h2>

</div>

<?php get_sidebar(); ?>

<?php get_footer(); ?>
```

Wenn man sich die anderen Template-Dateien des Default-Themes anschaut und sie mit der *404.php* vergleicht, ist man doch ein bisschen dazu geneigt, enttäuscht zu sein. Irgendwie hat man das Gefühl, hier war die Luft raus. Kein Hinweis, kein Verweis auf das Archiv oder Ähnliches. Nur die Meldung, dass es einen Fehler gibt, die zudem nicht übersetzt wird. Im nächsten Kapitel werde ich Ihnen zeigen, wie ich diese Fehlerseite in meinem Weblog realisiert habe. Neben einer aussagekräftigen Meldung weise ich den Besucher auf das Archiv hin.

8.11 Der Kommentarbereich (comments.php)

Weil die *comments.php* sehr lang ist, habe ich sie in zwei Code-Blöcke aufgeteilt.

Listing 8.18
Die *comments.php* (1/2)

```
<?php // Do not delete these lines
  if ('comments.php' == basena-
   me($_SERVER['SCRIPT_FILENAME']))
    die ('Please do not load this page directly. Thanks!');

  if (!empty($post->post_password)) { // if there's a
   password
```

```
    if ($_COOKIE['wp-postpass_' . COOKIEHASH] != $post->post_password) {  // and it doesn't match the cookie
      ?>

      <p class="nocomments">This post is password protected. Enter the password to view comments.</p>

      <?php
      return;
    }
  }

  /* This variable is for alternating comment background */
  $oddcomment = 'class="alt" ';
?>

<!-- You can start editing here. -->

<?php if ($comments) : ?>
  <h3 id="comments"><?php comments_number('No Responses', 'One Response', '% Responses' );?> to &#8220;<?php the_title(); ?>&#8221;</h3>

  <ol class="commentlist">

  <?php foreach ($comments as $comment) : ?>

    <li <?php echo $oddcomment; ?>id="comment-<?php comment_ID() ?>">
      <cite><?php comment_author_link() ?></cite> Says:
      <?php if ($comment->comment_approved == '0') : ?>
      <em>Your comment is awaiting moderation.</em>
      <?php endif; ?>
      <br />

      <small class="commentmetadata"><a href="#comment-<?php comment_ID() ?>" title=""><?php comment_date('F jS, Y') ?> at <?php comment_time() ?></a> <?php edit_comment_link('edit','  ',''); ?></small>

      <?php comment_text() ?>

    </li>

  <?php
    /* Changes every other comment to a different class */
```

```
044        $oddcomment = ( empty( $oddcomment ) ) ? 'class="alt" '
             : '';
045     ?>
046
047     <?php endforeach; /* end for each comment */ ?>
048
049     </ol>
050
```

In den Zeilen 001–003 sehen Sie die erste Neuerung gegenüber der *comments.php* aus dem Classic-Theme. Wenn jemand versucht, die */wp-content/themes/theme-name/comments.php* direkt aufzurufen, wird mittels eines PHP-Sprach-Konstruktes (`die`) die Ausführung des Skriptes **gestoppt** und es wird die Textmeldung *Please do not load this page directly. Thanks!* ausgegeben.

Und welchen Sinn macht diese Maßnahme? Wenn Sie diesen Code nicht voranstellen, generiert WordPress beim direkten Aufruf der *comments.php* folgende Fehlermeldung im Browser:

> *Fatal error: Call to undefined function: comments_number() in /www/htdocs/***account-name***/wp-content/themes/theme-name/comments.php on line 6*

Das Problem an dieser Fehlermeldung ist, dass jeder, der die Datei direkt aufruft, auch den Nutzernamen (hervorgehoben) Ihres Server-Accounts erfährt. Somit hat ein eventueller Angreifer die halbe Miete eingestrichen und muss sich jetzt nur noch darauf konzentrieren, Ihr Passwort herauszufinden. Wenn Sie dagegen den Code aus den Zeilen 001–003 voranstellen, bekommt er nur die dort notierte Textmeldung zu sehen. Natürlich können Sie diese Meldung auch Ihren eigenen Bedürfnissen anpassen, hier ein mögliches Beispiel:

```
003        die ('Ey, Du kommst hier ned rein!'); [1]
```

Die Zeilen 005–015 haben Sie schon beim Classic-Theme gesehen. Es wird geprüft, ob der Beitrag und somit der Kommentarbereich geschützt sind, und wenn ja, ob der Besucher bereits das Passwort eingegeben hat.

In der Zeile 017 sehen Sie folgenden Code: `$oddcomment = 'class= "alt" ';`. Die Variable `$oddcomment` bekommt einen Wert zugewiesen.

1. © by Hakan

Damit wird der Schritt vorbereitet, in dem später den Kommentaren alternierend ein Klassen-Attribut zugewiesen wird. Somit kann man die Kommentare mit CSS-Anweisungen abwechselnd ansprechen. Hier im Default-Theme wird den Kommentaren abwechselnd ein grauer Hintergrund zugewiesen. Mit diesem Schritt erhofft man sich eine bessere Übersicht, speziell bei Beiträgen, die über eine sehr lange Kommentarliste verfügen.

In den Zeilen 022–049 wird dann festgestellt, ob es freigegebene Kommentare gibt, und diese werden dann wie gehabt in Form einer nummerierten Liste ausgegeben. Interessant in diesem Zusammenhang ist der folgende Code:

Listing 8.19
Die Meldung, wenn der Kommentar auf Freischaltung wartet

```
031        <?php if ($comment->comment_approved == '0') : ?>
032        <em>Your comment is awaiting moderation.</em>
033        <?php endif; ?>
```

Dieser Code prüft, ob der Kommentar freigegeben ist. Wenn nicht, bekommt der Kommentator eine Meldung, dass sein Kommentar oder Ping- und Trackback zwar angekommen ist, aber auf Freischaltung wartet.

In den Zeilen 042–045 der *comments.php* befindet sich folgender Code:

Listing 8.20
Abwechselnde Hintergrundfarbe

```
042    <?php
043      /* Changes every other comment to a different class */
044      $oddcomment = ( empty( $oddcomment ) ) ? 'class="alt" '
         : '';
045    ?>
```

Dieser Code, in Verbindung mit dem Code aus der Zeile 017, bewirkt, dass jeder zweite Kommentar zusätzlich eine Klasse zugewiesen bekommt (`class="alt"`). Somit ist es möglich, mit Hilfe von CSS, den Kommentaren abwechselnd gestalterische Elemente zuzuweisen.

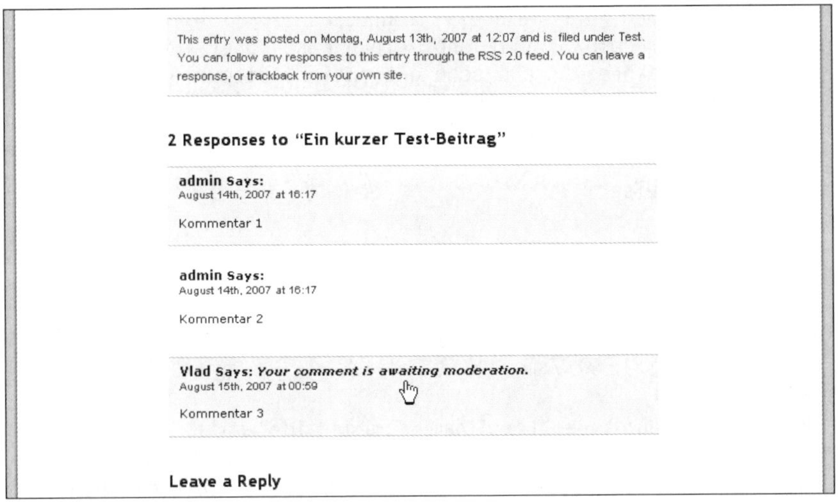

Abbildung 8.10
Abwechselnde Hintergrundfarbe und Warten auf Freischaltung

Listing 8.21
Die *comments.php* (2/2)

```
<?php else : // this is displayed if there are no comments so far ?>

  <?php if ('open' == $post->comment_status) : ?>
    <!-- If comments are open, but there are no comments. -->

   <?php else : // comments are closed ?>
    <!-- If comments are closed. -->
    <p class="nocomments">Comments are closed.</p>

  <?php endif; ?>
<?php endif; ?>


<?php if ('open' == $post->comment_status) : ?>

<h3 id="respond">Leave a Reply</h3>

<?php if ( get_option('comment_registration') && !$user_ID ) : ?>
<p>You must be <a href="<?php echo get_option('siteurl'); ?>/wp-login.php?redirect_to=<?php the_permalink(); ?>">logged in</a> to post a comment.</p>
<?php else : ?>

<form action="<?php echo get_option('siteurl'); ?>/wp-comments-post.php" method="post" id="commentform">

  <?php if ( $user_ID ) : ?>

```

```
  <p>Logged in as <a href="<?php echo get_option('siteurl'); ?>/wp-admin/profile.php"><?php echo $user_identity; ?></a>. <a href="<?php echo get_option('siteurl'); ?>/wp-login.php?action=logout" title="Log out of this account">Logout &raquo;</a></p>

  <?php else : ?>

  <p><input type="text" name="author" id="author" value="<?php echo $comment_author; ?>" size="22" tabindex="1" />
  <label for="author"><small>Name <?php if ($req) echo "(required)"; ?></small></label></p>

  <p><input type="text" name="email" id="email" value="<?php echo $comment_author_email; ?>" size="22" tabindex="2" />
  <label for="email"><small>Mail (will not be published) <?php if ($req) echo "(required)"; ?></small></label></p>

  <p><input type="text" name="url" id="url" value="<?php echo $comment_author_url; ?>" size="22" tabindex="3" />
  <label for="url"><small>Website</small></label></p>

  <?php endif; ?>

  <!--<p><small><strong>XHTML:</strong> You can use these tags: <code><?php echo allowed_tags(); ?></code></small></p>-->

  <p><textarea name="comment" id="comment" cols="100%" rows="10" tabindex="4"></textarea></p>

  <p><input name="submit" type="submit" id="submit" tabindex="5" value="Submit Comment" />
  <input type="hidden" name="comment_post_ID" value="<?php echo $id; ?>" />
  </p>
  <?php do_action('comment_form', $post->ID); ?>

</form>

<?php endif; // If registration required and not logged in ?>

<?php endif; // if you delete this the sky will fall on your head ?>
```

In der Zeile 051 der *comments.php* sehen Sie den `else`-Zweig des `if-else`-Konstrukts, das in der Zeile 022 seinen Anfang hat. Mit dem `if`-Zweig wurde abgefragt, ob es Kommentare gibt. Der `else`-Zweig kommt zum Einsatz, wenn keine Kommentare abgegeben wurden. Die Zeile 053 kümmert sich um den Zustand, wenn Kommentare gestattet sind, aber bis jetzt keine abgegeben wurden. Momentan wird nur ein (X)HTML-Kommentar ausgegeben.

Der Code in der Zeile 056 kommt zum Einsatz, wenn die Kommentare geschlossen sind, und es wird die Meldung aus der Zeile 058 ausgegeben. Danach wird, wie bereits im Classic-Theme, das Kommentar-Formular ausgegeben. WordPress prüft auch hier, ob man bereits eingeloggt ist, und wenn nicht, wird das komplette Formular und nicht nur die Textbox angezeigt.

8.12 Der Fußbereich (footer.php)

Listing 8.22
Die *footer.php*

```

<hr />
<div id="footer">
<!-- If you'd like to support WordPress, having the "powered
  by" link somewhere on your blog is the best way; it's our
  only promotion or advertising. -->
  <p>
    <?php bloginfo('name'); ?> is proudly powered by
    <a href="http://wordpress.org/">WordPress</a>
    <br /><a href="<?php bloginfo('rss2_url'); ?>">Entries
      (RSS)</a>
    and <a href="<?php bloginfo('comments_rss2_url');
      ?>">Comments (RSS)</a>.
    <!-- <?php echo get_num_queries(); ?> queries. <?php
      timer_stop(1); ?> seconds. -->
  </p>
</div>
</div>

<!-- Gorgeous design by Michael Heilemann - http://binarybon-
  sai.com/kubrick/ -->
<?php /* "Just what do you think you're doing Dave?" */ ?>

  <?php wp_footer(); ?>
</body>
</html>

```

Der Fußbereich (*footer.php*) des Default-Themes hat nichts Neues im Vergleich zu dem Classic-Theme vorzuweisen. Auch hier werden die typischen Footer-Hinweise untergebracht sowie die Angaben zu der Anzahl der Datenbankabfragen und der dazu benötigten Zeit.

Abbildung 8.11
Der Fußbereich

8.13 Die functions.php

Nun kommen wir zu der letzten Template-Datei des Default-Themes, der *functions.php*. Ich werde nicht die komplette Datei abhandeln, da 416 Code-Zeilen einfach zu viel des Guten sind und die komplette Abhandlung der Datei würde einen Schwerpunkt nicht auf die WordPress-Themes allgemein, sondern auf das Default-Theme setzen und das wäre meiner Meinung nach nicht der richtige Weg.

Zudem entfällt ein Großteil des Codes der *functions.php* auf die Verzahnung des Default-Themes im Admin-Bereich – der Bereich *Themes / Header Image and Color* – und das ist hier nicht das Thema.

Listing 8.23
Die *functions.php* (Auszug)

```
<?php
if ( function_exists('register_sidebar') )
  register_sidebar(array(
    'before_widget' => '<li id="%1$s" class="widget %2$s">',
    'after_widget' => '</li>',
    'before_title' => '<h2 class="widgettitle">',
    'after_title' => '</h2>',
  ));

function kubrick_head() {
  $head = "<style type='text/css'>\n<!--";
  $output = '';
  if ( kubrick_header_image() ) {
    $url =  kubrick_header_image_url() ;
    $output .= "#header { background: url('$url') no-repeat
      bottom center; }\n";
  }
  if ( false !== ( $color = kubrick_header_color() ) ) {
    $output .= "#headerimg h1 a, #headerimg h1 a:visited,
      #headerimg .description { color: $color; }\n";
  }
  if ( false !== ( $display = kubrick_header_display() ) ) {
    $output .= "#headerimg { display: $display }\n";
```

```
22      }
23      $foot = "--></style>\n";
24      if ( '' != $output )
25      echo $head . $output . $foot;
26  }
...
```

Die Zeilen 02–08 dürften Ihnen bereits aus dem Classic-Theme bekannt vorkommen. Diese Code-Zeilen sind zuständig für die Blöcke, die durch die Widget-Funktion in die Sidebar eingefügt werden. Und das ist eigentlich der einzige Code in der *functions.php*, der sich um die Widget-Funktion kümmert. Der folgende Code bis zu der Zeile 416 ist zuständig für die Funktion, dass man den Kopfbereich des Default-Themes innerhalb des Admin-Menüs anpassen kann.

Kapitel 9

9 Praktisches Beispiel an meinem Weblog

In diesem Kapitel werde ich den Aufbau des Themes in meinem Weblog – Peruns Weblog (*www.perun.net*) – erklären. Dabei werde ich, in gewohnter Weise, die einzelnen Dateien vorstellen und etwas detaillierter als bei den vorherigen Standard-Themes auf den Code eingehen und natürlich werde ich meine Vorgehensweise und die Gedankengänge, die dazu geführt haben, erklären.

Achtung

Auf der CD befindet sich auch der komplette Code des Themes aus meinem Weblog. Allerdings würde ich hier gerne einen Hinweis abgeben. Sehen Sie diese Template-Dateien bitte als das, was sie auch sind: **Übungsmaterial**. Das Theme ist **nicht** dazu gedacht, dass man es 1:1 kopiert und in eigenen Projekten einsetzt. Sie können sich bestimmt noch in diesem Zusammenhang an den Abschnitt im fünften Kapitel mit der Überschrift *Worauf sollte man als Blogger achten* und das dazugehörige Stichwort **nicht mit fremden Federn schmücken** erinnern. Vielen Dank.

9.1 Planung und Überlegung

Die Domain *perun.net* besitze ich seit Juli 2002 und seit Januar 2004 besteht die Website nicht mehr aus statischen Seiten, sondern wird mit WordPress betrieben. Für den Sommer 2007 hatte ich ein Redesign geplant und wollte auch ein vollwertiges Logo für die Präsenz haben. Da die Erstellung eines Logos spezielle Kenntnisse erfordert, habe ich mich an Christoph Raffelt (*www.raffelt.net*) gewendet, der in Bonn als Grafiker arbeitet. Neben seiner fachlichen Kompetenz hat Christoph noch den Vorteil, dass er mich kennt. Das war deswegen gut, weil ich mir gewünscht hatte, dass das Logo auch zu mir bzw. zu meiner Person passt.

Nach einer Unterhaltung mit Christoph, bei der ich ihm meine Vorstellungen anhand von Beispielen aus dem Netz konkretisiert habe, hat er ein Logo erstellt und dieses auch dann in einen Layoutvorschlag eingebettet. Wie er dabei vorgegangen ist und was er sich dabei gedacht hat, können Sie unter *www.perun.net/2007/07/14/hinweise-zum-neuen-design/* nachlesen.

Diesen Layoutvorschlag habe ich als Grundlage genommen und ihn an einigen Stellen angepasst und erweitert. Daraus habe ich dann im ersten Schritt ein tabellenloses CSS-Layout erstellt und im nächsten Schritt dann ein WordPress-Theme erstellt, indem ich die entsprechenden Code-Stellen rauskopiert und in die entsprechenden Template-

Dateien reinkopiert habe. Danach habe ich an den benötigten Stellen die entsprechenden Template-Tags und Abfragen eingefügt. So schaut das fertige Layout momentan aus:

Abbildung 9.1
Das neue Layout von Perun.net

Ich bin mit diesem Ergebnis sehr zufrieden. Das Weblog hat nun ein eigenes und passendes Logo und sowohl der Inhaltsbereich als auch die Seitenleiste haben mehr Platz zur Verfügung und auch der Weißanteil ist größer geworden. Somit wirkt das Ganze aufgelockerter und die Übersichtlichkeit ist gestiegen.

9.2 Der Kopfbereich (header.php)

Listing 9.1L
Die *header.php* (1/2)

```
<!DOCTYPE html PUBLIC "-//W3C//DTD XHTML 1.0 Transitional//
  EN" "http://www.w3.org/TR/xhtml1/DTD/xhtml1-transitio-
  nal.dtd">
<html xmlns="http://www.w3.org/1999/xhtml" xml:lang="de"
  lang="de">
<head profile="http://gmpg.org/xfn/11">
  <?php if (is_home()) { ?>
  <title><?php bloginfo('name'); ?> - <?php bloginfo('de-
    scription'); ?></title>
  <?php }
  elseif(is_category() or is_archive() or is_page() or
    is_single()) { ?>
```

```
  <title><?php wp_title(''); ?> &raquo; <?php bloginfo('name'); ?></title>
  <?php } else { ?>
  <title><?php bloginfo('name'); ?><?php wp_title(); ?> - <?php bloginfo('description'); ?></title>
  <?php } ?>
  <meta http-equiv="Content-Type" content="text/html; charset=iso-8859-1" />
  <meta name="generator" content="WordPress <?php bloginfo('version'); ?> und WeBuilder 2007" /> <!-- leave this for stats please -->

  <link rel="stylesheet" type="text/css" media="screen" href="<?php bloginfo('stylesheet_url'); ?>" />
  <link rel="stylesheet" type="text/css" media="print" href="<?php bloginfo('template_directory'); ?>/print.css" />

  <meta name="ICBM" content="50.938,6.974" />
  <meta name="DC.title" content="Peruns Weblog - Webwork und Internet" />

  <meta name="author" content="Vladimir Simovic aka Perun" />
  <?php if (is_home()) { ?><meta name="description" content="Das Weblog zum Thema Webwork und Internet: Weblogs, WordPress, CSS und (X)HTML, Mozilla u.v.m." /><?php } ?>

  <meta http-equiv="imagetoolbar" content="no" />
  <link rel="alternate" type="application/rss+xml" title="RSS 2.0" href="<?php bloginfo('rss2_url'); ?>" />
  <link rel="pingback" href="<?php bloginfo('pingback_url'); ?>" />
  <link rel="archives" href="/archiv/" title="Archiv: nach Monaten und Tags (Schlagwörter) sortiert." />
  <link rel="meta" type="application/rdf+xml" title="FOAF" href="http://www.perun.net/perun-foaf.rdf" />
  <link rel="shortcut icon" href="http://www.perun.net/favicon.ico" />

<?php if (is_search()) {echo "<meta name=\"robots\" content=\"noindex, follow\" />\n";} ?>
  <?php wp_head(); ?>
  </head>
```

Die ersten drei Zeilen der *header.php* sind hinreichend bekannt. Sie werden allerdings bemerkt haben, dass ich die Angaben zur Sprache im HTML-Wurzelelement direkt eingegeben und auf die Angabe des zuständigen Template-Tags (`language_attributes();`) verzichtet habe. Ich werde auch weiterhin in diesem Weblog nur in deutscher

Sprache schreiben und ich bin mir ziemlich sicher, dass in der nächsten Zukunft auch weiterhin in der deutschen Sprache von links nach rechts gelesen und geschrieben wird ... obwohl, den Kultusministerkonferenzen traue ich einiges zu.

Spaß beiseite. Fakt ist, dass ich nur in Deutsch schreibe und man in dieser Sprache von links nach rechts liest und schreibt. Daher notiere ich das deutsche Sprachkürzel direkt und verzichte auf die Angabe zur Schreib- und Leserichtung, da die Einstellung »von links nach rechts« (`dir="ltr"`) voreingestellt ist. Somit spare ich mir die Notierung eines, in meinem Fall, unnötigen Template-Tags und eine extra Anfrage an den Server. Eine ganz andere Geschichte wäre es, wenn ich ein Template für ein verschiedensprachiges Publikum erarbeite.

Listing 9.2
Der Seitentitel

```
<?php if (is_home()) { ?>
<title><?php bloginfo('name'); ?> - <?php bloginfo('de-
  scription'); ?></title>
<?php }
elseif(is_category() or is_archive() or is_page() or
  is_single()) { ?>
<title><?php wp_title(''); ?> &raquo; <?php bloginfo('na-
  me'); ?></title>
<?php } else { ?>
<title><?php bloginfo('name'); ?><?php wp_title(); ?> -
  <?php bloginfo('description'); ?></title>
<?php } ?>
```

Im Gegensatz zu den beiden Standard-Themes habe ich die Abfragen bei der Ausgabe des Seitentitels erweitert. Auf der Startseite und auf allen Seiten, die auf die Hauptdatei (*index.php*) zurückgreifen – `if(is_home())` –, bekommt man Folgendes in der Titelleiste des Browsers zu sehen:

Abbildung 9.2
Der Seitentitel auf der Startseite

Der Seitentitel besteht hier ganz einfach aus dem Namen (`bloginfo('name');`) und der Beschreibung (`bloginfo('description');`) des Blogs. In der Kategorieübersicht, im Archiv, den Unterseiten und beim einzelnen Beitrag besteht der Seitentitel aus der ausgelesenen Überschrift (`wp_title();`), gefolgt von dem Namen des Weblogs. Hier exemplarisch der Seitentitel für einen einzelnen Beitrag:

Abbildung 9.3
Der Seitentitel auf einer der Folgeseiten

Mit Hilfe von `wp_title('');` kann man die Überschrift bzw. den Titel des Beitrages, des Archivs oder der Seite auslesen. Ich habe extra die zwei Hochkommata ohne einen Parameterwert eingefügt. Üblicherweise bekommt `wp_title` bei der Ausgabe ein Trennzeichen (»), an sich praktisch und sinnvoll. Allerdings taucht dieses Zeichen auf der linken Seite auf, weil es ursprünglich vorgesehen war, dass man `wp_title` am Ende des Seitentitels unterbringt. Da es aber sinnvoller ist, den Titel des Beitrages am Anfang zu notieren, muss man dem Template-Tag `wp_title` einen leeren Parameterwert geben, um die Ausgabe des Trennzeichens zu unterdrücken.

Hinweis

Sie werden sich jetzt sicherlich fragen, warum es sinnvoll ist, bei der Ausgabe des Seitentitels zuerst den Namen des Beitrages/Seite/Überschrift und erst dann den Namen des Weblogs und eventuell die Beschreibung auszugeben. **Suchmaschinen** legen einen sehr hohen Wert auf den Seitentitel und vergleichen diesen auch innerhalb einer Seite. Wenn jetzt alle Unterseiten zuerst mit dem Namen des Weblogs beginnen, könnte es passieren, vor allem bei etwas längeren Namen, dass die Suchmaschinen nicht alle Seiten in ihren Index aufnehmen (indizieren), weil sie »denken«, dass es sich um identische Seiten handelt. Ganz wichtig sind hierbei die ersten Zeichen im Seitentitel. Hat man aber am Anfang die Überschrift des Beitrages, unterscheiden sich die Unterseiten automatisch voneinander. Ein weiterer wichtiger Aspekt ist die **Lesezeichenverwaltung** im Browser. Hier ist der Seitentitel gleichzeitig auch die Überschrift des abgelegten Favoriten. Jetzt stellen Sie sich mal vor, Sie recherchieren in einem Weblog und legen sich ein gutes Dutzend Lesezeichen von verschiedenen Unterseiten an und am nächsten Tag schauen Sie sich die Lesezeichen an und überall steht: *Peruns Weblog / Webwork und Internet / ...* Alles klar?

Wie Sie in der Zeile 12 sehen können, habe ich ebenfalls die Angaben zum MIME-Typ und zum Zeichensatz direkt notiert und auch hier auf die Angabe der entsprechenden Template-Tags verzichtet. Ich habe nicht vor, in absehbarer Zeit den MIME-Typ und den eingesetzten Zeichensatz zu ändern, und vor allem ist die Änderung des Zeichensatzes nicht etwas, was man oft macht.

In den Zeilen 15 und 16 habe ich die Verlinkungen zu der CSS-Datei und zu der CSS-Datei für die Druck-Ausgabe notiert. Wie Sie in Zeile 16 entnehmen können, gibt `bloginfo('template_directory');` den Pfad zum jeweiligen Themes-Ordner aus.

In der Zeile 18 sehen Sie ein spezielles Meta-Tag, das für viele noch unbekannt sein dürfte: `<meta name="ICBM" content="50.938,6.974" />`. Es handelt sich hier um die so genannte **Geokodierung** bzw. das **Geotagging** von Websites und Inhalten. Hierbei werden die Werte der Geo-Koordinaten als Metatags im Kopfbereich der Website platziert. Auf diese Werte greifen spezielle Suchmaschinen zu, die z. B. eine regionale Suche anbieten, oder Websites, die z. B. alle Websites innerhalb eines bestimmten geografischen Bereiches auflisten. Die Website *www.mygeoposition.com* ist eine von vielen Websites, wo Sie anhand der von Ihnen eingegebenen Postadresse die benötigten Metatag-Werte bekommen.

Geokodierung (Geotagging)

Durch den Code in der Zeile 22 der *header.php* wird die Seiten-Beschreibung (`meta name="description"`) nur auf den Seiten ausgegeben, die bei der Ausgabe auf die *index.php* zurückgreifen. Dieses Metatag hat viel von seiner ursprünglichen Bedeutung eingebüßt, weil viele Suchmaschinen-Spammer in der Vergangenheit dieses Tag – genau wie das Tag `meta name="keyword"` – missbraucht haben. Dennoch blenden diverse Suchmaschinen den Inhalt der Meta-Beschreibung bei der Ausgabe der Suchergebnisse ein. Allerdings sollte man schauen, dass der Inhalt dieses Tags zu dem Seitentitel und dem übrigen Inhalt auf der Website passt. Dies ist in meinem Weblog auf den Seiten, die auf die *index.php* zurückgreifen, gegeben. Bei den einzelnen Beiträgen ist dies nicht der Fall und daher blende ich dieses Metatag dort auch aus.

Die Seitenbeschreibung

In der Zeile 24 sehen Sie ein weiteres nicht so häufig anzutreffendes Metatag: `<meta http-equiv="imagetoolbar" content="no" />`. Mit diesem Metatag blenden Sie die kleine Toolbar aus, die der Internet Explorer 6 einblendet, wenn Sie den Cursor über ein Bild bewegen.

Die Bild-Toolbar im Internet Explorer

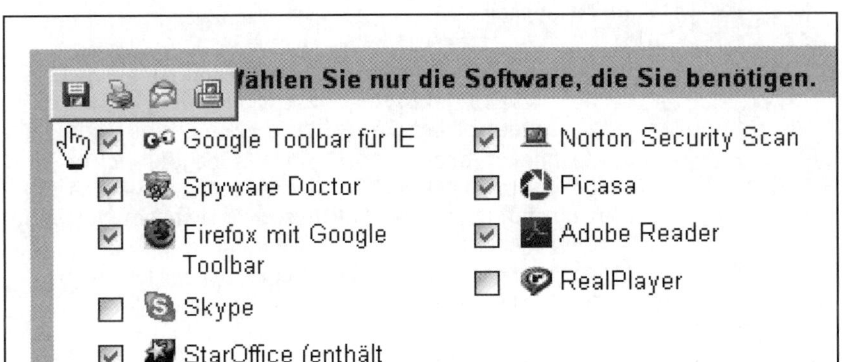

Abbildung 9.4
Die Image-Toolbar im IE 6

Keine Indizierung der Suchergebnisse

Mit dem Code in der Zeile 30 wird den Suchmaschinen signalisiert, dass sie die Auflistung der Suchergebnisse nicht in ihren Suchindex aufnehmen sollen. Das erreiche ich, indem ich nur auf den Suchergebnis-Seiten (`is_search();`) `<meta name="robots" content="noindex, follow" />` einblende. Der Wert `noindex` bedeutet für die Suchmaschinen, dass sie diesen Inhalt nicht in den Suchindex aufnehmen sollen, und `follow` bedeutet, dass die Suchmaschinen aber den Links auf dieser Seite folgen können. Wollen Sie für die Suchmaschinen sowohl die Indizierung wie das Folgen verbieten, müssen Sie Folgendes eintragen: `<meta name="robots" content="noindex, nofollow" />`.

Tipp

Viele Webmaster blenden auf den Unterseiten, auf denen die Suchmaschinen den Inhalt indizieren und den Links folgen dürfen, `<meta name="robots" content="index, follow" />` ein. Dies ist aber **unnötig**, da die Werte `index` und `follow` bei den Suchrobotern quasi die »Standardeinstellung« sind, bzw. die Suchroboter grasen alle Websites ab, außer sie werden durch `noindex` und/oder `nofollow` gestoppt.

Listing 9.3
Die *header.php* (2/2)

```
34
35 <body>
36
37   <div id="container">
38
39     <h1 id="kopfbereich"><a href="/">Peruns Weblog - Webwork
         und Internet</a></h1>
40     <hr />
41     <p class="vorstellung">Ist das private Weblog von <a
         href="http://www.vlad-design.de">Vladimir Simovic</a>
         mit Berichten zum Thema Webwork und Internet. Ich wohne
         in Köln und arbeite als freier Webworker, Blogger und
         Autor.</p>
42     <hr />
43       <div id="hauptnavi">
44         <ul>
45           <li><a href="/"<?php if(is_home() and !is_paged())
               echo ' class="aktiv"'; ?> title="Zurück zur
               Startseite">Start</a></li>
46           <li><a href="/archiv/"<?php if(is_page('archiv'))
               echo ' class="aktiv"'; ?> title="Archiv nach Mo-
               naten und Tags bzw. Schlüsselwörtern sor-
               tiert.">Archiv</a></li>
47           <li><a href="/links/"<?php if(is_page('links'))
               echo ' class="aktiv"'; ?>>Links</a></li>
```

```
48          <li><a href="/downloads/"<?php if(is_page('down-
              loads')) echo ' class="aktiv"'; ?>>Downloads</
              a></li>
49          <li><a href="/informationen/"<?php if(is_page('in-
              formationen')) echo ' class="aktiv"'; ?> tit-
              le="Informationen u.a. zum Aufbau des
              Weblogs">Informationen</a></li>
50          <li><a href="/meine-buecher/"<?php
              if(is_page('meine-buecher')) echo ' class="ak-
              tiv"'; ?> title="Bücher, die ich geschrieben ha-
              be">Meine Bücher</a></li>
51          <li><a href="/impressum/"<?php if(is_page('impres-
              sum')) echo ' class="aktiv"'; ?> title="Impres-
              sum, Kontaktdaten, Datenschutz und rechtliche
              Hinweise" style="margin-right: 0;">Impressum</
              a></li>
52        </ul>
53      </div><!-- /Ende #hauptnavi -->
54      <hr />
55      <div id="mittelbereich">
56        <div id="inhalt">
57  <!-- Ende Kopfbereich -->
```

Nun befinden wir uns in dem sichtbaren Bereich der *header.php*. Die ersten zehn Zeilen sind reines XHTML. Auf die Verlinkung auf die Startseite durch z. B. `get_option('home');` habe ich verzichtet, da sich in meinem Fall die WordPress-Installation im Hauptordner befindet und wenn man den Schrägstrich als Ziel des Verweises (`<a href="/">`) notiert, kommt man beim Aufruf dieses Verweises automatisch auf die höchste Ebene der Website bzw. auf die Startseite zurück. Wie Sie bereits schon in der Zeile 40 erkennen können, benutze auch ich das `hr`-Element, um die Bereiche voneinander zu trennen. Mit Hilfe von CSS mache ich dann diese horizontalen Balken unsichtbar.

Die horizontale Navigation

In den Zeilen 44–52 habe ich die Hauptnavigation untergebracht. Die einzelnen Navigationspunkte sind die Seiten bzw. Pages und die einzelnen Listenelemente habe ich mit CSS horizontal ausgerichtet. Wie Sie sehen, habe ich auch hier auf den Einsatz des zuständigen Template-Tags (`wp_list_pages('arguments');`) verzichtet, um automatisch die Seiten (Pages) auszugeben. **Eigentlich** hätte ich auch Folgendes schreiben können:

Listing 9.4
Alternative Schreibweise für die horizontale Navigation

```
44  <ul>
45    <li><a href="/"<?php if(is_home() and !is_paged()) echo '
        class="aktiv"'; ?> title="Zurück zur Startseite">Start</
        a></li>
```

```
<?php wp_list_pages('title_li=&inclu-
   de=11,12,15,17,22,25&sort_column=menu_order'); ?>
</ul>
```

Die Startseite muss man auch hier manuell eingeben, aber die restlichen Seiten würde man dann automatisch von WordPress ausgeben lassen. Mit dem Parameter `title_li=` würde man die automatische Überschrift für diesen Bereich unterdrücken und durch den Parameter `include=` werden **nur** Seiten eingeblendet, die explizit durch die Angabe der ID erwähnt werden. Die Angabe `sort_column=menu_order` sortiert die einzelnen Seiten in der Reihenfolge, unter der Sie diese bei *Seite schreiben / Reihenfolge* bestimmt haben.

Sie werden sich jetzt sicherlich und zu Recht fragen: *»Und warum machst du es dann nicht so?!«* Das ist eine berechtigte Frage, aber ich habe auch einen berechtigten Grund. Die Punkte in der Hauptnavigation sind sehr wichtig und daher haben sie meiner Meinung nach auch einen ordentlichen und aussagekräftigen Titel verdient. Der Navigationspunkt, der zum *Impressum* führt, hat folgenden Titel: `title="Impressum, Kontaktdaten, Datenschutz und rechtliche Hinweise"`. Solche individuellen Inhalte des `title`-Attributs kann man nur erreichen, indem man die einzelnen Punkte manuell einträgt.

Abbildung 9.5
Der »Wirkungsbereich« der *header.php*

9.3 Die Sidebar (sidebar.php)

Nun schauen wir uns die Sidebar meines Weblogs an. Ich habe an einigen Stellen hier in der *sidebar.php* den nicht so relevanten Code ausgelassen und die entsprechenden Stellen können Sie an den Auslassungszeichen (*[...]*) erkennen. Das erwähne ich deswegen, damit Sie nicht verwundert sind, wenn es Sprünge in der Zählung der Code-Zeilen gibt.

Listing 9.5
Die *sidebar.php* (1/2)

```

<!-- begin sidebar -->
```

```
03 <div id="sidebar">
04   <h2>Abonnieren</h2>
05   <ul class="feed-abos">
06     <li><a href="<?php bloginfo('rss2_url'); ?>" rel="alter-
         nate" type="application/rss+xml" title="Beiträge als
         Newsfeed">Beiträge</a></li>
07     <li><a href="<?php bloginfo('comments_rss2_url'); ?>"
         title="Die letzten Kommentare als RSS-Feed">Kommenta-
         re</a></li>
08   </ul>
09
10   <h2><label for="s">Suchen</label></h2>
11   <form id="searchform" method="get" action="<?php blogin-
       fo('url'); ?>/">
12     <div>
13       <input name="s" id="s" size="17" type="text" />
14       <input name="submit" value="Suchen" type="submit"
           class="such-button" />
15     </div>
16   </form>
17
18   <?php if(!is_page('meine-buecher')) { ?>
19   <h2>Meine Bücher</h2>
20   <div style="float: right; width: 115px;">
21     <p><a href="/meine-buecher/#css-buch-modernes-webde-
         sign" title="CSS-Buch: modernes Webdesign mit CSS"><img
         src="/wp-content/uploads/2007/07/css-buch-modernes-
         webdesign-115x163.jpg" alt="CSS-Buch: modernes Webde-
         sign mit CSS" /></a><br />
22     <a href="/meine-buecher/#css-buch-modernes-webde-
         sign">Weitere Infos</a></p>
23   </div>
24   <div style="width: 115px;">
25     <p><a href="/meine-buecher/#wordpress-buch-einsteigerse-
         minar" title="WordPress-Buch - das Einsteigersemi-
         nar"><img src="/wp-content/uploads/2007/07/wordpress-
         buch-einsteigerseminar-115x163.jpg" alt="WordPress-
         Buch - das Einsteigerseminar" /></a><br />
26     <a href="/meine-buecher/#wordpress-buch-einsteigersemi-
         nar">Weitere Infos</a></p>
27   </div><?php } ?>
28
```

Wie Sie in den Zeilen 06 und 07 sehen können, habe ich die Links zu den zwei Newsfeeds – Beiträge und Kommentare – ganz oben in der Sidebar untergebracht. Aus meiner persönlichen Erfahrung und aus Gesprächen mit Kollegen ist mir aufgefallen, dass der Verweis zum Newsfeed und die Suchfunktion die wichtigsten »Anlaufstellen« für die Besucher sind: die Feeds, um auf dem Laufenden zu bleiben, und die Suchfunktion, um Beiträge zu finden. Daher ist es sinnvoll, die beiden Funktionen auch prominent zu platzieren.

Unter der Suchfunktion habe ich Abbildungen der Bücher untergebracht, die ich geschrieben habe. Die Grafiken sowie die Links darunter führen auf eine Unterseite mit dem Namen *Meine Bücher*. Daher macht es keinen Sinn, die zwei Buch-Grafiken auch auf dieser Page einzublenden, deswegen kommt die Abfrage in der Zeile 18 (`if(!is_page('meine-buecher'))`) zum Einsatz.

Abbildung 9.6
Der obere Teil der Sidebar

Listing 9.6
Die *sidebar.php* (2/2)

```
29    <h2>Kategorien</h2>
30    <ul>
31      <?php wp_list_categories('orderby=name&show_count=1&ti-
          tle_li=&exclude=20'); ?>
32    </ul>
33    <p style="margin-top: -.8em;">Die <a href="/archiv/#tag-
        wolke">Tag-Wolke</a> (Tag-Cloud).</p>
34
35    <!-- google_ad_section_start(weight=ignore) -->
36    <h2>Weitere Projekte</h2>
37    <ul>
38      <li><a href="http://www.vlad-design.de">Meine geschäft-
          liche Website</a></li>
39      <li><a href="http://www.herr-der-ringe.ws">Herr der
          Ringe-Weblog</a></li>
40      <li>[...]</li>
```

```
42     <li><a href="http://www.wordpress-buch.de">WordPress-
         Buch</a></li>
43    </ul>
44
45    <h2>Werbung</h2>
46    <ul class="werbelinks">
47     <li>[...]</li>
48    </ul>
49  [...]
55  <h2>Sonstiges</h2>
56  <ul>
57    <li><a href="http://www.feedburner.com/fb/a/emailverify-
        Submit?feedId=301116&amp;loc=de_DE" onclick="win-
        dow.open('http://www.feedburner.com/fb/a/emailverifySub-
        mit?feedId=301116&amp;loc=de_DE','newsletter','width=555
        ,height=470,top=150,left=150,scrollbars=no,hot-
        keys=no,menubar=no,locationbar=no,resizeable=yes,sta-
        tus=no'); return false;" target="newsletter" title="Abon-
        niere den Newsletter, um auf dem Laufenden zu
        bleiben.">Newsletter beziehen</a></li>
58  </ul>
59  <ul>
60  <?php wp_register(); ?>
61  <li><?php wp_loginout(); ?></li>
62  <?php wp_meta(); ?>
63  </ul>
64  <!-- google_ad_section_end -->
65  </div> <!-- /id="sidebar" -->
66<!-- Ende der Sidebar -->
67
```

In der Zeile 31 der *sidebar.php* werden die Kategorien eingeblendet. Sie werden alphabetisch sortiert und es wird die jeweilige Anzahl der Beiträge in den Klammern angegeben. Die Kategorie mit der ID 20 (mit dem Namen *Podcast*) wird in der Sidebar nicht angezeigt, da ich seit Langem keinen Podcast mehr produziert habe, allerdings bleiben die Beiträge aus dieser Kategorie erhalten.

Nicht relevante Bereiche für die Google-Werbung

In der Zeile 35 sehen Sie einen Code, den Sie eventuell zum ersten Mal sehen: `<!-- google_ad_section_start(weight=ignore) -->`. Ich schalte momentan in meinem Weblog Google-Werbung. Das Skript, das die Werbung schaltet, untersucht den Inhalt der Website und anhand des Inhaltes wird die passende Werbung in Textform geschaltet. Mit dem Code markiere ich den Anfang des Bereiches, der für die Analyse nicht relevant ist. Die Markierung endet in der Zeile 64 mit `<!-- google_ad_section_end -->`.

Feedburner verschickt Newsletter

In der Zeile 57 sehen Sie einen langen Code-Abschnitt, der sich in eine einzelne Zeile quetscht. Darin befindet sich der Verweis zu dem Newsletter-Dienst von Feedburner. Damit ist es möglich, an Besucher, die sich bei Feedburner registrieren, automatisch einen E-Mail-Newsletter zu verschicken, sobald es im Weblog neue Beiträge gibt. Zu diesem Dienst und seinen Funktionen können Sie in Kapitel 11 mehr lesen.

Abbildung 9.7
Der untere Teil der Sidebar

9.4 Die Hauptdatei (index.php)

Listing 9.7
Die *index.php*

```
<?php get_header(); ?>

<?php if (have_posts()) : while (have_posts()) : the_post(); ?>

<div id="post-<?php the_ID(); ?>">
  <h2 class="storytitle"> <a href="<?php the_permalink() ?>" rel="bookmark" title="Der Verweis (Permalink) zu: <?php the_title(); ?>"><?php the_title(); ?></a></h2>
  <div class="beitrags-info">Von <?php the_author() ?> am <?php the_time('d. F Y'); ?> um <?php the_time('H:i'); ?><?php edit_post_link('****', '<span> ', ' </span>'); ?></div>
  <div class="der-beitrag">
    <?php the_content('(weiterlesen...)'); ?>
  </div><!-- Ende des jeweiligen Beitrages -->
  <div class="feedback">
```

```
12      <?php wp_link_pages(); ?>
13      <?php comments_popup_link('Kommentare (0)', 'Kommentare
          (1)', 'Kommentare (%)'); ?>
14    </div>
15  </div> <!-- Ende des Bereiches um den jeweiligen Beitrag -->
16
17  <?php comments_template();  /* Kommentar-Template wird einge-
    bunden */ ?>
18
19  <?php endwhile; else: ?>
20    <p>Tut mir leid! Es wurde kein passender Beitrag gefunden.</
        p>
21  <?php endif; ?>
22  <hr />
23  <?php
24  if (function_exists('wp_pagebar')) {
25    wp_pagebar(array('before'=>'', 'tooltip_text'=>'Seite',
        'next'=>'&raquo;', 'prev'=>'&laquo;'));
26  }
27  else { ?>
28    <p class="pagination"><?php
        posts_nav_link(' &ndash; ', __('&laquo; Zurück-
        blättern'), __('Weiterblättern &raquo;')); ?></p>
29  <?php } ?>
30
31  </div><!-- /Ende #inhalt -->
32  <?php get_sidebar(); ?>
33  <?php get_footer(); ?>
```

Im Großen und Ganzen ist in der *index.php* nichts Neues bzw. Unbekanntes hinzugekommen. Ich habe die Meldungen (z. B. *kein passender Beitrag gefunden*) alle direkt eingedeutscht, so dass ein Zugriff auf die deutsche Sprachdatei hier nicht notwendig ist. Eine Ausnahme gibt es und zwar in den Zeilen 24 und 25. Anstatt der üblichen »Weiterblättern«-Funktion habe ich ein Plugin installiert und hier eingebunden. Das Plugin heißt *Pagebar* und es listet am Ende der Seite die Folgeseiten auf.

Der richtige Einbau eines Plugins im Theme

In der Zeile 24 sehen Sie, wie man ein Plugin richtig einbauen sollte. Man fragt ab, ob das Plugin vorhanden bzw. aktiviert ist (`if (function_exist('plugin_name'))`, und wenn ja, dann soll es seine Wirkung entfalten. Diese Abfrage ist sehr nützlich. Sollte es aus irgendwelchen Gründen passieren, dass das Plugin nicht aktiv ist, wird die Website nicht in Mitleidenschaft gezogen und es kommt zu keinen hässlichen Fehlermeldungen.

WORDPRESS-THEMES VERSTEHEN 2

von perun am 08. august 2007 um 03:35 ****

Im ersten Teil der Serie habe ich einiges zur Theorie, Grundlagen und Begrifflichkeiten geschrieben. In diesem Artikel werde ich das Classic-Theme unter die Lupe nehmen und das Zusammenspiel der einzelnen Dateien und der darin enthaltenen Template-Tags erklären. Das Classic-Theme war das Standard-Theme bis zum Erscheinen von WordPress 1.5, dann wurde es von dem jetzigen Default-Theme (Kubrick) abgelöst. (weiterlesen...)

KOMMENTARE (19)

SIMPSONIZE ME

von perun am 02. august 2007 um 00:08 ****

Ab und an muss es auch mal etwas ~~albernes~~ lustiges sein. Auf der Website Simpsonize me kann man eigenes Bild hochladen und daraus wird dann wiederum ein Portrait generiert, dass sich an den Zeichenstil der Simpsons orientiert.

Doch das System ist sehr wählerisch. Ich habe drei Anläufe gebraucht bis das Bild erkannt wurde. Nach dem das System das Bild angenommen hat kann gewisse Einstellungen tätigen: Mann/Frau, an welcher Figur soll sich das System orientieren, Haarfarbe, Gesichtsbehaarung etc.

Übrigens auf diesem Bild sieht ihr die neue Figur: Vlad (Perun) Simpson. OK, nicht wirklich 100%ig getroffen, aber es kommt dem schon ganz nah ... oder?

KOMMENTARE (13)

1 2 3 ... 168 »

Abbildung 9.8
Die *index.php* im Einsatz

In der oberen Abbildung sehen Sie die Auswirkungen der Hauptdatei des Themes (*index.php*) und speziell im unteren Bereich die *Pagebar*. Und das war es dann so weit mit der *index.php* – kurz und schmerzlos.

9.5 Die Kategorieübersicht (category.php)

Die *category.php* ist zuständig für die Auflistung aller Beiträge, die einer Kategorie zugewiesen sind.

Listing 9.8
Die *category.php*

```
<?php get_header(); ?>

<?php if(is_category()) { ?><h2>Die Kategorie "<?php
  single_cat_title(''); ?>"</h2>
```

```
<div class="kategorie-info"><p>Hier sind alle Beiträge aufgelistet, die in die Kategorie <strong><?php single_cat_title(''); ?></strong> einsortiert wurden. Die Beschreibung dieser Kategorie lautet: "<em><?php echo category_description($cat); ?></em>". Du hast die Möglichkeit, den <a href="<?php echo get_category_link($cat);?>feed/" class="fett">RSS-Feed</a> speziell nur für diese Kategorie zu abonnieren.</p></div><?php } ?>

<?php if (have_posts()) : while (have_posts()) : the_post(); ?>

<div id="post-<?php the_ID(); ?>">
  <h2 class="storytitle"><a href="<?php the_permalink() ?>" rel="bookmark"><?php the_title(); ?></a></h2>
  <div class="beitrags-info">Von <?php the_author() ?> am <?php the_time('d. F Y'); ?> um <?php the_time('H:i'); ?><?php edit_post_link('****', '<span> ', ' </span>'); ?></div>
  <div class="der-beitrag">
    <?php the_content('(weiterlesen...)'); ?>
  </div> <!-- Ende des jeweiligen Beitrags -->
  <div class="feedback">
    <?php wp_link_pages(); ?>
    <?php comments_popup_link('Kommentare (0)', 'Kommentare (1)', 'Kommentare (%)'); ?>
  </div>
</div> <!-- Ende des Bereiches um den jeweiligen Beitrag -->

<?php comments_template();  /* Kommentar-Template */ ?>

<?php endwhile; else: ?>
  <p>Tut mir leid, es wurde kein passender Beitrag gefunden.</p>
<?php endif; ?>
<hr />
<?php
if (function_exists('wp_pagebar')) {
  wp_pagebar(array('before'=>'', 'tooltip_text'=>'Seite', 'next'=>'&raquo;', 'prev'=>'&laquo;'));
}
else { ?>
  <p class="pagination"><?php posts_nav_link(' &ndash; ', __('&laquo; Zurückblättern'), __('Weiterblättern &raquo;')); ?></p>
<?php } ?>

</div><!-- /Ende #inhalt -->
```

```
35 <?php get_sidebar(); ?>
36 <?php get_footer(); ?>
```

Wie Sie schon richtig erkannt haben, ist die *category.php* eine fast exakte Kopie der *index.php*. Der Unterschied liegt in den Zeilen 03 und 04. Obwohl wir uns in einer Kategorieübersicht befinden, stelle ich eine Abfrage, um festzustellen, ob wir uns innerhalb einer Kategorie befinden – das klingt nicht sehr logisch. Das kommt deswegen zustande, weil ich den Code in den Zeilen 03 und 04 nur in einer Kategorieübersicht anzeigen möchte. Aber WordPress setzt die *category.php* auch bei einer Tag-Übersicht ein – also auch bei der Auflistung aller Beiträge, die unter einem bestimmten Tag gelistet sind. Dort wollte ich allerdings die Meldung (siehe nächste Abbildung) nicht angezeigt haben. In der unteren Abbildung sehen Sie die *category.php* im Einsatz.

Abbildung 9.9
Die *category.php*

Auch wenn in der *category.php* wenig Neues hinzugekommen ist, haben Sie dennoch drei neue Sachen gelernt:

- `single_cat_title('');` gibt den Titel der jeweiligen Kategorie aus.
- `category_description();` gibt die Beschreibung einer Kategorie aus.
- Die Variable `$cat` gibt die ID der aktuellen Kategorie aus.

9.6 Die Einzelansicht (single.php)

Die *single.php* wird von WordPress immer dann aufgerufen, wenn der einzelne Beitrag angezeigt werden soll. Ist diese Template-Datei nicht vorhanden, greift das System auf die *index.php* zurück.

Listing 9.9
Die *single.php*

```
<?php get_header(); ?>

<?php if (have_posts()) : while (have_posts()) : the_post(); ?>

<div id="post-<?php the_ID(); ?>">
<h2 class="storytitle"><a href="<?php the_permalink() ?>" rel="bookmark"><?php the_title(); ?></a></h2>
<div class="beitrags-info">Tags: <?php if (function_exists('STP_PostTags')) {?> <?php STP_PostTags(); ?><?php } else{echo"Die Funktion ist deaktiviert.";} ?> <?php edit_post_link('****', '<span>  ', '</span>'); ?></div>

<div class="google-anzeige">
  [Code für Google-Anzeigen]
</div>

<div class="der-beitrag">
<?php the_content(__('(more...)')); ?>
<?php wp_link_pages(); ?>
<?php if (class_exists('SimpleTagging')) : ?>
  <h3>Verwandte Beiträge</h3>
  <ul>
    <?php STP_RelatedPosts(); ?>
  </ul>
<?php endif; ?>
</div> <!-- Ende des jeweiligen Beitrages -->

<div class="beitrags-info2">
```

```
25     <p>Dieser Beitrag wurde am <?php the_time('l, d. F Y'); ?>
       um <?php the_time('H:i'); ?> Uhr veröffentlicht und wurde
       unter der Kategorie <?php the_category(', ') ?> abgelegt.
       Du kannst die Kommentare zu diesem Eintrag durch den <?php
       comments_rss_link('RSS-Feed'); ?> verfolgen. <?php if
       (('open' == $post-> comment_status) && ('open' == $post-
       >ping_status)) { ?>Du hast die Möglichkeit, einen <a
       href="#comments">Kommentar</a> zu hinterlassen oder einen
       <a href="./trackback/">Trackback</a> von deinem Weblog zu
       senden.<?php } ?><?php if (('open' == $post->
       comment_status) && !('open' == $post->ping_status)) {?>Du
       hast die Möglichkeit, einen <a href="#respond">Kommen-
       tar</a> zu hinterlassen.<?php } ?> </p>
26   </div>
27
28   <p class="pagination"><?php
       previous_post_link('%link','&laquo; Zum vorherigen Bei-
       trag'); ?> &ndash; <?php
       next_post_link('%link','Zum nächsten Beitrag &raquo;');
       ?></p>
29   </div>
30
31   <?php comments_template();  /*Get wp-comments.php template*/
       ?>
32
33   <?php endwhile; else: ?>
34     <p>Tut mir leid, es wurde kein passender Beitrag gefunden.</
       p>
35   <?php endif; ?>
36   <hr />
37   </div><!-- /Ende #inhalt -->
38   <?php get_sidebar(); ?>
39   <?php get_footer(); ?>
```

Bis einschließlich Zeile 06 ist alles schon bekannter Code. In der Zeile 07 wird abgefragt, ob das Tagging-Plugin (*Simple Tagging*) vorhanden ist, wenn nicht, soll die Meldung *Die Funktion ist deaktiviert* ausgegeben werden. Wenn das Plugin aktiv ist, werden an dieser Stelle die Tags/Schlagwörter ausgegeben. Dadurch, dass ich momentan noch WordPress 2.2.2 einsetze und sich die Version 2.3 – wo die Tags zum Lieferumfang gehören – noch immer im Alpha-Status befindet, bin ich auf Plugins von Drittanbietern angewiesen, um den Beiträgen Tags zu vergeben und diese später im Frontend auch auszugeben.

Das Plugin Simple Tagging

Aber auch wenn mit der Version 2.3 das Tagging ohne Plugins möglich sein wird, bleibt dennoch die Frage bestehen, wie komfortabel die Lösung sein wird. Das Plugin *Simple Tagging* – über das Plugin werden

Sie im Plugin-Kapitel mehr erfahren – bietet einige komfortable Möglichkeiten, wie z. B. die Anzeige der nicht-getaggten Beiträge, Anzeige der verwandten Beiträge, Anzeige der bereits eingesetzten Tags und komfortables Einfügen neuer Tags etc. Momentan – im Beta-Stadium von WordPress 2.3 – gibt es von der eingebauten Tagging-Funktion lediglich eine Eingabemaske, um die Beiträge zu taggen, und das Template-Tag (`the_tags();`) für die Ausgabe der Tags. Daher kann ich mir gut vorstellen, dass das Plugin *Simple Tagging* auch weiterhin seine Daseinsberechtigung haben wird.

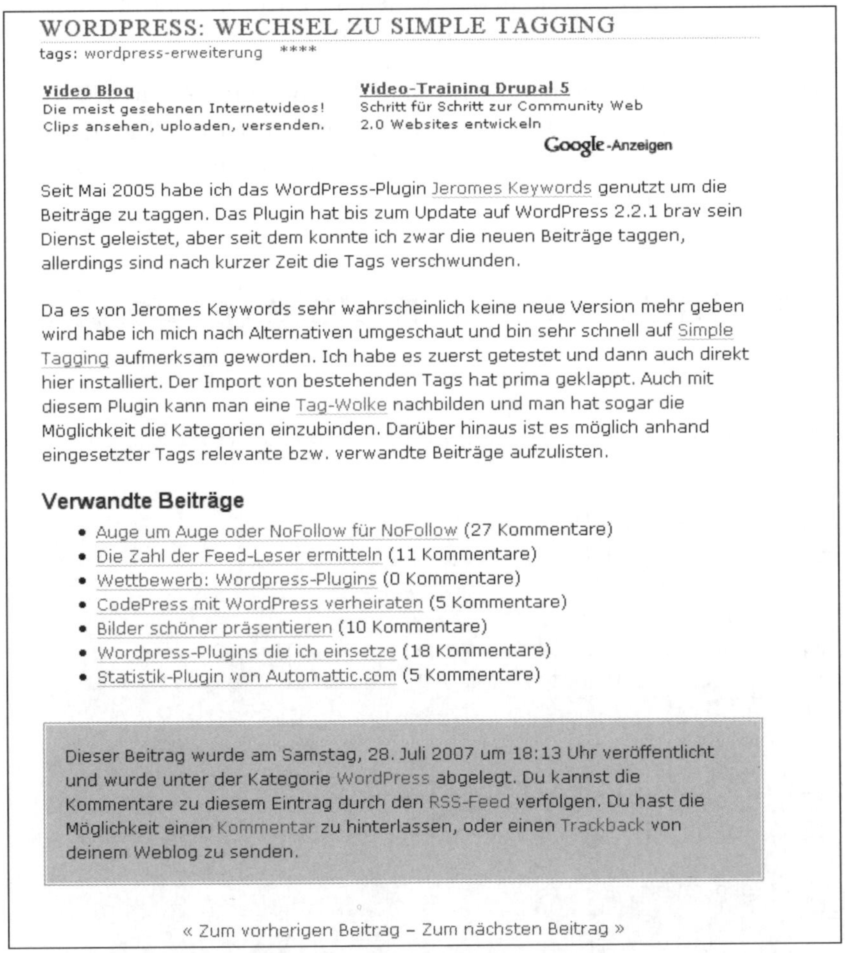

Abbildung 9.10
Ein einzelner Beitrag aus meinem Weblog

Verwandte Beiträge

In den Zeilen 16–21 wird das Plugin *Simple Tagging* noch einmal eingebunden und diesmal werden die verwandten Beiträge ausgegeben. Das Plugin untersucht, ob der Beitrag getaggt ist und ob es Beiträge gibt, die das gleiche Tag zugewiesen bekommen haben. Wenn ja, werden die jeweiligen Beiträge aufgelistet. In der grafischen Benutzeroberfläche des Plugins können Sie bestimmen, wie viele Links aufgelistet werden und in welcher Form die Auflistung stattfinden soll.

Die Info-Box

In den Zeilen 24–26 der *sidebar.php* sehen Sie unter dem jeweiligen Beitrag eine Informationsbox. In dieser Box erfährt der Leser, wann der Beitrag veröffentlicht und in welcher Kategorie er abgelegt wurde. Zusätzlich bekommt er den Link zu dem Kommentar-Feed des jeweiligen Beitrages, den Verweis zum Kommentarformular und den Link zu der Trackback-URL zu sehen. Dort sehen Sie auch, wie man abfragt, ob die Kommentar- und Pingfunktion aktiv ist.

Vorheriger/Nächster Beitrag

In der Zeile 28 ist die »Weiterblättern«-Funktion untergebracht. Mit dieser springt man zum nächsten bzw. vorherigen Beitrag. Damit unterscheidet sich diese Funktion von der auf den Übersichtsseiten – wo man seitenweise blättert.

9.7 Das Seiten-Template (page.php)

Listing 9.10
Die *page.php*

```
<?php get_header(); ?>

<?php if (have_posts()) : while (have_posts()) : the_post(); ?>

<div id="post-<?php the_ID(); ?>">
  <h2><?php the_title(); ?></h2>

  <div class="der-beitrag">
    <?php the_content('(weiterlesen...)'); ?>
    <?php edit_post_link('****', '<div>', '</div>'); ?>
  </div>
</div>

<?php endwhile; else: ?>
  <p>Tut mir leid, es wurde kein passender Beitrag gefunden.</p>
<?php endif; ?>

</div><!-- /Ende #inhalt -->
<?php get_sidebar(); ?>
<?php get_footer(); ?>
```

Das Haupt-Seiten-Template (*page.php*) ist sehr übersichtlich geworden und hierzu kann ich Ihnen nicht viel sagen, außer dass diese Template-Datei zum Einsatz kommt, wenn Seiten (Pages) ausgegeben werden. Ist diese Datei nicht vorhanden, greift das System auf die *index.php* zurück.

9.8 Die Archiv-Unterseite (archiv.php)

Die *archiv.php* ist eine Template-Datei, die nicht zum offiziellen Theme-Umfang gehört – im Gegensatz zur *archives.php*. Diese Datei wird auf den Seiten eingesetzt, wo man sie als Seiten-Template auch bestimmt hat: *Seite schreiben / Seiten-Template*. Ich habe diese Datei erstellt, um das ausgelagerte Archiv besser präsentieren zu können.

Listing 9.11
Das Archiv (*archiv.php*)

```
<?php
/*
Template Name: Archiv
*/
?>
<?php get_header(); ?>

<?php if (have_posts()) : while (have_posts()) : the_post();
  ?>

<div id="post-<?php the_ID(); ?>"><h2><?php the_title(); ?></h2>

  <div class="der-beitrag">
    <?php the_content('(weiterlesen...)'); ?>

    <?php if (class_exists('SimpleTagging')) : ?>
    <ul class="tag-wolke">
      <?php STP_Tagcloud(); ?>
    </ul>
    <?php endif; ?>

    <div class="archiv-liste1">
      <h3>Das Monatsarchiv</h3>
      <ol>
        <?php wp_get_archives('type=month-
          ly&show_post_count=1'); ?>
      </ol>
    </div>
```

```
27
28       <div class="archiv-liste2">
29         <h3>Die letzten 25 Beiträge</h3>
30         <ol>
31           <?php wp_get_archives('type=postbypost&limit=25&for-
               mat=html'); ?>
32         </ol>
33       </div>
34
36     <?php edit_post_link('****', '<div>', '</div>'); ?>
36     </div><!-- Ende von .der-beitrag -->
37   </div><!-- Ende von #post -->
38
39   <?php endwhile; else: ?>
40     <p>Tut mir leid, es wurde kein passender Beitrag gefunden.</p>
41   <?php endif; ?>
42
43   </div><!-- /Ende #inhalt -->
44   <?php get_sidebar(); ?>
45   <?php get_footer(); ?>
```

Anhand der ersten vier Zeilen erkennt WordPress, dass es sich hier um ein Seiten-Template mit dem Namen *Archiv* handelt. Dieser Name wird auch in der Auswahlliste (*Seiten-Template*) angezeigt.

Die Tag-Wolke

Mit dem Code in den Zeilen 15–19 wird später die Tag-Wolke ausgegeben. Bei einer Tag-Wolke werden die eingesetzten Tags aufgelistet und je öfter ein Tag eingesetzt wurde, umso größer wird es ausgegeben. Hierbei wird wieder auf die Hilfe des Simple-Tagging-Plugins zurückgegriffen.

Das Monatsarchiv

In den Zeilen 21–26 ist der zuständige Code, der später das Monatsarchiv ausgibt. Durch `wp_get_archives('type=monthly&show_post_count=1');` werden die Links zu den jeweiligen Monatsübersichten aufgelistet und neben jedem Monat wird auch noch die Anzahl der Beiträge im jeweiligen Zeitraum angezeigt.

Die letzten 25 Beiträge

In den Zeilen 28–33 der *archiv.php* befindet sich der Code für die zweite Archiv-Liste. Durch `wp_get_archives('type=postbypost&limit=25&format=html');` werden die verlinkten Überschriften der 25 letzten Beiträge aufgelistet. Wie Sie sehen, wird hier zwei Mal hintereinander das gleiche Template-Tag eingesetzt, allerdings mit verschiedenen Parametern. Durch `type=postbypost` werden die einzelnen Beiträge aufgelistet, durch `limit=25` wird die Anzahl der auszugebenden Beiträge bestimmt und durch `format=html` bestimmt man, dass die einzelnen Einträge als separate Listenpunkte (`<li>...</li>`) ausgegeben werden.

Der Sinn dieser Datei

Sie haben es schon richtig erkannt. Wenn ich eine neue Seite erstelle und dieser das Seiten-Template *archiv.php* zuweise, bekommt sie automatisch Inhalte und zwar die Tag-Wolke und die beiden Listen-Archive. Darüber hinaus kann ich, wenn ich mag oder es notwendig sein sollte, auch einen Text unterbringen. Da sich dieser öfter ändern könnte, habe ich mich dafür entschieden, diesen Text aus dem Admin-Menü pflegen zu können, und habe daher das Template-Tag `the_content('(weiterlesen...)');` in der Zeile 13 untergebracht. Hier die Abbildung eines Teiles des Archivs:

Abbildung 9.11
Archiv-Ausschnitt

9.9 Der Kommentarbereich (comments.php)

Listing 9.12
Die *comments.php* (1/2)

```
<hr />

```

```
<?php if ('comments.php' == basename($_SERVER['SCRIPT_FILENAME']))
  die ('Bitte nicht die Seite direkt aufrufen. Vielen Dank!'); ?>

<?php if ( !empty($post->post_password) && $_COOKIE['wp-postpass_' . COOKIEHASH] != $post->post_password) : ?>
  <p>Auch die Kommentare sind durch das Passwort geschützt.</p>
<?php return; endif; ?>

<h2 id="comments"><?php comments_number('Keine Kommentare', 'Ein Kommentar', '% Kommentare'); ?>
<?php if ( comments_open() ) : ?>
  <a href="#postcomment" title="Einen Kommentar hinterlassen">&raquo;&raquo;</a>
<?php endif; ?>
</h2>

<?php if ( $comments ) : ?>
  <ol id="commentlist">

  <?php /*foreach ($comments as $comment) :*/ ?>
  <?php $count = 0; foreach ($comments as $comment): $count++; ?>
    <li id="comment-<?php comment_ID() ?>" class="kommentare<?php global $comment; if ( ($comment->comment_author_email == get_the_author_email()) && ($comment->user_id != 0) ) { echo " mein-kommentar"; } ?>">
      <h3><a href="#comment-<?php comment_ID() ?>" class="kommentar-zaehler"><?php echo $count; ?>.</a> &ndash; <?php comment_author_link() ?><?php edit_comment_link(__("***"), ' '); ?></h3>
      <p class="kommentar-info"><em><?php comment_type('Kommentar', 'Trackback', 'Pingback'); ?> vom <?php comment_date('d. F Y') ?> um <?php comment_time() ?></em></p>
      <?php comment_text() ?> /* Der eigentliche Kommentar-Text */
      <?php if ($comment->comment_approved == '0') { echo "<p>[Dein Kommentar wartet auf Freischaltung.]</p>"; } ?>
    </li>

  <?php endforeach; ?>

  </ol>

<?php else : // Wenn es noch keine Kommentare gibt ?>
```

```
33     <p>Bis jetzt gibt es noch keine Kommentare.</p>
34   <?php endif; ?>
35
```

Am Anfang der *comments.php* gibt es wenig Neues. In den Zeilen 03 und 04 wird der direkte Zugriff auf die *comments.php* verhindert (siehe dazu die *comments.php* in Kapitel 9). In den Zeilen 06–08 wird geprüft, ob der Beitrag geschützt ist und ob der Besucher bereits eingeloggt ist. In der Zeile 16 beginnt, wenn Kommentare vorhanden sind, die Ausgabe der abgegebenen Kommentare.

Die Kommentare zählen (1)

Allerdings habe ich in diesem Bereich eine kleine Änderung eingefügt. In der Zeile 19 sehen Sie den ursprünglichen Code, dieser ist auskommentiert und daher nicht wirksam. Ich habe ihn trotzdem in der Datei gelassen, um Ihnen den Unterschied aufzuzeigen und für mich als Gedächtnisstütze. Der Code aus der Zeile 19 wird durch den Code aus der Zeile 20 abgelöst. Und was besagt der folgende Code: `$count = 0; foreach ($comments as $comment): $count++;`? WordPress setzt den Zähler auf null und für jeden Kommentar, der abgegeben wird, soll der Zähler um eins erhöht werden und die Zahl wird in der Variablen `$count` gespeichert, damit man den Wert an einer anderen Stelle innerhalb dieser Datei ausgeben kann. Warum ich das gemacht habe, werden Sie im übernächsten und darauf folgenden Absatz lesen können.

Der Kommentar des Autors

In der Zeile 21 der *comments.php* sehen Sie den Anfang des Listen-Elements, in dem das komplette Kommentarkonstrukt untergebracht ist: Name des Autors, Datum und der eigentliche Kommentarinhalt. Jeder Kommentar bzw. jedes Listen-Element bekommt automatisch das Klassen-Attribut mit dem Wert `kommentare` zugewiesen. Darüber hinaus wird geprüft, ob die E-Mail-Adresse des Kommentators und die E-Mail-Adresse des Autors gleich sind. Sind sie identisch, dann wird dem Klassen-Attribut zusätzlich noch der Wert `mein-beitrag` zugewiesen. Somit hat man die Möglichkeit, mit Hilfe von CSS die Kommentare, die von den Autoren des jeweiligen Beitrages stammen, extra zu kennzeichnen. Ich habe diesen Kommentaren ein extra Kommentarbild zugewiesen.

Die Kommentare zählen (2)

Dadurch, dass die einzelnen Kommentare als Listenpunkte einer nummerierten Liste ausgegeben werden, findet eine Nummerierung automatisch statt. Das Problem an dieser Nummerierung ist allerdings, dass man die Zählung oder besser ausgedrückt die Nummern der Zählung nicht großartig im designtechnischen Sinne beeinflussen kann. Ein Beispiel für so eine Beeinflussung ist, wenn Sie die Zahlen in eine andere Ecke positionieren wollen.

Daher müssen Sie eine eigene Zählung vornehmen ... und Sie erinnern sich in diesem Zusammenhang an unseren in der Zeile 19 bereits initiierten Zähler (`$count`). In der Zeile 22 sehen Sie, wie dieser Zähler eingebunden und ausgegeben wird.

Die Art des Kommentars

In der Zeile 23 der *comments.php* sehen Sie folgenden Code: `comment_type('Kommentar', 'Trackback', 'Pingback');`. Je nachdem, ob es sich bei dem Kommentar um einen wirklichen Kommentar (erster Wert), einen Trackback (zweiter Wert) oder Pingback (dritter Wert) handelt, wird der entsprechende Text ausgegeben. Sie können die drei Werte selbstverständlich auch individualisieren.

Hier eine Abbildung, bei der exemplarisch drei Kommentare aufgelistet werden. Anhand des Icons (Foto) im dritten Kommentar erkennen Sie, dass dieser Kommentar von mir, also dem Autor des Beitrages, stammt.

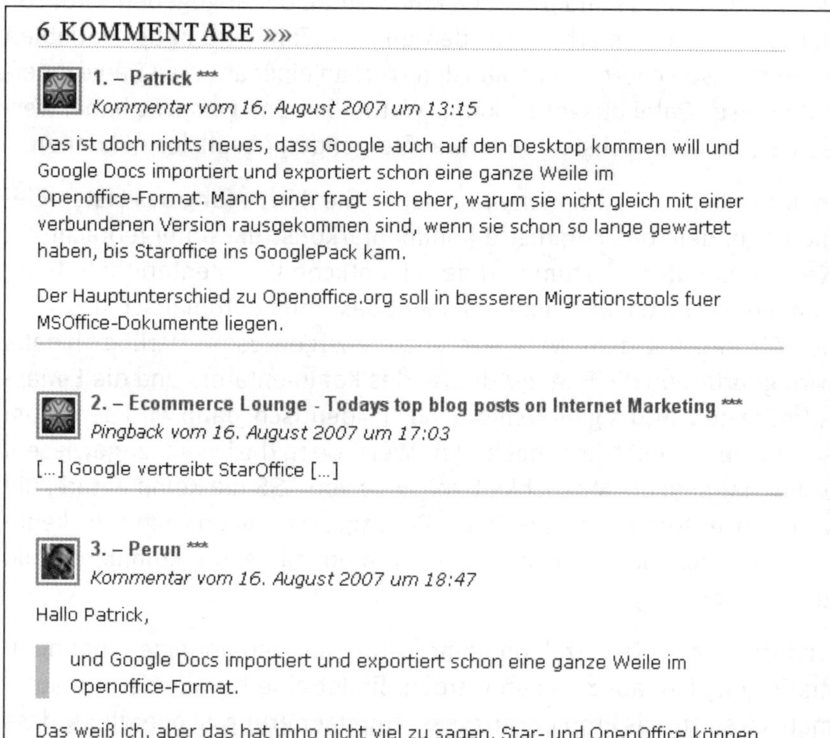

Abbildung 9.12
Die Auflistung der Kommentare (Ausschnitt)

Nun schauen wir uns den zweiten Teil der *comments.php* an:

Listing 9.13
Der Kommentarbereich
(*comments.php 2/2*)

```
<?php if ( comments_open() ) : ?>
  <h2 id="postcomment">Einen Kommentar hinterlassen</h2>

  <?php if ( get_option('comment_registration') && !$user_ID ) : ?>
    <p>Du musst <a href="<?php echo get_option('siteurl'); ?>/wp-login.php?redirect_to=<?php the_permalink(); ?>">dich einloggen,</a> um kommentieren zu können.</p>
  <?php else : ?>

    <form action="<?php echo get_option('siteurl'); ?>/wp-comments-post.php" method="post" id="commentform">

    <?php if ( $user_ID ) : ?>
      <p>Eingeloggt als <a href="<?php echo get_option('siteurl'); ?>/wp-admin/profile.php"><?php echo $user_identity; ?></a>. <a href="<?php echo get_option('siteurl'); ?>/wp-login.php?action=logout" title="<?php _e('Log out of this account') ?>">Logout &raquo;</a></p>

    <?php else : ?>
      <p><input type="text" name="author" id="author" value="<?php echo $comment_author; ?>" size="25" tabindex="1" />
      <label for="author"><small>Name <?php if ($req) _e('(required)'); ?></small></label></p>

      <p><input type="text" name="email" id="email" value="<?php echo $comment_author_email; ?>" size="25" tabindex="2" />
      <label for="email"><small>Mail (wird nicht veröffentlicht) <?php if ($req) _e('(required)'); ?></small></label></p>

      <p><input type="text" name="url" id="url" value="<?php echo $comment_author_url; ?>" size="25" tabindex="3" />
      <label for="url"><small>Website</small></label></p>
    <?php endif; ?>

      <p><small><strong>XHTML</strong> (folgende Tags sind erlaubt): <code><?php echo allowed_tags(); ?></code>. Kommentar-Vorschau ist aktiviert (JavaScript wird benötigt).</small></p>
      <p><small><strong>Code-Beispiele:</strong> Damit die Code-Beispiele richtig angezeigt werden, müssen die Sonderzeichen maskiert werden (z. B. <code>&lt;</code> zu <code>&amp;lt;</code>).</small></p>
```

```
61
67         <p><textarea name="comment" id="comment" cols="50"
             rows="12" tabindex="4"></textarea></p>
63
64         <p><input name="submit" type="submit" id="submit" tab-
             index="5" value="Kommentar abschicken" />
65         <input type="hidden" name="comment_post_ID" va-
             lue="<?php echo $id; ?>" /></p>
66         <?php do_action('comment_form', $post->ID); ?>
67
68       </form>
69
70       <?php endif; // If registration required and not logged
           in ?>
71
72       <?php else : // Comments are closed ?>
73         <p>Tut mir leid, aber momentan ist die Kommentarfunktion
             deaktiviert.</p>
74       <?php endif; ?>
75
```

Der zweite Teil der *comments.php* dürfte Ihnen aus den beiden Standard-Themes bekannt vorkommen. Ich habe diesen Bereich nur in Details verändert, zum Beispiel, indem ich die Text-Meldungen eingedeutscht und im Bereich des Kommentarformulars zwei Hinweise eingefügt habe (Zeile 59 und 60).

Abbildung 9.13 zeigt das Kommentarformulars aus der Sicht eines nicht-eingeloggten Besuchers.

In der oberen Abbildung sehen Sie vier Elemente, die im Code der *comments.php* gar nicht vorkommen. Zum einen wäre dies die Quicktag-Leiste, damit die Kommentatoren auch ihren Text formatieren können, darunter die Smiley-Leiste, die Live-Vorschau und ganz unten die Benachrichtigungsfunktion. Diese Elemente werden durch Plugins eingefügt und hier zeigt sich noch einmal, wie wichtig die (Template-)Hooks sind. Der Hook `do_action('comment_form', $post->ID);` aus der Zeile 66 dient diesen Plugins zur Orientierung. Eine nähere Beschreibung der zuständigen Plugins folgt in Kapitel 12.

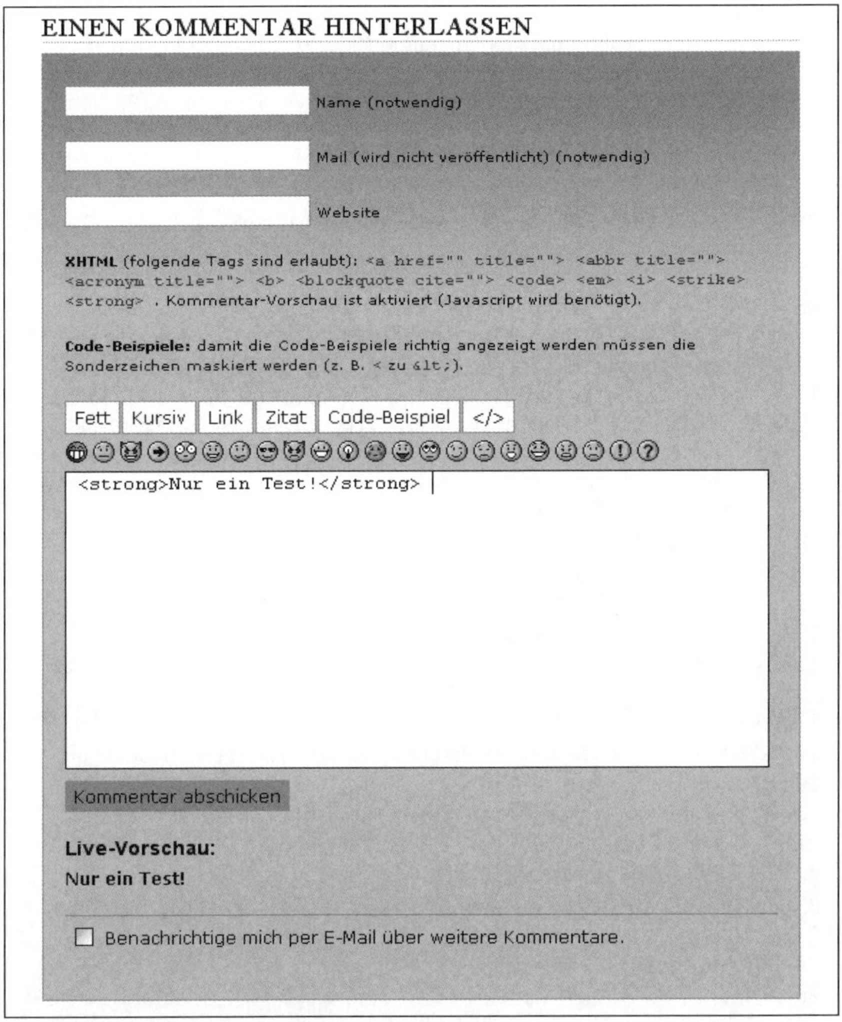

Abbildung 9.13
Das Kommentarformular

9.10 Die Ausgabe der Suchergebnisse (search.php)

Die Ausgabe der Suchergebnisse ist im Grunde genommen ein Klon der *category.php* (Listing 9.8):

Listing 9.14
Die *search.php*

```
<?php get_header(); ?>

<h2>Deine Suche nach "<?php the_search_query(); ?>"</h2>
```

```
<div class="kategorie-info"><p>Falls deine Suche nach <strong><?php the_search_query(); ?></strong> kein oder kein zufriedenstellendes Ergebnis geliefert hat, dann versuche es im <strong><a href="/archiv/">Archiv</a></strong>. Dort findest du eine Tag-Wolke, ein Monatsarchiv und eine Auflistung der 25 letzten Beiträge.</p></div>

<?php if (have_posts()) : while (have_posts()) : the_post(); ?>

<div id="post-<?php the_ID(); ?>">
  <h2 class="storytitle"><a href="<?php the_permalink() ?>" rel="bookmark"><?php the_title(); ?></a></h2>
  <div class="beitrags-info">Von <?php the_author() ?> am <?php the_time('d. F Y'); ?> um <?php the_time('H:i'); ?><?php edit_post_link('****', '<span> ', ' </span>'); ?></div>
  <div class="der-beitrag">
    <?php the_excerpt(); ?>
  </div> <!-- Ende des jeweiligen Beitrags -->
  <div class="feedback">
    <?php wp_link_pages(); ?>
    <?php comments_popup_link('Kommentare (0)', 'Kommentare (1)', 'Kommentare (%)'); ?>
  </div>
</div> <!-- Ende des Bereiches um den jeweiligen Beitrag -->

<?php comments_template();  /* Kommentar-Template */ ?>

<?php endwhile; else: ?>
  <p>Tut mir leid, es wurde kein passender Beitrag gefunden.</p>
<?php endif; ?>
<hr />
<?php
if (function_exists('wp_pagebar')) {
  wp_pagebar(array('before'=>'', 'tooltip_text'=>'Seite', 'next'=>'&raquo;', 'prev'=>'&laquo;'));
}
else { ?>
  <p class="pagination"><?php posts_nav_link(' &ndash; ', __('&laquo; Zurückblättern'), __('Weiterblättern &raquo;')); ?></p>
<?php } ?>

</div><!-- /Ende #inhalt -->
<?php get_sidebar(); ?>
<?php get_footer(); ?>
```

Die einzigen Änderungen gegenüber der *category.php* sind die Entfernung der Abfrage (`is_category`), logischerweise die Anpassung der Meldung innerhalb der farblich hervorgehobenen Box und anstatt der kompletten Beiträge (`the_content();`) werden die angezeigten Beiträge nur auszugsweise (`the_excerpt();`) dargestellt. Dieses Template-Tag zeigt entweder die von Ihnen selbst verfasste Kurzfassung des Beitrags (*Beitrag schreiben / Optionale Kurzfassung*) oder es werden die ersten 120 Wörter des Beitrages angezeigt. Dies ist die Standardeinstellung und sie kann nur geändert werden, wenn man tief in dem Code von WordPress wühlt, wobei Bilder und Formatierungen ignoriert werden und somit nur der einfache Text (engl. plain Text) angezeigt wird.

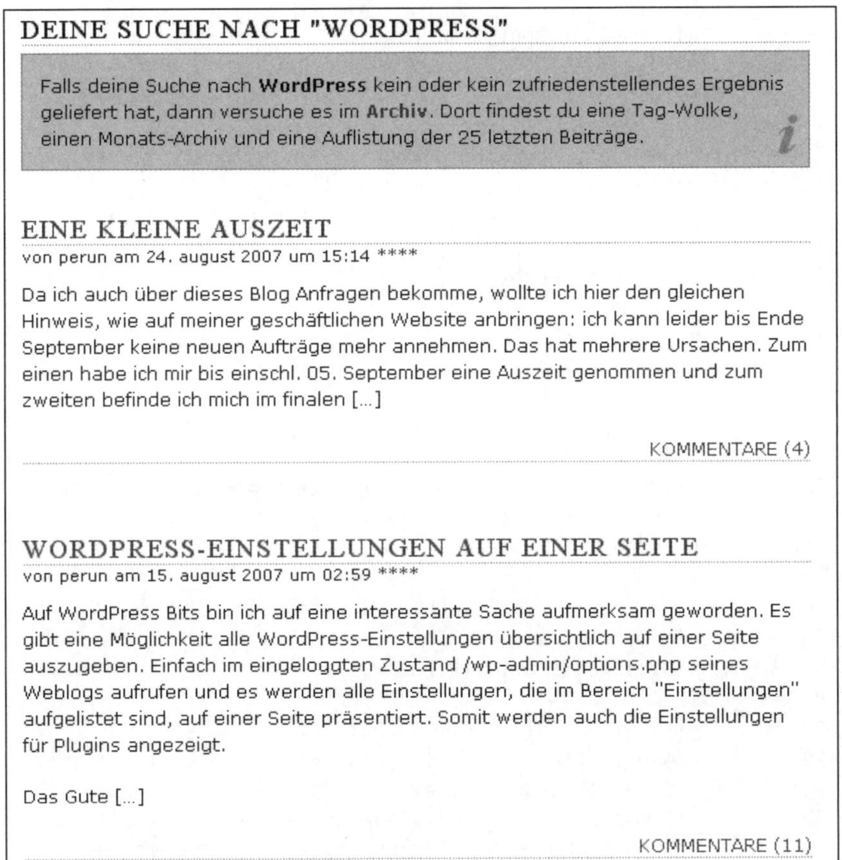

Abbildung 9.14
Die Ausgabe der Suchergebnisse

9.11 Der Fußbereich (footer.php)

Ich habe für dieses Weblog die *footer.php* erweitert und im Fußbereich auch Informationen untergebracht, die klassischerweise nicht unbedingt hierher gehören. Schauen Sie sich den Code an:

Listing 9.15
Der Fußbereich (*footer.php*)

```
<!-- Beginn footer.php -->
</div><!-- /Ende #mittelbereich -->
<hr />
<div id="footer">
  <div id="footer-bereich1">
    <h2>Kommentare</h2><?php if
      (function_exists('get_recent_comments')) { ?>
    <ul>
      <?php get_recent_comments(); ?>
    </ul><?php } ?>
  </div>

  <div id="footer-bereich2"><?php if(!is_single()) { ?>
    <h2>Ping-/Trackbacks</h2><?php if
      (function_exists('get_recent_trackbacks')) { ?>
    <ul>
      <?php get_recent_trackbacks(); ?>
    </ul><?php } ?><?php } ?>
    <?php if(is_single()) { ?>
    <h2>Neueste Beiträge</h2>
    <ul>
      <?php wp_get_archives('type=postbypost&limit=5&for-
        mat=html'); ?>
      <li style="margin-top: -5px;"><a href="/archiv/">Zum
        Archiv &raquo;</a></li>
    </ul><?php } ?>
  </div>

  <div id="footer-bereich3">
    <h2>Bisschen Statistik</h2>
    <ul>
      <li>Online seit: 15. 01. 04</li>
      <?php if (function_exists('GeneralStatsComplete')) {
        GeneralStatsComplete(); } ?>
      <li class="bild-verweis"><a href="http://feeds.feed-
        burner.com/peruns-weblog" title="Anzahl der Feed-Le-
        ser"><img src="http://feeds.feedburner.com/~fc/per-
        uns-weblog?bg=A8C02E&amp;fg=333333&amp;anim=0"
        alt="Anzahl der Feed-Leser" /></a> <a href="http://
        www.technorati.com/search/www.perun.net" title=
```

```
        "Technorati Link Cosmos: wer verlinkt auf dieses
        Weblog?"><img src="/grafik/link-cosmos.png"
        alt="Technorati Link Cosmos" style="vertical-align:
        top; margin-left: 10px;" /></a></li>

    </ul>
  </div>

  <p class="footer-hinweis"><!--<?php echo get_num_queries();
    ?> Anfragen in <?php timer_stop(1); ?> Sekunden.--> &copy;
    2002-<?php echo date('Y'); ?> <a href="http://www.vlad-
    design.de">Vladimir Simovic</a> &#8211; <a href="http://
    www.wordpress.org" title="Powered by WordPress">Word-
    Press</a> &#8211; gehostet von <a href="http://www.all-
    inkl.com/index.php?partner=14435">all-inkl.com</a></p>
</div><!-- /Ende #footer -->

</div><!-- /Ende #container -->
<?php wp_footer(); ?>
</body>

</html>
```

In meinem Weblog kommt auch das Plugin *Get Recent Comments* zum Einsatz. Mit diesem Plugin können Sie an einer beliebigen Stelle eine bestimmte Anzahl von letzten Kommentaren und Ping- bzw. Trackbacks anzeigen lassen. In der linken Spalte werden die fünf letzten Kommentare und in der mittleren Spalte die letzten fünf Ping-/Trackbacks angezeigt. Allerdings gibt es hier eine Ausnahme. In der Einzelansicht werden anstatt der fünf letzten Trackbacks in der mittleren Footer-Spalte die fünf letzten Beiträge angezeigt. Die Anzeige der aktuellsten Beiträge benötigt kein Plugin, hier greife ich auf die Bordmittel – Template-Tag `wp_get_archives();` – zurück.

In der rechten Spalte kommt das Plugin *GeneralStats* zum Einsatz. Dieses Plugin gibt unter anderem die Anzahl der Beiträge, der Kommentare und Kategorien aus. Darunter befinden sich zwei Icons. Das linke Icon ist von Feedburner (*www.feedburner.com*) und es übermittelt die Anzahl der Leser des Newsfeeds und daneben befindet sich ein Icon von Technorati, das auf die Ergebnisseite von diesem Dienst verweist, auf der angezeigt wird, wie viele und welche Weblogs auf Perun.net verweisen. Beide Dienste werde ich im elften Kapitel näher vorstellen.

Abbildung 9.15
Der Fußbereich

Abbildung 9.16
Der Fußbereich (Einzelansicht)

9.12 Die 404er-Fehlerseite

Die Template-Datei *404.php* wird dann von WordPress aufgerufen, wenn es eine Seite oder einen Beitrag nicht gibt, also wenn vom Webserver der 404er-HTTP-Statuscode gesendet wird. Hier sehen Sie den Code der *404.php* meines Weblogs:

Listing 9.16
Die *404.php*

```
<?php get_header(); ?>

  <h2>Du hast die Seite verscheucht!</h2>
  <p>Na toll! Vielen Dank auch! Jetzt hast du die Seite ver-
    scheucht und ich muss jetzt hinterherrennen, um sie ein-
    zufangen.</p>
  <p>Das ist natürlich alles ein <strong>Scherz</strong>. Du
    hast natürlich <strong>nicht</strong> die Seite ver-
    scheucht, es ist vielmehr so, dass entweder die von dir
    angeforderte Seite nie existiert hat oder jetzt an einer
    anderen Stelle ist oder evtl. gelöscht wurde. Also eine
    klassische <strong>404er</strong>-Fehlermeldung.</p>
```

```
    <p>Das <strong><a href="/archiv/">Archiv</a></strong> ist
      ein guter Startpunkt, um die gewünschte Seite zu finden.
      Dort gibt es ein Archiv, wo die Beiträge monatsweise ein-
      sortiert sind. Es werden die 25 letzten Beiträge aufgelis-
      tet und zudem gibt es eine Themen-Wolke, in der die häufig
      eingesetzten Stichwörter verlinkt sind. Oder du versucht
      es einfach mit der Suchfunktion - oben rechts in der Sei-
      tenleiste. Viel Erfolg!</p>
  </div><!-- /Ende #inhalt -->
  <?php get_sidebar(); ?>
  <?php get_footer(); ?>

```

Zu dem Code gibt es nicht viel zu sagen, das Ganze ist selbsterklärend. Hier die Abbildung der 404er-Fehlermeldung:

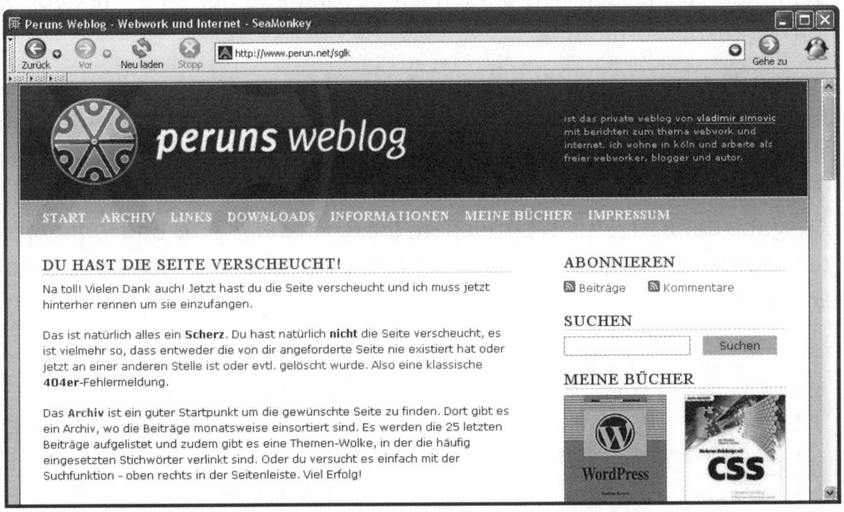

Abbildung 9.17
Die 404er-Fehlerseite

9.13 Weitere Planung

Wie Sie sich gut vorstellen können, wird es bei dem jetzigen Zustand dieses Themes nicht bleiben. Das Design und die Struktur einer Website ist ein »lebendes Wesen«. Es wächst und es verändert sich mit der Zeit und mit geänderten Anforderungen – speziell dann, wenn, wie in meinem Fall, der Haupttäter ... Entschuldigung, ich meinte der Webmaster, gleichzeitig auch gerne im Code rumschraubt. Es ist so ähnlich wie mit dem Typus des Automechanikers, der gerne an seinem Auto bastelt. Es ist irgendwie nie fertig und der Mechaniker findet immer etwas, was es noch zu schrauben, pimpen oder auszuprobieren gibt.

Daher kann es gut sein, dass sich dieses Theme an der einen oder anderen Stelle verändern wird, im Vergleich zu dem Stand, als dieses Buch geschrieben wurde.

Warum keine Widgets bzw. dynamische Sidebar?

Widgets bzw. die dynamische Sidebar ist eine richtig feine Sache, wirklich. Aber für jemanden, der gerne im Quelltext wuselt, relativ witzlos. Widgets spielen ihre Stärke erst dann aus, wenn sie in einem Theme eingebaut werden, der für die breite Öffentlichkeit gedacht ist. Denn dann können auch die etwas weniger erfahrenen Nutzer die Sidebar ändern oder Leute, die es gemütlicher finden, nicht einen Texteditor bemühen zu müssen. Ich persönlich bevorzuge eher einen Texteditor mit Syntaxhervorhebung.

Dennoch werde ich auch in naher Zukunft auf die Widgets zurückgreifen. Widgets bieten unter anderem die Möglichkeit, einen fremden Newsfeed im eigenen Weblog zu integrieren, ohne dabei auf Plugins von Drittanbietern angewiesen zu sein. Ich denke da speziell z. B. an die Ausgabe der neuesten Lesezeichen, die ich in *del.icio.us* und/oder *Mister Wong* abgelegt habe. So könnte dann die *functions.php* ausschauen:

Listing 9.17
Die mögliche *functions.php*

```
<?php
if ( function_exists('register_sidebar') )
  register_sidebar(array(
     'before_widget' => '',
     'after_widget' => '',
     'before_title' => '<h2>',
     'after_title' => '</h2>',
  ));
?>
```

Die *functions.php* ist sehr spartanisch gehalten, aber für mein Weblog völlig ausreichend. Anschließend habe ich kurzfristig die *sidebar.php* (Listing 9.6) angepasst und zwar habe ich zwischen den Zeilen 63 und 64 folgenden Code eingefügt:

Listing 9.18
Eingefügter Code in der *sidebar.php*

```
64
65  <?php if ( !function_exists('dynamic_sidebar') ||
      !dynamic_sidebar() ) : ?>
```

```
<!-- Keine Widgets! -->
<?php endif; ?>
```

Anschließend habe ich diese beiden Dateien hochgeladen, die Widget-Funktion aktiviert und den RSS-Feed meines *del.icio.us*-Accounts in die Sidebar eingebunden. Dadurch, dass ich die Widget-Abfrage in der *sidebar.php* ganz am Ende notiert habe, wird von dem üblichen Side-bar-Inhalt nichts entfernt, sondern es wird der neue dynamische Inhalt am unteren Ende hinzugefügt:

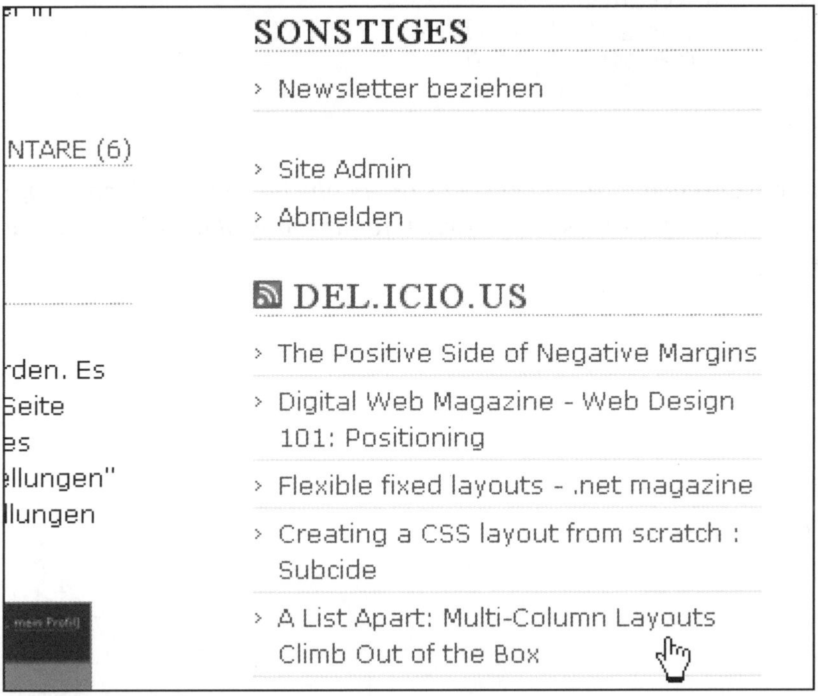

Abbildung 9.18
Neuer Inhalt dank Widgets

Wie bereits erwähnt, diese Änderungen sind nur temporär, um Ihnen aufzuzeigen, was ich mit meinem WordPress-Theme plane und wie man es realisieren könnte. Ich habe in meinem Beispiel einfach gespeicherte Lesezeichen aus meinem *del.icio.us*-Account eingefügt. Die Möglichkeiten sind aber vielfältig. So könnte z. B. ein Shop-Betreiber in seinem Weblog automatisch eine Liste mit den aktuellsten Produkten einbinden – vorausgesetzt die Shop-Software kann einen Newsfeed generieren.

Eventuell wünschen Sie sich für die Widgets in Ihrem Weblog eine Möglichkeit, diese durch CSS ansprechen zu können, ohne den restlichen

Inhalt in der Sidebar zu beeinflussen. Die einfachste Möglichkeit würde sich bieten, indem man den Code aus dem Listing 9.18 in einem extra `div`-Block einfügt, der entweder ein `id`- oder ein Klassen-Attribut besitzt. Eine andere Möglichkeit ist es, die *functions.php* minimal zu erweitern:

Listing 9.19
Erweiterte *functions.php*

```
<?php
if ( function_exists('register_sidebar') )
  register_sidebar(array(
    'before_widget' => '<div class="widget %1$s">',
    'after_widget' => '</div>',
    'before_title' => '<h2>',
    'after_title' => '</h2>',
  ));
?>
```

Sowohl die erweiterte Version der *sidebar.php* (*erweiterte-sidebar.php*) als auch der *functions.php* (*erweiterte-functions.php*) finden Sie auf der Buch-CD.

10

WordPress als CMS

Bis jetzt haben Sie WordPress lediglich als Weblog-Software im Einsatz gesehen. Allerdings kann man WordPress auch problemlos für Websites einsetzen, die wenig oder gar keinen Blog-Charakter haben. Anstatt der Beiträge rücken hier die Seiten (Pages) in den Vordergrund und nach Bedarf kann man sowohl die Feeds wie den Kommentarbereich deaktivieren oder sogar gänzlich entfernen.

Aber warum sollte man **WordPress als »klassisches« CMS** – engl. für Content Management System; Redaktionssystem – einsetzen? Dafür gibt es viele Gründe. WordPress hat niedrige Anforderungen an einen Server, ist leicht zu installieren und zu pflegen und man kann auch anspruchsvolle Layouts problemlos umsetzen. Wenn Bedarf herrscht, kann man auf eine Fülle frei verfügbarer Plugins zurückgreifen, um benötigte Funktionen einzubauen. Zu guter Letzt haben Sie die Möglichkeit, noch zusätzlich auf ein sehr gutes Blog-System zurückzugreifen, wenn Sie sich entscheiden, Ihr Webprojekt noch um ein Weblog zu erweitern.

Schon vor mehr als zwei Jahren habe ich angefangen, mich mit dem Thema WordPress als CMS zu beschäftigen, und habe im Juni[1] und Juli[2] 2005 zwei Artikel zu diesem Thema in meinem Weblog verfasst. Mittlerweile habe ich auf mehr als einem halben Dutzend Kunden-Websites WordPress als CMS eingesetzt und eines der Projekte möchte ich hier näher vorstellen. Es handelt sich um *radius8* (*www.radius8.de*), eine gemeinschaftlich tätige Bildungsstiftung.

Zusammen mit meinem Kollegen Christoph Raffelt (*www.raffelt.net*) habe ich dieses Projekt realisiert. Er übernahm die Erstellung der grafischen Vorlage und ich die Erstellung eines tabellenlosen CSS-Layouts, das ich dann auch zu einem WordPress-Theme umgewandelt habe.

Das Team von radius8 hatte die klassischen Anforderungen aus der Kundensicht an das Redaktionssystem gestellt. Es sollte den Mitarbeitern ermöglichen, ohne größere Schulung gelegentlich Texte zu pflegen, Bilder und gelegentlich Videos hochzuladen und in die Website einzubinden. Darüber hinaus sollte es möglich sein, »sprechende URLs« zu erzeugen und neue Unterseiten zu erstellen. Für WordPress alles kein Problem.

---

1. www.perun.net/2005/06/03/wordpress-als-cms-ein-beispiel/
2. www.perun.net/2005/07/09/wordpress-als-cms-zweites-beispiel/

Von der layouttechnischen Seite hat das radius8-Team explizit gewünscht, dass die Überschriften der Menüpunkte der ersten Ebene als Grafiken eingefügt werden und dass vor der eigentlichen Website eine Intro-Seite mit einer Animation vorangestellt wird.

So schaut die fertige Website aus:

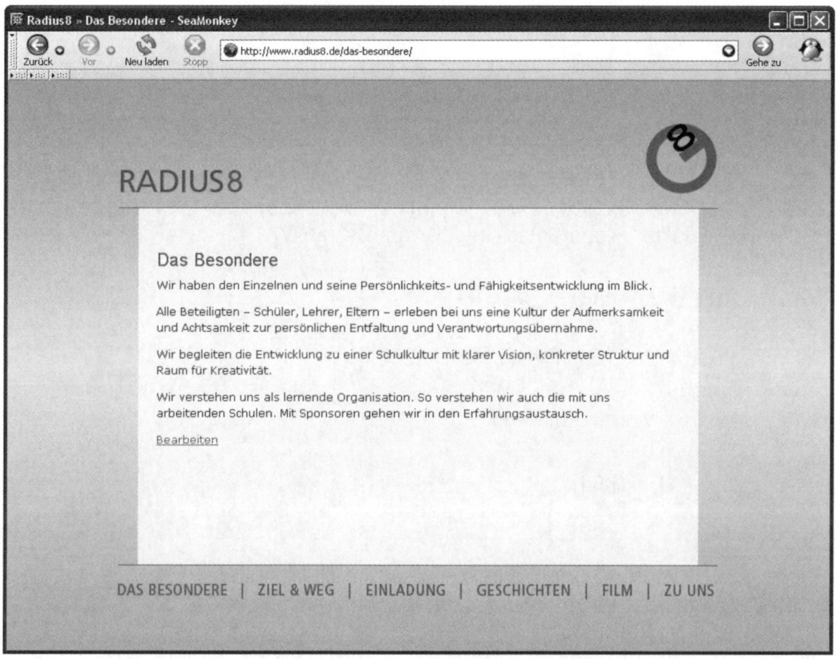

Abbildung 10.1
radius8-Website

10.1 Der Kopfbereich (header.php)

Listing 10.1
Die *header.php*

```
<!DOCTYPE html PUBLIC "-//W3C//DTD XHTML 1.0 Transitional//
   EN" "http://www.w3.org/TR/xhtml1/DTD/xhtml1-transitio-
   nal.dtd">
<html xmlns="http://www.w3.org/1999/xhtml" xml:lang="de"
   lang="de">

<head profile="http://gmpg.org/xfn/11">
  <meta http-equiv="Content-Type" content="text/html; char-
    set=utf8" />

  <title><?php bloginfo('name'); ?><?php wp_title(); ?></title>

  <meta name="generator" content="WordPress" /> <!-- leave
    this for stats please -->
```

```
10   <meta http-equiv="imagetoolbar" content="no" />
11   <meta name="DC.title" content="radius8 - Bildungsstiftung gemeinnützige GmbH" />
12
13   <link rel="stylesheet" href="<?php bloginfo('stylesheet_url'); ?>" type="text/css" media="screen" />
14   <?php wp_head(); ?>
15 </head>
16
17 <body>
18
19   <div id="container">
20     <h1><a href="/startseite/" class="schriftzug"><span>Radius 8</span></a> <a href="/startseite/" class="logo-link"><span>Radius 8</span></a></h1>
21
22   <div id="inhalts-box">
23
24     <div id="inhalts-box-innen">
25
26       <div id="submenu">
27         <ul>
28           <?php
29           if($post->post_parent) { // Die Seite ist "Kind-Seite"
30           wp_list_pages('sort_column=menu_order&title_li=&child_of='.$post->post_parent);
31           }
32           elseif(wp_list_pages("child_of=".$post->ID."&echo=0")) { // Die Seite hat "Kinder"
33           wp_list_pages('sort_column=menu_order&title_li=&child_of='.$post->ID);
34           }
35           ?>
36         </ul>
37       </div>  <!-- Ende #submenu -->
38 <!-- Ende header.php -->
39
```

Die ersten 25 Zeilen der *header.php* sind für Sie mittlerweile nichts Neues mehr. Deswegen werde ich darauf nicht näher eingehen. Wie Sie es bereits schon in anderen Themes gesehen haben, wird auch in dieser *header.php* nicht nur der eigentliche Kopfbereich des HTML-Dokumentes untergebracht, sondern auch ein Teil des Bereiches, der im Browser sichtbar ist. Hier ist es neben dem Schriftzug und dem Logo noch das Submenü – die Navigation der zweiten Ebene.

Das Submenü fängt in der Zeile 26 an und endet in der Zeile 37. Doch der Kern dieses Bereiches befindet sich in den Zeilen 28–35:

```
28 <?php
29 if($post->post_parent) { // Die Seite ist "Kind-Seite"
30   wp_list_pages('sort_column=menu_order&title_li=&child_of='
       .$post->post_parent);
31 }
32 elseif(wp_list_pages("child_of=".$post->ID."&echo=0")) { //
    Die Seite hat "Kinder"
33   wp_list_pages('sort_column=menu_order&title_li=&child_of='
       .$post->ID);
34 }
35 ?>
```

Listing 10.2
Die dynamische Ausgabe des Submenüs

Das obere Code-Beispiel ist dafür zuständig, auf den Seiten (Pages), die Unterseiten haben, diese auch als Listen auszugeben. Zuerst prüft der Code in der Zeile 28, ob die Seite, auf der man sich aktuell befindet, eine Unterseite (»Kind-Seite«) ist. Wenn ja, dann werden hier alle Unterseiten der jeweiligen Eltern-Seite aufgelistet (Zeile 29). In der Zeile 32 wird geprüft, ob die aktuelle Seite auch Unterseiten hat, wenn ja, dann werden ihre Unterseiten aufgelistet (Zeile 33).

Man könnte das auch in Klarsprache ausdrücken: *»Wenn du ein Kind bist, dann zeige mir deine Geschwister. Wenn du Elternteil bist, dann zeige mir deine Kinder.«* Ja, ich glaube, das kommt gut hin. Und nun sehen Sie den Bereich der Website, der durch die *header.php* beeinflusst wird:

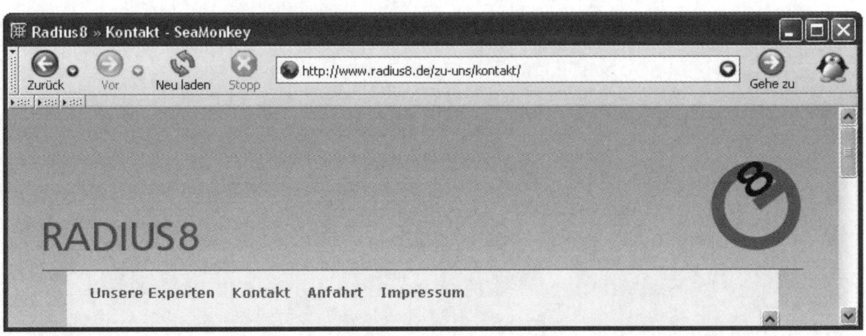

Abbildung 10.2
Die Auswirkungen der *header.php*

In der oberen Abbildung sehen Sie, dass die aktuell aufgerufene Unterseite im Menü hervorgehoben wird. Dies lässt sich sehr einfach realisieren. Wenn die Seiten durch `wp_list_pages();` ausgegeben werden, fügt WordPress automatisch jedem Listenpunkt ein Klassen-Attribut mit dem Wert `page_item` hinzu und dem Menüpunkt der aufgerufenen Seite noch zusätzlich den Wert `current_page_item`. Hier der Quelltext der Ausgabe des entsprechenden Abschnittes:

Listing 10.3
Aktuellen Menüpunkt hervorheben

```
<div id="submenu">
  <ul>
    <li class="page_item"><a href="..." title="Unsere Exper-
      ten">Unsere Experten</a></li>
    <li class="page_item current_page_item"><a href="..." tit-
      le="Kontakt">Kontakt</a></li>
    <li class="page_item"><a href="..." title="Anfahrt">An-
      fahrt</a></li>
    <li class="page_item"><a href="..." title="Impressum">Im-
      pressum</a></li>
  </ul>
</div>
```

Durch das Klassen-Attribut und die entsprechenden Werte haben Sie nicht nur die Möglichkeit, durch CSS-Angaben die einzelnen Menüpunkte, sondern auch den aktuellen Menüpunkt anzusprechen.

10.2 Die Hauptdatei (index.php)

Obwohl die *index.php* auf dieser Website gar nicht zum Einsatz kommt, weil der Schwerpunkt auf der *page.php* liegt, werde ich den Code hier dennoch auflisten:

Listing 10.4
Die *index.php*

```
<?php get_header(); ?>

<?php if (have_posts()) : while (have_posts()) : the_post();
 ?>

  <h2><?php the_title(); ?></h2>

  <div class="beitrag">
    <?php the_content(__('(more...)')); ?>
    <?php edit_post_link(__('Edit This')); ?>
  </div>

<?php endwhile; else: ?>
  <p><?php _e('Sorry, no posts matched your criteria.'); ?></
    p>
<?php endif; ?>

<?php get_footer(); ?>
```

10.3 Das Seiten-Template (page.php)

Nun kommen wir zu der Template-Datei, die den Großteil der Aufgaben zu schultern hat, der *page.php*. Hier der Code der *page.php*:

Listing 10.5
Die *page.php*

```
<?php get_header(); ?>

<?php if (have_posts()) : while (have_posts()) : the_post(); ?>

  <div class="scroll">
    <h2><?php the_title(); ?></h2>

    <div class="beitrag">
      <?php the_content(__('(more...)')); ?>
      <?php edit_post_link(__('Edit This')); ?>
    </div>
  </div>

<?php endwhile; else: ?>
  <p><?php _e('Sorry, no posts matched your criteria.'); ?></p>
<?php endif; ?>

<?php get_footer(); ?>
```

Ja, er ist sehr übersichtlich. Das liegt zum einen daran, dass die Kommentarfunktion gar nicht zum Einsatz kommt und weil die üblichen Verdächtigen aus einem Weblog – verlinkte Überschriften, Infos zum Beitrag etc. – auch nicht angezeigt werden. In den oberen 18 Code-Zeilen gibt es eigentlich nichts, was nicht in den vorherigen Kapiteln an mindestens einer Stelle erläutert wurde, daher erübrigt sich jegliche weitere Erklärung.

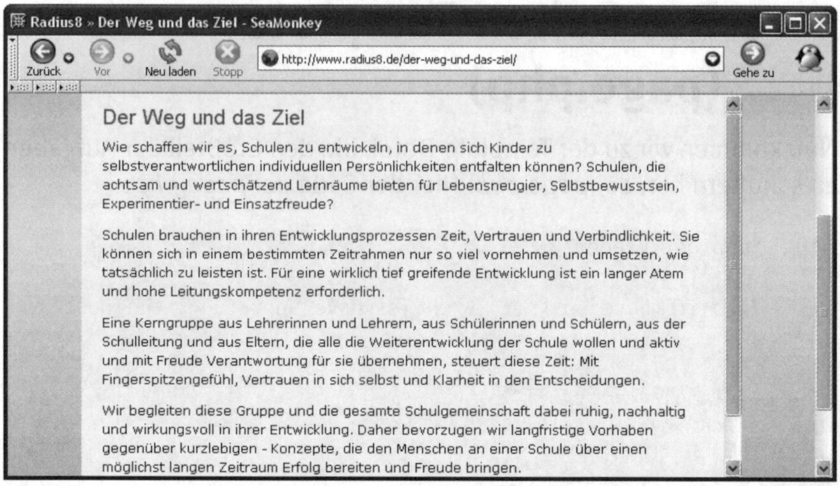

Abbildung 10.3
Die Auswirkungen der *page.php*

In der oberen Abbildung sehen Sie den Bereich der Website, den die *page.php* steuert. In der unteren Abbildung sehen Sie eine Auflistung der Seiten im Admin-Bereich (*Verwalten / Seiten*). Das ist so gesehen die Schaltzentrale dieser Website. Hier erkennen Sie den hierarchischen Aufbau der Seitenstruktur, sie sehen die ID der einzelnen Seiten, können diese von hier aus bearbeiten, löschen oder ansehen.

Abbildung 10.4
Die Seiten und Unterseiten

ID	Titel	Besitzer	aktualisiert	Aktion		
3	Startseite	admin	24.08.2007 03:57	Ansehen	Bearbeiten	Löschen
17	Intro	admin	24.08.2007 04:30	Ansehen	Bearbeiten	Löschen
29	Das Besondere	admin	28.08.2007 09:48	Ansehen	Bearbeiten	Löschen
4	Einladung	admin	23.08.2007 13:41	Ansehen	Bearbeiten	Löschen
5	Der Weg und das Ziel	admin	24.08.2007 02:48	Ansehen	Bearbeiten	Löschen
9	— Worauf es ankommt	admin	29.08.2007 12:59	Ansehen	Bearbeiten	Löschen
11	— Wie radius8 begleitet	admin	24.08.2007 02:49	Ansehen	Bearbeiten	Löschen
10	— Wo radius8 begleitet	admin	23.08.2007 13:47	Ansehen	Bearbeiten	Löschen
6	Geschichten	admin	23.08.2007 13:48	Ansehen	Bearbeiten	Löschen
7	Film	admin	23.08.2007 13:49	Ansehen	Bearbeiten	Löschen
8	Zu uns	admin	23.08.2007 13:50	Ansehen	Bearbeiten	Löschen
13	— Unsere Experten	admin	28.08.2007 10:04	Ansehen	Bearbeiten	Löschen
14	— Kontakt	admin	28.08.2007 09:49	Ansehen	Bearbeiten	Löschen
15	— Anfahrt	admin	23.08.2007 14:07	Ansehen	Bearbeiten	Löschen
16	— Impressum	admin	24.08.2007 02:57	Ansehen	Bearbeiten	Löschen

10.4 Der Fußbereich (footer.php)

Listing 10.6
Die *footer.php*

```
<!-- footer beginnt -->

    </div><!-- /#inhalts-box-innen -->
  </div><!-- /#inhalts-box -->

  <div id="hauptnavigation">
    <a href="/das-besondere/"<?php if(is_page('das-besonde-
      re')) echo " class=\"aktiv\"" ?>><img src="/wp-content/
      themes/radius8/img/das-besondere-hover.gif" alt="Das
      Besondere" /></a>
    <a href="/der-weg-und-das-ziel/" class="hauptnavi2<?php
      if(is_page('der-weg-und-das-ziel') or is_page('worauf-
      kommt-es-an') or is_page('wo-begleitet-radius8') or
      is_page('wie-begleitet-radius8')) echo " aktiv2"
      ?>"><img src="/wp-content/themes/radius8/img/ziel-ho-
      ver.gif" alt="Ziel und Weg" /></a>
    <a href="/einladung/" class="hauptnavi3<?php
      if(is_page('einladung')) echo " aktiv3" ?>"><img src="/
      wp-content/themes/radius8/img/einladung-hover.gif"
      alt="Einladung" /></a>
    <a href="/geschichten/" class="hauptnavi4<?php
      if(is_page('geschichten')) echo " aktiv4" ?>"><img
      src="/wp-content/themes/radius8/img/geschichten-ho-
      ver.gif" alt="Geschichten" /></a>
    <a href="/film/" class="hauptnavi5<?php
      if(is_page('film')) echo " aktiv5" ?>"><img src="/wp-
      content/themes/radius8/img/film-hover.gif" alt="Film"
      /></a>
    <a href="/zu-uns/" class="hauptnavi6<?php if(is_page('zu-
      uns') or is_page('warum-radius8') or is_page('unsere-
      experten') or is_page('kontakt') or is_page('anfahrt')
      or is_page('impressum')) echo " aktiv6" ?>"><img src="/
      wp-content/themes/radius8/img/zu-uns-hover.gif"
      alt="Zu Uns" /></a>
  </div><!-- /#hauptnavigation -->
  <!-- <p><?php echo get_num_queries(); ?> queries. <?php
    timer_stop(1); ?> seconds.</p> -->
</div><!-- /#container -->

<?php wp_footer(); ?>
</body>
</html>
```

Nun sind wir relativ schnell und schmerzlos zu dem Fußbereich der Website gelangt. In diesem Bereich habe ich die Hauptnavigation untergebracht. Wie ich es schon beschrieben habe, wünschte der

Kunde, dass diese Navigation nicht durch Text, sondern durch grafische Elemente realisiert wird, wobei die aktuell aufgerufene Seite im Menü hervorgehoben werden soll. Da diese Menüpunkte nicht wie die Submenüpunkte automatisch ausgegeben werden (Listing 10.2), musste ich dies durch `if`-Abfragen lösen, indem jeder Menüpunkt ein Klassen-Attribut mit zwei fortlaufenden Werten bekommt. Der erste Wert wird direkt zugewiesen und der zweite in Abhängigkeit davon, auf welcher Seite man sich befindet. Dadurch bekommen Sie zwei zusätzliche Selektoren, mit denen Sie in Ihrer CSS-Datei arbeiten können. Hier der Quelltext des Menü-Bereiches auf der Seite *Ziel & Weg*:

Listing 10.7
Quelltext der Hauptnavigation

```
<div id="hauptnavigation">
  <a href="/das-besondere/"><img src="..." alt="Das Besondere"
    /></a>
  <a href="/der-weg-und-das-ziel/" class="hauptnavi2
    aktiv2"><img src="..." alt="Ziel und Weg" /></a>
  <a href="/einladung/" class="hauptnavi3"><img src="..."
    alt="Einladung" /></a>
  <a href="/geschichten/" class="hauptnavi4"><img src="..."
    alt="Geschichten" /></a>
  <a href="/film/" class="hauptnavi5"><img src="..." alt="Film"
    /></a>
  <a href="/zu-uns/" class="hauptnavi6"><img src="..." alt="Zu
    Uns" /></a>
</div><!-- /#hauptnavigation -->
```

Und in der folgenden Abbildung sehen Sie den entsprechenden Bereich:

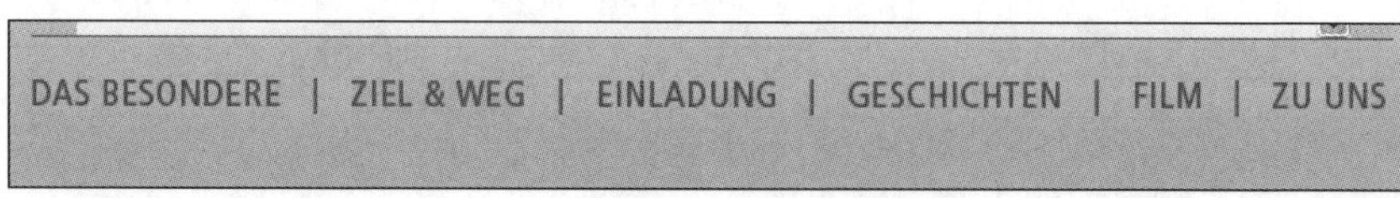

Abbildung 10.5
Der Fußbereich

10.5 Das Intro (intro.php)

Der Kunde hat explizit den Wunsch geäußert, dass vor der eigentlichen Website eine Intro-Seite geschaltet wird – eine Seite mit einer Animation. Dies lässt sich sehr leicht mit einem Seiten-Template lösen:

Listing 10.8
Die *intro.php*

```
<?php
/*
Template Name: Intro
*/
?>
```

```
06
07 <!DOCTYPE html PUBLIC "-//W3C//DTD XHTML 1.0 Transitional//
     EN" "http://www.w3.org/TR/xhtml1/DTD/xhtml1-transitio-
     nal.dtd">
08
09 <html xmlns="http://www.w3.org/1999/xhtml" xml:lang="de"
     lang="de">
10
11 <head>
12   <title>Radius8</title>
13   <meta http-equiv="content-type" content="text/html; char-
       set=utf8" />
14   <link rel="stylesheet" href="<?php blogin-
       fo('template_directory'); ?>/intro.css" type="text/css" /
       >
15   <meta http-equiv="refresh" content="9; url=/startseite/" />
16   <meta http-equiv="imagetoolbar" content="no" />
17 </head>
18
19 <body>
20
21   <div id="container">
22
23     <?php if (have_posts()) : while (have_posts()) :
         the_post(); ?>
24
25       <div>
26         <?php the_content(__('(more...)')); ?>
27       </div>
28
29     <?php endwhile; else: ?>
30       <p><?php _e('Sorry, no posts matched your criteria.');
         ?></p>
31     <?php endif; ?>
32
33   </div>
34
35 </body>
36
37 </html>
```

Da aber im Kopf der Seite eine Weiterleitung untergebracht ist (Code-Zeile 15) und da auch die Navigation nicht notwendig ist, wurden die *header.php* und die *footer.php* nicht eingebunden, sondern es wurde hier ein individueller Code eingefügt. Die Animationsgrafik hätte man direkt in der *intro.php* unterbringen können, ich habe mich allerdings dafür entschieden, dass man aus dem Admin-Bereich die Grafik steuern bzw. einfügen und ändern kann.

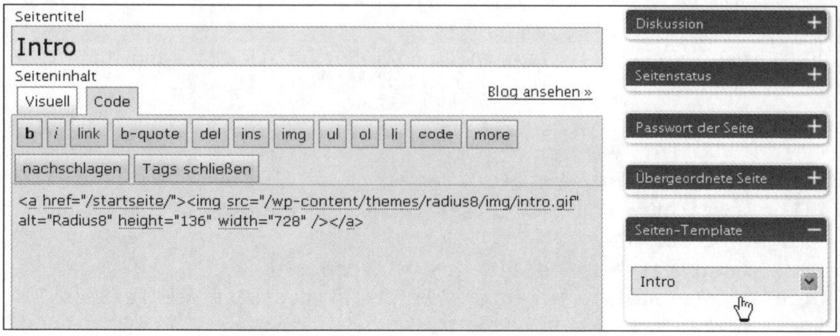

Abbildung 10.6
Der Inhalt der Intro-Seite

Den Code für die Animationsgrafik in den Inhaltsbereich unterbringen, als Seiten-Template *Intro* auswählen und abspeichern. Anschließend im Admin-Bereich *Einstellungen* / *Lesen* / *Startseite* ansteuern und als Startseite die Seite mit dem Namen *Intro* auswählen:

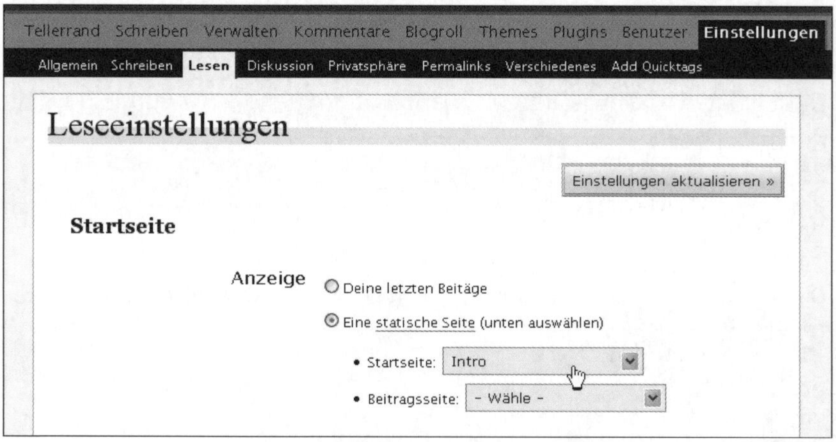

Abbildung 10.7
Die Startseite bestimmen

Und das bekommt der Besucher zu sehen, wenn er *www.radius8.de* aufruft. Es wird langsam eine Animation aufgebaut und nach einigen Sekunden wird man auf die Unterseite weitergeleitet bzw. man kann es durch einen Klick auf die verlinkte Animation abkürzen.

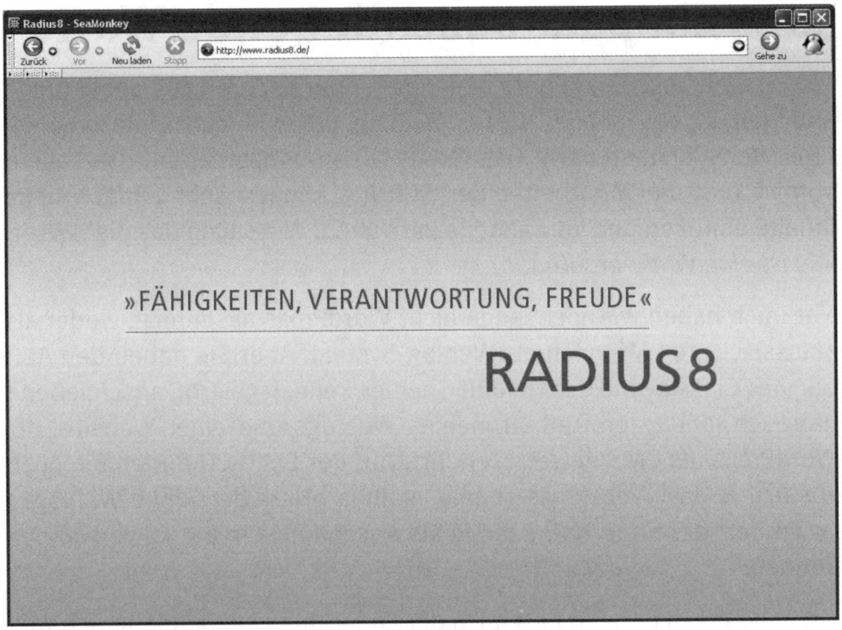

Abbildung 10.8
Die Intro-Seite

10.6 Eingesetzte Plugins

Der Einsatz von vielen Plugins war nicht notwendig. Dadurch, dass die Kommentarfunktion deaktiviert bzw. gar nicht eingebunden wurde, war es zum Beispiel gar nicht notwendig, *Akismet* und/oder *Bad Behavior* einzusetzen, und die Anzeige des Submenüs wurde mit Bordmitteln gelöst. Die einzigen Plugins, die eingesetzt wurden, waren:

- *German Permalinks* für die »Entschärfung« der deutschen Sonderzeichen in den Permalinks
- *Unfancy Quote,* um Anführungszeichen zu »entschnörkeln«
- *Add Quicktag,* um die Quicktags zu erweitern
- *Thickbox,* um die Präsentation der Bilder aufzupeppen

Im nächsten Kapitel, wo es unter anderem darum geht, diverse Plugins vorzustellen, werde ich auch erklären, wie man *Thickbox* und *Add Quicktag* einbaut und einsetzt.

10.7 Ein paar abschließende Worte

»Ist das jetzt alles?«, könnte dem einen oder anderen aus dem Munde kommen. Ja, das ist alles. Es reicht völlig, um eine recht einfach gehaltene Website zu steuern. Das radius8-Team ist zufrieden, das Layout stimmt und die Mitarbeiter der Stiftung können sehr einfach neue Inhalte einfügen und vorhandene verwalten. Wie sagen das die BWLer: *»Es ist eine Win-win-Situation.«*

Natürlich haben wir noch lange nicht WordPress ausgereizt, weder als »klassisches« CMS noch als Weblog-System. Aber Sie haben den Aufbau des Classic- und des Default-Themes kennen gelernt, anschließend habe ich Ihnen den Aufbau meines Weblogs und einer Website, die WordPress als CMS einsetzt, erklärt. Auf der Buch-CD finden Sie noch zusätzlich das WordPress-Theme meines »Herr der Ringe-Weblogs« (*www.herr-der-ringe.ws*), das Sie als Anschauungsmaterial verwenden können.

Ich habe Ihnen den Rat bereits in der Einleitung gegeben. Aber ich wiederhole ihn hier noch einmal, da ich weiß, dass die Einleitungen gerne ... na ja, sagen wir mal zu schnell quer gelesen werden.

Gönnen Sie sich eine Testumgebung. Das kann entweder ein lokaler Webserver sein (z. B. xammp: *www.apachefriends.org/de/xampp.html*) oder eine Online-Lösung. Ich persönlich bevorzuge es, auf dem gleichen Server zu testen, auf dem auch mein Weblog läuft. Ich erstelle eine extra Subdomain und installiere WordPress dann noch zusätzlich in einer separaten Datenbank. Damit habe ich identische Testbedingungen, aber bin dennoch von meinen richtigen Webprojekten losgelöst – man kann relativ sorglos auf diesem Extra-Account rumprobieren und testen. Wird die Testumgebung nicht mehr benötigt, kann man sie problemlos löschen. Die identischen Testbedingungen sind vor allem wichtig, wenn Sie neue Versionen bzw. Updates testen.

Mit dieser Testumgebung würde ich an Ihrer Stelle arbeiten und mir die auf der Buch-CD mitgelieferten WordPress-Themes anschauen. Sie können sich auch weitere, freie Themes herunterladen, installieren und anschauen. Es ist nicht verboten, Sachen »nachzukochen« und von erfahrenen Menschen zu lernen, Sie sollten es allerdings unterlassen, Bereiche der Themes 1:1 zu übernehmen und als eigenes Werk zu bezeichnen. Mit Hilfe dieses Buches und den Themes auf der CD sollten Sie in der Lage sein, in relativ kurzer Zeit erfolgreich eigene Themes zu erstellen.

Teil III

Pimp my WordPress

11

Dienste

Bis jetzt haben wir uns den Blogging-Grundlagen und dem Aufbau von WordPress-Themes gewidmet. In diesem Kapitel werde ich Ihnen einige der vielen Dienste kurz vorstellen, die in irgendeiner Weise mit dem Themenkomplex WordPress und Weblogs zu tun haben. Manche davon können Ihnen helfen, neue Weblogs zu finden, andere wiederum helfen Ihnen bei der Verfolgung bekannter Weblogs, und mit anderen Diensten können Sie mit Ihrem Weblog Geld verdienen. Schauen wir uns an, was das *World Wide Web* mittlerweile so alles zu bieten hat.

11.1 »Blog-Monitoring«

Keine Sorge, ich kann Sie beruhigen, es handelt sich hierbei nicht um eine ansteckende Krankheit oder eine lästige Seuche. Es ist nur so, dass man heutzutage ohne die *Buzzwords* ... Entschuldigung, ich meinte Mode- oder Schlagwörter, nicht mehr auskommt. Das hat sehr viele Ursachen, die wichtigste und die in Wahrheit einzige ist, dass sich die allerwenigsten trauen, nachzufragen, was sich wirklich dahinter verbirgt. Ich werde Ihnen jetzt einige Dienste vorstellen, die Ihnen helfen können, neue Weblogs zu finden und bei den bekannten Weblogs auf dem Laufenden zu bleiben.

Googles Blogsuche

Google mischt mittlerweile so ziemlich überall im Web mit, daher ist es nicht verwunderlich, dass es auch eine Suchmaschine (*blogsearch .google.de*) am Start hat, in der nur Weblogs bzw. Websites, die Newsfeeds (RSS und Atom) anbieten, berücksichtigt werden. Da ich ein Mensch bin, der gerne mit einem Schlag so viele Fliegen wie möglich erschlägt, werde ich Ihnen nicht nur den Dienst von Google vorstellen, sondern Ihnen auch zeigen, wie Sie ihn in Ihre Website/Blog einbinden können. Begeben wir uns gen Googles Blog-Suche.

Wie wir es schon von Google kennen: schlicht, funktional und auf das Notwendigste reduziert. Hier können Sie nach Begriffen suchen und dabei die üblichen Suchoperatoren von Google verwenden. Sie können natürlich auch nach Websites suchen, um zu verfolgen, was in der Blogosphäre zu dieser Seite erzählt wird. Einfach dazu in das Suchfeld die URL eintragen und auf *Blogs durchsuchen* klicken. Sie können aber auch nach Personen suchen.

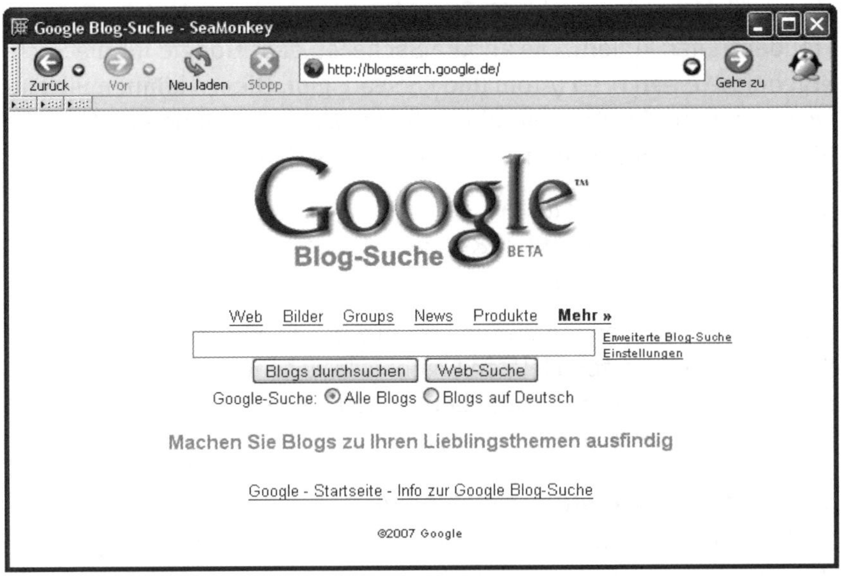

Abbildung 11.1
Googles Blog-Suche

Um genauere Ergebnisse zu erhalten, sollten Sie den Vornamen und Namen innerhalb von Anführungszeichen notieren, dann sucht Google explizit nur nach dieser Wortgruppe.

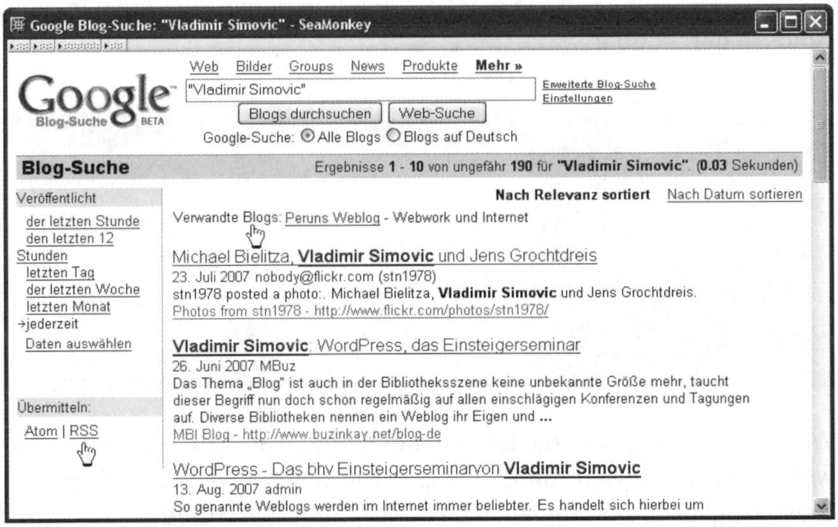

Abbildung 11.2
Suchergebnisse auf der Blog-Suche

Zwei Punkte sind an dem oberen Screenshot interessant. Zum einen erkennt Google bei der Suche nach meinem Namen, dass *Peruns*

Weblog meiner ist – bei den Hobbyspionen unter uns sehe ich schon die Freudentränen kullern. Die andere Sache ist, dass Google für die Suchergebnisse einen Feed (Atom und RSS) ausgibt. Diesen können Sie entweder in Ihrem Feedreader oder in Ihrem Weblog integrieren. Kopieren Sie z. B. den RSS-Link und schauen Sie ihn sich an:

http://blogsearch.google.de/blogsearch_feeds?hl=de&lr=&q=%22Vladimir+Simovic%22&ie=utf-8&num=10&output=rss

So wie er ist, können Sie diesen Link in einen Feedreader einfügen und Sie bekommen die zehn letzten Ergebnisse zu sehen. Wenn Sie die Zahl 10 auf z. B. 3 reduzieren, dann bekommen Sie lediglich die letzten drei Ergebnisse zu sehen.

Suchergebnis in WordPress einbinden

Sie können natürlich so ein Suchergebnis auch in Ihrem Weblog einbinden. Die einfachste Möglichkeit besteht im Einsatz der Widgets-Funktion. Ziehen Sie einfach ein RSS-Widget in die dynamische Sidebar und geben Sie die Adresse und den Titel ein. Allerdings müssen Sie die URL des Suchergebnisses kürzen, da sich sonst WordPress »verschluckt« und den Feed nicht ausgibt. Die Problemstelle ist der URL-Parameter *hl=de&lr=&*, entfernen Sie diesen, dann funktioniert die Ausgabe des Feeds in der Sidebar.

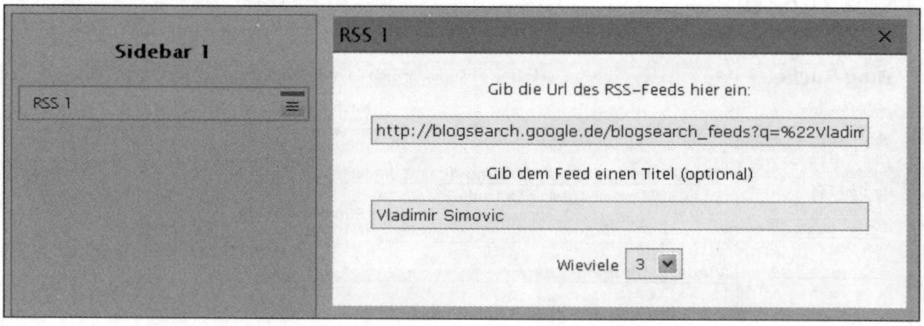

Abbildung 11.3
Den Feed in WordPress einbinden

Wenn Sie hier z. B. nur die letzten drei Einträge anstatt zehn ausgeben wollen, dann müssen Sie dies explizit in der Auswahlliste eingeben. Diesbezügliche Änderungen in der URL ignoriert WordPress.

Abbildung 11.4
Das Ergebnis in der Sidebar

Wenn Sie alle Geschehnisse in der Blogosphäre beobachten wollen, wird Ihnen die Blog-Suche von Google einen guten Dienst leisten. Sie können bei der Suche nicht nur nach Sprache, sondern auch nach bestimmten Zeiträumen filtern. Das Einsatzgebiet ist vielfältig, Sie können im Stillen beobachten, wenn wieder eine neue »Sau durch Klein-Bloggersdorf« getrieben wird, oder in Ihrem Weblog in der Sidebar die Backlinks Ihrer Blogger-Kollegen ausgeben.

Technorati

Technorati (*technorati.com*), einst als eine reine Blog-Suchmaschine gestartet, hat sich mittlerweile zu einer Echtzeit-Suchmaschine umorientiert. Mittlerweile verfolgt Technorati mehr als 99 Millionen Weblogs und mehr als 250 Millionen weitere Medien-Quellen (*pieces of tagged social media*).

Abbildung 11.5
Die Startseite von Technorati

Dadurch, dass Technorati eine solch große Menge an Weblogs trackt, ist es prädestiniert dafür, dass andere Dienste auf diese große Informationsmenge in der einen oder anderen Weise zurückgreifen. So zum Beispiel auch Jens Schröder mit *www.deutscheblogcharts.de*. Dort pflegt er eine Top-100-Liste der deutschsprachigen Weblogs. Als Datengrundlage dient der persönlich bereinigte Authority-Wert (»Wie viele andere Weblogs verweisen auf mich?«) eines Weblogs.

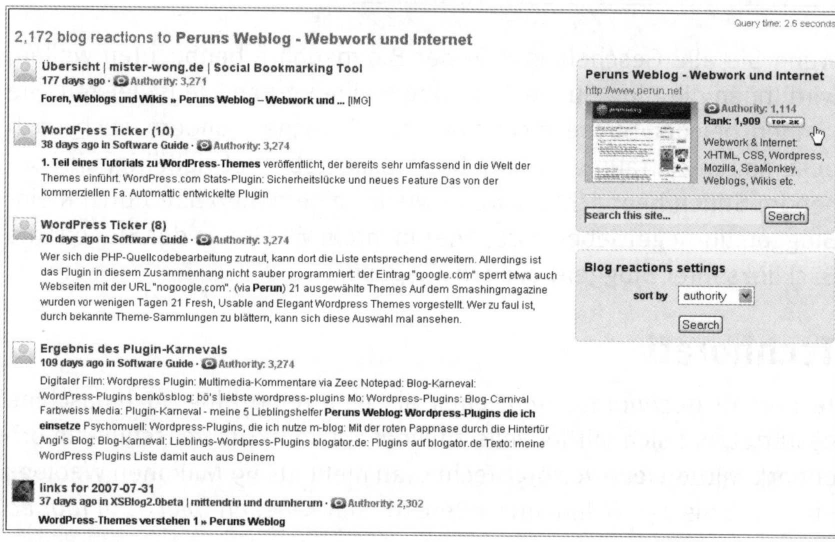

Abbildung 11.6
Wer verweist auf mich?

Rivva

Rivva (*rivva.de*) ist momentan *der* Dienst, der sich annimmt, in der deutschsprachigen Blogosphäre den Zeitgeist aufzuspüren: Worüber reden die Blogger, was regt sie auf etc. Hinter dem Projekt steht Frank Westphal.

Und wie soll es auch anders sein, auch Rivva bietet Newsfeeds an und davon nicht nur einen, sondern mehrere. Die zwei wichtigen Newsfeeds sind die *Top Stories* und *News River*. Im ersten Feed werden die momentanen Top-Themen angezeigt und im zweiten Feed werden weitere aktuelle Themen chronologisch ausgegeben.

Abbildung 11.7
Rivva.de

Bloglines und Google-Reader

Sowohl Bloglines (*www.bloglines.com*) als auch Google-Reader (*www.google.com/reader/*) sind sehr gute webbasierte Feedreader mit interessanten und nützlichen Funktionen. Sie eignen sich sehr gut, um die tägliche Informationsflut zu bewältigen, die durch die Abonnierung von Newsfeed zwangsläufig entsteht. Dabei können die beiden Dienste viel mehr, als nur die abonnierten Feeds anzuzeigen.

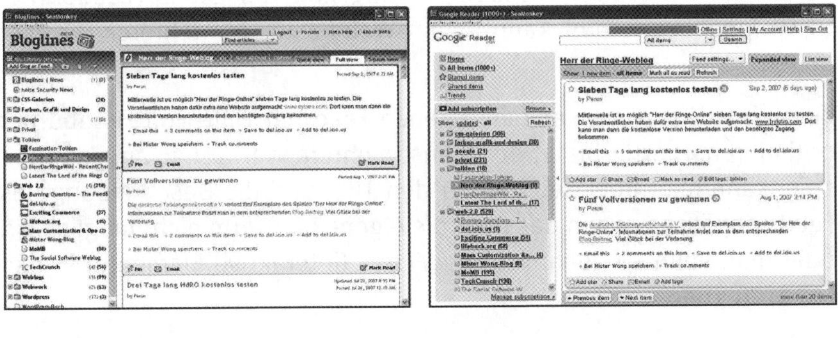

Abbildung 11.8
Bloglines und Google-Reader

Bloglines befindet sich momentan in der Beta-Phase des Umbaus und bis jetzt wurden noch nicht alle Funktionen aus der alten Oberfläche übernommen. Daher werde ich mich auf die Funktionalität der alten Oberfläche beziehen. Beide Dienste bieten Tools, die es Ihnen erleichtern, die Feeds zu abonnieren. Beide Dienste bieten Bookmarklets (Lesezeichen mit Funktion) und Bloglines noch zusätzlich so genannte *Notifier* an. Bei Notifiern handelt es sich um kleine Programme, die sich entweder in Ihr Betriebssystem oder Ihren Browser integrieren und Ihnen anzeigen, wenn es etwas Neues bei Ihren abonnierten Feeds gibt, und um Ihnen das Abonnieren von neuen Feeds zu erleichtern.

Import/Export

Beide Dienste erlauben das Importieren und Exportieren von Feed-Sammlungen. Beide Vorgänge werden über eine OPML-Datei (XML lässt grüßen) abgewickelt und dieses Datei-Format unterstützt auch WordPress. Somit ist es möglich, dass man seine Feed-Sammlung aus den beiden Diensten in sein Weblog importiert und integriert: *Blogroll / Links importieren*.

Die beiden Dienste bieten aber auch unterschiedliche Funktionen. Zum einen zeigt Bloglines, wie viele weitere Bloglines-Nutzer diese Quelle abonniert haben, die verwandten Feeds zu der jeweiligen Quelle und Feed-Empfehlungen, die auf der Feed-Sammlung des Nutzers basieren. Google-Reader bietet eine Trend-Funktion an, die Ihre persönlichen Trends bezüglich des Lesens und Abonnierens analysiert.

11.2 Feedburner: Hilfe, mein Feed brennt!

Den Namen dieses Dienstes kann man durchaus wörtlich nehmen, er heizt dem Feed Ihrer Website mächtig ein. Der Dienst Feedburner (*www.feedburner.com*) kann einem Webmaster in mehrerer Hinsicht helfen.

Zum einen kann man seinen eigenen Feed mit Hilfe von Feedburner optimieren. Hierfür bietet der Dienst mehrere Werkzeuge an: Zum Beispiel kann man über Feedburner den Titel und die Beschreibung des Feeds anpassen, wenn das über die eigene Plattform nicht möglich ist, oder man kann so genannte *FeedFlares* (interaktive Elemente) in den Feed integrieren.

Publizieren

Zum Zweiten können Sie den Newsfeed Ihres Weblogs als Newsletter anbieten, hierbei bekommen die Nutzer, die sich extra anmelden, einmal täglich bei neuen Beiträgen einen E-Mail-Newsletter zugeschickt. Sie können auch eine Reihe von Diensten auswählen, die Feedburner benachrichtigen (pingen) soll, wenn es in Ihrem Weblog etwas Neues gibt.

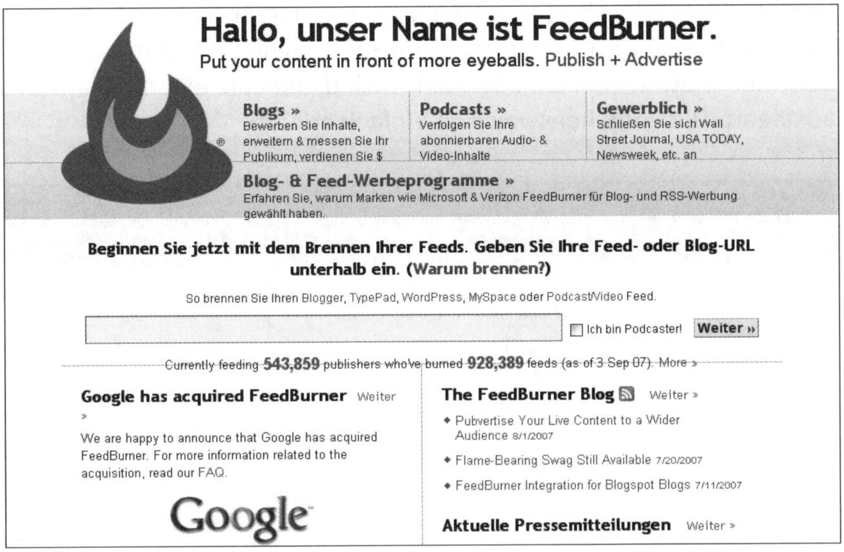

Abbildung 11.9
Die Startseite von Feedburner

Optimieren

Analysieren und Monetarisieren

Darüber hinaus bietet Feedburner die Möglichkeit, die Anzahl der Leser des Feeds zu errechnen und nach den verschiedenen Readern aufzuteilen. Auch ist es möglich, mit Hilfe von Feedburner Werbung in den Feeds zu schalten. Das ist wahrscheinlich einer der wichtigen Gründe dafür, warum Google diese Plattform für einen Preis von 100 Millionen US-Dollar aufgekauft hat, was eigentlich ein sehr günstiger Preis ist, da Feedburner momentan knapp 930.000 Feeds »verbrät«.

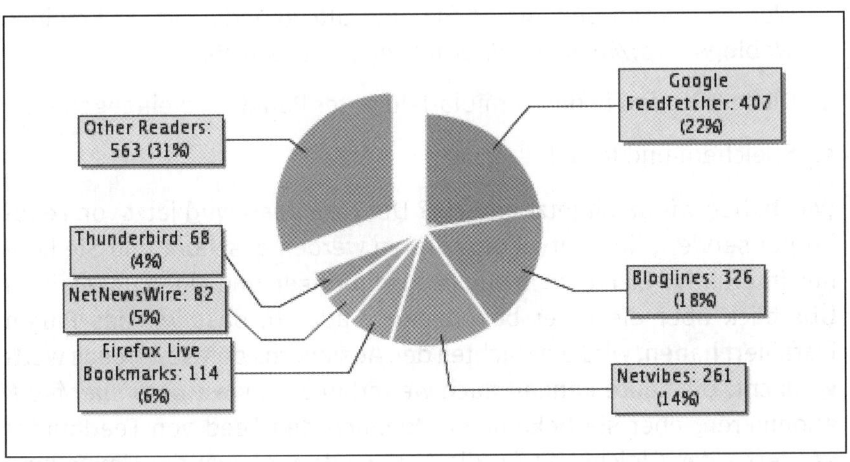

Abbildung 11.10
Feedburner-Statistik von Perun.net

Doch das ist nicht alles, was Feedburner zu bieten hat. Viele Blogger nutzen diesen Dienst, weil man den Traffic und die Serveranfragen, die bei einem Newsfeed nicht unerheblich sind, auf eine externe Plattform auslagert. Die Vorgehensweise ist einfach erklärt:

Abbildung 11.11
Das Feedburner-Plugin

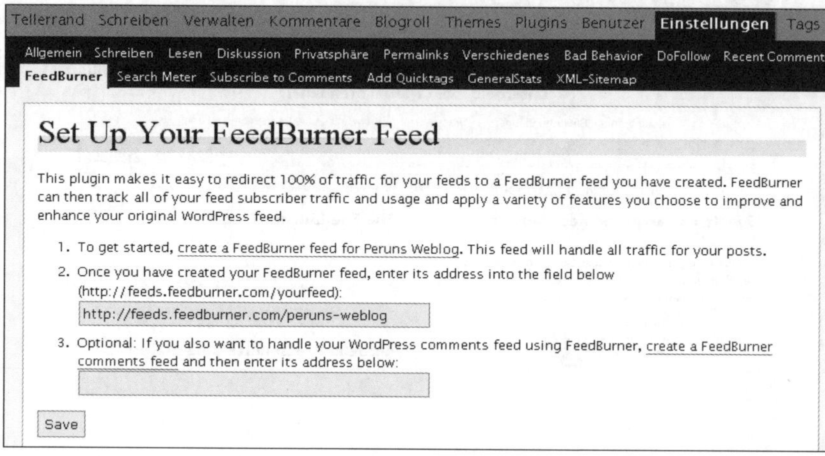

1. Das Plugin mit dem Namen *Feedburner Feed Replacement* installieren
2. Die Einstellungen für dieses Plugin aufsuchen: *Einstellungen / Feedburner.*
3. Dem ersten Link unter Punkt Nr. 1 folgen. Dort wird ein Feedburner-Account erstellt und als Quelle dient der Newsfeed aus Ihrem Weblog. Hierfür bekommen Sie eine URL generiert, im Fall meines Weblogs *http://feeds.feedburner.com/peruns-weblog.*
4. Diese URL wird in das Formularfeld unter Punkt Nr. 2 eingegeben.
5. Speichern und fertig!

Die Vorteile des Plugins

Was haben wir damit jetzt erreicht? Der Newsfeed wird jetzt von Feedburner serviert, Ihre Serverkapazitäten werden geschont und Sie können interaktive Elemente in den Feed einbringen und einen ungefähren Überblick über die Leser bekommen. Dadurch, dass wir das Plugin installiert haben, wird ein Nachteil des Auslagerns des Newsfeeds wettgemacht. Die Leute können auch weiterhin z. B. *www.perun.net/feed/* abonnieren, aber sie bekommen dennoch den Feed von Feedburner serviert – das Gleiche gilt für die Abonnenten, die vor der Umstellung den eigentlichen Feed abonniert haben – und falls Sie eines Tages Feedburner den Rücken kehren möchten, müssen Sie nur das Plugin deaktivieren und die Leser gehen nicht verloren, da sie nicht mehr indirekt, sondern dann direkt auf den Newsfeed zugreifen.

11.3 Weitere interessante Dienste

In der schönen neuen Internet-Welt, die viele auch als »Web 2.0« bezeichnen, gibt es viele interessante Dienste, die Ihnen helfen können, entweder die Informationsflut zu bewältigen, mit anderen zu kommunizieren oder zusätzlichen Inhalt für Ihr Weblog zu gewinnen. Das Wort Web 2.0 habe ich extra mit Anführungszeichen versehen, da ich weiß, dass bei einigen Leuten der Begriff nicht ganz unumstritten ist. Wenn Sie mehr zum Thema Web 2.0 erfahren möchten, dann empfehle ich Ihnen *de.wikipedia.org/wiki/Web_2.0* als Startpunkt.

Soziale Lesezeichen: del.icio.us und Mister Wong

Besuchte Websites als Lesezeichen abzulegen, ist ein alter Hut, diese Lesezeichen bei einem Online-Dienst zu speichern, ist auch nichts Neues. Seit einigen Jahren gibt es aber auch Dienste, wo der Fokus nicht darauf liegt, die Lesezeichen abzulegen und für sich zu behalten, sondern hier liegt der Schwerpunkt auf dem Teilen. Man legt ein Lesezeichen ab, klassifiziert es und es ist für alle sichtbar. Am Anfang gab es sehr viele Dienste, die um die Nutzer buhlten und das eine oder andere interessante Konzept hatten: Furl, Spurl, Simpy, Linkroll, Taggle und viele mehr.

Mittlerweile haben sich in diesem Segment zwei Dienste abgesetzt. Zum einen wäre dies *del.icio.us* [1] und *Mister Wong* [2].

1. http://del.icio.us/; gehört seit längerer Zeit zu Yahoo.
2. www.mister-wong.de

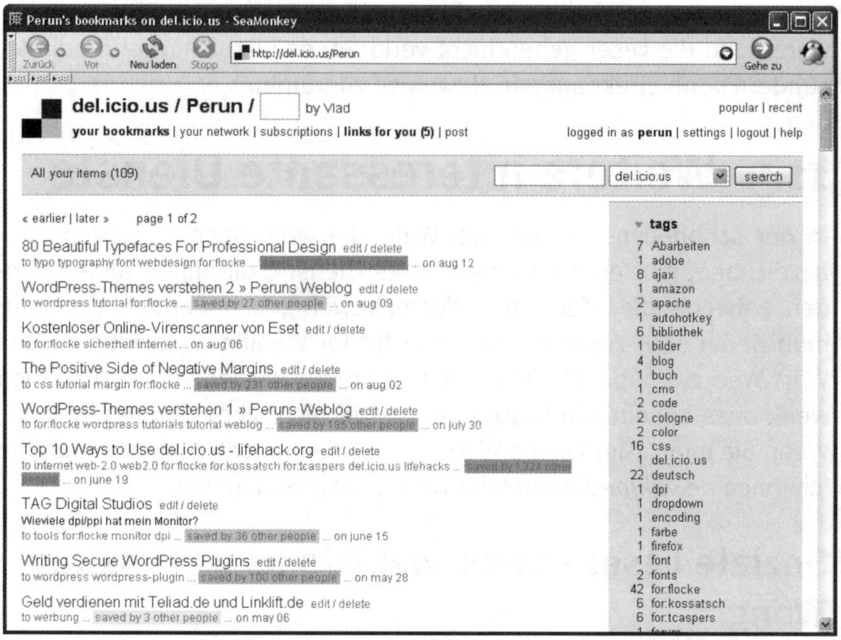

Abbildung 11.12
Meine Lesezeichen bei *del.icio.us*

Beide Dienste bieten einen ähnlichen Umfang. Die gespeicherten Lesezeichen kann man mit mehreren Schlüsselwörtern (Tags) versehen und sie vor der Öffentlichkeit verbergen. Darüber hinaus kann man mit anderen Nutzern Netzwerke bilden und ich muss nicht extra erwähnen, dass auch diese beiden Dienste kiloweise RSS-Feeds anbieten: einzelne Nutzer, Top-Listen, neueste Links, ausgewählte Tags etc.

Social-Bookmarking als Mini-Blog

Viele Blogger nutzen Social-Bookmark-Dienste, um die aktuellsten Lesezeichen im Weblog zu integrieren. Somit übernehmen diese Dienste die Rolle eines Mini-Blogs, in dem die Blogger Link-Tipps für ihre Leser veröffentlichen. Früher war man bei der Einbindung von Fremdfeeds auf Lösungen von Drittanbietern angewiesen, aber seit Widgets zum Standardumfang von WordPress gehören, ist das Einbinden solcher Dienste zum Kinderspiel geworden. Wie man einen Fremdfeed mit Hilfe von Widgets einbindet, habe ich zu Beginn dieses Kapitels (»Suchergebnis in WordPress einbinden« auf Seite 308) erklärt.

Videos und Bilder: YouTube, Sevenload, Flickr, Picasa und Konsorten

Die soziale Komponente des so genannten Web 2.0 ist nicht nur auf die Lesezeichen beschränkt, sondern hat sich auch auf andere Medien ausgeweitet. So gibt es große Fotogalerien, wo die Gemeinschaft und die soziale Komponente im Vordergrund stehen, zum Beispiel Flickr (*www.flickr.com*). Flickr gehört schon seit längerer Zeit zu Yahoo und somit ist es nicht verwunderlich, dass auch Google einen eigenen Bilderdienst (*picasaweb.google.de*) ins Rennen schickt. Wobei die Community-Funktionen bei dem Dienst von Google den sozialen Komponenten von Flickr nicht das Wasser reichen können. In einem meiner Blog-Artikel – Flickr und Picasa-Webalbum im Vergleich (*www.perun.net/2007/03/10/flickr-und-picasa-webalbum-im-vergleich/*) – bin ich näher auf die Unterschiede der beiden Dienste eingegangen.

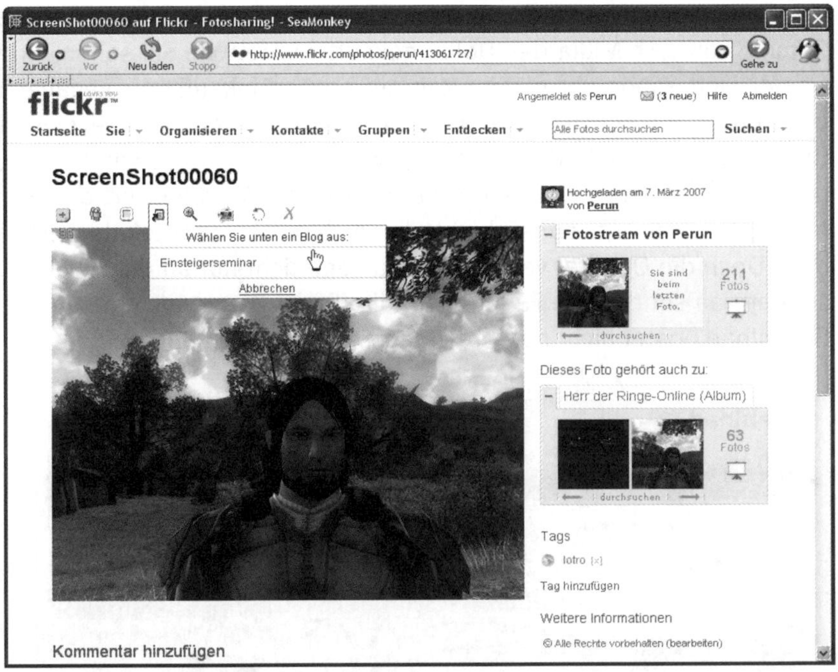

Abbildung 11.13
Aus Flickr heraus bloggen

Flickr bietet sehr interessante Möglichkeiten. Zum einen ist es möglich, dass man die bereits abgelegten Bilder im eigenen Blog publiziert. Sie müssen natürlich vorher in den Einstellungen die Verbindung von Flickr zu Ihrem Weblog herstellen und ab da können Sie komfortabel die Bilder in Ihrem Blog veröffentlichen. Es geht aber noch komfortabler. Flickr bietet Ihnen die Möglichkeit, die Bilder auch per E-Mail hochzuladen. Das ist interessant, wenn Sie z. B. mit Ihrem Mobiltelefon Fotos machen und sie direkt verfügbar machen wollen. Darüber hinaus haben Sie gleichzeitig die Möglichkeit, nicht nur per E-Mail das Bild in Flickr hochzuladen, sondern es auch zusätzlich in Ihrem Weblog zu veröffentlichen. Somit gelangt der Schnappschuss aus dem Urlaub oder von der Messe schnell zu Flickr und in Ihr Weblog.

Beide Dienste – Flickr wie Picasa – bieten RSS-Feds an. Somit ist eine einfache Einbindung über die Widget-Funktion möglich. Allerdings werden nicht die Bilder, sondern nur die Links zu den Abbildungen gezeigt. Wünschen Sie zum Beispiel die Einbindung von den Abbildungen in der Sidebar, müssen Sie auf die Plugins von Drittanbietern zurückgreifen: z. B. *FAlbum* für Flickr und *PicasaImport* für den Dienst von Google.

Und Film ab!

Nun wenden wir uns den bewegten Bildern zu. Auch hier gibt es diverse Dienste und ich werde Ihnen zwei ganz kurz vorstellen. Zum einen ist dies YouTube (*www.youtube.com*), das von Google für die unglaubliche Summe von 1,65 Milliarden Dollar gekauft wurde. Wie Sie sehen, sind Google und Yahoo vor einiger Zeit auf große Einkaufstour gegangen und tun es eigentlich immer noch. Der zweite Dienst ist Sevenload (*www.sevenload.de*), dieser Dienst kommt aus deutschen Landen, genauer gesagt aus *»Kölle am Rhing, wo die Mädche und dat Bier lecker sin«* usw. ... ja, auch ich unterliege ab und an dem Lokalpatriotismus. Doch die Qualität von Sevenload liegt nicht nur an der Herkunft, sondern an sehr feinen Funktionen, die dieser Dienst anzubieten hat. Sevenload hostet nicht nur Ihre Videos, sondern auch Ihre Bilder.

Abbildung 11.14
Sevenload.de

Beide Dienste bieten Ihnen die Möglichkeit an, die Videos auf Ihrer Website einzubetten. Allerdings haben die Code-Vorschläge der beiden Dienste einen kleinen Haken, sie sind nicht konform mit den Empfehlungen von *W3C* (*www.w3.org*), man sagt im Fachjargon, *»Der Code ist nicht valide.«* Ein leider viel zu großer Prozentsatz der Webmaster schert sich nicht wirklich um die Qualität des Quelltextes der (X)HTML-Dokumente, aber bei einer zunehmenden Anzahl der Webworker ist die Qualität des Codes ein wichtiges Kriterium. Im Folgenden werde ich Ihnen den Standard-Code, also den Code, den die beiden Dienste zum Einbinden anbieten, und eine »saubere« oder besser ausgedrückt valide Alternative zeigen.

```
<object width="425" height="350">
  <param name="movie" value="http://www.youtube.com/v/
    L_Pk4pE5MeI"></param>
  <param name="wmode" value="transparent"></param>
  <embed src="http://www.youtube.com/v/L_Pk4pE5MeI" ty-
    pe="application/x-shockwave-flash" wmode="transparent"
    width="425" height="350"></embed>
</object>
```

Listing 11.1
Der Standard-Code von YouTube

```
<object width="425" height="350" data="http://www.you-
  tube.com/v/L_Pk4pE5MeI" type="application/x-shockwave-
  flash">
  <param name="movie" value="http://www.youtube.com/v/
    L_Pk4pE5MeI"></param>
  <param name="wmode" value="transparent"></param>
</object>
```

Listing 11.2
Der ausgebesserte Code von YouTube

```
<object width="500" height="403">
  <param name="FlashVars" value="apiHost=api.sevenload.com"/
    >
  <param name="movie" value="http://de.sevenload.com/pl/
    XZz31gA/500x403/swf" />
  <embed src="http://de.sevenload.com/pl/XZz31gA/500x403/
    swf" type="application/x-shockwave-flash" width="500"
    height="403" allowfullscreen="true" FlashVars="api-
    Host=api.sevenload.com"></embed>
</object>
```

Listing 11.3
Der Standard-Code von Sevenload

```
<object width="500" height="403" data="http://de.seven-
  load.com/pl/XZz31gA/500x403/swf" type="application/x-shock-
  wave-flash">
  <param name="FlashVars" value="apiHost=api.sevenload.com"/>
```

Listing 11.4
Der ausgebesserte Code von Sevenload

```
03    <param name="movie" value="http://de.sevenload.com/pl/
      XZz31gA/500x403/swf" />
04  </object>
```

Wie Sie aus den oberen zwei Beispielen sehen, besteht die Ausbesserung des Codes darin, das embed-Element zu entfernen und die zwei Attribute samt den Werten data="[adresse der datei]" und type="application/x-shockwave-flash" in das öffnende object-Tag einzufügen. Wenn Sie Sevenload einsetzen und mit JavaScript keine Probleme haben, können Sie auch die alternative Einbindungsmethode von Sevenload wählen. Anstatt des oben gezeigten Beispiel-Codes wird nur ein JavaScript-Schnipsel eingebunden, an der Stelle, an der Sie das Video haben möchten:

Listing 11.5
Die Einbindung über JavaScript

```
<script type="text/javascript" src="http://de.sevenload.com/pl/
    XZz31gA/500x403"></script>
```

Mit der JavaScript-Methode von Sevenload gibt es keine Probleme bei der Validierung des (X)HTML-Codes. Sevenload bietet einen weiteren Vorteil gegenüber YouTube und zwar bietet der Dienst aus Köln mehrere nutzerbezogene RSS-Feeds (nur Bilder, nur Videos usw.) an, während YouTube hier auf ganzer Linie passen muss.

Twitter & Co.: Zwitschern, bis der Arzt kommt

In der ersten Hälfte des Jahres 2007 hat ein weiteres Phänomen den Weg zu einem breiteren Publikum gefunden, das so genannte *Microblogging*. Hier geht es darum, ganz kurze Nachrichten (Maximum: ca. 140 Zeichen) auf die Menschheit loszulassen. Im Grunde genommen könnte man so etwas auch über ein »normales« Weblog realisieren, aber der Vorteil der Microblogging-Dienste – momentan hat hier *Twitter.com* (twitter ist engl. für zwitschern) die Nase vorn – liegt an der Community und somit an einer größeren Reichweite und daran, dass man seine Kurzbeiträge auch über das Mobiltelefon bzw. per SMS oder über einen Instant-Messenger veröffentlichen kann.

Wem nützt die »Zwitscheritis«?

»Und was kann man mit solchen Diensten machen?« Im Grunde genommen kann man mit so einer Publikationsmethode Sinnvolles wie wenig Sinnvolles anstellen. Manche Menschen erzählen der Allgemeinheit, dass sie gerade die Wohnung aufräumen, lecker essen und gerade eben einen Pups losgelassen haben. Auf der anderen Seite nutzen viele User dies als eine sinnvolle Kommunikationsalternative, um sehr zeit-

nah wichtige Nachrichten auszutauschen. Zum Beispiel, wenn ein Treffen ansteht und sich der Treffpunkt kurzfristig geändert hat oder wenn jemand auf eine fachliche Frage eine schnelle Antwort von Kollegen bzw. Gleichgesinnten braucht.

Abbildung 11.15
Twitter.com

Natürlich gibt es auch hier Nachahmer und Versuche, mit dem Platzhirsch zu konkurrieren, allerdings sind die Erfolge eher mäßig. Momentan ist die einzige ernsthafte Konkurrenz unter dem Namen *Jaiku* (*www.jaiku.com*) zu finden. Und für Leute, die sich nicht entscheiden können, welchem Dienst man eher den Vorzug geben soll oder wo der Freundeskreis auf die beiden Dienste verteilt ist, gibt es eine Lösung in Form von *TwitKu 2* (*twitku.com*).

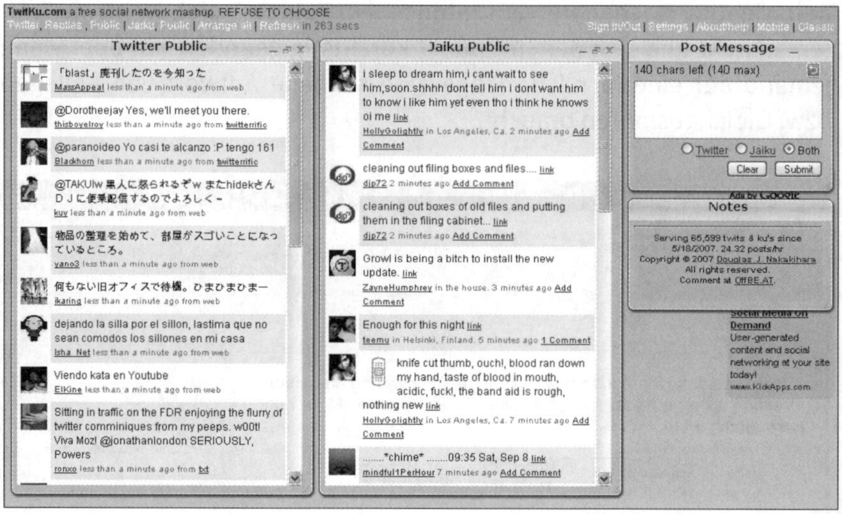

Abbildung 11.16
Twitter + Jaiku = TwitKu 2

Wenn Sie sich bei diesem Dienst registrieren, haben Sie die Möglichkeit, gleichzeitig bei beiden Diensten zu schreiben und die Eingänge anderer zu beobachten. Und ... Sie wissen schon, sowohl Twitter als auch Jaiku bieten RSS-Feeds an. Mehr muss ich dazu jetzt nicht sagen?

11.4 Mit Weblogs Geld verdienen

Mit einem Weblog, wie mit jeder anderen Website auch, kann man Geld verdienen. Ich meine hier nicht die indirekte Verdienstmöglichkeit, zum Beispiel, indem man sich durch seine Blog-Aktivität eine Referenz aufbaut und somit zu einer neuen Anstellung oder zu neuen Aufträgen kommt. Oder indem man durch seine Blog-Aktivitäten den Umsatz im integrierten bzw. angeschlossenen Webshop steigert. Ich meine hier die direkten Einnahmen durch Werbung und Sponsoren-Gelder.

Möglichkeiten gibt es viele. Zum einen kann man auf die schon bewährten Methoden zurückgreifen: Banner-Werbung & Co. Seit einiger Zeit hat sich allerdings die Textwerbung von Google (Google Adsense[3]) als ein sehr wichtiges Mittel erwiesen, weshalb man die Textwerbung von Google auf sehr vielen Seiten sieht.

3. www.google.com/adsense/

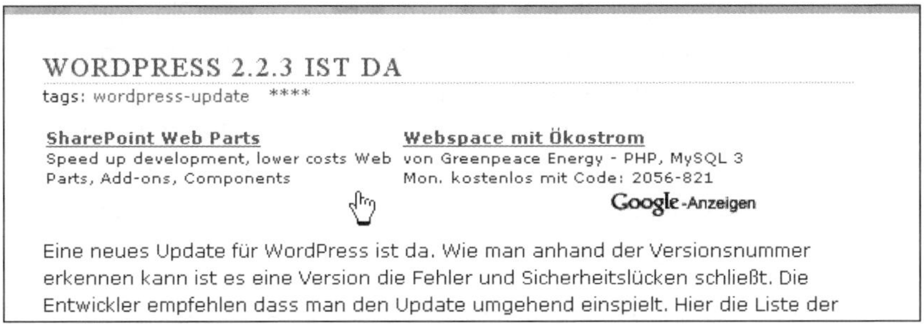

Abbildung 11.17
Inhaltsabhängige Werbung von Google

Google scannt den Inhalt der Seite und die entsprechend passende Werbung (zumindest in den meisten Fällen) wird angezeigt. Der Haken bei dieser Werbeform ist, dass pro Klick bezahlt wird. Daraus ergeben sich einige Nachteile für den Webmaster. Sie dürfen zum einen nie, ich meine wirklich **nie,** Ihre Leser dazu auffordern, auf Werbung zu klicken. Sollten Sie das machen, dann dauert es nicht lange und Google kickt Sie in weitem Bogen aus dem Programm heraus. Die bis dahin generierten Einnahmen werden einbehalten und so weit ich das bis jetzt bei anderen beobachten konnte, ist die Verbannung, wenn nicht permanent, so doch für eine sehr lange Zeit gültig.

Der andere Haken bei Google Adsense ist die Tatsache, dass Sie entweder ein sehr hohes Besucheraufkommen haben müssen – die Klickrate der Besucher ist meistens sehr mies – oder hoch dotierte Keywords (Schlüsselwörter) in Ihrem Inhalt auftauchen müssen, so dass Sie auch bei einer recht niedrigen Klickrate auf ein recht ansehnliches Einkommen blicken können, damit sich das Ganze auch lohnt. Auf *www.explido-webmarketing.de/spixx_aktuell.htm* kann man sehen, aus welchem Bereich Suchwörter hoch gehandelt werden. Im August 2007 waren dies die Bereiche Versicherungen, Geld & Finanzen und Dienstleistungen.

Die Textlinks als Werbeform

Zunehmend erfreuen sich Textlinks als eine weitere Werbeform an Beliebtheit, speziell bei Website-Betreibern, die zwar kein allzu hohes Besucheraufkommen haben, aber sich dennoch einen gewissen Ruf in ihrem Kreis erarbeitet haben. Meistens wird der Ruf eines solchen Webmasters durch Backlinks der anderen Kollegen und anderer Besucher (z. B. in Foren) belohnt. Daher haben Websites solcher Menschen einen recht hohen Wert ... hiermit meine ich den Wert in den »Augen« der Suchmaschinen, bei Google heißt er *PageRank*.

Daher sind findige Betreiber auf die Idee gekommen, Plattformen zu gründen, auf denen Textlinks verkauft werden. Von einer Website mit hoher Reputation wird ein Textlink auf die Website des Werbers geschaltet, der dafür bezahlt. In erster Linie bekommt er die »Suchmaschinenreputation« der verlinkenden Seite zum Teil vererbt und in zweiter Linie auch wirkliche Besucher ... wobei hier der zweite Aspekt nicht so sehr im Fokus liegt wie der erste.

Somit ist es möglich, dass Websitebetreiber mit hoher Reputation, aber etwas weniger Besucheraufkommen auch in den Genuss kommen, einigermaßen ansehnliche Werbesummen zu erwirtschaften. Ein weiterer Vorteil dieser Werbemaßnahmen liegt in der Natur derselben. Es handelt sich hier um Textlinks: kein Blinken, kein Zappeln, kein Wackeln.

Teliad, LinkLift & Co.

Von solchen Diensten gibt es mittlerweile mehrere auf dem Markt. Drei von ihnen möchte ich kurz erwähnen: *Text Link Ads*[4], *LinkLift*[5] und *Teliad*[6]. Text Link Ads (TLA) ist ein englischsprachiger Dienst und daher würde ich Ihnen diesen Dienst empfehlen, wenn Sie sich dorthin orientieren möchten bzw. Ihre zukünftigen Werbekunden sich dorthin orientieren möchten. LinkLift ist das deutschsprachige Gegenstück zu TLA. Beide Dienste haben gemeinsam, dass man unter anderem dort auch ein WordPress-Plugin generieren kann. Mit diesem Plugin kann man automatisch die Werbelinks auf einer WordPress-Seite ausgeben.

Teliad ist momentan der deutsche Marktführer in diesem Segment und erfahrungsgemäß weiß ich, dass man mit diesem Dienst höhere Einnahmen erzielen kann als bei den anderen beiden Diensten. Bei Teliad muss man die Werbelinks allerdings manuell einfügen, was nur auf den ersten Blick ein Manko darstellt. Dadurch, dass man die Links manuell einfügen muss, kann man sie problemlos auch auf statischen Websites und in weniger bekannten Redaktionssystemen einbinden.

4. www.text-link-ads.com
5. www.linklift.de
6. www.teliad.de

Abbildung 11.18
Teliad

Kapitel 12

12

Plugins

Wie Sie bereits aus der Überschrift erkennen, werde ich in diesem Kapitel einige interessante und nützliche Plugins vorstellen. **Alle** diese Plugins finden Sie auf der Buch-CD und alle diese Plugins beinhalten im Code auch einen Verweis auf die Website des Autors. Weitere mehrere Hundert Plugins finden Sie auf *wordpress.org/extend/plugins/* und *www.wp-plugins.net*. Unter der ersten Adresse finden Sie zwar weniger Plugins als bei der zweiten Adresse, allerdings sind diese besser sortiert und präsentiert.

Die allermeisten Plugins haben entweder auf der Website des Autors, im Programmpaket oder sogar innerhalb der Plugindatei (als Kommentar) eine Anleitung, wie man das Plugin installiert und anpasst. Meistens muss man nur die Datei oder den kompletten Ordner in den Ordner */wp-content/plugins/* hochladen und anschließend das Plugin aktivieren. Das war es. Bei einigen Plugins muss man das Plugin auch in den Template-Dateien einbinden, wovon allerdings eine stattliche Anzahl von Plugins auch die Widget-Funktion unterstützt, so dass Ihnen die manuelle Anpassung der Template-Dateien erspart bleibt.

12.1 WordPress.com Stats: das Statistik-Plugin

Hand aufs Herz, neugierig sind wir alle. Da hat man ein Weblog installiert, angepasst, mehrere Beiträge veröffentlicht und nun will man auch wissen, wie man ankommt, wie viele Besucher vorbeikommen, und vor allem, woher sie kommen. Werkzeuge zur Auswertung gibt es viele, aber manchmal will man etwas ganz Unkompliziertes haben, um sich schnell einen Überblick zu verschaffen, und genau hier setzt das Plugin von WordPress.com an.

Das Plugin stammt von Automattic.com – Matt Mullenweg und Ryan Boren sitzen hier mit im Boot, beide gehören auch zum Entwickler-Team von WordPress – und ist eigentlich ein Bestandteil des Dienstes WordPress.com. Wenn Sie das Plugin installiert haben, werden Sie gebeten, den API-Schlüssel einzugeben. Wenn Sie bereits das Plugin Akismet benutzen, dann können Sie den gleichen API-Schlüssel eingeben, sonst müssen Sie sich auf WordPress.com einen API-Schlüssel besorgen. Nach der erfolgreichen Eingabe des Schlüssels können Sie sich Ihre Statistik anschauen. Diese finden Sie unter *Tellerrand / Blogstatistik*.

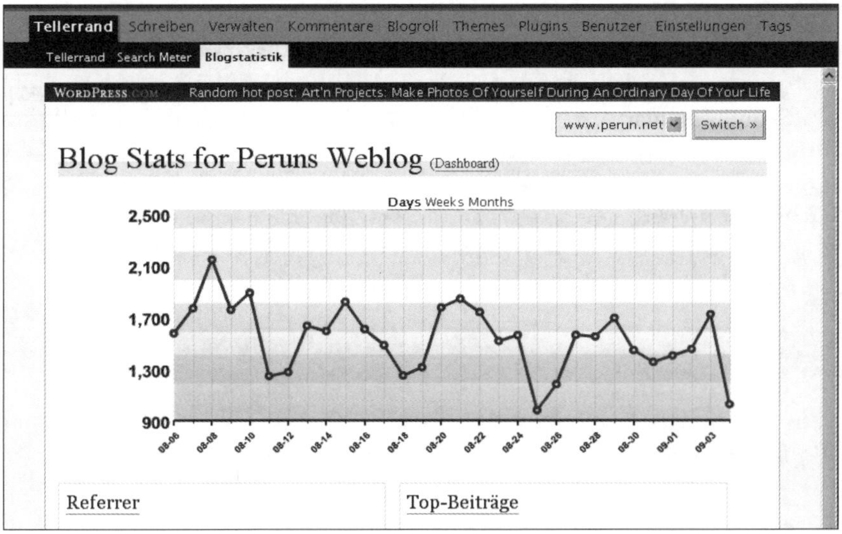

Abbildung 12.1
WordPress.com Stats

Auf der Blogstatistik-Seite sehen Sie als Erstes ein Diagramm, das die Besucherzahlen visualisiert. Sie können zwischen einer Tages-, Wochen- und Monatsansicht wählen. Unter der Grafik werden die *Referrer* (verweisende Quellen), Top-Beiträge, Suchbegriffe und Klicks auf externe Links aufgelistet – jeweils vom heutigen und gestrigen Tag.

Also im Grunde genommen nichts Besonderes und nichts, was zig andere Webdienste nicht auch anbieten, aber das Plugin integriert sich sehr gut in die Admin-Oberfläche und es ist einfach zu installieren, da Veränderungen an Template-Dateien nicht notwendig sind.

12.2 Search Meter: Wonach suchen die Besucher in meinem Weblog

Durch die Arbeit des oben beschriebenen Plugins (*WordPress.com Stats*) und viele andere Tracking-Dienste erfahren Sie, mit welchen Suchbegriffen die Besucher von Suchmaschinen auf Ihrer Website landen. Es wäre aber auch interessant zu erfahren, wie oft die interne Suchfunktion eingesetzt wird, wonach gesucht wird und ob die Suche erfolgreich war. Dies alles übernimmt das Plugin mit dem Namen *Search Meter*.

Abbildung 12.2
Search Meter

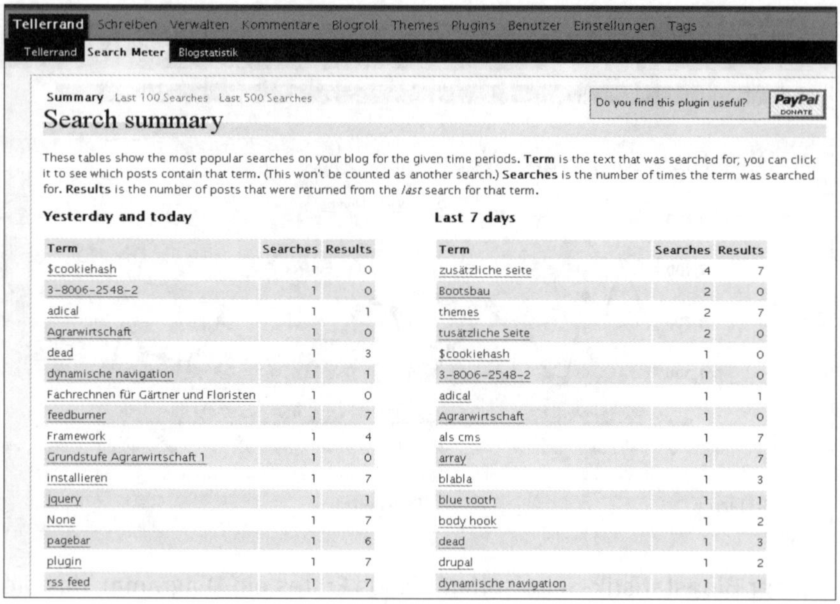

Tellerrand Schreiben Verwalten Kommentare Blogroll Themes Plugins Benutzer Einstellungen Tags

Tellerrand Search Meter Blogstatistik

Summary Last 100 Searches Last 500 Searches

Do you find this plugin useful? PayPal DONATE

Search summary

These tables show the most popular searches on your blog for the given time periods. **Term** is the text that was searched for; you can click it to see which posts contain that term. (This won't be counted as another search.) **Searches** is the number of times the term was searched for. **Results** is the number of posts that were returned from the *last* search for that term.

Yesterday and today

Term	Searches	Results
$cookiehash	1	0
3-8006-2548-2	1	0
adical	1	1
Agrarwirtschaft	1	0
dead	1	3
dynamische navigation	1	1
Fachrechnen für Gärtner und Floristen	1	0
feedburner	1	7
Framework	1	4
Grundstufe Agrarwirtschaft 1	1	0
installieren	1	7
jquery	1	1
None	1	7
pagebar	1	6
plugin	1	7
rss feed	1	7

Last 7 days

Term	Searches	Results
zusätzliche seite	4	7
Bootsbau	2	0
themes	2	7
tusätzliche Seite	2	0
$cookiehash	1	0
3-8006-2548-2	1	0
adical	1	1
Agrarwirtschaft	1	0
als cms	1	7
array	1	7
blabla	1	3
blue tooth	1	1
body hook	1	2
dead	1	3
drupal	1	2
dynamische navigation	1	1

Nach der Installation des Plugins haben Sie unter *Tellerrand* einen weiteren Unterpunkt: *Search Meter*. Dort finden Sie folgende Auflistung:

- Suchbegriffe vom heutigen und gestrigen Tag
- Suchbegriffe der letzten sieben Tage
- Suchbegriffe der letzten 30 Tage
- Ergebnislose Suche vom heutigen und gestrigen Tag
- Ergebnislose Suche der letzten sieben Tage
- Ergebnislose Suche der letzten 30 Tage

Über der Überschrift können Sie noch zusätzlich die Ansicht wechseln von Übersicht (*Summary*) zu der Auflistung der letzten 100 oder 500 Suchanfragen. Unter *Einstellungen / Search Meter* können Sie die Einstellungen für das Plugin tätigen, unter anderem die Zählung der Suchanfragen auf null stellen (*reset*).

Tipp

Sie haben zudem die Möglichkeit, die aktuellsten und/oder die populärsten Suchvorgänge im Frontend auflisten zu lassen, und zwar über die Widget-Funktion.

12.3 Simple Tagging: Beiträge und Seiten verschlagworten

Auch wenn in WordPress 2.3 die Tagging-Funktion eingeführt wird, wird sie zumindest in dieser Version nicht so komfortabel sein wie die Plugin-Lösung von *Simple Tagging*. Das Plugin bietet nicht nur die Möglichkeit, die Beiträge zu taggen und dann eine Liste oder Wolke der eingesetzten Tags anzuzeigen, sondern bietet noch viel mehr. Zum einen zeigt das Plugin Beiträge, die noch nicht getaggt sind, es wird eine Autovervollständigung beim Tippen von Tags angeboten, sowie die Möglichkeit, anhand eingesetzter Tags »verwandte Beiträge« anzeigen zu lassen und vieles mehr.

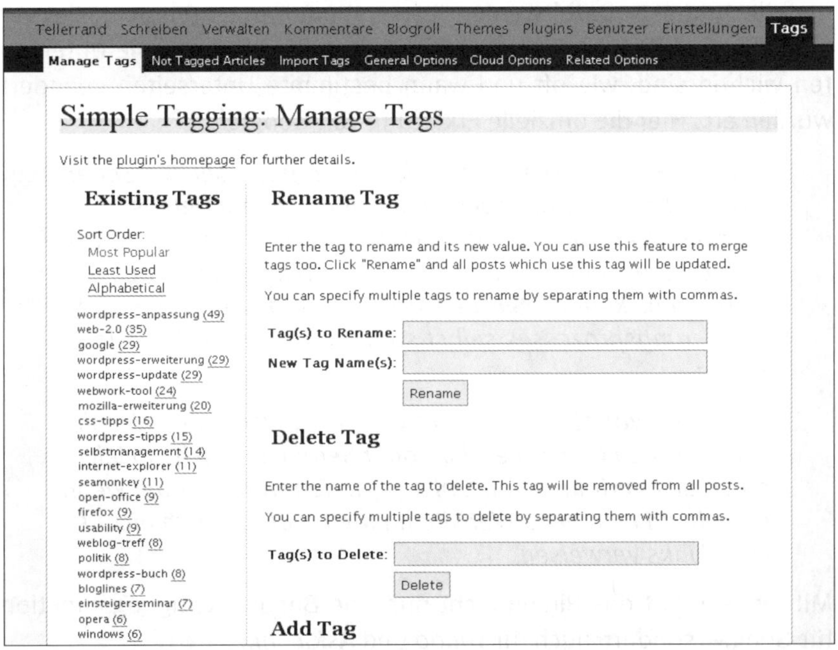

Abbildung 12.3
Admin-Bereich für Simple Tagging

Wie Sie aus der Abbildung sehen, verfügt das Plugin über eine richtige Administrationsoberfläche, um seine Funktionen komfortabel zu verwalten. Aus der oberen Abbildung sehen Sie auch, dass man hier ganz einfach Tags in einem Rutsch umbenennen kann. Stellen Sie sich vor, Sie haben sich bei einem Tag verschrieben und haben dieses falsch geschriebene Tag 75 Mal eingesetzt. Was meinen Sie, was das für eine Arbeit ist, diese zu suchen und manuell umzubenennen! Bei *Simple*

Tagging sind das nur ein paar Klicks. Die Einstellungen im Admin-Bereich des Plugins sind vielfältig und es würde den Rahmen bei Weitem sprengen, wenn ich auf diese näher eingehen würde. Allerdings findet man sich dank guter Erklärung und Dokumentation im Wiki (*trac.herewithme.fr/project/simpletagging/*) sehr schnell zurecht.

Hinweis

Momentan (Ende September 2007) ist das Plugin Simple Tagging leider noch nicht kompatibel mit WordPress 2.3. In der Dokumentation des Plugins ist dieses Problem als solches aufgeführt, allerdings ist es nicht sicher, wann und ob dieses Problem gelöst wird.

12.4 Googles XML-Sitemap

Mit Hilfe von XML-Sitemap wird eine Sitemap-Datei im XML-Format erstellt. In dieser Datei werden Informationen untergebracht, die vor allem für Google interessant sind bzw. sein könnten: welche Unterseiten wichtig sind, wie oft und wann bestimmte Unterseiten geändert wurden etc. Hier die offizielle Erklärung von Google[1]:

> *In einer Sitemap-Datei informieren Sie uns über die Seiten Ihrer Website und gegebenenfalls über weitere Details, z. B., welches die wichtigsten Seiten sind und wie oft diese geändert werden. Indem Sie eine Sitemap-Datei bei uns einreichen, können Sie den ersten Teil des Crawling- und Indizierungsprozesses selbst steuern: die Entdeckung Ihrer Seiten.*
>
> *Dies kann vor allem dann hilfreich sein, wenn Ihre Website dynamischen Content enthält oder Seiten, die nicht so leicht durch das Verfolgen von Links gefunden werden, oder wenn es sich um eine neue Website handelt, auf die noch nicht so viele Links verweisen.*

Mittlerweile hat das Plugin nicht nur eine Benachrichtigungsfunktion für Google, sondern auch für *Yahoo* und *Ask.com*.

1. www.google.com/support/webmasters/bin/answer.py?answer=40318&topic=8514

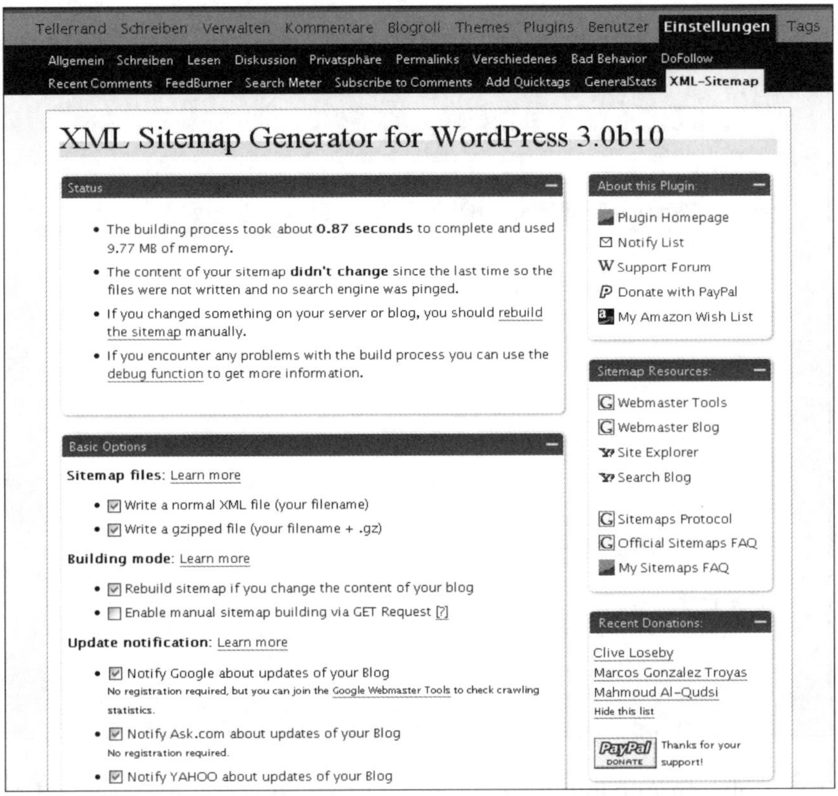

Abbildung 12.4
Sitemap Generator

Sie müssen die generierten Dateien, in denen die Sitemap gespeichert wird (*.xml* und/oder *.xml.gz*), auch beschreibbar machen (CHMOD 666), damit das Plugin auf diese Dateien zugreifen kann.

12.5 Live Comment Preview: Die Echtzeit-Vorschau im Kommentarbereich

Live Comment Preview ist ein kleines, aber feines Plugin. Damit dieses Plugin auch funktioniert, muss JavaScript im Browser des Besuchers eingeschaltet bleiben, was allerdings kein Problem ist, da die allermeisten Nutzer die JavaScript-Unterstützung im Browser aktiv lassen.

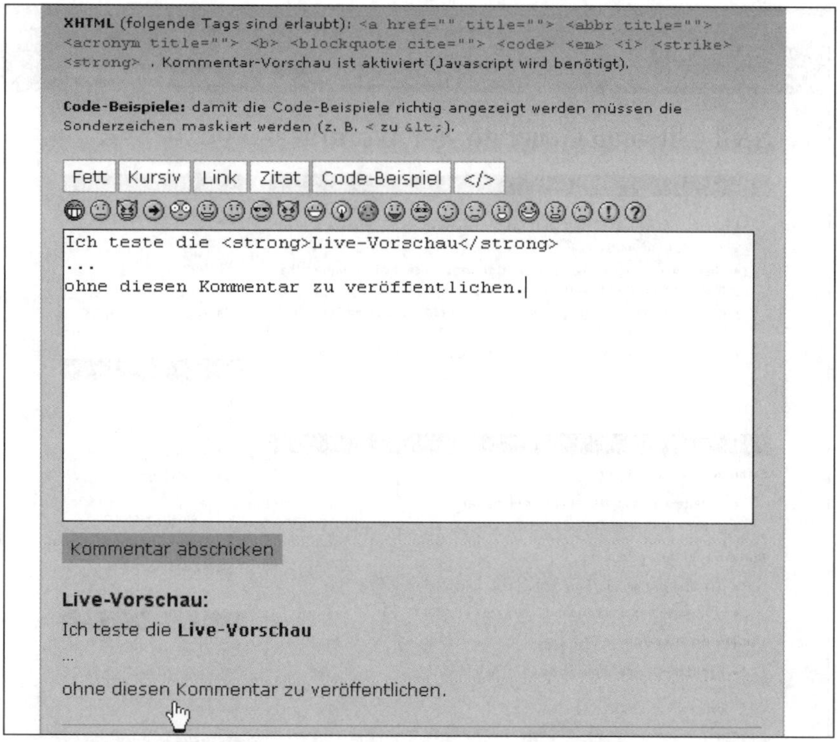

Abbildung 12.5
Die Live-Vorschau

In der oberen Abbildung sehen Sie die Live-Vorschau im Einsatz. Der Kommentator tippt seinen Text ein und sieht darunter live, wie der Text später aussehen wird. So kann man, bevor man die Nachricht absendet, noch einmal kontrollieren, ob alles in Ordnung ist. Das Plugin integriert sich automatisch im Frontend.

12.6 Get Recent Comments: Die letzten Kommentare anzeigen

Das Plugin *Get Recent Comments* ermöglicht es, die letzten Kommentare sowie Ping-/Trackbacks an beliebiger Stelle anzuzeigen. Dabei haben Sie die freie Wahl, ob Sie beide oder nur eine Gruppe anzeigen möchten und wie viele der letzten Einträge Sie sichtbar machen wollen. Ich nutze dieses Plugin auch in meinem Weblog (*www.perun.net*), wo man den Einsatz des Plugins im Fußbereich der Website sehen kann.

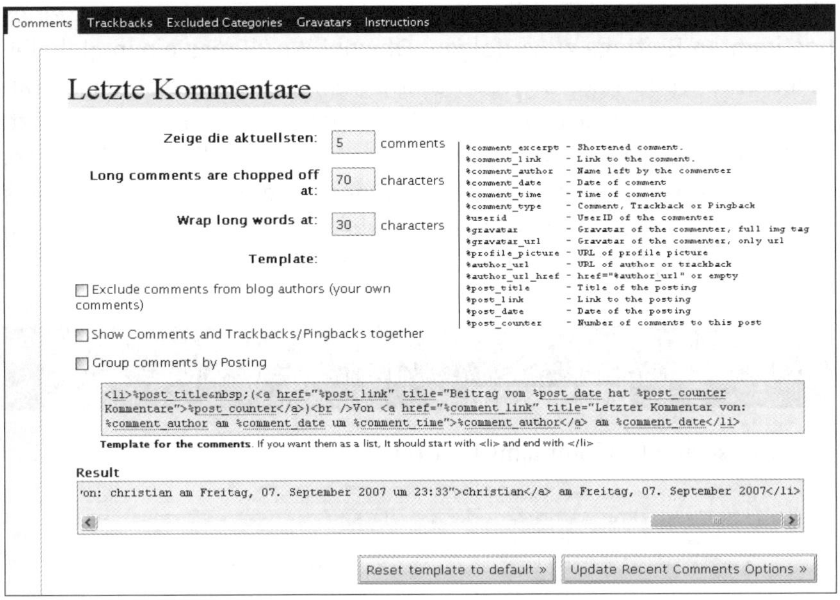

Abbildung 12.6
Die Einstellungen von Get Recent Comments

Die Plugin-Einstellungen findet man wie üblich unter *Einstellungen / Recent Comments* und diese sind vielfältig. Man kann sowohl für Kommentare wie für Trackbacks einstellen, wie viele der letzten Einträge angezeigt werden, nach welcher Anzahl von Zeichen die Kommentare abgeschnitten und lange Wörter umbrochen werden sollen. Darüber hinaus kann man Kommentare aus bestimmten Kategorien oder die Kommentare der Autoren aus der Anzeige ausblenden.

Die Ausgabe des Plugins können Sie im Template entweder über die Widgets einbinden, da das Plugin diese Funktion unterstützt, oder indem Sie `<?php get_recent_comments(); ?>` bzw. `<?php get_recent_trackbacks(); ?>` in die gewünschte Template-Datei einbinden.

12.7 Subscribe to Comments: Kommentare via E-Mail verfolgen

Wenn Sie sich wünschen, dass in Ihrem Weblog auch etwas langlebigere Diskussionen stattfinden, so werden Sie früher oder später auf das Plugin *Subscribe to Comments* zurückgreifen müssen. Mit diesem

Plugin ermöglichen Sie den Kommentatoren, die Diskussion eines bestimmten Beitrags zu verfolgen. Obwohl WordPress einen globalen Kommentar-Feed und für jeden Beitrag einen separaten Kommentar-Feed anbietet, hat sich diese Methode dennoch nicht durchgesetzt. Auch Dienste, wie z. B. *co.comment* oder *co.mment*, die ins Feld zogen, um die Beobachtungen von Diskussionen zu erleichtern, finden aus einer Reihe von Gründen nicht allzu starken Zuspruch. Siehe dazu auch meinen Beitrag *Wie verfolgt ihr die Blog-Kommentare?*[2].

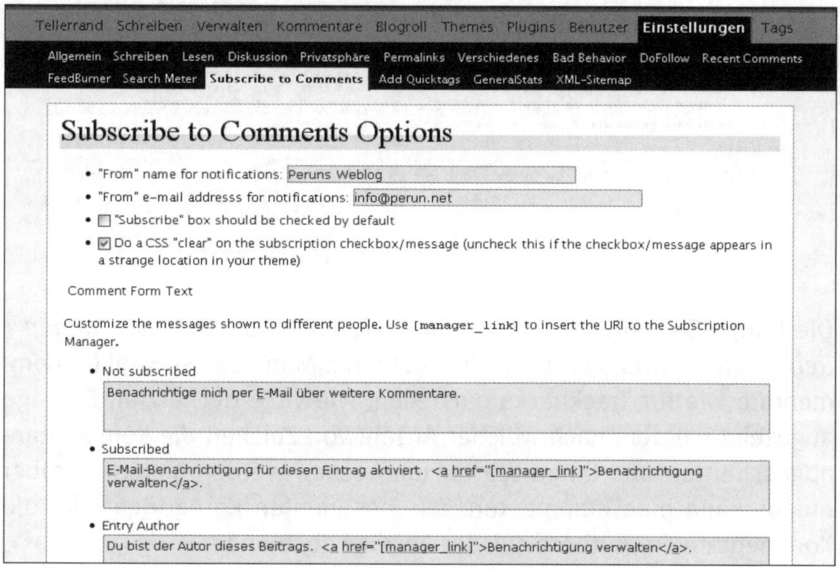

Abbildung 12.7
Die Plugin-Einstellungen

Nach der Installation bindet sich das Plugin an drei verschiedenen Stellen ein. Zum einen finden Sie unter *Einstellungen / Subscribe to Comments* das Optionsmenü für das Plugin. Unter *Verwalten / Subscriptions* können Sie sehen, wer sich angemeldet hat und bei welchen Beiträgen sich die Leute angemeldet haben.

Das Plugin integriert sich auch im Frontend. In Kapitel 9, wo ich den Aufbau meines Weblogs erklärt habe, können Sie das Plugin im Einsatz sehen. Im unteren Bereich des Kommentarformulars befindet sich eine Checkbox. Wenn der Kommentator die Checkbox aktiviert und den Kommentar abschickt, wird er per E-Mail benachrichtigt, wenn es zu diesem Beitrag neue Kommentare gibt. Hat er keine Lust mehr auf diese

2. www.perun.net/2007/04/24/wie-verfolgt-ihr-die-blog-kommentare/

Benachrichtigung, so kann er sich entweder durch den Klick auf den Link in der E-Mail oder im Kommentarfeld, wo ursprünglich die Checkbox stand, abmelden.

12.8 Comment Quicktags: Schreibhilfe für Kommentatoren

Comment Quicktags (Reloaded) ist ein Plugin, das es den Kommentatoren ermöglicht, ihre Texte besser zu formatieren: also Quicktags für Besucher. Nach der Installation fügt sich das Plugin automatisch im Kommentarformular ein. Wenn Sie die Kommentar-Quicktags mit Hilfe von CSS verändern möchten, können Sie auf `div#ed_toolbar` als Selektor zurückgreifen. Die einzelnen Quicktags (`input`-Elemente) werden innerhalb dieses `div`-Blocks untergebracht.

Abbildung 12.8
Comment Quicktags im Einsatz

12.9 Thickbox: Bilder schöner präsentieren

Thickbox ist eines von mehreren WordPress-Plugins, das auf der Lightbox-Technik basiert. Die Lightbox-Technik[3] ist eine auf JavaScript basierende Technik, die es erlaubt, Bilder schöner zu präsentieren und mehrere Bilder in einem Beitrag zu einer Mini-Galerie zu »vereinigen«. Für Thickbox habe ich mich gegenüber den Konkurrenz-Plugins deswegen entschieden, da die Installation und die Anpassung sehr einfach sind und auch der Funktionsumfang überzeugen kann.

Abbildung 12.9
Das Thickbox-Plugin im Einsatz

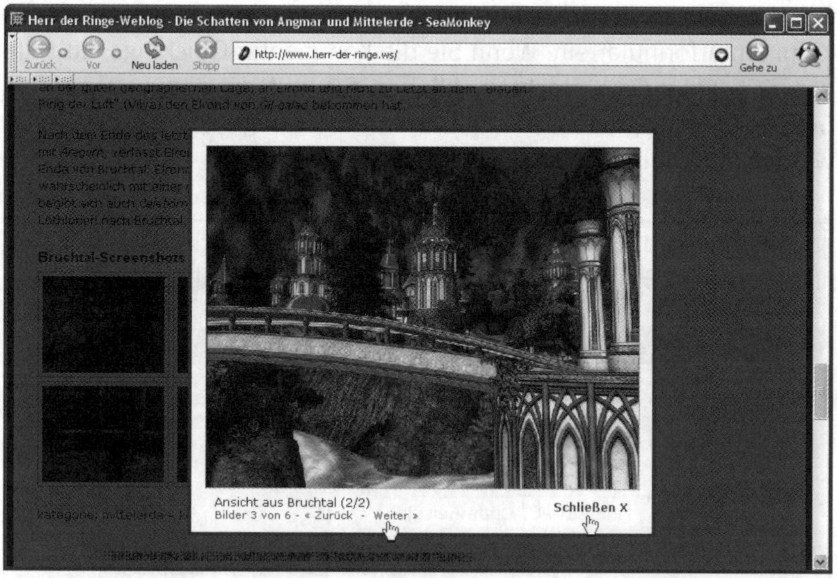

Nach der Installation können Sie das Plugin direkt einsetzen, dafür müssen Sie allerdings in den Code-Editor wechseln. Im Prinzip funktioniert es so, dass Sie das kleine Bild (Thumbnail) einfügen und es verlinken. Der Link führt zu dem großen Bild und dem Verweis geben Sie ein Klassen-Attribut (`class="thickbox"`). Wenn Sie jetzt auf das kleine Bild klicken, öffnet sich nach einer kurzen Animation das große Bild und der Hintergrund wird etwas abgedunkelt. In der Ecke des Bildes befindet sich ein Schließen-Knopf.

3. www.huddletogether.com/projects/lightbox2/

Sie können auch eine Bilder-Serie miteinander verbinden. Fügen Sie mehrere Thumbnails ein und verlinken Sie diese zu den entsprechenden Bildern. Geben Sie jedem Bild-Verweis ein Klassen-Attribut `class="thickbox"` und ein neues Attribut `rel="galerie-name"`. Der Wert `rel="galerie-name"` ist variabel und kann von Ihnen frei vergeben werden, allerdings müssen die Bilder, die miteinander verbunden werden sollen, alle den gleichen Attribut-Wert haben. Befinden sich innerhalb des gleichen Beitrages oder der gleichen Seite mehrere Bilder-Serien, dann müssen Sie logischerweise einen anderen Attribut-Wert bestimmen. Hier das Code-Beispiel eines Bildes – aus der oberen Abbildung –, das sich in einer Bilder-Serie befindet:

Listing 12.1
Code für Thickbox-Bilderserie

```
<a href='/wp-content/uploads/2007/06/bruchtal3.jpg'
      title='Ansicht aus Bruchtal (2/2)' class="thickbox"
      rel="bruchtal1"><img src='/wp-content/uploads/2007/06/
      bruchtal3.thumbnail.jpg' alt='Ansicht aus Bruchtal (2/2)'
      class="bild-rahmen" /></a>
```

Wenn Sie sich das obere Code-Beispiel und die Abbildung davor ansehen, werden Sie erkennen, dass der Inhalt des `title`-Attributs als Bildbeschreibung für die Skriptausgabe dient. Das Aussehen der Thickbox-Ausgabe ändern Sie in der *thickbox.css* und die Texte im Thickbox-Fenster in der *thickbox.js*.

12.10 GeneralStats: Eine kleine statistische Zusammenfassung

GeneralStats ist ein kleines Plugin, das allerlei Statistiken ermittelt und ausgeben kann: Anzahl der Beiträge, Anzahl von Kategorien, Anzahl der Kommentare, Anzahl der Seiten (Pages) etc. Im Options-Menü des Plugins können Sie durch Klicken & Ziehen die Komponenten aussuchen, die Sie benötigen.

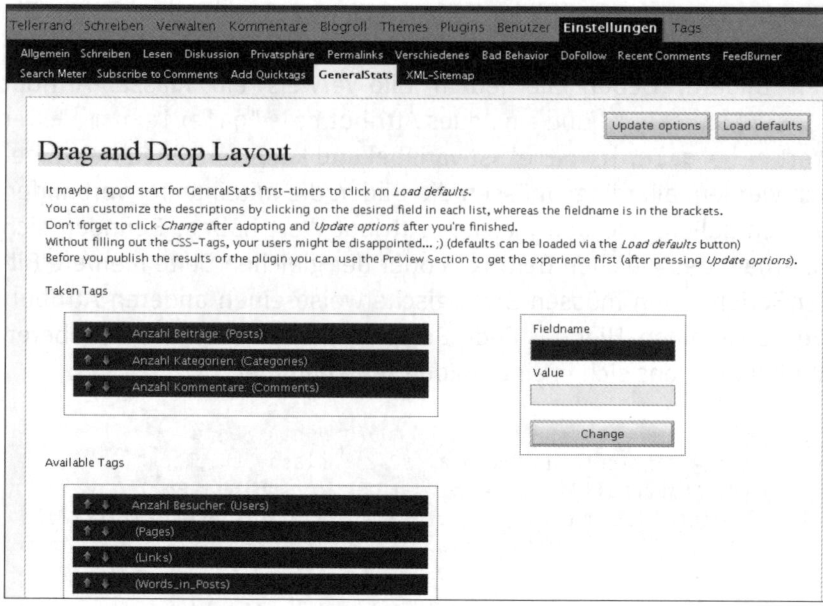

Abbildung 12.10
Die Einstellungen von GeneralStats

Anschließend können Sie das Plugin bzw. seine Ausgabe über die Widget-Funktion im Frontend des Weblogs einbinden. Alternativ können Sie dies manuell machen, indem Sie `<?php GeneralStatsComplete(); ?>` an der gewünschten Stelle im Theme einfügen.

12.11 WP-AddQuicktag

Mit dem Plugin WP-AddQuicktag sind Sie in der Lage, die Quicktag-Leiste des Code-Editors komfortabel über die Admin-Oberfläche zu erweitern. Nach der Installation des Plugins gibt es einen neuen Unterpunkt im Admin-Bereich: *Einstellungen / Add Quicktags*. Dort können Sie dann neue Quicktags erstellen. Sie können neue (X)HTML-Elemente, aber auch diverse andere Code-Schnipsel einfügen.

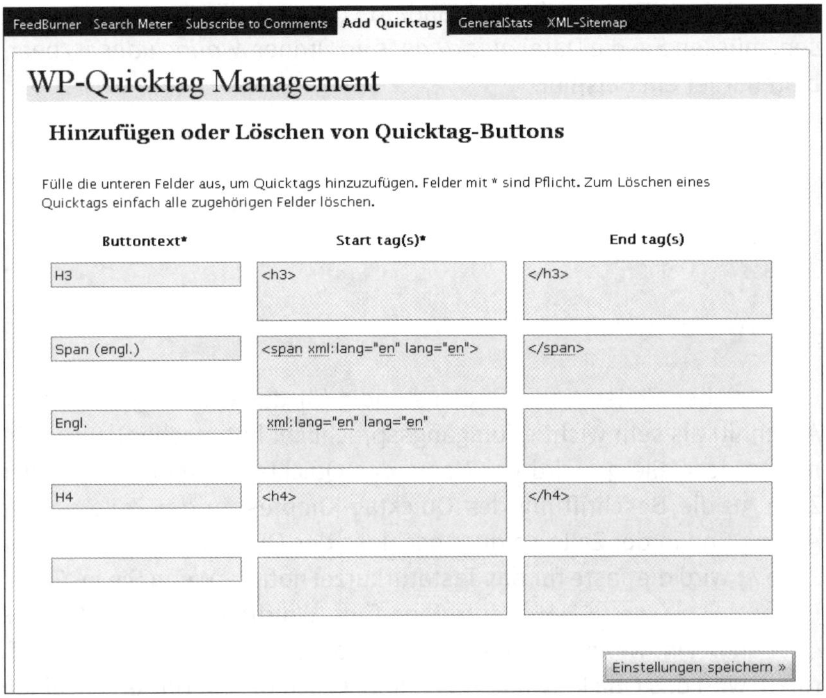

Abbildung 12.11
Neue Quicktags erstellen

In der oberen Abbildung erkennen Sie jeweils drei Textboxen pro Reihe. In der ersten Box notieren Sie den Namen des Quicktags, in der mittleren das Start- und in der dritten Box das End-Tag. Sollte das neue Quicktag lediglich aus einem Teil bestehen, lassen Sie das Feld für das End-Tag leer. In der nächsten Abbildung sehen Sie das Ergebnis, die Veränderungen der Quicktag-Leiste aus Abbildung 12.11.

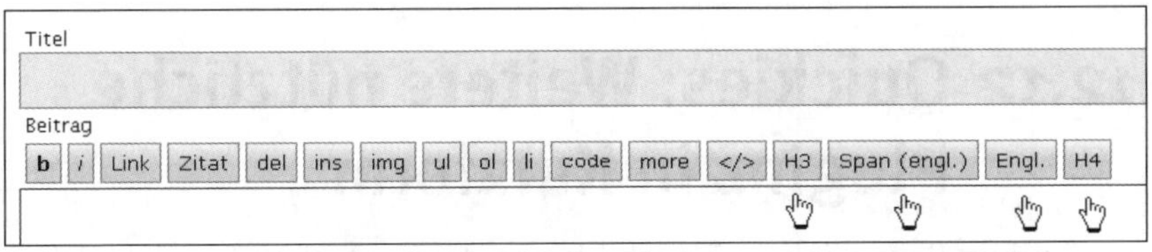

Abbildung 12.12
Die erweiterte Quicktag-Leiste

Quicktags manuell anpassen

Sie haben weiterhin die Möglichkeit, die Quicktag-Leiste auch manuell anzupassen. Sie würden jetzt berechtigterweise fragen, warum Sie das tun sollten, wenn ich soeben ein sehr gutes Plugin vorgestellt habe, das dies sehr schön erledigen kann. Die Frage ist berechtigt. Das Plugin WP-AddQuicktag kann nur Quicktags verwalten, die nicht zum Standardumfang gehören. Wollen Sie die Standard-Quicktags löschen oder anpassen, müssen Sie die Datei *quicktags.js* im Ordner */wp-includes/js/* bearbeiten. Hier ein Beispiel:

Listing 12.2
Ausschnitt aus der *quicktags.js*

```
36 edButtons[edButtons.length] =
37 new edButton('ed_strong'
38 ,'b'
39 ,'<strong>'
40 ,'</strong>'
41 ,'b'
42 );
```

Diese sieben Zeilen Code sind zuständig für das Quicktag, das einen Abschnitt als sehr wichtig (umgangssprachlich: fett machen) auszeichnet. In der Zeile 37 wird der Name des Quicktags angegeben, in der Zeile 38 die Beschriftung des Quicktag-Knopfes, in der Zeile 39 der Anfang und in der Zeile 40 der Abschluss des Quicktags notiert. In der Zeile 41 wird die Taste für das Tastaturkürzel notiert. Wenn Sie im Code-Editor `Alt`+`Shift`+`b` aufrufen, fügt WordPress in die Textbox `<strong>` ein, wenn Sie dann noch einmal die Tastenkombination aufrufen, wird das Quicktag mit `</strong>` geschlossen. Hätten Sie einen Abschnitt markiert, so würden die Tags automatisch davor und dahinter eingefügt.

Schauen Sie sich ruhig die Datei *quicktags.js* im Texteditor an. Sie müssen kein JavaScript-Profi sein, um die Quicktag-Leiste anzupassen. Sie können unnötige Quicktags löschen, die Benennung der Quicktag-Knöpfe anpassen oder neue Quicktags hinzufügen. Weitere Informationen zu diesem Thema finden Sie in meinem Weblog[4].

12.12 Quickies: Weitere nützliche Plugins in Kurzform

- *German Permalinks*: »Entschärfung« der deutschen Sonderzeichen in Permalinks
- *Feedburner Feed Replacement*: eigenen Newsfeed mit Feedburner antreiben
- *Akismet*: Anti-Spam-Plugin

4. www.perun.net/2006/10/23/die-quicktags-anpassen/

- *Bad Behavior*: Anti-Spam-Plugin
- *Exec-PHP*: Dieses Plugin ermöglicht es, PHP-Code in Beiträgen und Seiten ausführen zu lassen.
- *Unfancy Quote*: Anführungszeichen »entschnörkeln«, wichtig für Code-Beispiele.
- *Pro-www*: Alle Aufrufe einer Website, also auch die ohne vorangestelltes *www.*, werden auf *www.deine-domain.de* geleitet. Beispiel: Ruft jemand *http://perun.net* auf, wird er automatisch zu *http://www.perun.net* umgeleitet.
- *FH More-Killer*: Seit WordPress 2.1 ist es so, dass die Newsfeeds auch dort geteilt werden, wo Sie den Beitrag durch `<!--more-->` bzw. den *Weiterlesen*-Link aufteilen. Wenn Sie dies nicht wünschen, sondern den Feed immer komplett ausgeben möchten, sollten Sie dieses Plugin installieren.
- *WP Grins*: fügt automatisch anklickbare Smileys unter der Beitragsbox im Admin-Bereich und oberhalb des Kommentarformulars ein.
- *Most Commented Posts*: Es werden die am meisten kommentierten Beiträge aufgelistet.
- *Pagebar*: Die Folgeseiten werden elegant im unteren Bereich aufgelistet.

IV

Die Referenz

Kapitel 13

13

Template-Tags kompakt

13.1 Rund um die Autoren

In diesem Bereich finden Sie die Template-Tags[1], die zuständig sind für die Ausgabe der Informationen rund um die Autoren. Die Template-Tags greifen dabei häufig auf Informationen zurück, die man innerhalb der Benutzer-Verwaltung selbst eingegeben hat, z. B. Vorname, Anzeigename oder E-Mail-Adresse. Daher werde ich in den einzelnen Punkten nicht jedes Mal wiederholen, dass man dies in der Benutzer-Verwaltung steuern kann.

In dieser Liste habe ich auf die Erwähnung von Template-Tags, die als *Deprecated* (missbilligt) gekennzeichnet sind, verzichtet. Ebenso habe ich einige äußerst exotische (Geo-Template-Tags) und einige wenige Template-Tags, die in meinen Augen eine Redundanz darstellen, nicht aufgelistet. Aber nichtsdestotrotz sind hier **alle** wichtigen und relevanten Template-Tags und somit der allergrößte Teil aufgelistet und erklärt.

Hinweis

Sehr häufig werden Sie als Parameter-Werte die Null (`0`) oder den Wert `False` sehen. Dies bedeutet logischerweise immer eine Verneinung des jeweiligen Parameters. Im Gegensatz dazu stehen die `1` bzw. der Wert `True`, diese beiden Werte stehen für die Bejahung eines Parameters. Sie müssen bei dem Wert `0` bzw. `False` immer daran denken, dass manche Parameter mit einer negativen Fragestellung gestellt werden (`hide_empty` oder `exclude_admin`), hier müssen Sie darauf achten, dass Sie nicht auf die **doppelte Verneinung** hereinfallen oder besser ausgedrückt diese übersehen.

the_author

- Beschreibung: Es wird der Name des Autors ausgeben, so wie er als Anzeigename bestimmt wurde.
- Besonderheit: muss innerhalb des Loops notiert werden
- Mögliche Parameter: keine
- Beispiel: `<p>Verfasst von: <?php the_author(); ?></p>`

the_author_description

- Beschreibung: Die Profil-Beschreibung des Autors wird ausgeben.
- Besonderheit: muss innerhalb des Loops notiert werden
- Mögliche Parameter: keine

1. http://codex.wordpress.org/Template_Tags

- **Beispiel:** <p>Über den Autor: <?php the_author_description(); ?></p>

the_author_login

- Beschreibung: Es wird der Login-Name des Autors angezeigt.
- Besonderheit: muss innerhalb des Loops notiert werden
- Mögliche Parameter: keine
- **Beispiel:** <p>Sein Login-Name lautet: <?php the_author_login(); ?></p>

the_author_firstname

- Beschreibung: Es wird der Vorname des Autors angezeigt.
- Besonderheit: muss innerhalb des Loops notiert werden
- Mögliche Parameter: keine
- **Beispiel:** <li>Vorname: <?php the_author_firstname(); ?></li>

the_author_lastname

- Beschreibung: Es wird der Nachname des Autors angezeigt.
- Besonderheit: muss innerhalb des Loops notiert werden
- Mögliche Parameter: keine
- **Beispiel:** <p>Diesen Beitrag verfasste Herr <?php the_author_lastname(); ?></p>

the_author_nickname

- Beschreibung: Es wird der Spitzname des Autors angezeigt.
- Besonderheit: muss innerhalb des Loops notiert werden
- Mögliche Parameter: keine
- **Beispiel:** <p>Man nennt ihn auch <?php the_author_nickname(); ?></p>

the_author_ID

- Beschreibung: Es wird die numerische Nutzer-ID angezeigt.
- Besonderheit: muss innerhalb des Loops notiert werden
- Mögliche Parameter: keine
- **Beispiel:** <p>Der Verfasser dieses Beitrages ist der <?php the_author_ID(); ?>. Autor dieses Weblogs.</p>

the_author_email

- Beschreibung: Es wird die E-Mail-Adresse des Autors angezeigt.
- Besonderheit: muss innerhalb des Loops notiert werden
- Mögliche Parameter: keine
- Beispiel: `<p>Kontaktiere den <a href="mailto:<?php the_author_email(); ?>">Autor</a>.</p>`

the_author_url

- Beschreibung: Es wird die URL der Website des Autors angezeigt.
- Besonderheit: muss innerhalb des Loops notiert werden
- Mögliche Parameter: keine
- Beispiel: `<p>Die <a href="<?php the_author_url(); ?>">Website</a> des Autors.</p>`

the_author_link

- Beschreibung: es wird der verlinkte Anzeigename angezeigt. Der Link führt auf die Website des Autors.
- Besonderheit: muss innerhalb des Loops notiert werden
- Mögliche Parameter: keine
- Beispiel: `<p>Verfasser des Beitrags: <?php the_author_link(); ?>.</p>`

the_author_posts

- Beschreibung: es wird die Anzahl der Beiträge angezeigt, die der Autor verfasst hat. Vorlagen und private Beiträge werden nicht gezählt.
- Besonderheit: muss innerhalb des Loops notiert werden
- Mögliche Parameter: keine
- Beispiel: `<p>Dieser Autor verfasste bereits <?php the_author_posts(); ?> Beiträge.</p>`

the_author_posts_link

- Beschreibung: Es wird der verlinkte Anzeigename des Autors angezeigt. Der Verweis führt zu einer Auflistung der Beiträge des jeweiligen Autors.
- Besonderheit: muss innerhalb des Loops notiert werden
- Mögliche Parameter: keine

- Beispiel: `<p>Alle Beiträge von <?php the_author_posts_link(); ?>.</p>`

wp_list_authors

Beschreibung
Es werden alle aktiven Autoren aufgelistet. Der Name ist verlinkt und führt zu der Auflistung der Beiträge. Optional kann man die Anzahl der Beiträge und den Verweis zum Feed des jeweiligen Autors ausgeben lassen.

Mögliche Parameter:
- `optioncount`: Es wird die Anzahl der Beiträge angezeigt. Mögliche Werte sind `0` (die Zahl wird nicht angezeigt; Standard) und die `1` (die Anzahl anzeigen).
- `exclude_admin`: Der Administrator wird nicht gezählt. Mögliche Werte sind `0` und die `1` (Standard). Wobei hier der Wert `0` (null) eine Verneinung bedeutet und somit eine Bejahung ... weil 2x »Nein« ein »Ja« bedeutet.
- `show_fullname`: Es wird der Vorname und Nachname angezeigt. Mögliche Werte sind `0` (Standard; keine Anzeige) und die `1`.
- `hide_empty`: Autoren mit null Beiträgen **nicht** anzeigen. Mögliche Werte sind `0` und die `1` (Standard; keine Anzeige).
- `feed`: der Text des Verweises, der zum Autor-Feed führt. Standardmäßig wird kein Text und somit auch kein Feed-Link angezeigt.
- `feed_image`: der Pfad zu der Feed-Grafik, die als Verweis-Inhalt für den Verweis zum Autor-Feed fungiert. Diese Einstellung überschreibt den Parameter `feed`.

Beispiele und Besonderheit
- Beispiel: `<ol><?php wp_list_authors('show_fullname=1&optioncount=1'); ?></ol>`
- Beispiel-Ausgabe: *01 Vladimir Simovic (755)*
- Besonderheit: Bei meinen Tests funktionierte dieses Template-Tag mit der Version 2.2.x, allerdings nicht mit der Version 2.3 beta2.

13.2 Rund um die Kategorien

In diesem Bereich finden Sie die Template-Tags, die die Funktion der Beitragskategorisierung bedienen.

the_category

- Beschreibung: Innerhalb eines Beitrages werden die Verweise zu der Kategorie bzw. den Kategorien angezeigt, denen der Beitrag zugeordnet wurde.
- Besonderheit: muss innerhalb des Loops notiert werden
- Mögliche Parameter:
  - `separator`: Text oder Zeichen, das als Trennzeichen bei der Kategorie-Aufzählung dienen soll
- Beispiel: `<p>Dieser Beitrag wurde in den folgenden Kategorien abgelegt: <?php the_category(', ') ?>.</p>`
- Beispiel-Ausgabe: *Dieser Beitrag wurde in den folgenden Kategorien abgelegt: Allgemein, Test, Neuigkeiten.*

the_category_rss

- Beschreibung: zeigt die Namen der Kategorien eines Beitrages im RSS-Format an
- Besonderheit: muss innerhalb des Loops notiert werden
- Mögliche Parameter:
  - `type`: Es wird die Art des Feeds bestimmt. Mögliche Werte sind `rss` (Standard) und `rdf`.
- Beispiel: `<?php the_category_rss() ?>`

single_cat_title

- Beschreibung: gibt den Namen der Kategorie aus, in der man sich momentan befindet
- Mögliche Parameter:
  - `prefix`: Text, der vor dem Kategorienamen angezeigt werden soll. Standard ist der Wert `''` (zwei Hochkommata), was im Endeffekt bedeutet, dass kein Präfix ausgegeben wird.
  - `display`: Soll der Kategorie-Name angezeigt werden, dann notiert man den Wert `TRUE` (Standardeinstellung), oder `FALSE`, wenn man den Wert in PHP weiternutzen möchte.
- Beispiel: `<p>Momentan befinden wir uns innerhalb der Kategorie <?php single_cat_title(); ?>.</p>`
- Beispiel-Ausgabe: *Momentan befinden wir uns innerhalb der Kategorie WordPress.*

category_description

- Beschreibung: gibt die Beschreibung der Kategorie aus
- Mögliche Parameter:
  - `category`: Im Fall dieses Template-Tags wird nur der numerische Wert, also der nackte ID-Wert der Kategorie notiert, deren Beschreibung angezeigt werden soll, z. B. `<?php echo category_description(4); ?>`.
- Beispiel: `<p> Die Beschreibung dieser Kategorie lautet: "<?php echo category_description($cat); ?>".</p>`
- Beispiel-Ausgabe: *Die Beschreibung dieser Kategorie lautet: "Alles zum Thema Weblogs".*
- Besonderheit: Durch das Verwenden der Variablen `$cat` wird automatisch die ID der Kategorie eingetragen, in der man sich aktuell befindet. Plakativ ausgedrückt: Die Variable `$cat` erkennt, auf welcher Kategorieübersicht Sie sich gerade befinden, sie sucht sich dann die ID der Kategorie und trägt diese als Parameter-Wert ein.

wp_dropdown_categories

- Beschreibung: Die Links zu den Kategorien werden in Form einer Auswahlliste (engl. select box, dropdown box; es handelt sich hierbei um das HTML-Element mit dem Namen `select`) ausgegeben. Die Auswahlliste ist Teil eines Formulars und diese Lösung benötigt daher noch ein Formular und einen Sende-Mechanismus, um zu funktionieren.
- Basis-Beispiel: `<?php wp_dropdown_categories(); ?>`. Das ist die **Kurzform** und dabei werden folgende Standardeinstellungen eingehalten:
  - Die Kategorien werden aufsteigend nach ihrer ID sortiert.
  - Das Datum des letzten Beitrages der jeweiligen Kategorie wird nicht angezeigt.
  - Die Anzahl der Beiträge pro Kategorie wird nicht angezeigt.
  - Leere Kategorien werden nicht angezeigt.
  - Keine Kategorie wird ausgeschlossen bzw. nicht angezeigt ... vorausgesetzt, sie ist nicht leer.
  - Die Kategorien werden angezeigt und daher nicht für PHP weiterverwendet.
  - Keine Kategorie in der Auswahlbox ist vorgewählt.

- Die Kategorien werden nicht in hierarchischer Struktur aufgelistet.
- Der Name des select-Elements (name="") ist cat.
- Das select-Element bekommt zusätzlich ein Klassen-Attribut mit dem Wert postform zugewiesen.

Mögliche Parameter

- orderby: Hiermit wird entschieden, wonach sortiert wird. Mögliche Werte sind ID (Standard) und name für eine alphabetische Sortierung.
- order: Hiermit wird die Art der Sortierung bestimmt. Mit dem Wert ASC (ascend; Standardwert) entscheidet man sich für eine aufsteigende und mit DESC (descend) für eine absteigende Sortierung.
- show_last_update: soll das Datum des letzten Beitrages der jeweiligen Kategorie anzeigen. Der Wert 0 (Standardwert) bewirkt, dass das Datum nicht angezeigt wird, und durch den Wert 1 wird das Datum angezeigt.
- show_count: Soll die Anzahl der Beiträge der jeweiligen Kategorie angezeigt werden? Mögliche Werte sind die 0 (Standardwert), also »nein« und die 1.
- hide_empty: Sollen die leeren Kategorien versteckt werden? Die 1 ist der Standardwert und die leeren Kategorien werden nicht angezeigt, der Wert 0 hebt diese Einstellung auf.
- child_of: Es werden nur die Sub-Kategorien der Hauptkategorie angezeigt, die man durch die Kategorie-ID (numerischer Wert) benennt. Hierfür gibt es keinen Standardwert.
- exclude: Welche Kategorien sollen nicht aufgelistet werden? Es werden numerische Werte eingegeben (Kategorie-ID) und mehrere Werte werden durch Kommata getrennt.
- echo: Sollen die Kategorienamen angezeigt werden oder sollen sie als Wert an PHP weitergegeben werden? Die Standardeinstellung ist der Wert 1 – Anzeige der Namen – und 0 gibt die Werte an PHP weiter.
- selected: Welche Kategorie soll vorgewählt sein? Hierbei wird die Kategorie-ID angegeben.
- hierarchical: Soll in der Auflistung die hierarchische Struktur abgebildet werden? Standardwert ist 0 (nein) und mit 1 werden die Kategorien hierarchisch abgebildet.

- name: der Name für das select-Element. Standardwert ist cat.
- class: der Wert für das Klassen-Attribut des select-Elements. Standardwert ist postform.

Code-Beispiel

```
<form action="<?php bloginfo('url'); ?>" method="get">
  <?php wp_dropdown_categories('show_count=1&hierarchical=1'); ?>
  <input type="submit" name="submit" value="view" />
</form>
```

wp_list_categories

- Beschreibung: Das Template-Tag wp_list_categories listet die Links zu den einzelnen Kategorien auf.
- Basisbeispiel: <?php wp_list_categories(); ?>. Das ist die Kurzform und dabei werden folgende Standardeinstellungen eingehalten:
  - Die Kategorien werden in alphabetischer Reihenfolge aufgelistet.
  - Der Update-Status der Kategorie wird nicht angezeigt.
  - Die Kategorie-Links werden als Aufzählungsliste ausgegeben.
  - Die Anzahl der Beiträge pro Kategorie wird nicht angezeigt.
  - Zeigt nur Kategorien an, die auch Beiträge enthalten.
  - Die Kategoriebeschreibung dient als Wert des title-Attributs.
  - Es wird weder der Kategorie-Feed noch das Feed-Icon angezeigt.
  - Keine Kategorie wird ausgegrenzt.
  - Bei der Ausgabe der Kategorieliste wird die hierarchische Struktur abgebildet.
  - Der Wert *Kategorie* dient als Überschrift für diese Liste.

Mögliche Parameter

- orderby: sortiert die Kategorien alphabetisch, nach der ID oder nach der Anzahl der Beiträge. Die Werte sind: name (Standardwert), ID und count.
- order: Mit diesem Parameter wird über die Sortierungsart entschieden. Der Standardwert ASC steht für aufsteigend und DESC für absteigend.
- show_last_update: Soll das Datum des aktuellsten Beitrages in der jeweiligen Kategorie angezeigt werden? Mit dem Wert 1 wird die Anzeige aktiviert. Der Wert 0 ist Standard.

- style: Sollen die einzelnen Kategorie-Links als Listenelemente (list ist Standard) ausgegeben werden oder sollen sie durch Zeilenumbrüche (none) getrennt werden?
- show_count: Die Anzahl der Beiträge in der jeweiligen Kategorie soll angezeigt werden. Mit 1 wird die Anzeige aktiviert, 0 ist der Standardwert.
- hide_empty: Die Kategorien ohne Beiträge werden ausgeblendet. Mit dem Wert 0 werden auch diese Kategorien eingeblendet, der Wert 1 ist Standard.
- use_desc_for_title: Soll die Kategorie-Beschreibung als Wert des title-Attributs des jeweiligen Kategorie-Links dienen? Der Wert 1 (Standard) stimmt dem zu und der Wert 0 unterdrückt das title-Attribut.
- child_of: Es werden nur die Unterkategorien einer bestimmten Kategorie angezeigt. Welche Kategorie das ist, wird dadurch entschieden, dass man die ID der jeweiligen Kategorie einträgt. Für diesen Parameter gibt es keinen Standardwert.
- feed: fügt neben jedem Kategorie-Link einen Verweis zu dem entsprechenden Kategorie-Feed ein. Der Wert dieses Parameters dient als Linktext.
- feed_image: Sie haben die Möglichkeit, neben dem Kategorie-Link eine verlinkte Grafik einzubinden, die auf die jeweilige Kategorie verweist. Als Parameterwert müssen Sie den Pfad zu der jeweiligen Grafik angeben. Dieser Parameter überschreibt den Parameter feed.
- exclude: Mit diesem Parameter haben Sie die Möglichkeit, anzugeben, welche Kategorien in der Ausgabe ignoriert werden sollen. Als Werte müssen die IDs der Kategorien eingetragen werden. Wenn mehrere Kategorien ignoriert werden sollen, müssen die einzelnen Werte durch Kommata getrennt werden.
- include: Mit diesem Parameter können Sie explizit bestimmen, welche Kategorien in die Auflistung aufgenommen werden sollen. Als Werte dienen auch hierbei die IDs der jeweiligen Kategorien. Mehrere Werte werden durch Kommata getrennt.
- hierarchical: Mit diesem Parameter bestimmen Sie, ob die Kategorien hierarchisch aufgelistet werden. Standardmäßig werden die Links hierarchisch aufgelistet (1) und mit dem Wert 0 können Sie dies unterbinden.

* `title_li`: Mit diesem Parameter bestimmen Sie die Überschrift der Auflistung. Standardmäßig wird *Kategorie* als Überschrift ausgeliefert, wenn Sie einen leeren Wert eintragen ... also nur den nackten Parameter, dann wird die Überschrift unterdrückt.

Code-Beispiel

```
<ul>
<?php wp_list_categories('orderby=name&show_count=1&title_li=
    &exclude=1,20&feed=Kategorie-Feed'); ?>
</ul>
```

13.3 Template-Tags rund um die Kommentarfunktion

In diesem Bereich finden Sie die Template-Tags, die für den Kommentarbereich zuständig sind. Alle Template-Tags dieses Bereiches funktionieren **ausschließlich** innerhalb des Loops.

comments_number

* Beschreibung: Mit diesem Template-Tag geben Sie die Anzahl der Kommentare (inkl. Ping- und Trackbacks) eines Beitrages aus. Dabei können Sie drei Werte eintragen: für keinen, für einen und für mehrere Kommentare.
* Beispiel: `<p>Der Stand der Diskussion: <?php comments_ number('Keine Kommentare','Ein Kommentar','% Kommentare'); ?>.</p>`.

comments_link

* Beschreibung: mit `<?php comments_link(); ?>` geben Sie die URL des Kommentarbereichs eines Beitrages aus.
* Beispiel: `<a href="<?php comments_link(); ?>">Zum Kommentarbereich</a>`

comments_rss_link

* Beschreibung: Mit diesem Template-Tag geben Sie den Verweis zu dem Kommentar-Feed des jeweiligen Beitrages aus.
* Beispiel: `<?php comments_rss_link('Kommentar-Feed für diesen Beitrag'); ?>`

comment_ID

- Beschreibung: gibt die ID eines Kommentars aus
- Beispiel: `<div id="comment-<?php comment_ID() ?>">...</div>`

comment_author

- Beschreibung: zeigt den Namen des Autors an bzw. das, was der Kommentator im Feld *Name* eingegeben hat. Ist dieses Feld nicht Pflicht und der Kommentator hat keinen Namen angegeben, fügt WordPress automatisch hier den Wert *Anonymous* ein.
- Beispiel: `<p>Kommentiert von <?php comment_author(); ?>:</p>`

comment_author_IP

- Beschreibung: gibt die IP-Adresse des Autors aus
- Beispiel: `<p>Der Kommentator hat folgende IP-Adresse: <?php comment_author_IP ?></p>`

Achtung

Da sich die Rechtslage relativ schnell ändern kann, würde ich mich an Ihrer Stelle vorher informieren, ob und in welcher Form Sie die IP-Adressen der Kommentatoren im öffentlichen Bereich veröffentlichen dürfen. Im geschlossenen Bereich, wie es z. B. im Admin-Bereich von WordPress standardmäßig der Fall ist, stellt die Speicherung der IP-Nummern in der Regel kein Problem dar. Allerdings bin ich kein Rechtsanwalt und daher ist dies keine Rechtsberatung.

comment_author_email

- Beschreibung: Mit diesem Template-Tag wird die E-Mail-Adresse des Kommentators ausgegeben.
- Beispiel: `Kontaktiere <a href="mailto:<?php comment_author_email(); ?>"> <?php comment_author(); ?></a>`

Hinweis

Ich würde an Ihrer Stelle die E-Mail-Adressen nicht veröffentlichen, da dies eine unnötige Dienstleistung für E-Mail-Spammer darstellt.

comment_author_url

- Beschreibung: Mit diesem Template-Tag geben Sie die URL aus, die der Kommentator im Feld *Website* eingegeben hat.
- Beispiel: `Besuche die Website von <a href="<?php comment_author_url(); ?>"> <?php comment_author(); ?></a>`

comment_type

- Beschreibung: Mit diesem Template-Tag geben Sie die Art des Kommentars aus: regulärer Kommentar, Ping- oder Trackback.

- Beispiel: `<?php comment_type('Ein Kommentar', 'Ein Trackback', 'Ein Pingback'); ?>`
- Besonderheit: Dieses Template-Tag hat drei Parameter, allerdings werden die Parameternamen nicht notiert, sondern nur die Werte. Als Wert wird normaler Text eingesetzt und der erste Wert bezieht sich auf den Fall, dass ein Kommentar auch ein regulärer Kommentar ist, der zweite Wert wird ausgegeben, wenn der Kommentar ein Track-, und der dritte Wert wird ausgegeben, wenn der Kommentar ein Pingback ist.

comment_text

- Beschreibung: Mit diesem Template-Tag geben Sie den eigentlichen Kommentar aus.
- Beispiel: `<li>Kommentar von <?php comment_author(); ?>:<br /><?php comment_text(); ?></li>`

comment_excerpt

- Beschreibung: Mit `<?php comment_excerpt(); ?>` geben Sie den Auszug von maximal 20 Wörtern eines Kommentars aus.

comment_date

- Beschreibung: Dieses Template-Tag gibt das Datum aus, an dem ein Kommentar verfasst wurde.
- Beispiel: `<p>Kommentar vom <?php comment_date('d. F Y') ?></p>`

Hinweis

Bei diesem oder bei den anderen Template-Tags mit einem Bezug zum Datum bzw. der Zeit kann man bestimmte Format-Zeichen als Parameter-Werte eintragen. Welche es gibt, sehen Sie im Anhang oder in der PHP-Dokumentation auf der CD oder unter *de3.php.net/manual/de/function.date.php*.

comment_time

- Beschreibung: Mit `<?php comment_time(); ?>` geben Sie die Zeit aus, an dem der Kommentar verfasst wurde.

comment_author_rss, comment_text_rss, comment_link_rss und permalink_comments_rss

- Beschreibung: Diese Template-Tags sind äquivalent zu den »gleichnamigen« (ohne *rss* im Namen) Template-Tags weiter oben, allerdings dienen diese hier für die Ausgabe im RSS-Feed.

13.4 Template-Tags rund um Datum und Zeit

Alle Template-Tags, mit Ausnahme von get_calendar, funktionieren nur innerhalb des Loops.

the_date_xml

- Beschreibung: Mit <?php the_date_xml(); ?> wird das Datum im folgenden Format ausgegeben: JJJJ-MM-TT.
- Beispiel: *2007-11-21.*

the_date

- Beschreibung: Mit <?php the_date(); ?> wird das Datum eines Beitrags bzw. einer Beitragsserie eines Tages ausgegeben.
- Beispiel: <?php the_date('d. F Y', '<div class="datum">', '</div>'); ?>

Parameter

- format: das Format für das Datum. Erlaubt sind die Format-Zeichen der PHP-Funktion date.
- before: Hier kann man sowohl einfachen Text als auch HTML notieren. Kommt vor der Datumsausgabe.
- after: kommt nach der Datumsausgabe, siehe auch den Parameter before.
- echo: Hiermit entscheidet man, ob das Datum ausgegeben wird (True; Standardwert) oder für PHP weiterverwendet wird (False).

the_time

- Beschreibung: gibt den Zeitpunkt aus, an dem der Beitrag veröffentlicht wurde
- Beispiel: <p>Der Beitrag wurde um <?php the_time('G:i'); ?> veröffentlicht.</p>

the_modified_date und the_modified_time

- Beschreibung: Diese beiden Template-Tags funktionieren nach dem gleichen Prinzip wie the_date und the_time, beziehen sich allerdings auf die letzte **Änderung** eines Beitrages und nicht auf seine Veröffentlichung.

get_the_time

- Beschreibung: `<?php echo get_the_time(); ?>` gibt den Zeitpunkt des Beitrages für den Einsatz in PHP zurück.

get_calendar

- Beschreibung: Mit `<?php get_calendar(); ?>` binden Sie den Kalender ein, in dem die Tage besonders gekennzeichnet sind, an denen Beiträge veröffentlicht wurden.

13.5 Allgemeine Template-Tags

bloginfo

- Beschreibung: Mit diesem Template-Tag liefert WordPress die Informationen aus dem *Benutzer-Profil* bzw. aus den *Allgemeinen Einstellungen* des Admin-Bereiches.
- Beispiel: `<p>Die Beschreibung dieses Blogs: <?php bloginfo('description'); ?> </p>`

Parameter

- `name`: der Titel des Weblogs
- `description`: die Beschreibung des Weblogs
- `url`: die Adresse des Weblogs
- `rdf_url`: die Adresse des RDF/RSS-1.0-Feeds
- `rss_url`: die Adresse für den RSS-0.92-Feed
- `rss2_url`: die Adresse des RSS-2.0-Feeds
- `atom_url`: die Adresse des Atom-Feeds
- `comments_rss2_url`: die Adresse des Kommentar-Feeds
- `pingback_url`: die Adresse zu der XML-RPC-Datei
- `admin_email`: die E-Mail-Adresse des Admins
- `charset`: der eingesetzte Zeichensatz
- `version`: Welche WordPress-Version wird eingesetzt.
- `html_type`: Nach welchem MIME-Typ wird der Inhalt ausgeliefert.
- `wpurl`: die Adresse der WordPress-Installation
- `template_url`: die Adresse des aktiven Themes
- `template_directory`: die Adresse des übergreifenden Themes-Ordners

- `stylesheet_url`: die Adresse der CSS-Datei (*style.css*)
- `stylesheet_directory`: die Adresse des Stylesheet-Ordners

bloginfo_rss

- Beschreibung: Dieses Template-Tag gibt den gleichen Inhalt wie `bloginfo` aus, allerdings für den Newsfeed. Auch die Parameter sind identisch.

get_bloginfo

- Beschreibung: Dieses Template-Tag liefert identische Informationen wie `bloginfo`, allerdings sind die ausgegebenen Informationen für den weiteren Einsatz in PHP gedacht.

get_bloginfo_rss

- Beschreibung: das Gleiche wie `get_bloginfo` nur für den Einsatz in Newsfeeds.

wp_title

- Beschreibung: gibt den Titel der Seite aus. Bei einer Seite oder einem Beitrag ist dies der Titel der Seite bzw. des Beitrages, bei der Kategorieübersicht ist dies der Name der jeweiligen Kategorie und in Datumsarchiven das entsprechende Datum.
- Besonderheit: muss außerhalb des Loops untergebracht werden
- Beispiel: `<title><?php wp_title(); ?></title>`
- Weitere Besonderheit: Üblicherweise liefert dieses Template-Tag » als Trennzeichen auf der linken Seite. Sie können dieses Trennzeichen unterdrücken, indem Sie einen leeren Wert angeben (`wp_title('');`), oder Sie können das Trennzeichen durch ein anderes ersetzen (`wp_title('--');`).

wp_get_archives

- Beschreibung: Mit diesem Template-Tag liefern Sie ein datumsbasiertes Archiv aus, das Sie mit einer Reihe von Parametern anpassen können.

Parameter

- `type`: die Art des Archivs: `yearly`, `monthly` (Standardwert), `weekly` und `postbypost`.
- `limit`: Wie viele Archiv-Links sollen ausgegeben werden? Als Wert werden ganze Zahlen angegeben.

- `format`: die Formatierung der Archiv-Liste:
  - `html`: Vor dem Archiv-Link wird `<li>` und am Ende ein `</li>` ausgegeben. Dies ist der Standardwert.
  - `option`: Die Links werden in einer Auswahlliste ausgegeben.
  - `link`: Die Verweise zu den einzelnen Archiv-Elementen werden innerhalb von `link`-Elementen ausgegeben.
  - `custom`: Was vor und nach den einzelnen Archiv-Links ausgegeben wird, ist davon abhängig, was unter `before` und `after` notiert wurde.
- `before`: der Inhalt vor dem einzelnen Link
- `after`: der Inhalt nach dem einzelnen Archiv-Link
- `show_post_count`: Mit dem Wert `1` schalten Sie die Zählung der Beiträge an. Der Wert `0` ist der Standardwert.

Beispiel

Listing 13.1
Die letzten 25 Beiträge auflisten

```
<h3>Die letzten 25 Beiträge</h3>
<ol>
  <?php wp_get_archives('type=postbypost&limit=25'); ?>
 </ol>
```

get_posts

- Beschreibung: Mit diesem Template-Tag sind Sie in der Lage, mehrere, also multiple Loops zu realisieren. Ein mögliches Beispiel für solch eine Anwendung wäre es, wenn Sie WordPress so eingestellt haben, dass auf der Startseite nur ein Beitrag erscheint (*Einstellungen / Lesen*), Sie aber dennoch möchten, dass unter diesem Beitrag eine bestimmte Anzahl von weiteren Beiträgen erscheint, zum Beispiel in Form eines Auszuges.

Ein mögliches Beispiel

Listing 13.2
Der zweite Loop

```
<ul>
<?php
  global $post;
  $myposts = get_posts('numberposts=9&offset=1');
  foreach($myposts as $post) :
  setup_postdata($post);
?>
  <li><h3><a href="<?php the_permalink(); ?>"><?php
    the_title(); ?></a></h3>
  <?php the_excerpt(); ?></li>
```

```
<?php endforeach; ?>
</ul>
```

- Diesen zweiten Loop könnten Sie z. B. unter dem eigentlichen Loop notieren und mittels des Conditional-Tags (`is_home();`) nur auf der Startseite erscheinen lassen. Dann haben Sie im Endergebnis auf der Startseite den vollständigen, aktuellen Beitrag und darunter weitere neun Beiträge aufgelistet.

Parameter

- `numberposts`: Wie viele Beiträge sollen ausgegeben werden? Standard ist `5` und als Wert werden ganze Zahlen angegeben.
- `offset`: Wie viele der aktuellsten Beiträge sollen bei der Ausgabe ignoriert werden? Standardwert ist `0` und als Wert werden ganze Zahlen angegeben.
- `category`: Wenn Sie die Kategorie-ID angeben, werden nur Beiträge aus dieser Kategorie ausgegeben. Sonst werden Beiträge aus allen Kategorien berücksichtigt.
- `orderby`: Nach welchen Kriterien soll sortiert werden? Standardmäßig wird – **zumindest bei meinen Testreihen** – nach dem Datum sortiert (`post_date`) und nicht alphabetisch nach dem Titel des Beitrages (`post_title`). Weitere Werte sind `post_modified`: die letzte Änderung des Beitrags, `ID`: die ID des Beitrags, `post_author`: die ID des Autors und `post_name`: alphabetische Sortierung nach der *Titelform* (*Post Slug*).
- `order`: die Art der Sortierung: `ASC` ist Standardwert und steht für aufsteigende Sortierung, `DESC` steht für absteigende Sortierung.

wp_list_pages

- Beschreibung: Mit `<?php wp_list_pages(); ?>` werden Links zu den Seiten (Pages) aufgelistet.

Beispiel

```
<ul>
  <?php wp_list_pages('sort_column=menu_order&title_li='); ?>
</ul>
```

- Mit dem obigen Code werden alle Seiten ausgegeben und diese werden in der Reihenfolge aufgelistet, die Sie im Admin-Bereich beim Verfassen oder beim Ändern der Seite eingestellt haben. Zudem wird die automatische Überschrift zweiter Ordnung über der Liste unterdrückt. Dies erreicht man dadurch, dass man dem Parameter title_li= einen leeren bzw. keinen Wert gibt.

Parameter

- sort_column: Der Wert post_title sortiert alphabetisch (Standardwert), der Wert menu_order sortiert nach der von Ihnen angegebenen *Reihenfolge*. Der Wert post_date sortiert nach dem Datum der Erstellung und post_modified nach dem Datum der letzten Änderung. Der Wert ID sortiert die Links nach der ID des Beitrages, post_author nach der ID des Autors der Seiten und post_name sortiert die Verweise nach der *Titelform*.
- sort_order: Mögen Sie es lieber aufsteigend (asc; Standard) oder absteigend (desc)?
- exclude: Sie können durch die Angabe der ID einer Seite gezielt Seiten ausblenden. Mehrere IDs trennen Sie durch Kommata: exclude=3,7,9,12.
- include: Sie können anderseits explizit festlegen, welche Seiten in die Auflistung kommen.
- depth: Hiermit bestimmen Sie die Tiefe der Verschachtelung in der hierarchischen Ausgabe der Liste. Der Wert 0 (Standard) gibt alle Seiten und Unterseiten aus. Der Wert -1 unterdrückt die Einrückungen bei der Auflistung der Unterseiten. Der Wert 1 listet nur die Hauptseiten auf. Der Wert 2 oder höher gibt die Tiefe der Verschachtelung an, die angezeigt wird.
- child_of: zeigt die Unterseiten einer bestimmten Seite an; welche das ist, bestimmen Sie durch die Angabe der Seiten-ID.
- title_li: Der Text, den Sie hier als Wert eingeben, taucht nachher bei der Ausgabe als Überschrift auf. Kein bzw. ein leerer Wert unterdrückt die automatische Ausgabe der Überschrift.
- echo: Soll das Ganze auf der Website ausgegeben (true; Standardwert) oder in PHP (false) weiterverwendet werden?
- hierarchical: soll die Liste die hierarchische Struktur abbilden: Unterseiten sind eingerückt? Standardmäßig ist dies aktiviert (1), mit dem Wert 0 wird diese Ausgabe deaktiviert.

wp_dropdown_pages

- Beschreibung: Dieses Plugin zeigt die Seiten (Pages) nicht als eine unsortierte Liste, sondern als eine Dropdown-Liste.

wp_loginout

- Beschreibung: Mit `<?php wp_loginout(); ?>` erstellen Sie einen Einloggen-Link für nicht-eingeloggte und einen Ausloggen-Link für eingeloggte Nutzer.

wp_register

- Beschreibung: Mit `<?php wp_register(); ?>` erstellen Sie einen Link mit dem Namen *Registrieren*, wenn Sie in den Einstellungen die Registrierung der Leser erlauben. Ist der Nutzer eingeloggt, erscheint ein Link mit dem Namen *Site Admin*, der in das Admin-Menü führt.

the_search_query

- Beschreibung: `<?php the_search_query(); ?>` zeigt den Suchbegriff, nach dem man in der internen Suchfunktion gesucht hat.

13.6 Template-Tags rund um die Link-Funktion

edit_post_link

- Beschreibung: Mit `<?php edit_post_link(); ?>` erstellen Sie einen *Bearbeiten*-Link, der nur für Nutzer mit entsprechenden Rechten angezeigt wird.
- Beispiel: Dieses Template-Tag erlaubt drei Textparameter: für den Linktext, vor dem Link und nach dem Link. Hier ein Beispiel:

```
<?php edit_post_link('Beitrag bearbeiten', '<p>', '</p>'); ?>
```

edit_comment_link

- Beschreibung: das Gleiche in Grün ... oder besser ausgedrückt, das Gleiche wie `edit_post_link` nur für Kommentare.

wp_link_pages

- Beschreibung: Dieses Template-Tag zeigt die *Weiterblättern*-Funktion an, wenn der einzelne Beitrag in mehrere Seiten aufgeteilt wurde.

13.7 Template-Tags rund um die Blogroll-Funktion

get_links_list

- Beschreibung: Dieses Template-Tag erstellt eine verschachtelte Liste mit Links, so wie sie in der Blogroll organisiert ist. Die Namen der Link-Kategorien werden automatisch als Überschriften zweiter Ordnung (h2) ausgezeichnet.
- Beispiel: Mit <?php get_links_list(); ?> werden die Links alphabetisch und bei <?php get_links_list('id'); ?> nach ihrer ID sortiert.

wp_get_links

- Beschreibung: Mit diesem Template-Tag geben Sie zwar auch die Links der Blogroll aus, allerdings immer pro Kategorie.
- Beispiel: <?php wp_get_links(1); ?> gibt alle Links aus der ersten Blogroll-Kategorie aus.

13.8 Template-Tags rund um die Permalinks

get_permalink

- Beschreibung: Mit <?php get_permalink(id); ?> geben Sie den Permalink des Beitrages aus, allerdings wird er nicht angezeigt, sondern kann in PHP weiterverwendet werden. Der Wert id steht hier nur stellvertretend für die ID des jeweiligen Beitrages.

the_permalink

- Beschreibung: Dieses Template-Tag gibt die URL des aktuellen Beitrages aus.
- Besonderheit: Dieses Template-Tag muss innerhalb des Loops notiert werden.
- Beispiel: <h3><a href="<?php the_permalink() ?>" rel="bookmark"><?php the_title(); ?></a></h3>

permalink_single_rss

- Beschreibung: Mit `<?php permalink_single_rss(); ?>` geben Sie die URL des aktuellen Beitrages aus, allerdings für den Newsfeed.

13.9 Beitragsbezogene Template-Tags

the_ID

- Beschreibung: Mit diesem Template-Tag geben Sie die numerische ID des jeweiligen Beitrags aus.
- Beispiel: `<p>Der Beitrag hat die Nr.: <?php the_ID(); ?>.</p>`
- Besonderheit: muss innerhalb des Loops eingesetzt werden

the_title

- Beschreibung: Dieses Template-Tag gibt den Titel des aktuellen Beitrages aus.
- Beispiel: `<?php the_title('<h2>', '</h2>'); ?>`. Hierbei wird der Titel als Überschrift zweiter Ordnung ausgegeben.
- Besonderheit: Wenn Sie den Parameter `display` verwenden `<?php the_title('', '', display); ?>`, wird nichts angezeigt und der zurückgegebene Wert kann weiter in PHP verwendet werden. Dieses Tag muss innerhalb des Loops eingesetzt werden.

single_post_title

- Beschreibung: Mit diesem Template-Tag geben Sie den Titel eines Beitrages auf der Einzelübersicht (*single.php*) **außerhalb** des Loops aus.
- Beispiel: `<li><?php single_post_title('Name des Beitrags: '); ?></li>`
- Besonderheit: In dem oberen Beispiel sehen Sie den Parameter `prefix` im Einsatz. Als Wert wird Text eingesetzt und dieser kommt bei der Ausgabe vor dem Titel. Wenn Sie allerdings den Parameter `display` einsetzen, wird der Titel nicht ausgegeben, sondern kann nur in PHP weiterverwendet werden.

the_title_rss

- Beschreibung: gibt den Titel des jeweiligen Beitrages für den Newsfeed aus

- Besonderheit: muss innerhalb des Loops eingesetzt werden

the_content

- Beschreibung: Mit <?php the_content(); ?> geben Sie den Inhalt das aktuellen Beitrages aus.
- Beispiel: <?php the_content('(Weiterlesen...)'); ?>. In diesem Beispiel sehen Sie den Linktext, wenn Sie den Beitrag in Anreißer (engl. Teaser) und den Rest teilen.
- Besonderheit: muss innerhalb des Loops eingesetzt werden

the_content_rss

- Beschreibung: Mit <?php the_content_rss(); ?> geben Sie den Inhalt des Beitrages im RSS-Format aus.

the_excerpt

- Beschreibung: Mit <?php the_excerpt(); ?>, geben Sie den Auszug des aktuellen Beitrages aus. Die Ausgabe wird nach 55 Wörtern abgebrochen.
- Besonderheit: Dieses Template-Tag muss innerhalb des Loops eingesetzt werden.

the_excerpt_rss

- Beschreibung: das Gleiche wie the_excerpt, nur formatiert für den Einsatz in RSS

previous_post_link

- Beschreibung: Auf einer Seite mit einem einzelnen Beitrag (*single.php*) generiert dieses Template-Tag den Verweis zum vorherigen Beitrag.
- Besonderheit: Dieses Template-Tag muss innerhalb des Loops eingesetzt werden.
- Beispiel: <?php previous_post_link('%link', '« Zum vorherigen Beitrag'); ?>. Mit diesem Beispiel generieren Sie einen Link, der zum vorherigen Beitrag führt und der folgendermaßen heißt: *« Zum vorherigen Beitrag*.

Parameter

- format: Hier kann man bestimmen, was vor und nach dem Link kommt. Mit dem Wert %link wird als Verweistext das übernommen, was im Parameter link notiert wurde.

- link: Mit diesem Parameter bestimmen Sie den Text des Verweises.
- in_same_cat: Mit dem Wert TRUE bestimmen Sie, dass der vorherige Beitrag aus der gleichen Kategorie genommen wird. Der Wert FALSE ist Standard.
- excluded_categories: Die Kategorie-IDs, die Sie hier notieren, werden nicht berücksichtigt.

Zwei weitere Beispiele

Listing 13.3
Innerhalb der gleichen Kategorie

```
<?php previous_post_link('%link', 'Vorheriger Beitrag in der
     Kategorie', TRUE); ?>
```

Listing 13.4
Kategorien mit der ID 11, 12 und 15 nicht berücksichtigen

```
<?php previous_post_link('%link', '« Zum vorherigen Beitrag ',
     FALSE, '11 and 12 and 15'); ?>
```

next_post_link

- Beschreibung: das Gleiche wie previous_post_link, nur dass hier der Verweis zum nächsten Beitrag generiert wird

posts_nav_link

- Beschreibung: Mit diesem Template-Tag erstellen Sie Verweise, mit denen Sie zwischen den Seiten »blättern« können (Paginierung).
- Besonderheit: Dieses Template-Tag wird üblicherweise **außerhalb** des Loops eingesetzt.
- Beispiel: <p><?php posts_nav_link(' --- ', '« Zurückblättern', 'Weiterblättern »'); ?></p>. Das Ergebnis schaut folgendermaßen aus: *« Zurückblättern --- Weiterblättern »*. Wie Sie aus dem Beispiel erkennen können, haben Sie die Möglichkeit, drei Parameter einzusetzen. Der Wert des ersten Parameters dient als Trennzeichen, der Wert des zweiten für das Zurück- und der Wert des dritten Parameters für das Weiter- bzw. Vorwärtsblättern.

13.10 Template-Tags zu der Tagging-Funktion

Diese beiden Template-Tags werden erst ab WordPress 2.3 verfügbar sein und stehen in direkter Verbindung zu der implementierten Tagging-Funktion.

wp_tag_cloud

- Beschreibung: Mit diesem Template-Tag haben Sie die Möglichkeit, eine so genannte Tag-Wolke abzubilden. Hierbei werden die eingesetzten Tags so aufgelistet, dass die häufig eingesetzten Tags visuell präsenter sind (z. B. größere Schrift) und die weniger eingesetzten Tags visuell in den Hintergrund treten.
- Beispiel: `<?php wp_tag_cloud('smallest=9&largest=25&unit=px'); ?>`

Parameter

- `smallest`: Hier kommen ganze Zahlen als Werte zum Einsatz und hiermit wird der kleinste Wert für die Schriftgröße festgelegt. Standardwert ist 8pt (Punkt).
- `largest`: Hier kommen ganze Zahlen als Werte zum Einsatz und hiermit wird der größte Wert für die Schriftgröße festgelegt. Standardwert ist 22pt (Punkt).
- `unit`: Als Standardeinheit wird Punkt (`pt`) verwendet. Möchten Sie Pixel einsetzen, müssen Sie als Wert `px` angeben.
- `number`: Mit diesem Wert bzw. der Zahl legen Sie fest, wie viele Tags maximal angezeigt werden sollen. Standardwert ist 45.
- `format`: Hiermit legen Sie das Format der »Wolke« fest. Bei dem Wert `flat` werden die Tags in einer Zeile, getrennt durch Leerzeichen, ausgegeben. Dies ist auch der Standardwert. Mit dem Wert `list` werden die Tags in einer Aufzählungsliste ausgegeben. Mit dem Wert `array` geben Sie die Tags in Form eines Datenfeldes aus.
- `orderby`: Hiermit bestimmen Sie das Sortierungskriterium der Tag-Wolke. Bei dem Wert `name` (Standardwert) werden die Tags alphabetisch sortiert. Bei dem Wert `count` wird nach der Zahl der Beiträge sortiert.
- `order`: Wie soll sortiert werden? `ASC` (Standardwert) steht für aufsteigend und `DESC` für absteigend.
- `exclude`: Hiermit können Sie bestimmte Tags aus der Tag-Wolke ausschließen, zum Beispiel: `exclude=xhtml,ruby,asp`.
- `include`: Hiermit können Sie explizit festlegen, welche Tags in der Tag-Wolke berücksichtigt werden.

the_tags

- Beschreibung: Mit diesem Template-Tag geben Sie die Tags des aktuellen Beitrags aus.

- Beispiel: `<?php the_tags('Schlagwörter: ', ' - ', '.'); ?>`. Bei der Ausgabe schaut es folgendermaßen aus: *Schlagwörter: html - css - php*. Wie Sie aus diesem Beispiel erkennen können, haben Sie die Möglichkeit, drei Parameter einzusetzen. Der Wert des ersten Parameters wird vor der Aufzählung der Tags eingefügt. Der zweite Wert dient als Trennzeichen zwischen den einzelnen Tags und der Wert des dritten Parameters wird am Ende der Tag-Aufzählung eingeblendet.
- Besonderheit: Dieses Template-Tag muss innerhalb des Loops eingesetzt werden.

13.11 Template-Tags zu der Trackback-Funktion

trackback_url

- Beschreibung: Mit `<?php trackback_url(); ?>` geben Sie die Trackback-URL für den aktuellen Beitrag aus. Wenn Sie allerdings `<?php trackback_url(display); ?>` einsetzen, wird der Wert nicht ausgegeben, sondern kann in PHP weiterverwendet werden.
- Besonderheit: Dieses Template-Tag muss innerhalb des Loops eingesetzt werden.

trackback_rdf

- Beschreibung: Beim Einsatz von `<?php trackback_rdf(); ?>` wird nichts im Browser ausgegeben. Dieses Template-Tag wird im Theme eingesetzt, wenn Sie wünschen, dass die so genannte *Auto-Discovery*-Funktion aktiviert wird. Diese Funktion erlaubt es Ihnen, ein Ping-/Trackback zu senden, allein dadurch, dass Sie im Beitrag Ihres Weblogs auf den Permalink eines anderen Weblogs verweisen, der diese Funktion aktiviert hat. Sonst müssten Sie manuell die Trackback-Adresse eintragen.
- Besonderheit: Dieses Template-Tag muss innerhalb des Loops eingesetzt werden.

Anhang A

A.1 Parameter-Werte für Datum und Zeit

Wenn Sie mit Template-Tags arbeiten, die für die Datums- und Zeit-Ausgaben zuständig sind, können Sie auf die folgenden Formate als Parameter-Werte zurückgreifen. Die englischen Rückgabewerte werden durch die Sprachdatei übersetzt.

Tabelle A.1
Quelle:
http://de3.php.net/date

Format (bzw. Parameter-Werte)	Beschreibung	Rückgabewerte
d	Der Tag des Monats, zweistellig bzw. mit führender Null	01 bis 31
D	Der Wochentag auf drei Buchstaben gekürzt	Mon bis Sun
F	Der Monat als ganzes Wort	January bis December
g	12-Stunden-Format, ohne führende Null	1 bis 12
G	24-Stunden-Format, ohne führende Null	0 bis 23
h	12-Stunden-Format, mit führender Null	01 bis 12
H	24-Stunden-Format, mit führender Null	00 bis 23
i	Minuten einer Stunde mit führender Null	00 bis 59
j	Der Tag des Monats als Zahl, ohne führende Null	1 bis 31
l	Name des Wochentags	Sunday bis Saturday
m	Monat als Zahl, mit führender Null	01 bis 12
M	Abkürzung des Monatsnamens mit drei Buchstaben	Jan bis Dec
n	Monatszahl, ohne führende Null	1 bis 12
s	Sekunden, mit führender Null	00 bis 59
t	Die Anzahl der Tage des jeweiligen Monats	28 bis 31

Format (bzw. Parameter-Werte)	Beschreibung	Rückgabewerte
w	Der Wochentag als numerischer Wert	0 (Sonntag) bis 6 (Samstag)
W	Die Nummer der Kalenderwoche	Beispiel: 42 (die 42. Woche im Jahr)
Y	Vierstellige Jahreszahl	Beispiel: 2007
y	Zweistellige Jahreszahl	Beispiel: 07
z	Die Nummer des Tages eines Jahres	0 bis 365 bzw. 366

A.2 Conditional Tags

Im Kapitel 6 haben Sie erfahren, dass Conditional Tags Code-Fragmente sind, mit denen Sie Bedingungen aufstellen können z.B. um nur innerhalb eines bestimmten Bereiches Inhalte auszugeben. Hier eine Auflistung der gängigen Conditional Tags:

- `is_home()` – hiermit wird die Hauptseite (*index.php*) angesprochen.
- `is_paged()` – wenn eine Seite in mehrere Unterseiten aufgeteilt ist (Paginierung). Wenn Sie folgendes kombinieren `if (is_home() and !is_paged())` dann sprechen Sie **nur** die Startseite und nicht die nachfolgenden Seiten der Hauptdatei an.
- `is_admin()` – befinden wir uns im Admin-Bereich?
- `is_archive()` – sind wir jetzt im Archiv?
- `is_search()` – sind wir auf der Seite mit den Suchergebnissen?
- `is_404()` – bin ich die 404er-Fehlerseite?

Einzelner Beitrag

- `is_single()` – ist dies ein einzelner Beitrag?
- `is_single('12')` – ist das der Beitrag mit der ID 12?
- `is_single('Kontakt und Impressum')` – ist das der Beitrag mit dem Titel bzw. der Überschrift *Kontakt und Impressum*?
- `is_single('kontakt-und-impressum')` – ist das der Beitrag mit der Titelform *kontakt-und-impressum*?

Der Kommentar-Bereich

- `comments_open()` – wenn die Kommentare zugelassen sind.
- `pings_open()` – wenn Ping- und Trackbacks zugelassen sind.

Die Seiten (Pages)

- `is_page()` – befinden wir uns auf einer Seite?
- `is_page('20')` – ist das die Seite mit der ID 20?
- `is_page('Unsere Firma')` – ist das die Seite mit dem Titel bzw. der Überschrift *Unsere Firma*?
- `is_page('unsere-firma')` – ist das die Seite mit der Titelform *unsere-firma*?

Kategorien

- `is_category()` – befinden wir uns in einer Kategorie-Übersicht?
- `is_category('11')` – ist das die Übersicht der Kategorie mit der ID 11?
- `is_category('WordPress')` – ist das die Übersicht der Kategorie mit dem Namen *WordPress*?
- `is_category('wordpress')` – ist das die Kategorie mit der Titelform *wordpress*?

Autoren

- `is_author()` – ist das die Autor-Übersichtsseite (Autor-Archiv)?
- `is_author('007')` – ist das die Übersichtsseite des Autors mit der ID 007?
- `is_author('Vladimir Simovic')` – ist das die Übersichtsseite des Autors mit dem Anzeigenamen *Vladimir Simovic*?
- `is_author('vladimir-simovic')` – tut das gleiche wie der Conditional Tag vorher. Hier wird allerdings die "Titelform" des Anzeigenamens abgefragt.

Zeit- und Datums-Abfragen

- `is_date()` – befinden wir uns in einem Datums- oder Zeitarchiv?
- `is_year()` – befinden wir uns in einem Jahresarchiv?
- `is_month()` – befinden wir uns in einem Monatsarchiv?
- `is_day()` – befinden wir uns in einem Tagesarchiv?
- `is_time()` – befinden wir uns in einem "Zeitarchiv" (Stunden, Minuten und Sekunden)?

A.3 Die Linkliste

Offizielle Links

- *wordpress.org* – die offizielle Website des WordPress-Projekts
- *wordpress.org/support/* – das offizielle WordPress-Forum
- *codex.wordpress.org* – die WordPress-Dokumentation (Wiki)
- *wordpress.org/extend/plugins/* – einige ausgewählte WordPress-Plugins
- *wordpress.org/extend/ideas/* – Hier werden die Ideen und Vorschläge der Nutzer gesammelt und bewertet.
- *wordpress.org/download/* – der Download-Bereich mit stabilen Programmversionen sowie Beta-Versionen von WordPress
- *static.wordpress.org/builds/* – Hier finden Sie täglich neue Testversionen von WordPress.
- *planet.wordpress.org* – Auf dieser Website werden die Inhalte der Blogs und Websites der Personen, die für das WordPress-Projekt wichtig sind, gebündelt. Von dieser Website kann man auch den Newsfeed[1] abonnieren.
- *wordpress.org/about/buttons/* – Grafiken, Logos und Buttons von WordPress
- *themes.wordpress.net* – Das ist die Seite mit der momentan umfangreichsten Sammlung an freien WordPress-Themes.

1. planet.wordpress.org/feed/

Inoffizielle Links

- *wp-plugins.net* – Das ist momentan die umfangreichste Datenbank mit WordPress-Plugins. Allerdings ist die Suchfunktion der Seite sehr träge und liefert des Öfteren doppelte Ergebnisse.
- *wordpress-deutschland.org* – Auf dieser Seite finden Sie die deutsche Sprachdatei, das eingedeutschte Programmpaket, eine deutsche Dokumentation und ein deutschsprachiges Forum.
- *blogsecurity.net/wordpress/tools/wp-scanner/* – Mit WordPress-Scanner können Sie Ihre WordPress-Installation nach möglichen Sicherheitslücken prüfen.
- *sw-guide.de* – Im Weblog von Michael Wöhrer ist WordPress eines der Hauptthemen. Michael hat der WordPress-Gemeinde einige interessante Plugins »eingebrockt«.
- *bueltge.de* – Im Weblog von Frank Bültge ist WordPress eines der Hauptthemen. Wie auch Michael ist Frank »verantwortlich« für einige sehr nützliche Plugins. Frank ist auch der Autor des Buches *WordPress. Weblogs einrichten und administrieren.*
- *www.perun.net* – Dies ist mein Weblog. Auch hier ist WordPress eines der Hauptthemen. Neben einigen freien WordPress-Themes[2] habe ich diverse Beiträge und Artikel zu diesem Thema geschrieben und bin der Autor des Buches *WordPress – Das Einsteigerseminar*[3].

2. www.wordpress-themes.perun.net
3. Erschienen bei bhv, ISBN 978-3-8266-7460-0

Index

Ralph G. Schulz

CSS – Webdesign mit Style

Praxis, standardkonforme Lösungen, Referenz

- Grundlagen des standardkonformen CSS-Designs
- Fortgeschrittene Techniken und Praxis für Design und Layout
- Auf CD: Zahlreiche Beispiele, Workshops und Musterlösungen

Mit diesem Buch gibt der BIENE-erprobte Autor dem Leser seine geballte CSS-Erfahrung an die Hand. Ob Sie sich einarbeiten möchten, nach Beispielen und Musterlösungen suchen oder einzelne Eigenschaften nachschlagen möchten, in diesem Buch finden Sie alles, was Sie zur Präsentation Ihrer Webseiten mit CSS benötigen. Sie erhalten ein Praxisbuch und eine Referenz in einem – und Sie werden von den Möglichkeiten begeistert sein, die Sie mit CSS realisieren können.

Der Weg zum gelungenen Webdesign mit CSS ist nach wie vor steinig, doch dieses Buch hilft dem Leser mit unzähligen Tipps und Tricks, die vielfältigen Hürden zu meistern. Dabei wird nicht einfach nur die Syntax von CSS vermittelt – Sie lernen insbesondere an zahlreichen Praxisbeispielen, wie man CSS konkret einsetzt und damit wartungsfreundliche Webseiten aufbaut, die von allen Internet-Anwendern genutzt werden können. So legen Sie gleichzeitig den Grundstein für Barrierefreiheit und gewährleisten gute Zugänglichkeit und Bedienbarkeit für alle Anwendergruppen, Geräte und Suchmaschinen.

Aus dem Inhalt:

- CSS-Grundlagen: Syntax, Selektoren, Eigenschaften und Werte, Kaskade und Vererbung
- CSS-Konzepte: Boxen und ihre Eigenschaften
- Aufbau von Webseiten: vom HTML-Gerüst zu variablen Stylesheets
- Browser: Bugs, Fehleranalysen, Workarounds
- Layout von Seiten: Formate, Skalierung, Spalten
- Seitenelemente: Listen, Menüs, Formulare, Tabellen
- CSS-Praxis: Tipps, Tricks und Lösungen für das Design von Content-Elementen
- Referenz aller CSS-Eigenschaften

Auf CD:

Zahlreiche Beispiele, Workshops und Musterlösungen

inkl. CD-ROM

Probekapitel und Infos erhalten Sie unter: **www.mitp.de**

ISBN-10: 3-8266-1616-2
ISBN-13: 978-3-8266-1616-7